Werner Filmer/Heribert Schwan

Johannes Rau

Werner Filmer/
Heribert Schwan

Johannes Rau

ECON Verlag
Düsseldorf · Wien

1. Auflage 1986

Lektorat: Dr. Nina Börnsen
Gesetzt aus der Garamond der Fa. Berthold
Satz: Dörlemann Satz, Lemförde
Papier: Papierfabrik Schleipen GmbH, Bad Dürkheim
Druck und Bindearbeiten: Franz Spiegel Buch GmbH, Ulm
Printed in Germany
ISBN 3 430 12737 8

Inhalt

Vorwort

Einer von uns beiden kennt Rau noch aus der Arbeit im Landesjugendring Nordrhein-Westfalen. Ende der fünfziger Jahre. Seit langem beobachten wir ihn, schauen ihm zu. Bockig oder verschlossen gab er sich nie. Selten stumm oder verzweifelt. Meistens quirlig und munter. Voller persönlicher Farbe. Ohne graue Miesepetrigkeit, ohne Konversationslücken, ohne Ausführlichkeit. Oft ein Hannes im Glück. Er scheint zu denen zu gehören, die Gott spüren und im Geist Calvins leben.

Seine Ideen sind herkömmlich, sein Dickschädel ist bergisch, seine Auffassungsgabe überdurchschnittlich. Ein fixer Junge. Nichts an ihm ist überspannt. Nichts schimmert visionär. Was er häufig geschafft hat, könnte die »Versöhnung des Unversöhnlichen« genannt werden. Raus Integrationskraft wird das eigentliche Kapital der SPD Ende der achtziger Jahre sein.

Wer seine politische Substanz bewerten will, darf die Gesamtdeutsche Volkspartei (GVP) Heinemanns nicht unterschätzen. Deren Denkstil und Weltsicht haben Rau geprägt. Seine Wandlungen und Häutungen werden erst auf dem Hintergrund dieser Partei deutlich. Vieles versucht Rau in der Schwebe zu halten. »Ich will immer im Hier und Jetzt leben«, sagte er uns einmal. Wer ihn sieht, nimmt es ihm ab. Und doch steckt – trotz mancher Vorbehalte – mehr hinter diesem Hoffnungsträger seiner Partei. Was noch – das haben wir gemeinsam mit Freunden und Gegnern herauszufinden versucht. Ihnen vor allem danken wir für Ein- und Ansichten.

Werner Filmer/Heribert Schwan
Köln, April 1986

I. Kapitel

Begegnungen

WERNER FILMER / HERIBERT SCHWAN

Drittes Zusammentreffen

Sein Schmelz ist futsch, der Lack ab, seit er zugeben mußte, daß er sich geirrt hat, voreilig gehandelt, zuviel versprochen, als er ankündigte, alle Kürzungen im Sozialbereich als Bundeskanzler rückgängig zu machen. Einen Tag später sitzen wir in seinem Wuppertaler Haus. Er spürt eine Grippe hochkriechen, kommt gerade von einer Tagung zurück, hat drei Stunden Zeit, fährt dann zurück nach Dortmund: »Sportler für den Frieden«. Spuren psychischer Belastung zeichnen sein Gesicht. Seine Frau setzt sich zu uns. Auch sie vergrippt, verschnupft.

»Anna«, sagt er, »hat heute Geburtstag ... sie wird zweiundzwanzig Monate alt!« Seine beiden Kinder haben ihn verändert, reifer gemacht. Eine zarte Duftmischung von Pampers und Penaten, Hustensaft und Teegebäck schwebt im Raum. Kinder sind ein Anreiz, das zu sein, was man ohne sie nicht sein könnte.

Jeder Entwurf zu einem Lebenslauf gleicht einem auseinandergefalteten Leporello an Vorstellungen, Bildern, Erklärungen und Vermutungen. Das Gesicht, die Worte, die Ereignisse bilden nur die obere Schicht.

Der Versuch, die eigene Vergangenheit zu deuten, ist eine Gratwanderung. So wie er sich heute gern sehen möchte, hat er sich nicht unbedingt immer gesehen. Sich auf die Vergangenheit zu besinnen, sich zu erinnern ist stets auch ein Ringen um den Wert der Gegenwart.

Der Sohn eines oberbergischen Predigers hat es zum Ministerpräsidenten gebracht. Ohne Abitur, ohne Studium. Das hat lange genagt, auch noch, als er die alte Villa bezog, die heute von Polizisten bewacht wird. Er erzählt gut, steckt voller Anekdoten. Daß er ein guter Schreiber war, wissen wir, haben durchgestöbert, was der siebzehnjährige, der zwanzigjährige, der vierundzwanzigjährige Rau zu Papier gebracht hat. Auch mit seinen Freunden haben wir gesprochen, mit seinen Gegnern. Im Laufe eines Lebens verletzt jeder mehr, als er glaubt, verletzt zu haben.

Die Wohnung der Raus wirkt nicht hinterhältig, eher offen, kindgerecht, großbürgerlich. Zeichnungen und Aquarelle hängen an den Wänden. Künstler und Theaterleute haben in Raus Leben eine Rolle gespielt: Musensöhne. In der Wuppertaler Szene kennt er sich aus.

Durch den Garten streifen Polizisten mit Maschinenpistolen. Die Nachbarn können über Rhododendronbüsche ins Wohnzimmer schauen. Blumen stehen da, Kaffee wird gereicht, Gebäck. »Bitte, bedienen Sie sich!« Kein gekünstelter Umgangston. Mit Rau kommt jeder schnell ins Gespräch. Die Aura des Skatbruders, der auch Arzt sein könnte, umgibt ihn.

Eltern, die kleine Kinder haben, fürchten sich vor Bomben, Napalm, Flaksplittern und Phosphorkanistern. Ihnen glaubt man, daß sie den Krieg verabscheuen; daß sie einfach mehr für den Frieden tun wollen, als nur der Balance des Schreckens zu vertrauen. Ängste verschwinden, wenn man Kindern zusieht, auch wenn es die Kinder des Kanzlerkandidaten sind. Anna und Philip-Emanuel spielen, richten Bauklötze auf, blättern in Kinderbüchern, rufen dazwischen, dürfen es. Kein tadelndes Wort, kein unerbetenes Herumzeigen von Fotos. Sie sind da.

Kinder nicht zu schlagen, hat sich Christina Rau vorgenommen. Geduld mit Kindern zu haben ist eine feine Sache. Kinder sind oft Delegierte eigener Wünsche, Bedürfnisse und Ängste. Wer wüßte es nicht! Rau erzählt von seiner Jugend. »Lesen Sie mal Helmut Thielicke: ›Zu Gast auf einem schönen Stern‹!« Er meint das Buch, meint Wuppertal-Barmen, die Gemeinde Gemarke, wo auch er aufgewachsen ist, der Sohn des Predigers. Wir sind später durch Gemarke gefahren, langsam mit dem Wagen, irgendwo ausgestiegen, haben das

Buch gekauft. Wie sind die Erinnerungen der Erwachsenen an ihre Kindheit? Was verklärt sich? Was schreibt Thielicke?

»... In Gemarke herrschte eine geistliche Atmosphäre von kalvinistischer Nüchternheit, aber auch von einer Dichte und einer Ausstrahlung, der sich selbst ein junger Mensch nicht zu entziehen vermochte. Theologisch wurde von den Kanzeln ein kraftvoller biblischer Pietismus verkündet, der bis ins Phonetische hinein durch einen ganz bestimmten Stil geprägt war: durch eine knackige, kehlig-inbrünstige Klangfarbe des Bekennens, an der man den gläubigen Pastor erkannte. ›Er hat 'nen guten Auswurf‹: Dieses etwas deftige Sputum-Gleichnis war ein hohes geistliches Lob, das man einem Hirten der Gemeinde spendete. Mir ist erst lange danach klargeworden, daß Stil- und Formfragen der Sprache, atmosphärische Gegebenheiten, aber auch der Nestgeruch der Gruppe oft sehr viel prägendere Einflüsse ausstrahlen als die verbalisierten Sachgehalte der Verkündigung selber. Deshalb fielen wohl auch nicht wenige fromme Menschen – gerade in der ersten Zeit – auf den Nationalsozialismus herein, denn dort gab es Typen, die in ihrer Jugend in diesem Klima gelebt hatten. Deshalb konnten sie den ihnen vertrauten Stil – natürlich mit der Absicht arglistiger Täuschung – imitieren. Dafür war der versoffene Führer der Arbeitsfront, Robert Ley, ein Paradefall: Er konnte vom ›Führer‹ in einem pietistisch verzückten Stil und auch phonetisch mit jenem Herzton-Tremolo reden, daß es den einschlägig Geprägten wohl einging und daß sie an der Stimme den ›guten Hirten‹ zu erkennen meinten, auf die anderen Inhalte kaum noch achteten und so den Wolf übersahen. Im übrigen hatte Gemarke einen puritanischen Zug, der auch gesetzlicher Komponenten nicht entbehrte: Tanzen, Theater- oder gar Kinobesuch waren bei den Wächtern auf den Mauern Zions verpönt. Das löste bei mir in den Reifejahren innere Opposition aus, und ich fand in Rede und Gebaren kaum etwas, das mit meinen Fragen, Sehnsüchten und Ängsten zu tun gehabt hätte ...«

Rau gehört zu den Menschen, die nicht auszufragen sind durch grausames Interesse. An ihm zerbrechen selbst Maßstäbe der guten, alten Arbeiterpartei SPD, diesem Safe deutscher Tradition.

Wer sich mit ihm beschäftigt, empfindet etwas von dem Vergnügen, ein Gedicht zu lesen, die Schwierigkeiten der Entzifferung zu genießen, die Lust an der Deutung zu steigern. Er besitzt nicht jene lexikalische Schwerfälligkeit vieler deutscher Politiker, ihn charakterisiert nicht jenes plattfüßige Funktionärsgehabe und jene gleichgültig bleibende Unverschämtheit, die manche Berufspolitiker haben, die das Gemeinwohl preisen, sich aber zuerst bedienen.

Er weiß, daß Christen im Scheitern leben. Der sinnliche Eindruck, den dieser Politiker hinterläßt, ist immer: Kommt, laßt uns ein Bäumchen pflanzen!

Textstellen aus der Bibel fließen aus seinem Mund. Durchaus nicht leicht in die Welt gesetzt! Den Jargon der herrschenden Funktionseliten meidet er. Die Aura christlicher Hoffnungsbereitschaft umgibt ihn. Daß er revoltiert haben könnte, käme keinem genauen Beobachter in den Sinn.

Ein Fundamentalsozialist war er nie. Ein demokratischer Christ, ein aufgeklärter Gefühlssozialist – auf jeden Fall. Wenn er spricht, schwingen ferne Bilder mit: Spielmaterial aus dem Alten und Neuen Testament. Manchmal weht der Hauch eines theologischen Seminars. Und oft blitzt sein Wissen um Wuppertaler Zerrissenheit auf, aber auch jener Engelssche Funkenschlag ist zu spüren, der Marx glühen ließ.

Selten hinterläßt Rau den Eindruck, daß er mit den Zähnen geknirscht haben könnte, obwohl er es kann! Ohne es zu unterstreichen, vermittelt er Stammtischkumpanei, ist kaum nennenswerter Gemeinheiten fähig. Oft ist jene pietistische Ehrlichkeit zu spüren – oder wenigstens der Wille dazu –, durch die eigene Schwächen eingestanden werden. Im großen und ganzen möchte er ehrlich bleiben, obwohl er weiß, daß Politik in Demokratien zuweilen zum Schauspiel verkommt, zum Alltagsvergnügen mit Persiflagen, Nachdichtungen und Mundartjokern. Rau ist ein Vollblutpolitiker, der am liebsten zunächst reden und reden möchte, um später, viel später zu entscheiden.

Wenn er Heimat sagt, meint er nie: Ich hasse Wuppertal, ich hasse Gemarke. Man begreift, er hat Sehnsucht danach. Jeden läßt er spüren, daß seine Träume noch nicht einbetoniert sind – in festgefügte Standpunkte. Auch er findet – wie Ludwig Fels –, das Schlimme sei nicht, daß es täglich schlimmer wird, sondern daß es bleibt, wie es ist.

Daß er panisch reagiert, wird ihm nicht nachgesagt, eher das Gegenteil. Schrill und sprunghaft ist nichts im Leben dieses Mannes, der kaum aus lauter Weltangst den Verstand verlieren könnte. Nach außen vermittelt er sympathische Durchschnittlichkeit.

Selten kommt er sich selbst in die Quere. Manchmal allerdings hat er das eigene Gefühl umgedreht, selten aber das Innere nach außen gelassen. Häufig verspürte er den Wunsch, ein anderer zu werden, wollte das Abitur nachmachen und studieren. Sogar noch, als er Wissenschaftsminister in NRW war. Sehnsüchte – jenseits des Spiegels – hat er besessen, der Sohn eines Predigers, der »zum Glauben gekommen« war.

Wer Rau über einen langen Zeitraum betrachtet, spürt, daß die Zeit, in der uns alles Individuelle und Private verdächtig schien, vorbei sein muß; die Zeit der auf Öffentlichkeit gerichteten Ziele, die Zeit kollektiver Verantwortung. Wer ihn sieht, denkt weder an Helmut Schmidt noch an Willy Brandt. Er wird gezwungen, Rau zu sehen. Und der ist schwergewichtiger und trickreicher, als seine Gegner ihn zeichnen.

ANKE MARTINY

Reflexionen

Ja, Johannes. Alles klar – eigentlich. Oder? Eigentlich nicht? Warum ist dieser Mann für mich auch immer wieder rätselhaft neben allem, was so klar erscheint: Er hat eine interessante sozialdemokratische Biographie, er hat eindrucksvolle Wahlsiege errungen – sowohl parteiintern als auch parteiextern –, die von ihm ausgewählten Minister in seinem nordrhein-westfälischen Kabinett können sich sehen lassen, mit den Frauen in politischen Funktionen hat er's allerdings nicht so, scheint aber lernfähig.

Kann ich ihn mir etwa als Bundeskanzler nicht vorstellen? Doch, natürlich, er wird das großartig machen! Er kann Menschen gewinnen und für sich begeistern, er geht gelöst und souverän mit den Großen dieser Welt um, er versteht sich auf die Macht, ohne daß ihm das Machtgefühl zu Kopfe steigt. Immer wieder kann er auch den kleinen Leuten das Gefühl geben, daß ihre Anliegen für ihn wichtig sind.

Ich erinnere mich noch gut: Auf dem Parteitag in München 1982 gab es Ärger bei einigen der oberbayerischen Parteimitglieder, die während des Parteitags als Ordner und für andere organisatorische Hilfsleistungen herangezogen worden waren. Sie fanden, daß die Mitglieder von

Parteivorstand und Präsidium oft so hochnäsig und meistens grußlos an ihnen vorbeigingen. Nur für *einen* Mann gelte dies nicht: für Johannes Rau. Dicker Pluspunkt!

Also hier liegt das Rätsel nicht. Ich will mich mit »Hilfskonstruktionen« herantasten: Kann ich mir ihn als Familienvater vorstellen? Doch, ganz hervorragend. Ich erinnere mich an ein Hauseinweihungsfest, das in meiner Familie nach einem schrecklichen Wasserrohrbruch im Anschluß an eine dreimonatige »Evakuierung« gefeiert wurde. Den ganzen langen Abend verbrachte Johannes Rau – gewissermaßen als »Onkel vom Dienst« – mit meinen und anderen Kindern, die in Haus und Garten herumtobten. Er wußte Spiele und Witze und wollte vielleicht einerseits den Erwachsenen entkommen und ihnen andererseits zu allseitigem Nutzen die für sie bei solchen Gelegenheiten mühevollen Elternpflichten abnehmen. Damals hatte Rau noch keine eigenen Kinder, prunkte aber im Gespräch oft mit den zahllosen Patentöchtern und -söhnen: Familie war und ist ihm wichtig.

Kann ich ihn mir als Freund vorstellen? – Rundheraus ja: Ich weiß, daß er ein zuverlässiger Freund ist. Er pflegt Beziehungen, schreibt Briefe, achtet auf Zeichen. So kam er vor Jahren ganz selbstverständlich zu einer Geburtstagsfeier, die ich als »Abendessen in freundlicher Umgebung« für meinen Mann in unserem Haus in Berlin ausrichtete. Und so fuhr er pünktlich – mit Polizeischutz – an einem Samstagnachmittag bei einer langjährigen politischen Freundin und Mitstreiterin im SPD-Bezirk Mittelrhein vorbei, die ihren vierzigsten Geburtstag feierte. Leider traf er niemanden an und fuhr unverrichteter Dinge wieder ab, weil er den verkehrten Tag notiert hatte; sein Geschenk legte er vor der Türe ab und rief am richtigen Tag noch einmal an. Welcher Ministerpräsident eines Bundeslandes und Spitzenkandidat einer so großen Partei macht ihm das nach? Keiner!

Eine besonders amüsante Begebenheit werde ich nie vergessen, und er erinnert sich sicherlich auch noch daran: Ich lag im Krankenhaus, er schickte mir Blumen. Das Blumengeschäft legte versehentlich den Bestellzettel bei, auf dem der Lehrling notiert hatte, daß der Strauß fünfzig D-Mark kosten dürfe und daß an »etwas besonderes Feines!« gedacht war. Ich bedankte mich herzlich und machte mir meinen Spaß mit dem Versehen des Blumengeschäftes. Kurz darauf hatte ich Geburtstag und bekam den alljährlichen Glückwunschbrief des Herrn

Ministerpräsidenten, des Freundes Johannes –, zusammen mit zwei kleinen Heftchen mit Sponti-Sprüchen. In dem Brief – so gut können Ghostwriter gar nicht sein! – wurde auf den Krankenhaus-Blumenstrauß erneut angespielt: Zwar wäre der für mich vorgesehene Geldbetrag in der Schatulle des Ministerpräsidenten bei weitem erschöpft, aber er habe zusätzliche Quellen erschlossen...

In Freundschaftsdingen ist Rau sicherlich auch empfindlich. So findet er es gar nicht gut, wenn jemand seine eigene Geburtstagsfeier etwa grußlos und durch Abwesenheit mißachtet. So etwas merkt er sich wohl auch.

Wo also steckt das Rätsel? Ist es diese »erdrückende Fröhlichkeit«, die er selbst einmal in einer kabarettreifen Vorstellung Hans-Jochen Vogel in den Mund legte als möglichen kritischen Einwand gegen seine – Raus – Kandidatur um das Amt des stellvertretenden Parteivorsitzenden? Wehrt er mit dieser Fröhlichkeit die Menschen und alles Ernsthafte von sich ab? Ja, vielleicht, denn ein ernsthaftes Gespräch – von Politikerin zu Politiker – habe ich mit ihm leider noch nie geführt, aber ich halte mich auch nicht für so wichtig, daß er es müßte. Andere müssen das besser beurteilen können. Und: Was ist schlecht an Fröhlichkeit im politisch grauen Nadelstreifen-Alltag!

Also anders: Was steckt in diesem Mann? Woher kriegt er die Kraft, was treibt ihn um? Ein bißchen was vom Prediger steckt schon in ihm, oft spürt man sogar mehr den Alleinunterhalter als den Pastor. Lustig ist es meistens in seiner Umgebung, er weiß viele Witze, selten auf Kosten anderer. Kaum Häme. Auch das ist selten geworden in der Politik.

Ein letzter Annäherungsversuch: Wovon würde er wohl sprechen, wenn man mal eine Stunde mit ihm eingesperrt wäre und keine Stimmung für Witze und Dönekens wäre? Ich denke: zuallererst von seinen Kindern, seiner Familie – wohltuend bei einem Mann und angehenden Bundeskanzler. Sicher erzählt er auch von seinen Patenkindern – auch das finde ich gut und kann es verstehen, denn auf die nächste Generation hin, sogar weltweit gesehen, strampeln wir Politiker uns doch wohl ab, oder? Ich kann mir auch vorstellen, daß Rau von einfachen Leuten im Ruhrgebiet oder von Erlebnissen in »seiner« Stadt Wuppertal sprechen würde. Ist es das: Rau und Wuppertal?

Diese Stadt war über Jahre auch die meine, und ich verdanke ihr viel:

Meine Kenntnis von bodenständiger, mittelständischer Industrie und den Risiken des freien Unternehmertums habe ich daher, auch meine Hochachtung für couragiertes und kenntnisreiches Mäzenatentum, selbst in schwierigen Zeiten. Schließlich meine Kenntnis der Bekennenden Kirche und der oppositionellen Kraft, die aus Religiosität erwachsen kann. Ich bewerte auch dieses positiv: Der Mann ist verwurzelt – lokal, sozial und ethisch. Man weiß, wohin er gehört.

Wo also steckt das Rätsel? »... ich bin kein ausgeklügelt Buch, ich bin ein Mensch mit seinem Widerspruch«, diese beiden Zeilen stellt Conrad Ferdinand Meyer seinem Gedicht über Ulrich von Hutten voran. Der Reim ist leider schlecht, vielleicht klingt er in der schweizerischen Dialektfärbung besser. In der Tendenz paßt der Spruch aber gut auf »Bruder Johannes«: Man weiß eine ganze Menge von diesem Menschen, aber sein »Widerspruch« wirft spürbar Fragen auf.

Heutzutage scheint es für Politiker entscheidend wichtig, daß ihr Fernsehgesicht und ihre Fernsehbotschaften widerspruchsfrei erscheinen. Das Stromlinienförmige, das Glatte, Geschmeidige, Freundlich-Unanstößige ist gefragt. Die Toleranz dieser Fernsehgesellschaft mit ihren so stark vergröbernden und simplifizierenden Eigenheiten, gerade bei Politikern Ecken und Kanten und Widerborstigkeiten zu akzeptieren, ist gering: Das Unangepaßte, das Widersprüchliche und schlicht Menschliche haben wenig Raum. So wäre dies (trotz des schlechten Reimes) kein schlechtes Motto für Rau: »... ich bin kein ausgeklügelt Buch, ich bin ein Mensch mit seinem Widerspruch.«

Dieter Lattmann

Die Vorsicht des Kandidaten beim Bad in der Menge

»Ihr wißt doch, das ist meine Art, unter der wir manchmal gemeinsam leiden.« Das sagte Johannes Rau mit einem jungenhaften Lachen, als habe er in Kindertagen schon immer bei der eigenen Geburtstagsfeier die Kakaotasse umgeworfen. Er sagte es wiederholt, als er eine Zeitlang den Vorsitz der medienpolitischen Kommission beim Parteivorstand führte – in jenen wunderbaren Jahren, als wir mit Willy Brandt alle mehr Demokratie wagen wollten.

Wir kannten einander, wie Berufspolitiker derselben Partei sich wechselseitig kennen, ein bißchen persönlich, meist aber in Sachbezügen: Sympathie ist hilfreich, wenn sie hinzukommt. Wichtiger ist das gemeinsame Wollen. Oder das, was sich als Konsens herausstellt, nachdem unterschiedliche Positionen ausgetragen sind. Wenn Freundschaft einmal möglich wird, bleibt das eine Überraschung.

Damals lernte ich Rau näher kennen. Er fuhr immer aus Düsseldorf herüber. Manchmal ließ er beim Hereinkommen seinen langen Schritten die Entschuldigung für eine unvermeidbare Verspätung voranflattern. Kaum saß er, war er bei der Sache. Aber er konnte es sich noch leisten, sie nicht ganz ernst zu nehmen. Ironie war die Waffe, die er gegen sich richtete. »Ihr wißt doch!« Wenn er dann das Kinn in eine Hand stützte, den Kopf schief legte und die über dem Nasenbein zusammengewachsenen Brauen links und rechts wie Schwingen ausholen ließ, als wollte etwas aus seinem Gesicht davonfliegen, war er ein unterhaltsamer Vorsitzender, meist zum Streich mit Worten aufgelegt, erfindungsreich und spielerisch.

Jeder Politiker ist ein Selbstdarsteller. Bei Rau wirkte es, noch wenn er um die eigene Person kreiste, als nähme er von sich Abstand. Immer ging er zu sich auf Distanz, gönnte sich Paradoxes und hatte Spaß daran. Oft saßen wir in der Runde beisammen zu der Zeit, in der die Baracke an der Bonner Ollenhauerstraße, gerade noch, ihren Namen verdiente. Längst ging ihm der Ruf voraus, für hohe Aufgaben, vielleicht einmal für das höchste Regierungsamt ausersehen, jedenfalls geeignet zu sein. Angesichts des Kometenschweifs solcher Erwartung, der ihm beinahe auf Schritt und Tritt anhing, handelte er lässig und leistete sich seine Emanzipation von den Riten. Er war nicht einzufügen in den Rattenfängerzug der Karrieremacher.

Johannes, wie wir ihn alle nannten, kannte gewöhnlich mehr als nur eine Seite der Sache, um die es gerade ging. Er las schnell und genau zwischen den Zeilen, dachte zwischen den Gedanken und oft weiter als andere. Er war nicht langweilig, kein Mensch ohne Abgrund. Viele Schwingungen nahm er auf, besaß Gespür und, wenn es darauf ankam, auch die Entschiedenheit, einen Vorsatz durchzustehen. Ich beobachtete das häufig, wenn wir einander trafen, in der Kommission, im Parlament oder später auf Parteitagen. Wir tauschten uns aus über die Einsamkeit des Politikers, die jeder mit sich abmachte.

Manchmal wurde an seinem Verhalten deutlich, daß er aus dem Kreis um Gustav Heinemann zur SPD gekommen war, als einer von denen, die in den Anfangsjahren der Bundesrepublik für die Wiedervereinigung und ebenso leidenschaftlich gegen jede Wiederaufrüstung eintraten. Auch während der sozialliberalen Koalition blieb Rau ihm verbunden, dem Bundespräsidenten, der das Wort vom »schwierigen« Vaterland geprägt hat und über den Staat bekannte, daß er für ihn arbeite, aber nicht ihn liebe, sondern seine Frau.

Rau wurde Spitzenkandidat der Sozialdemokraten in Nordrhein-Westfalen, indem er die Partei beinahe Ortsverein für Ortsverein hinter sich brachte. Viele hatten ihm das nicht zugetraut. Daß das Schlüsselwort der Demokratie Mehrheitsfähigkeit heißt, dafür entwickelte er einen sechsten Sinn. Lange blieb er Junggeselle. Als er heiratete und Vater wurde, geriet ihm das Persönliche, meinten viele, zu einer allzu öffentlichen Angelegenheit. Unsere Wahlkämpfe werden immer amerikanischer. Das kann er auch. Aber wohin führt das?

Heute, an den Münchner Schreibtisch zurückgekehrt, sehe ich Johannes Rau fast nur noch im Ausschnitt elektronischer Medien. Ich frage mich, wie er es aushält, daß man ihn als Kanzlerkandidaten auf die Maße leichtgefälliger Bedürfnisse zurechtzuschneidern versucht. Zuerst tut das seine eigene Mannschaft wie zum Beweis, daß ihr Frauen fehlen. Ich frage mich, wie er sich noch wiederfindet unter verordnetem Optimismus und soviel Vereinfachungen. Hat der andere da in Bonn derlei nicht überreichlich im Angebot? Was Rau braucht, ist Unterscheidung.

Die in Bonn regierende Mehrheit kann die vier brennendsten Probleme unserer Zeit nicht lösen: nicht die gerechte Verteilung der Arbeit, nicht die Beendigung des Rüstungsirrsinns, nicht das Wiedergewinnen einer menschenwürdigen Umwelt, nicht die Solidarität mit den Benachteiligten im eigenen Land wie den Armen auf der Welt. An diesen Fragen entzünden sich Konflikte, von deren Ausgang unsere Zukunft abhängt. In dieser Lage, die alle Kräfte des Gemeinwohls herausfordern müßte, verschärfen Bundesregierung und Wirtschaft die Auseinandersetzung mit den Gewerkschaften um das Grundrecht auf Streik. Sie drängen auf Sicherheitsgesetze, die dem Namen hohnsprechen; sie beschwören den Überwachungsstaat herauf. Sie bereiten einen »Zivilschutz« vor, der das Luftschutzgesetz von 1935 in Grund

und Boden überbietet. Es ist zynisch, von Aufschwung zu sprechen, wenn die Gewinne für wenige wieder stimmen. Der Aufschwung wird dann erreicht sein, wenn wieder so gut wie alle Menschen in der Bundesrepublik einen Arbeitsplatz haben.

Nicht die Einebnung von Gegensätzen, die Qualität der Entscheidung zu diesen Überlebensfragen steht zur Wahl. Ich kann mir nicht vorstellen, daß der Kanzlerkandidat Rau dabei ohne den Johannes Rau von früher auskommen kann. Es ist viel verlangt von einem Politiker, er solle sich treu bleiben unter Umständen, unter denen scheinbar Opportunismus, also Treulosigkeit, triumphiert.

Daß in der Politik die Dinge anders heißen, als sie sind, daran haben wir Zeitgenossen uns leidvoll gewöhnen müssen. Aber Millionen in der Bevölkerung hoffen darauf, daß einer kommt, der wieder meint, was er sagt. Einer, der nicht herumredet. Einer, der zugibt, wie schwierig, aber auch wie notwendig es ist, Lebensbedingungen unseres Landes und seiner Menschen zu verändern. Dort zu verändern, wo das erstarrte Beharren am gestern noch Gültigen zum Verhängnis wird und immer mehr Mitbürger das erkennen. Der christliche Sozialdemokrat Rau sollte dieses Prinzip Hoffnung nicht geringschätzen.

WERNER HÖFER

Sprungbereit und schlagfertig

»Kölner Abend«* mit einem Düsseldorfer aus Wuppertal: Bruchstücke eines langen Dialogs sind zu protokollieren und zu kommentieren. Wir waren verabredet, was Ort und Zeit betraf, vermieden aber jede Verabredung über Fragen und Formen des Gesprächs. Man saß sich gegenüber ohne Blatt in der Hand, ohne Blatt vor dem Mund. Sprungbereit, wie ein Kanzlerkandidat zu sein (oder zu scheinen) hat, schwang Rau sich auf das Podium und in den Sessel:

Sitzen Sie bequem, Herr Ministerpräsident?
Sehr!

* Veranstalter: CITY-TREFF

Wie lange noch?
Die durchschnittliche Lebenserwartung der Männer liegt bei vierundsiebzig Jahren.

Und das einem Zweiundsiebzigjährigen, der, den Genius loci, die Nähe zum Dom, nutzend, an die Vorstellungskraft des evangelischen Christenmenschen appellierte:

Können Sie sich vorstellen, Sie wären anders getauft, als Sie nun mal sind, und wären Erzbischof von Köln und Kardinal der römisch-katholischen Kirche?
Dazu gehört wirklich einige Phantasie, sich als Kardinal und Erzbischof von Köln zu sehen, Frings im Sinn, Höffner vor Augen ...
... und das Zölibat im Nacken?
Damit bin ich bis zu meinem einundfünfzigsten Lebensjahr, jedenfalls der juristischen Form entsprechend, zurechtgekommen. Aber ich gestehe: Das war nicht die beste Zeit meines Lebens ...
... obwohl aus dieser Zeit eines Ihrer besten Aperçus stammt: »Man kann auch im stillen Gutes tun.«
Ja, das geht mir immer noch nach. Dennoch sage ich allen Ehemännern: Das, was man im stillen tut, kann mal an die große Glocke kommen.

»Bruder Johannes« ist ein gefragter Skatbruder; deshalb die Frage:

Wer ist Ihr liebster Skatpartner?
Meine Wuppertaler Kumpels. Aber der Lothar Späth spielt auch nicht schlecht. Kürzlich habe ich vier Mark achtzig bei ihm verloren ...
... das holen Sie beim neuen Lastenausgleich wieder rein ...
... und das sagt der doch in der Landespressekonferenz!
Spielschulden fallen doch sicher unter Datenschutz?
Sollten sie! Dann gab es ein Revanchespiel, auf dem Rückflug von Straußens siebzigstem Geburtstag. Auf der Strecke München-Stuttgart hatte ich schon gewonnen. Davon hat er nichts gesagt, öffentlich, nicht einmal im Dritten Programm.

Im Gespräch mit einer Kölner Zeitung hatte der Düsseldorfer Gast sich verplaudert. Die etwas vollmundig geratene Aussage zur Sozialpolitik hatte lange nachgewirkt, weshalb nachzufragen war:

Wie oft können Sie es sich noch leisten, sich so zu äußern, daß Sie vierundzwanzig Stunden später einräumen müssen, Sie hätten sich ein bißchen differenzierter ausdrücken sollen?
So was sollte man sich nie leisten. Aber ich gestehe, daß ich glaube, es gehört zu dem Bild, das es von mir gibt, auch, daß ich mal Bockmist mache, daß ich an einem Tag mal schwächer bin als an dem anderen und daß ich das dann auch sage. Die Leute wollen doch kein Monument, nicht einen, der immer topfit ist. Und bei aller Aufregung über meine Panne: Ich weiß ganz andere Sachen, was die gegenwärtige Pannenpolitik der Bundesregierung angeht.
Also Pannen als sympathische menschliche Schwäche?
Ja, wenn man auch nicht zu ihnen verpflichtet ist.

Pannen: ja; Kneifen: nein! Auch nicht bei der Frage der Fragen:

Wie wollen Sie – wenn Sie nach der Bundestagswahl nicht die Mehrheit der Sitze haben und mit den gegenwärtigen Koalitionsparteien nicht koalieren können –, wie wollen Sie dann ohne die Grünen auskommen?
Dann bin ich nicht Bundeskanzler.
Aber könnte ein erfolgreicher Kanzlerkandidat der SPD sich nicht auswechseln lassen wie ein Fußballspieler in der zweiten Halbzeit?
Das kann ich mir nicht vorstellen. Außerdem diskutiere ich viel lieber über meine Kabinettsbildung.
Nun denn! Wer ist Ihr Außenminister?
Ich werde keine vollständige Regierungsmannschaft nennen, sondern ein paar Männer und Frauen, von denen ich glaube, daß sie mir bei meiner Arbeit behilflich sein können.
Wie viele Frauen?
Mehr, als wir jetzt im Düsseldorfer Kabinett haben.
Das würde ja die reinste Vielweiberei! Aber unter Männern: Wenn der Kandidat das Klassenziel nicht erreicht – treten Sie dann erhobe-

nen Hauptes und möglicherweise leichten Herzens, im Gefühl erfüllter Pflicht, den Rückweg nach Düsseldorf an?
Meine Gangart und meine Gefühlslage würden davon abhängen, wie das Wahlergebnis sein wird. Wenn wir die stärkste Fraktion werden, ist das ein großer Erfolg für die SPD, aber kein ausreichender Erfolg für den Kandidaten. Dann tue ich meine Arbeit in Düsseldorf weiter.

II. Kapitel

Kindheit und Jugend

Werner Filmer / Heribert Schwan

Sein Elternhaus

Auf dem Schreibtisch des nordrhein-westfälischen Ministerpräsidenten Rau steht ein Foto. Rechts neben dem Telefon - unter der Leselampe - ist der Stammplatz einer Paßbildvergrößerung, die seinen Vater zeigt, eingefaßt in einen silbernen Metallrahmen. Ernst schaut der Vater auf seinen arbeitenden Sohn. Hin und wieder begegnen sich ihre Blicke.

Beide ähneln sich rein äußerlich kaum. Doch viele Talente des Vaters scheinen seinem Sohn in die Wiege gelegt worden zu sein. Bis zu seinem frühen Tod durch einen Unglücksfall am 15. Dezember 1953 war Ewald Rau für sein drittes Kind Johannes ein wichtiges Leitbild.

Um die Jahrhundertwende war der Großvater väterlicherseits aus dem oberbergischen Ort Waldbröl nach Barmen gezogen. Einige Jahre lang arbeitete er als Maurer, sattelte dann um und wurde Polizeibeamter. Über vierzig Jahre blieb er in diesem Beruf tätig.

Am 1. April 1898 war Sohn Ewald zur Welt gekommen. Als drittes von fünf Kindern. Nach dem Besuch der Volksschule machte er eine kaufmännische Lehre und arbeitete anschließend als Handlungsgehilfe in mehreren Firmen. 1923 gründete er im Barmer Stadtteil Wichlinghausen ein Textileinzelhandelsgeschäft.

Zu dieser Zeit lernte Ewald Rau seine spätere Frau kennen: Helene

Hartmann, das jüngste von fünf Kindern. Sie stammte aus einer oberbergischen Unternehmerfamilie in Waldbröl, war am 27. März 1901 geboren worden. Ihr Vater galt für damalige Verhältnisse als erfolgreich. Er verkaufte Haushaltsgeräte und Landmaschinen. Gleichzeitig engagierte er sich im »Christlichen Verein junger Männer« (CVJM). Gustav Hartmann gehörte zu den führenden Köpfen dieses evangelischen Jugendverbandes. Durch den CVJM hatte Ewald Rau die Familie Hartmann kennengelernt.

Im Januar 1925 schrieb er einen Brief an das »Sehr verehrte Fräulein Hartmann«, das er seit zwei Jahren kannte, und bat um einen Besuch. Sein Schreiben endete mit »Ihr sehr ergebener« Ewald Rau. Sein Sohn Johannes erzählt gern und pointensicher die Hochzeitsgeschichte seiner Eltern, die sich am Verlobungsabend erstmals duzten und im gleichen Jahr heirateten.

1925 war ein Jahr wichtiger beruflicher Weichenstellung. Ewald Rau gab sein Textilgeschäft auf und wurde Vereinssekretär des Blauen Kreuzes in Wuppertal, einer der stärksten Gesinnungsgemeinschaften innerhalb des Pietismus. Er hielt dort die ersten »Stunden«, wie das im Sprachgebrauch des Wuppertals heißt. Die jungen Eheleute bezogen eine Wohnung in der Schloßstraße in Unterbarmen, später im Haus der Blaukreuzler in der Parlamentsstraße. »Mach das, du bist geeignet, mach das hauptberuflich«, hatte man ihm gesagt. Ewald Rau wurde Prediger; er gelobte, sein Leben lang niemals Alkohol zu trinken.

Ob es ein Schlüsselerlebnis gab, das zu dieser weitreichenden Verpflichtung führte, darüber rätseln seine Söhne bis heute. Als Vereinssekretär reiste er durch die Lande und predigte. Wochenlang war er in Deutschland unterwegs, hielt Andachten und Ansprachen vor einem meist älteren Publikum, das sich zum Ziel gesetzt hatte, »Trinker« zu bekehren, ihnen zu helfen.

Rau war mit einer bewußten Entscheidung Christ geworden als Glied einer »zwar volkskirchlich organisierten, aber religiös nicht gebundenen Familie«. Er war zum »Glauben gekommen«, lebte konsequent nach pietistischen Grundsätzen.

Am 31. Juli 1926 kam Tochter Leni zur Welt. Auf den Tag genau drei Jahre später wurde Sohn Traugott geboren. Am 16. Januar 1931 folgte Johannes, dann am 23. März 1932 das vierte Kind, Tochter Christel; zwei Jahre später, am 12. Mai 1934, wurde das jüngste Kind geboren,

Sohn Hartmut. Stets war die Wohnung zu klein, deshalb zogen die Raus im Laufe von acht Jahren mehrfach um. 1931 bezog die Familie eine geräumige Mietwohnung in der Riescheider Straße 14. Hier lebt Helene Rau noch heute.

Ihr Leben verlief aufopferungs- und entbehrungsreich. Die fünf Kinder forderten ihre Kraft, zumal der Vater oft auf Reisen war und wenig verdiente. Sie trug – gottergeben und zuversichtlich – die Hauptlast einer kinderreichen Familie. Klagte nie, blieb fröhlich. Manche Belastung mutete Vater Rau seiner Frau zu. Oft brachte er unangemeldet Menschen von der Straße mit heim, darunter Alkoholiker, die versorgt werden mußten. Zum Weihnachtsfest 1946 – es war ein schlimmer Winter voller Flüchtlingselend – holte er zwei weitere Kinder in seine Familie, einen sechs- und einen zwölfjährigen Waisenjungen, die er am liebsten adoptiert hätte. Aus tiefer christlicher Überzeugung und Liebe zu ihrem Mann akzeptierte Helene Rau über viele Jahre auch diesen »Akt tätiger Nächstenliebe«.

Für den Blaukreuzler Ewald Rau hatte Hitlers Machtübernahme zunächst keine unmittelbare Auswirkung. Der unpolitische Pietist, der eine deutschnationale Grundhaltung besaß, sah in Adolf Hitler nicht unbedingt den unseligen Verführer des deutschen Volkes.

1939 – nach Ausbruch des Zweiten Weltkrieges – war Vater Rau eingezogen worden. Als Freiwilliger hatte der deutsche Patriot – von 1916 bis 1918 – bereits am Ersten Weltkrieg teilgenommen. Nun zog er mit der Wehrmacht nach Belgien, Italien und schließlich nach Rußland. Im Februar 1945 wurde er an der Ostfront bei Kurland schwer verwundet. Wie durch ein Wunder überlebte er den Krieg, verbrachte nur einen Tag in Gefangenschaft. Die Besatzer entließen den schwerverletzten Mann nach Hause.

Nach dem Krieg ging Rau nicht zum Blauen Kreuz zurück. Anfang der vierziger Jahre hatte er Probleme mit seinen Glaubensbrüdern bekommen. Der Gefreite war über eine Verwaltungslaufbahn Zahlmeister und damit Offizier geworden. Zu seinen Aufgaben als Verpflegungsoffizier gehörte auch, Weine zu probieren. Nur widerwillig hatten ihm die Blaukreuzler dafür einen Dispens erteilt. Dieses Verhalten ärgerte ihn so sehr, daß er nicht zu seinem Beruf als Reisesekretär des Blauen Kreuzes zurückfand. Doch Alkohol und Zigaretten blieben zeit seines Lebens tabu für ihn.

1945 wurde der begabte Rhetoriker Ewald Rau, der Einzelspaziergänge mit seinen Kindern liebte, freier Prediger. Von Wuppertal zog er durch die deutschen Lande, um das Wort Gottes zu verkünden. Er hielt sogenannte Evangelisationen. Nachmittags erläuterte er Kindern die Heilige Schrift, abends hörten ihm Erwachsene zu. Auch ihnen deutete er die Bibel, versuchte, sie für ein Leben in der Nachfolge Christi zu gewinnen.

Der Prediger Rau wurde angefordert, erhielt Aufträge von evangelischen Kirchengemeinden und von Freikirchen. Durchschnittlich reiste er drei Wochen lang, blieb dann zwei Wochen in Wuppertal, wo er auch predigte, und zog dann wieder durchs Land, um das Wort des Herrn zu verkünden.

Während der Nachkriegsjahre blieb sein Einkommen bescheiden. Meistens ließ sich gerade das Existenzminimum sichern. Ab 1948 kombinierte er seine Tätigkeit als Prediger mit einer Handelsvertretung für ein oberbergisches Unternehmen, um besser über die Runden zu kommen. Einige Jahre später starb er jäh. Wegen des defekten Türschlosses eines Busses der Wuppertaler Stadtwerke fiel er am 15. Dezember 1953 in einer Kurve aus dem Fahrzeug und erlitt tödliche Verletzungen.

Ewald Rau, eine prägende Gestalt für seine Kinder, war Autodidakt, belesen und herzensgut! Er war ein Erzähltalent und charismatischer Redner. Seine Gabe, auf Menschen zuzugehen, sie zu »verzaubern«, sie für sich einzunehmen, Menschen zu überzeugen, wird nicht nur von seinen Kindern gerühmt. Er war unbeholfen in den praktischen Dingen des Lebens, besaß aber ein weites Herz und eine empfindsame soziale Gesinnung. Ihm zur Seite stand eine Frau, die ebenso offenherzig und kontaktfreudig war. Ihrem christlichen Glauben ist sie bis heute verbunden geblieben.

Riescheider Straße 14

Als Johannes Rau am 16. Januar 1931 geboren wurde, waren die Eltern mit den beiden anderen Kindern, Leni und Traugott, wieder einmal umgezogen. Sie wohnten in einem Achtfamilienhaus, Im Springen 7, im Stadtteil Barmen. Arbeiter lebten hier. Alles war grau in grau. Im

Oktober des gleichen Jahres zogen die Raus in die Riescheider Straße 14. Wieder ein Arbeiterviertel. Hier verbrachte Johannes die meiste Zeit seines bisherigen Lebens. Die Straße blieb seine Anschrift als Schüler, Lehrling, Verlagsbuchhändler, GVP-Mitglied und Sozialdemokrat.

In der Riescheider Straße 14 erlebte er, was es heißt, in einer christlichen Gemeinde aufzuwachsen. Hier wurde er erzogen »in der Furcht des Herrn«, getadelt, bestraft, gelobt. Riescheider Straße 14, das hieß: Geigenstunde und Hausmusik, die Andacht nach dem Essen und die vielen Bekannten und Verwandten, die Nächte im Luftschutzbunker und die strengen, doch auch liebevollen Verweise der Eltern. Hier betete und arbeitete er in der Gemeinschaft mit den Geschwistern, lernte englische und lateinische Vokabeln, las, was der Vater an Lektüre zu bieten hatte. Hier wurde gefeiert, gestritten, gelitten, gelacht, geweint.

Riescheider Straße 14. Wieder ein Wohnblock. Nicht so hoch und so düster wie Im Springen. Hinter dem Haus Wiese, Wald, Feld. Drei Häuser weiter der Kindergarten, drei Minuten entfernt das Pfarrhaus. Bis zur Gemarker Kirche waren es gut fünfzehn Minuten.

Die Reformierte Gemeinde Gemarke in Wuppertal-Barmen, ihre Pfarrer und deren Familien prägten den jungen Johannes Rau vermutlich stärker als das eigene Elternhaus. Die pietistisch-reformierte Umwelt hinterließ Spuren, die heute noch im Politiker sichtbar werden.

Mit drei Jahren kam er in den Kindergarten. Schwester Anna Bicker, eine Kindergärtnerin, leitete ihn. Ihr verdanken alle Rau-Kinder unendlich viel. Ihr Leben lang vergaß Johannes nie ihren Geburtstag. Als »Tante Anna« im Alter von 92 Jahren starb, ließ Rau, als er die Nachricht erfuhr, sämtliche Termine platzen und fuhr zur Beerdigung.

Schwester Anna muß eine starke Persönlichkeit gewesen sein, die für jedes ihrer sechzig Kinder Zeit hatte, ihnen Zuwendung und Aufmerksamkeit, vor allem aber eine lebendige, liebevolle Atmosphäre schenkte. Sie regte die Kinder an, förderte ihre Begabungen.

Für den vierjährigen blonden Jungen mit den strahlenden blauen Augen, der meistens mit ausgebreiteten Armen auf andere zuging, wurde die unverheiratete Tante Anna die zweite Mutter. Ihr vertraute sich Johannes an. Sie kümmerte sich mit zärtlicher Zuneigung um den aufgeweckten Burschen, der im Umgang mit anderen weder Angst noch Hemmungen zeigte. Respekt verschaffte sich Schwester Anna, indem sie ihre Arme über den Körper verschränkte. Das bedeutete: Achtung, Ruhe! Lange behielt Rau diese Angewohnheit bei. Oft lud Tante Anna die Rau-Kinder in ihr Haus ein, spielte mit ihnen im Garten, war ständig gesprächsbereit.

Helene Rau, die vielbeschäftigte Mutter, war eine herbe und zugleich strahlende Frau, die Fröhlichkeit und Geborgenheit vermittelte. Für die Kinder scheint sie wichtiger gewesen zu sein als der Vater, der oft unterwegs war. Kam er an den Wochenenden nach Hause, erlebten ihn die Kinder als »streng, gottesfürchtig und gerecht«. Wenn er die »Woche aufarbeitete«, konnte es auch Strafen und Verweise geben. Solange die Kinder klein waren, verhielten sich die Eltern unautoritär. Kinder durften fast alles: laut sein, fröhlich sein, balgen, raufen, fragen. Nur gegen »die Liebe durfte nicht verstoßen« werden. Etwas tun, was anderen weh tat, wurde als schlimmes Vergehen geahndet.

Nach dreijähriger Kindergartenzeit besuchte Johannes die Volksschule Schützenstraße. Wieder fand er eine Pädagogin, die ihn förderte. Noch heute schwärmt die Lehrerin Irmgard Kowald von dem aufgeweckten, sonnigen Burschen.

Jeden Sonntag gingen die Kinder in den Kindergottesdienst. 1940 – mit neun Jahren – kam Johannes Rau, ein Jahr früher als gewöhnlich, in den Schülerbibelkreis der traditionsreichen Gemarker Gemeinde. Sein späterer Freund und Berufskollege Werner Braselmann leitete zunächst den Kreis, der später vom zweitjüngsten Sohn des Gemarker Pfarrers Karl Immer übernommen wurde. Der junge Primaner, Adalbert, muß es verstanden haben, Johannes zu begeistern. Regelmäßig trafen sich die Schüler im Pfarrhaus, sprachen über Bibeltexte. 1942 machte Adalbert sein Abitur, wurde eingezogen und fiel drei Monate später an der Ostfront.

Eine zweite Heimat

In jenen Jahren – ab 1940 – lernte Rau ein richtiges, lebendiges protestantisches Pfarrhaus kennen. Hier ging er mit seinen Geschwistern ein und aus, erhielt wesentliche Impulse. Er lernte Menschen begreifen, die sich stark von jenen unterschieden, die er in der Riescheider Straße 14 erlebt hatte. Auch Pfarrer Karl Immer war Blaukreuzler gewesen. Doch als der Kopf dieser Bewegung, Wilhelm Göbel, 1933 »Deutscher Christ« wurde, war Immer – im Gegensatz zu Ewald Rau – aus dem Blauen Kreuz ausgetreten.

Karl Immer jagten die Nazis bereits am 15. März 1934 als einen der ersten evangelischen Pfarrer aus dem Amt. Doch das Gemarker Presbyterium hatte beschlossen, ihn zu halten. Er blieb ein führender Kopf der Bekennenden Kirche. Als reformierter Pfarrer begriff sich Immer auch als Künder und Prophet. Weitsichtig, mutig und listig umging er die Verbote der Nazis.

Der Geistliche, den der kleine Rau fast täglich erlebte, war ein vergnügter, optimistisch denkender Mann, der seine Stärke aus dem Glauben bezog. Nie verzagte er, nie zeigte er Angst. 1932 hatte er den Theologen Karl Barth kennengelernt, dessen Denken ihn außerordentlich beeinflußte. Immer spürte meistens instinktiv, was getan werden mußte, was wichtig war. Er ging auf Menschen zu, wartete nicht, bis sie kamen. Seine Liebe zu den Armen und Schwachen prägte auch die Gemeindearbeit.

Für Immer war der Kampf der Bekennenden Kirche vor allem eine Frage brüderlicher Freundschaft und Verbundenheit. Unverzagt half er vielen in ihrer Angst. Bis zu seinem Tode 1944 hatte Johannes Rau in ihm einen väterlichen Fürsprecher. Doch auch seine Frau, eine scharfsinnige Lehrerin, verstand es, dem Jungen eine zweite Heimat zu geben.

Nach dem Tode der beiden Söhne Immer wurde das drittälteste Kind des Pfarrers, Leni, ein wichtiger Rückhalt für Rau. Leni Immer arbeitete als Gemeindehelferin in Gemarke. Da es keinen Religionsunterricht in den Schulen gab, bemühten sich die Pfarrer der Bekennenden Kirche, den Gemeindegliedern – von elf Jahren an – eine Art Vorkonfirmandenunterricht zu vermitteln, der drei Jahre lang dauerte. Das Alte und das Neue Testament wurden hin und her gewendet. Jedes Buch der Bibel mußte in Auszügen bearbeitet werden. Spannende, zusammenfassende Überschriften hatten die Schüler zu suchen. In diesen Jahren lernten die Jugendlichen alles, was ihre Bibelfestigkeit untermauerte.

Ostern 1944 legten die Vorkonfirmanden in Gegenwart der Eltern und des Pfarrers ihre Prüfung ab. Danach übernahm Karl Immer als

Pfarrer den eigentlichen Konfirmandenunterricht, allerdings nur vier Wochen lang. Ein zweiter Schlaganfall brach seine seelsorgerische Tätigkeit abrupt ab. Am 6. Juni 1944 starb er. In Rau hatte sich eine Neigung verfestigt: Er wollte Pastor werden.

Raus Erinnerungen an diese Zeit, doch auch die Bombardierungen seiner Heimatstadt und die Nächte in den Kellern, sind ihm noch gegenwärtig: »In der Nacht vom 30. auf den 31. Mai 1942 erlebte ich den bis dahin schwersten Angriff auf eine deutsche Stadt in Wuppertal. Wir saßen im Luftschutzkeller. Meistens war das die Waschküche eines Hauses. Bei uns war das auch so ... Alle Familien waren da. Ich erinnere mich an eine Frau – sie wohnte unter uns –, die kniend betete. Sie war katholisch. Wir alle beteten. Normalerweise gingen wir in den Zentralbunker Siedlungsstraße ... Die Stadt war zerstört. Unser Vater, der als Soldat in Rußland kämpfte, war auf Heimaturlaub. Als nach Stunden die Entwarnung kam, sind wir raus zum Löschen. Während Vater und mein älterer Bruder einen Dachgiebel löschten, stand ich im Bach und habe Wasser geschöpft, Eimer weitergereicht ... Es war schlimm. In dieser Nacht kamen zwei befreundete Familien zu uns, die ausgebrannt waren; eine mit acht Kindern, sie wußten nicht mehr, wohin, und übernachteten bei uns. Ich weiß noch, wie durchfroren, übernächtigt und aufgeregt wir am Morgen um den Familientisch saßen und fragten: Wer ist tot? ... Irgendwann sagte mein Vater: ›Ich muß euch was erzählen.‹ Als er von Rußland mit einem Kameraden hergefahren sei, habe der ihm gesagt, es gebe in Polen und Rußland Lager, in denen Juden, Kommunisten und Sozialdemokraten gefoltert und erschossen würden, ›die nennt man Konzentrationslager‹.«

Rau sagt heute, er könne das nie vergessen. Es sei für ihn ein Indiz, »wer etwas gewußt« habe. Wir fragen ihn, wie sein väterlicher Freund, der Pfarrer Immer, auf Nazis reagiert habe. »Die versuchten, den Pastor Immer unter Druck zu setzen. Sie hatten an dessen Haus geschrieben: Hier wohnt der Volksverräter Immer. Er litt sehr darunter, hatte das Eiserne Kreuz aus dem Ersten Weltkrieg in seinem Studierzimmer hängen. Zu dem sind die dann gezogen – Uniformierte, in Zehnerreihe, so daß er nicht über den Bürgersteig entweichen konnte. Dann sind sie vor ihm stehengeblieben und haben gesagt: ›Heil Hitler.‹ Und er zog seinen Hut und sagte: ›Immer.‹ Das hat uns Kindern unheimlichen Eindruck gemacht.«

»Rau, du bist stinkfaul!«

Im dreijährigen Vorkonfirmandenunterricht hatte Rau mit Abstand zu den eifrigsten Schülern gezählt. Intelligent und aufgeweckt, fleißig und begierig saugte er den Stoff wie ein Schwamm in sich auf.

Zu jener Zeit gab es auch im Hause Rau noch Diskussionen, ob die Hakenkreuzfahne zu den vorgeschriebenen Anlässen hinausgehängt werden sollte oder nicht. Im zweiten Stock der Riescheider Straße 14 wohnten SA-Leute, die darauf achteten, daß überall Fahnen gehißt wurden. Auch bei den Raus hing – wie in fast jeder anderen Wohnung – ein Führerbild, und zwar im Flur unter der Lampe neben der Garderobe. Vater Rau hatte ein besonderes Bild ausgewählt. Es zeigte Hitler, der sich vor der Garnisonskirche in Potsdam vor Hindenburg verneigte.

Natürlich mußten auch die Brüder Rau in die Hitlerjugend. Der Zehnjährige brachte es nicht weit im Jungvolk. Ihm fehlten sportliche Zähigkeit und Geschick. Seine körperlichen Fähigkeiten reichten nicht einmal aus, »um eine Kordel zu bekommen«. Stur blieb Vater Rau allerdings, als seine Söhne – anstelle des Kindergottesdienstes – sonntags mit ihrem HJ-Fähnlein antreten sollten. Er gab kein Pardon, er schickte seine Kinder »mit dem Gesangbuch unterm Arm« an ihren Altersgenossen vorbei in die Kirche.

1937 war Johannes in die Volksschule gekommen. In dieser Zeit wurden die Konfessionsschulen aufgelöst und zu Gemeinschaftsschulen zusammengeschlossen. Im Rahmen der Kinderlandverschickung geriet der Viertkläßler 1941 für knapp vier Monate nach Bayern. Die Zeiten waren durch die ständigen Bombardierungen und Warnzeiten äußerst unruhig geworden. Nach der fünften Volksschulklasse ging der begabte Schüler Ostern 1942 auf das humanistische Wilhelm-Dörpfeld-Gymnasium in Wuppertal-Elberfeld. Ende Juni 1943 wurden alle Schulen nach den schweren Luftangriffen vom 30. Mai und 25. Juni evakuiert. Seine Penne wurde nach Gera (heute DDR) verlegt. Bruder Traugott sollte nach Weimar. Da der Vater im Krieg und die älteste Schwester Leni als Schwesternschülerin in Schlesien waren, zog die fünfköpfige Restfamilie zunächst nach Chemnitz. Drei Monate lang besuchten Traugott und Johannes hier das humanistische Gymnasium. Dann fanden die Raus bei Verwandten in Erfurt eine Bleibe.

Anfang 1944 – als die Bombenangriffe auf Wuppertal beendet schienen – kehrte Helene Rau mit ihren Kindern zurück ins Bergische Land, heim in die Riescheider Straße 14.

Das humanistische Gymnasium in Elberfeld war wie viele andere Schulen zerstört. In der sogenannten Sammeloberschule Ost in Wuppertal-Barmen wurden Schüler der verschiedensten Schultypen zusammengefaßt und bis zum Ende des Krieges – mit etlichen Unterbrechungen – unterrichtet. Nach der deutschen Kapitulation blieben die Wuppertaler Schulen erst einmal für Monate geschlossen. Als im Herbst 1945 ein ordentlicher Schulunterricht wiederaufgenommen werden konnte, landete Johannes auf dem Carl-Duisberg-Gymnasium in Barmen. Diese Schule mit stark naturwissenschaftlicher Ausrichtung erwies sich allerdings als falsch für den sprachbegabten Jungen.

Der schwerverwundete Vater kämpfte ums Überleben, um seine berufliche Existenz. Er war mit der täglichen Sorge beladen, die Mäuler seiner Kinder zu stopfen. Im Oktober 1946 erkrankte Johannes an einer Lungentuberkulose. Drei Monate verbrachte er in der Lungenheilstätte Aprath bei Wuppertal. Schuldefizite waren entstanden.

Als Sextaner hatte er auf dem humanistischen Gymnasium mit Latein begonnen. Auf dem Carl-Duisberg-Gymnasium wurde Englisch als erste Fremdsprache unterrichtet. Erst ab Quarta kam Latein hinzu. Anfang 1947 wechselte Rau auf das Neusprachliche Gymnasium an der Siegesstraße in Barmen.

Schulausfälle, Evakuierung, Krankheit und der mehrfache Wechsel des Schultyps machten dem Pennäler arg zu schaffen. Hinzu kam das natürliche Schulphlegma eines pubertierenden Jugendlichen. Er saß in einer reinen Jungenklasse, in der Wert auf Leistungen gelegt wurde, die ihm ganz und gar nicht lagen. Zwar brillierte er in den sogenannten Gesinnungsfächern wie Deutsch, Geschichte und Religion, doch in Mathematik und Latein tat er sich schwer. »Rau, du bist nicht faul, du bist stinkefaul« war eine geflügelte Sentenz seines Lateinlehrers Karl Lissner. Für Raus Lehrer stand fest, daß der Junge ein gebrochenes Verhältnis zur regelmäßigen Arbeit hatte.

Jahrelang schleppte er das Gefühl des Unbehagens mit sich herum, das Empfinden, nicht am richtigen Platz zu sein. Dabei galt er in seinen Neigungsfächern als »Überflieger«. Was ihm Spaß machte, faszinierte ihn. Beispielsweise die Arbeit in einer Theatergruppe.

Vater Ewald Rau zog damals als freier Prediger durch die Lande. Wiederholt hatte er seinen Söhnen angedroht, er werde sie von der »Schule nehmen«, wenn sie nicht fleißiger und pflichtbewußter würden. Als er an einem Septemberabend des Jahres 1948 überraschend mitten in der Woche nach Hause kam, begann das Unheil. In Detmold, wo er eine Evangelisation halten sollte, war die Kirche abgebrannt. Deshalb kehrte er früher als erwartet heim. Wie so oft kam Johannes viel zu spät nach Hause. Zornig fragte ihn der Vater, ob er seine Schularbeiten gemacht habe. Johannes blieb ehrlich und sagte nein. Der Vater fragte, ob er gestern und vorgestern seine Schulaufgaben erledigt habe. Der junge Rau verneinte auch diese Frage. »Dann meldest du dich von der Schule ab«, befahl der Vater. »In Ordnung«, meinte Johannes und ging am Tag darauf zum letztenmal ins Gymnasium. »Ich habe das als sehr befreiend empfunden«, räumt Rau heute ein.

Wenige Jahre später mußte der junge Verlagsbuchhändler erkennen, wie folgenschwer seine Trotzreaktion gewesen war. Sein eigentliches Berufsziel, Pfarrer zu werden, hatte er verfehlt. Lange Zeit litt er darunter, kein Abitur abgelegt zu haben.

Erziehung

Über das Kinderbett seines Sohnes Johannes hatte der Vater ein Gedicht gehängt. An die ersten beiden Zeilen kann sich der Kanzlerkandidat erinnern: »Vor allem eins mein Kind, sei treu und wahr, laß nie die Lüge deinem Mund entweichen ...« Treue und Wahrhaftigkeit waren zwei wichtige Säulen der Erziehung im Hause Rau, abgesichert durch eine Reihe von Geboten und Verboten, die von den Kindern zu beachten waren.

Bei Tisch wurde gebetet und gesungen, vor und nach dem Essen. Fromme, aufrechte Christen sollten sie werden. Im Elternhaus gab es kaum Brüche zwischen christlicher Überzeugung und Lebensstil. Was Raus Elternhaus von der klassischen pietistischen »Käseglocken-Frömmigkeit« unterschied, war Fröhlichkeit. Dafür sorgte der Vater. Er forderte seine Kinder häufig auf, sonntagnachmittags alle jene mitzubringen, die »sie liebhatten«. Söhne und Töchter schleppten Freunde und Gefährten nach Hause, wo gespielt und diskutiert wurde.

Natürlich krachte es manchmal unter den Geschwistern. Gezankt, geschlagen und geweint wurde auch im Haus des Predigers. Bei Kissenschlachten fehlte Johannes. Oft lag der Zehnjährige unter seiner Bettdecke und hielt Volksreden. Er wurde von den Geschwistern belächelt, wenn er manchmal lesend über die Straße lief. Während die anderen Indianer spielten, schrieb er Gedichte, formulierte einen Brief an den Grafen Zeppelin – oder gründete einen Verein. »Wo hat der Junge das schon wieder her?« war eine wiederkehrende Frage des Vaters.

Die Erziehung war streng. Der Gang zur Kirmes war verboten und eine schwere Sünde. Der Gang ins Kino – ein schweres Vergehen! Radio und Plattenspieler gab es kaum in reformierten Familien. Tanzen – undenkbar! Sich im Karneval verkleiden – unmöglich. Alkoholgenuß und Zigarettenrauchen waren streng untersagt.

In einem reformierten Wuppertaler Elternhaus aufzuwachsen hieß auch, Leistung zu bringen sowie Ehrgeiz und Fleiß zu entwickeln. Durchhaltevermögen, Vorwärtsstreben und Zähigkeit spielten eine wichtige Rolle. Durchweg wirkten Reformierte ein wenig sauertöpfisch-ernst, galten als »Erfinder des Sodbrennens«. Letzteres kann man von den Raus nicht sagen. Im Gegenteil: Alle Familienmitglieder sind ungewöhnlich fröhliche Menschen. Darin zeigt sich ein Unterschied zu manchen reformierten Glaubensschwestern und -brüdern, die nur »fröhlich im Herrn« sein können. Raus Fröhlichkeit und Frohmut sind echt, nicht aufgesetzt, wie einige argwöhnen.

Das tradierte Rollenverständnis von Mann und Frau scheint Johannes Rau erhalten geblieben zu sein. Das prägende, herkömmliche Bild der Familie: die Mutter als wichtigste Erzieherin der Kinder, der Vater als einer, der den Unterhalt verdient. Hier zeigt er bis heute konservative Grundmuster. Erhalten zu haben scheint sich bei ihm auch die Verpflichtung des reformierten Christen zu Leistung und Erfolg im irdischen Dasein.

Hungerleider

Die Raus kannten keinen Überfluß. Das Gehalt des Vaters reichte selten aus. Die Mutter mußte sparen und jeden Pfennig zweimal umdrehen. Vor der Währungsreform erhielten – wie in fast allen Familien – die Geschwister ihr Essen oft für eine Woche rationiert. In einem Schrank gab es für jedes Kind ein Fach. Darin lagen Brot, Margarine, Marmelade und was sonst noch vorrätig war. Der unterernährte Johannes hatte bereits eine Lungentuberkulose überstanden. Doch Vater Raus Gewissen trieb zur Nächstenliebe. Oft brachte er Hungerleider mit heim, Penner und Alkoholiker. Helene Rau stand stets vor neuen Schwierigkeiten, »Mäuler zu stopfen«. Der vorzeitige Abgang des Bruders von der Schule hatte auch am Rande mit den wirtschaftlichen Verhältnissen zu tun.

Sonntags stand Vater Rau am Fenster und wartete auf Besuch. Er versammelte gern Gäste, die bewirtet werden sollten.

Weihnachten 1946 suchte er eine Haushaltshilfe für seine Frau. In einem Flüchtlingslager fand er ein vierzehnjähriges Mädchen und brachte außerdem zwei ostpreußische Jungen mit: die Geschwister Heinz und Kurt, sechs und zwölf Jahre alt. Ihre Mutter und drei weitere Geschwister waren an Hungertyphus gestorben, der Vater im Krieg vermißt. Ewald Rau konnte das Elend der beiden Jungen nicht mit ansehen. Ohne Absprache und ohne Rückversicherung handelte er, tat das, was er für richtig hielt, für Mutter Rau eine Belastung, die sie in Demut und tätiger Nächstenliebe meisterte. Am liebsten hätten die Eltern Rau die beiden Buben sogar adoptiert. Doch das Vorhaben scheiterte, da der schriftliche Nachweis über den Tod der Eltern nicht beigeschafft werden konnte. Kurt und Heinz sagten bald »Mutter« und »Vater«. Nach kürzester Zeit hatten sie sich eingelebt. Der Jüngere fand nach einigen Jahren entfernte Verwandte und zog zu ihnen. Heinz verbrachte seine Schul- und Lehrzeit im Hause Rau. Seine Kinder sagen heute zu Helene Rau »Oma«. Keinen Pfennig irgendeiner Wohlfahrtsinstitution kassierten die Eltern für den Lebensunterhalt der beiden Kinder. Sie hatten im Geist christlichen Glaubens gehandelt.

Über Nacht war eine Familie mit sieben Kindern entstanden. Mit zusätzlichen Sorgen und erweiterten Erziehungsproblemen. Vater Rau entwickelte in jenen Jahren einen ausgeprägten Gerechtigkeitssinn. Seine leiblichen Söhne mußten beispielsweise mehr Kohlen aus dem Keller holen als die beiden Halbbrüder. Sie sollten sich nicht benachteiligt fühlen. Das führte einige Male zu Aggressionen und Wutausbrüchen bei den leiblichen Kindern.

»Weihnachtsgeschenke« wie 1946 blieben keine Einmaligkeit. Die Eltern pflegten eine krebskranke alleinstehende Wuppertalerin. Sie wurde über ein halbes Jahr lang versorgt und betreut, bis sie starb. Ewald Raus weites Herz und seine ausgeprägten sozialen Empfindungen kannten kaum Grenzen. In Düsseldorf überließ er einem fremden Mann seinen neuen Anzug und schlüpfte in die abgetragene Kleidung des Bittstellers. Dieser hatte ihn darum gebeten, weil er sich um eine neue Stelle bewerben wollte.

Nachzutragen bleibt noch des Vaters Vorliebe für Zigeuner. Etliche Großfamilien lagerten häufig auf dem Kirmesplatz von Barmen. An manchem Sonntag ging Ewald Rau zu ihnen und lud sechs bis acht Personen zum Mittagessen ein. Für die Rau-Kinder ein Vergnügen, für die Mutter ein kaum zu erfüllender Akt der Nächstenliebe.

Zeitzeugen

Leni Immer

Im Klingelholl

»Unser Pfarrhaus war nämlich das im Klingelholl in Barmen, wo ein anderer Karl Immer, der Vater des Präses, seinen Dienst tat. Als er starb, war ich dreizehn Jahre alt. Seine drei Söhne waren meine bewunderten älteren Freunde, er selber mein zweiter Vater.«

Johannes Rau in *Pfarrerskinder*, Kreuz Verlag 1982

Im Sommer 1935 stand unsere Kindergärtnerin Schwester Anna Bicker im Flur des Pfarrhauses Klingelholl. Ihre einzige Mitarbeiterin war für drei Monate ins Krankenhaus eingeliefert worden, und sie sollte allein für sechzig Kinder sorgen. Mein Vater fragte mich: »Kannst du da einspringen?« So begann ich, mich im Kindergarten zurechtzufinden. Schwester Anna war die beste Lehrmeisterin. Obwohl sie den Kindern viel Freiheit ließ, prägte sie sie durch ihre nüchterne praktische Lebensauffassung, durch ihre starke Zuwendung und durch ihre kreative Phantasie.

Auf diese Weise lernte ich Johannes kennen. Er war ein vergnügtes Kerlchen, immer aufgelegt zu ausgedehnten Spielen. Seine ganze Liebe galt Schwester Anna, die schon lange eine Freundin der Familie Rau geworden war und nacheinander alle fünf Kinder im Kindergarten betreute. Johannes hat ihr seine Dankbarkeit bis zu ihrem Tode, als er mit uns an ihrem Grabe stand, gezeigt. Ihr Name war auch auf der langen Liste derer, denen Johannes jedes Jahr einen Geburtstagsbrief schreibt.

Nach kurzer Zeit bestand der kleine Junge darauf, an meiner Hand nach Hause zu gehen. Wir schlossen Freundschaft. Diese Freundschaft hat bis heute gehalten und sich nach und nach auf verschiedene Mitglieder unserer Familie erweitert.

Kinder wachsen sehr schnell. Sie werden von immer neuen Menschen, von Lehrern und Mitschülern geprägt und streifen in neuen Entwicklungsphasen die alten Bindungen ab. Nicht so Johannes. Seine

Kraft der Erinnerung und seine Beziehung zu einmal angenommenen Menschen blieb über alle Entwicklungsphasen hinweg erhalten. Im Kindergottesdienst lernte er meinen Vater kennen. Da sein eigener Vater oft verreist war, nahm er meinen Vater als seinen Ersatzvater an. Mein Vater freute sich an dem aufgeweckten Jungen und führte manches Gespräch mit ihm.

Schon als Neunjähriger durfte Johannes ins Pfarrhaus kommen, um an dem Schülerbibelkreis für die Zehn- bis Zwölfjährigen, den meine Brüder Adalbert und Udo leiteten, teilzunehmen. Es dauerte nicht lange, da nahm der Primaner Adalbert Johannes mit in den Garten, um ihm seine Hühner und seine Kaninchen zu zeigen.

Fast vierzig Jahre später, im Jahre 1980, erzählte mir mein Bruder Karl, der damalige Präses der Evangelischen Kirche im Rheinland, von einem Gottesdienst, bei dem Johannes als Ministerpräsident zugegen war und bei dem Karl die Predigt über die Geschichte der drei Männer im Feuerofen Sadrach, Mesach und Abed Nego hielt (Daniel 3). Es irritierte meinen Bruder, daß während der ganzen Predigt der Ministerpräsident versonnen lächelte. Später stellte er ihn in der Sakristei zur Rede, und Johannes sagte: »Sadrach, Mesach und Abed Nego, so hießen Adalberts Kaninchen.«

Inzwischen hatte der zehnjährige Johannes sich auch mit meinem jüngsten Bruder Udo angefreundet, der nur vier Jahre älter war als er. Udo war der große Leser in unserer Familie und überließ dem jungen Rau großmütig seine Jugendbücher. Da war die spannende Sammlung der historischen Jugendromane von Luise Pichler, in denen die ganze deutsche Geschichte behandelt wird.

Johannes und Udo hatten nun einen immerwährenden Gesprächsstoff. Mit heißen Backen diskutierten sie die Siedlungspolitik Heinrichs I. im Osten oder die Italienzüge der Hohenstaufenkaiser. Vielleicht haben diese Gespräche den Grundstock zu dem Interesse für Politik und Geschichte im Leben von Johannes Rau gelegt.

Im Jahre 1942 wurde der Religionsunterricht an den Schulen verboten. Die Reformierte Gemeinde Barmen-Gemarke, bekannt durch die Barmer Bekenntnissynode 1934, reagierte so darauf, daß sie den kirchlichen Unterricht um ein Jahr auf drei Jahre verlängerte. Seit 1941 war ich inzwischen in Gemarke für die Jugendarbeit und für Teile des kirchlichen Unterrichts zuständig. So übernahm ich im Frühling 1942 die Gruppe der Zwölfjährigen und sah Johannes mit blitzenden Augen vor mir sitzen. Es war eine besonders begabte und freundliche Gruppe von etwa zwanzig Kindern. Für das erste Jahr war das Alte Testament vorgesehen, und die Kinder verfolgten mit Interesse die Abenteuer der Erzväter und die Wanderungen Israels bis zu den Richtern und Königen. Auch die Propheten, die »Sturmvögel Gottes«, wurden nicht ausgelassen. Im September des ersten Jahres kam die Nachricht, daß der achtzehnjährige Adalbert Immer in Rußland gefallen sei. In der Unterrichtsstunde, die dieser Nachricht folgte, sprachen wir über die Auferweckung des Lazarus.

Nun wurde die Zeit immer ernster. Fast alle Kinder bangten um das Schicksal ihrer Väter an der Front. Sie saßen nachts mit ihren Müttern im Luftschutzkeller. Diese Situation führte uns zu einer festen Gemeinschaft zusammen. Johannes, dem das Lernen leichtfiel, glänzte durch Kenntnisse in Bibelkunde. Er liebte die Psalmen.

Im Jahre 1943 wurde unsere Gruppe kleiner, denn eine Reihe der Kinder mußte nach dem großen Bombenangriff im Mai mit ihren Müttern die Stadt verlassen. Ostern 1944 freute sich die Gruppe darauf, das letzte Konfirmandenjahr mit meinem Vater zu erleben. Aber schon nach sechs Wochen standen die Kinder um sein Grab. Pastor Karl Immer war ganz plötzlich an den Folgen der Haft in der Massenzelle Berlin-Alexanderplatz gestorben. So übernahm ich den Unterricht wieder. Wir hatten so viel miteinander erlebt, daß wir vertrauensvoll sprechen konnten.

Am 21. Juli 1944 begleitete der dreizehnjährige Johannes mich hinunter in die Stadt. Er war so aufgewühlt durch die Ereignisse um den 20. Juli 1944, daß er nicht aufhörte, Fragen zu stellen. Ich hatte dies Gespräch vergessen, aber Johannes erzählte mir vor kurzer Zeit: »Du warst ganz still und ließest mich ausreden. Schließlich sagtest du leise: ›Vielleicht sind es die Besten in Deutschland, die jetzt auf diese Weise umkommen müssen.‹« Johannes fuhr fort: »Da wußte ich, auf welcher Seite du standest. Blitzschnell erkannte ich, in welche Gefahr du dich gebracht hattest. Du sprachst zu mir wie zu deinen jüngeren Brüdern. Da war mir klar, daß ich zu jedermann über dieses Gespräch schweigen mußte.«

Im Herbst übernahm der spätere Superintendent Hans Mehrhoff die Konfirmandengruppe bis zum März 1945. Eine Woche vor der

Konfirmation legten die Kinder vor der Gemeinde eine großartige Prüfung ab. Zwei Tage später wurde Pastor Mehrhoff in einem Bunker mit vielen Menschen verschüttet. Etwa die Hälfte der Menschen starben. Als er am Freitag vor der Konfirmation das letztemal mit den Kindern zusammen war, da beobachteten sie, wie verändert ein Mensch aussieht, der nur knapp dem Tode entronnen ist. Auch dies Erlebnis hat den vierzehnjährigen Johannes geprägt: Einen Monat später traf den neunzehnjährigen Theologiestudenten Udo Immer in Thüringen eine verirrte Kugel. Der Krieg ging zu Ende, und im Herbst 1945 zog ein neuer junger Pfarrer in das Pfarrhaus im Klingelholl ein, Pastor Hans Specht. Er wurde in Wort und Gestik das große Vorbild für Johannes Rau.

Wir sahen uns hier und da noch auf Jugendtreffen. Ich erfuhr von seinen beruflichen Plänen und von seiner unbeschreiblichen Lesewut: Zur Philosophie und Theologie kamen die neuen Bücher aus Amerika von Hemingway, John Steinbeck und Faulkner.

Im Sommer 1953 wagten wir uns zum erstenmal mit einer Jugendfreizeit ins Ausland, in die Schweiz. Unsere Sorge, wie man uns nach dem Zweiten Weltkrieg aufnehmen würde, wurde gegenstandslos. Johannes Rau und Heinz Engel waren die einzigen jungen Männer bei dreißig Mädchen. Es wurde eine Zeit, die uns neue Freundschaften schenkte, etwa mit dem jungen Pfarrerehepaar in Wädenswil am Zürichsee oder dem alten Bauern Haab, der die Schriftstellerin Johanna Spyri noch gekannt hatte. Johannes war am meisten angetan von dem Pfarrer Dr. Joseph Chambon, der mit seinem Buch über den französischen Protestantismus, einem Bestseller, die Christen der Bekennenden Kirche in Deutschland gestärkt hatte. In unserem Freizeittagebuch berichtet Johannes über die Kämpfe und Leiden der Hugenotten, wie Dr. Chambon sie uns geschildert hatte. Hier spürt man schon die journalistische Gewandtheit, wenn Johannes schreibt:

»Armut und Elend, Gewissenszwang und Knechtschaft, Geschrei und Tod – um einer Lehre willen! So dunkel war die Zeit. Calvinisten und Römische baten Gott, er möge ihnen helfen.«

»Wir sahen die Wüstenprediger in 100 Verkleidungen durch die Dörfer ziehen. Wir weilten in der ›Tour de Constance‹, dem feuchten Turm, in dem Marie Durand 38 Jahre gesessen hat.«

Aber es gab auch übermütige Spiele. In der zwerchfellerschütternden Ritterkomödie »Die Katze ist an allem schuld« spielte Johannes die »schöne und liebliche Prinzessin«.

Einige Jahre später machten wir wieder eine Reise ins Ausland, diesmal mit einer gemischten Jugendgruppe. Es ging an die Südküste Englands, nach Broadstairs. Johannes fuhr als Referent mit und hielt jeden Morgen einen Vortrag mit Diskussion über politische Bildung.

In einer kleinen Gruppe machten wir uns auf, um London anzuschauen, und Johannes stand zum erstenmal vor den »Houses of Parliament«, auf dem Trafalgar Square und vor dem Buckingham Palace. Gegen Mittag warfen wir uns völlig erschöpft in die Liegestühle des St. James's Park. Johannes zog ein bekanntes politisches Wochenmagazin heraus und las uns die Pointen daraus vor. Er verstand es damals schon, Menschen zu begeistern, indem er schwierige Zusammenhänge so erklärte, daß jeder sie verstehen konnte.

Viele Jahre später standen sich in Kirche und Staat zwei Persönlichkeiten gegenüber, die viele gemeinsame Jugenderinnerungen verband, Ministerpräsident Johannes Rau und Präses Lic. Karl Immer. Eine alte Freundschaft wurde erneuert. Sie gab jedem der beiden die Gewißheit, vom anderen unbedingt verstanden zu werden. Mit keinem kann man ja so unbeschwert lachen wie mit den Freunden aus der Kindheit. Ich wünsche Johannes Rau, daß er dieses Lachen nie verlernt.

HANS-OTTO SCHNEPPER

Auf der Suche

Um es vorweg zu sagen: Es ist mir nicht leichtgefallen, meinen Beitrag zu schreiben. Müssen – lebensgeschichtlich vielleicht wichtige – Stationen aus einer persönlichen Freundschaft bekanntgemacht werden, weil einer der Freunde als Politiker eine »Person des öffentlichen Lebens« geworden ist? Eine deutsche Wochenzeitung schrieb im Oktober 1985 im Zusammenhang mit der voraussichtlichen Kanzlerkandidatur von Johannes Rau annähernd wörtlich: »Überdies ist er bis jetzt noch nicht ausreichend nach Herkommen, Hochkommen und Strategie analysiert worden.« Mein Beitrag kann nicht als Mitarbeit an einer solchen »Überdies«-Analyse verstanden werden.

Rau und ich haben uns gegen Ende des Zweiten Weltkrieges als Klassenkameraden in der Quarta (?) der Sammeloberschule-Ost in Wuppertal-Barmen kennengelernt. Bei den schweren Luftangriffen auf Barmen und Elberfeld im Mai und Juni 1943 waren auch viele Schulen zerstört oder schwer beschädigt worden. Ab Herbst 1943 wurden dann in Wuppertal »Sammeloberschulen« eingerichtet, in denen die Schüler verschiedenster Gymnasien zusammengeführt wurden. Die Klassen an diesen Schulen waren bunt zusammengewürfelt. Ich kann mich nicht erinnern, daß Johannes einen besonderen Platz in der »Hack- und Pickordnung« der sich neu formierenden Klasse eingenommen hätte. Er war nicht Klassensprecher, aber auch nicht am Ende der Reihe. Eher war sein Platz etwas neben dieser Rangordnung. Viele Klassenkameraden – auch ich – haben oft seine außerhalb des zu Erwartenden liegenden Beiträge im und nach dem Unterricht bestaunt. Nach dem Krieg bekam die Sammeloberschule wieder ihren alten Namen: »Carl-Duisberg-Schule, Mathematisch-naturwissenschaftliches Gymnasium«. Die Mathematik und die Naturwissenschaften sind seine Stärke nicht gewesen; er hätte sicher einen geeigneteren Platz in einem altsprachlichen Gymnasium gefunden. Sein Wissen und seine Kenntnisse mit seiner wachen Intelligenz in – von den Lehrern geforderte – abfragbare Leistungen umsetzen zu müssen hat ihm wohl nicht sehr gefallen. Als diese Entwicklung – zusammen mit Schülerstreichen, an denen er »führend« beteiligt war und über die wir heute noch lachen können, weil auch unterschiedliche Erinnerungsstücke dahinterstehen – schwierig zu werden schien, hat ihn sein Vater Knall auf Fall in der Obertertia von der Schule abgemeldet und ihn in die alte, wohlrenommierte Buchhandlung Emil Müller in Barmen in die Lehre gegeben. Die Klasse hat seinen Abschied ohne Trauer zur Kenntnis genommen. Hohe Fluktuation war in den Jahren nach dem Krieg an der Tagesordnung; ein Zusammengehörigkeitsgefühl in den einzelnen Jahrgängen hat sich erst in späterer Zeit entwickelt.

Unsere Freundschaft hat ihren Grund eigentlich nicht in der gemeinsamen Schulzeit. Wir sind viel und intensiv zusammengewesen in der evangelischen Jugendarbeit. Das Wuppertal ist immer ein Sammelbecken für Protestanten verschiedenster Provenienz gewesen. Der auf den bekenntnistreuen Christen in der Zeit des Nationalsozialismus lastende Druck hatte einzelne Gemeinden näher zueinandergeführt, so daß die traditionelle Distanzierung zwischen Lutheranern, Reformierten und Freikirchen nach dem Krieg einem stärkeren Bewußtsein für evangelische Allianz wich. Johannes Rau ist in den Jugendkreisen verschiedener Gemeinden nacheinander und auch gleichzeitig Mitglied gewesen. Er war im Jugendkreis der Freien Evangelischen Gemeinde Barmen-Unterdörnen, dem ich angehörte, zusammen mit seinem Bruder Traugott manche Jahre treues Mitglied und »theologisch« mitbestimmend. Wer gegen ihn argumentieren wollte, hatte es nicht leicht. Seiner Beredsamkeit, Schlagfertigkeit, seiner Belesenheit und profunden Bibelkenntnis war kaum einer gewachsen. Unsere Elternhäuser und unsere »religiöse Sozialisation« – so würde man heute sagen – waren pietistisch-fundamentalistisch geprägt. Wir haben uns viele Stunden und manche Nacht hindurch die Köpfe heiß geredet, um aus unserer Kindergläubigkeit den Weg zu finden zum »Glauben und Verstehen«. Rau hatte die schwergewichtige *Kirchliche Dogmatik* von Karl Barth gelesen. Seine Verehrung für Barth war so groß, daß er eine Zeitlang Baskenmütze und Lodenmantel trug und Pfeife rauchte, wie es jener wohl auch gehalten hatte. Mein Interesse galt mehr erkenntniskritischen Fragestellungen. Am Ende eines langen Prozesses, an dem viele und vieles beteiligt gewesen sind, waren wir nicht mehr im überkommenen Sinne »fromm«, aber auch nicht »vom Glauben der Väter abgefallen«. Ich denke, wir waren unserem eigenen Standort ein gutes Stück nähergekommen.

Bei unseren Gesprächen haben, wie sollte es bei jungen Männern anders gewesen sein, auch immer die Fragen des rechten Umgangs mit dem anderen Geschlecht eine wichtige Rolle gespielt. Strenge Moralvorgaben haben uns damals ein ungezwungenes Auftreten in diesen Beziehungen erschwert. Wir haben uns manchmal – gleichzeitig – für dasselbe junge Mädchen interessiert. Ich sage es offen: Bei diesen »Konkurrenzkämpfen« hat Johannes mit seinem Charme und der Intensität seiner Bemühungen meistens einen Vorsprung gehabt, und ich war dann nur zweite Wahl. Heute kann ich das besser verstehen als in jenen Jünglingsjahren. Später ist er dann der erste meiner Freunde gewesen, dem ich mitgeteilt habe, daß ich mich verloben und heiraten würde. Seine Reaktion darauf ist mir heute noch gegenwärtig: eine Mischung aus Staunen, Bewunderung und ein bißchen Neid. Sein Glückwunsch war herzlich, aber auch ein wenig gequält.

Nach meinem Abitur und Raus Abschluß der Verlagsbuchhändlerlehre hat sich unsere enge Verbindung zwangsläufig ein wenig gelokkert. Er übernahm die Leitung des Jugenddienst-Verlages – den wir gemeinsam von dem ursprünglichen Verlagsort Oldenburg nach Wuppertal in einem VW-Bus transportierten –, ich studierte in Köln. Dennoch haben wir im Freundeskreis fast jedes Wochenende zusammengesessen.

Erste politische Diskussionen und Überlegungen über berufliche Möglichkeiten und Fortkommen haben die Abende ausgefüllt. Sein Eintritt in die Gesamtdeutsche Volkspartei stieß bei vielen der alten Freunde auf geringes Verständnis. Noch härter wurde debattiert und gefragt, als Mitte der fünfziger Jahre die gesamte GVP der SPD beitrat. Mußte es denn die SPD sein, konnte nicht auch eine andere Partei in Frage kommen? Warum war diese Ausrichtung Gustav Heinemanns so verbindlich? War nicht auch die FDP für das einzelne GVP-Mitglied eine Alternative?

Für die Landtagswahl 1958 wurde Rau als Direktkandidat der SPD für den Wahlkreis im Nordosten von Barmen aufgestellt. Er war selber nicht sicher, ob der damit beginnende Weg für ihn der richtige sein würde. Wir haben lange darüber gesprochen. Sein eigentlicher Berufswunsch wäre es gewesen, Pastor zu werden. Wir haben ihm damals alle dringend zugeraten, das sogenannte Begabtenabitur zu machen – was nach unserer Einschätzung keine Schwierigkeit für ihn hätte bedeuten können – und Theologie zu studieren. Aber am Abend des Wahltages war dann alles entschieden. Er hatte wider Erwarten den ungefähr gleichaltrigen CDU-Kandidaten geschlagen. Rau war Abgeordneter des Landtags von Nordrhein-Westfalen. In der folgenden Zeit wurden die offengebliebenen Wünsche, die er – gemessen an seinen studierten Freunden – an Ausbildung und Beruf gehabt haben mochte, mehr als ausgeglichen durch die Möglichkeiten, die die Arbeit in der Politik bieten konnte. Zu seinen neuen Freunden und Bekannten gehörten Frauen und Männer, die seine alten Freunde als junge Berufsanfänger nur aus Zeitung und Fernsehen kannten und deren Bekanntschaft zu machen – außerhalb des Raumes der Politik – für sie schier unmöglich war.

Immer aber hat er die »Zurückgebliebenen« in Kopf und Herz behalten und Hilfe angeboten und gegeben, wo sie gebraucht wurde, oft über das Maß des ihm Zumutbaren hinaus. Noch heute kommt der erste Anruf frühmorgens an meinem Geburtstag und an dem meiner Frau von Johannes, wenn ihm die Zeit für einen Brief gefehlt hat.

Als Oberbürgermeister von Wuppertal und auch später noch ist er gelegentlich »Der gute Mensch von Wuppertal« genannt worden. Bert Brecht hat seinen »Guten Menschen von Sezuan« dramaturgisch seziert in die liebevolle, differenzlos gutwillige Shen Te und deren realistischen harten Vetter Shui Ta, der immer dann eingreifen muß, wenn Shen Te mit ihrer Hilfsbereitschaft ans Ende ihrer Möglichkeiten kommt. Ich kann mir vorstellen, daß ein Mann von seiner Denkungs- und Empfindungsart als Politiker öfter Shui Ta sein muß, als ihm danach zumute ist.

Als ich Rau im Herbst 1978 zu seiner Wahl zum Ministerpräsidenten des Landes Nordrhein-Westfalen gratulierte und dazu einen Satz von Seneca schrieb, in dem davon gesprochen wird, daß der Steuermann eines Schiffes zugleich immer auch Passagier ist, hat er mir geantwortet: »Daß ich ein guter Steuermann werde, hoffe ich. Daß der Passagier in mir der alte bleibt, glaube ich zuversichtlich voraussagen zu können.«

Leni Hager

Familienbilder

Während meiner Schwesternausbildung arbeitete ich von 1944 bis Mai 1945 in Bernburg an der Saale in einem Heim für Fürsorgezöglinge oder »gefährdete Mädchen«, wie das damals genannt wurde. Weil zu dieser Zeit die Westfront schon ziemlich nahe war, überredete ich meine Eltern in Wuppertal, mir einige Kisten mit Büchern und Familienbildern zu schicken, die ich für später »retten« wollte. Wir Raus haben immer eine enge Beziehung zum »geschriebenen Wort« gehabt, und so kamen meine Eltern meinem Wunsch gerne nach. Auf diese Weise bekam ich nicht nur genügend Lesestoff in die Hand, sondern fand auch Fotoalben mit Bildern, die mir meine fernen Eltern und Geschwister etwas näher brachten. Dies war im letzten Kriegsjahr mit seinen Wirren und Ängsten ein kleiner Trost.

Einige Monate später eroberte die russische Armee Mitteldeutschland und stand bald vor den Toren Bernburgs. Später kam es mir wie ein Wunder vor, daß ich unter diesen Umständen noch die Stadt verlassen und fliehen konnte. Allerdings dauerte es mehrere Tage, bis ich nach der Fahrt auf alten Lastautos, auf Zugwaggons, beladen mit Kohle und Holz, dreckig und müde, aber glücklich in Wuppertal eintraf. Einige Tage später wurde dieser schreckliche Krieg beendet.

Im Herbst des gleichen Jahres fuhr mein Bruder Johannes, damals vierzehn Jahre alt, alleine nach Bernburg, um nach den verlorenen Sachen zu suchen. Unter den damaligen Umständen, auch den schwierigen Verkehrsverhältnissen, war diese Reise ein großes Wagnis. Als ich einige Jahre später von Zenta Maurina das Buch *Denn das Wagnis ist schön* las, wurde mir erst richtig klar, wie gefährlich diese »Weltreise« damals für einen vierzehnjährigen Jungen war.

Mein Bruder kam gut ans Ziel, er erfuhr, daß das Erziehungsheim inzwischen in andere Hände übergegangen war, aber noch bestand. Leider fand sich weder von meinen zurückgebliebenen Sachen noch von den Büchern etwas vor.

Allerdings »begegneten« ihm unsere Familienbilder, die von den Mädchen nicht nur stark gezeigt, sondern auch als Freunde, Verlobte und Väter ausgegeben wurden. Von außen sieht es so aus, als wäre diese Reise vergeblich gewesen, aber da bin ich mir nicht so sicher, ob sie nicht etwas anderes gebracht hat an Begegnung und Erfahrung.

Als mein Bruder von Bernburg zurück nach Wuppertal kam, gesund und heil, da waren wir alle so dankbar, daß ich ihm sogar eine Aussage verzieh, die er während meiner Abwesenheit über mich gemacht hat. Er sagte nämlich als Antwort auf die Frage »Was ist deine Schwester eigentlich?«: »Leni, die ist doch in der Fürsorge gelandet!«

III. Kapitel

Der Verlagsbuchhändler

Werner Filmer / Heribert Schwan

Der Lehrling

Zwischen Schulabgang und Beginn der Probezeit als Verlagsbuchhändler lagen nur fünf Tage. Am 30. September 1948 besuchte Johannes Rau zum letztenmal das Gymnasium, am 5. Oktober 1948 stand er morgens um acht Uhr vor dem Gemeindehaus Im Klingelholl, in dem der Verlag »Emil Müller KG« zwei große Räume angemietet hatte. Es war eine Ausbildungsstätte, die den Neigungen und Begabungen des jungen Rau durchaus entsprach. Der Vater hatte beim Müller-Verlag die Fühler ausgestreckt und die Zusage vom Verlagsinhaber Emil Wilhelm Müller erhalten, eine Probezeit zu versuchen. Der Verlagschef wollte sich vergewissern, ob der Junge geeignet und den Anforderungen gewachsen sei. Müller wurde nicht enttäuscht. Die dreimonatige Probezeit verlief zu seiner vollen Zufriedenheit. Der Lehrvertrag trat am 1. Januar 1949 in Kraft. Das Ausbildungsverhältnis gefiel dem gescheiterten Obertertianer. Seine ausgeprägte Neugierde, sein Wissensdrang erleichterten ihm die Umstellung auf den Arbeitsalltag.

Um 8 Uhr war Arbeitsbeginn. Hin und wieder verspätete sich der Lehrling geringfügig. Sein strenger Lehrherr registrierte das vernehmbar. Im Winter mußte der Jüngste bereits eine Stunde vor Arbeitsbeginn antreten, den Ofen anzünden, die Räume beheizen. Im ersten

Lehrjahr schnürte er viele Pakete und Päckchen, er holte die Post, mußte die Portokasse führen, Bestellungen aufnehmen und aufgeben, beschäftigte sich mit kaufmännischen Fragen. Erst danach wurde der Anfänger mit der Herstellung von Büchern vertraut gemacht. Er lernte die verschiedenen Drucktechniken, Schrifttypen und graphischen Möglichkeiten kennen, arbeitete gemeinsam mit Setzern und Druckern. In dem kleinen Wuppertaler Verlagsunternehmen – Chef, Sekretärin, Buchhalter, Buchhändlergeselle und Lehrling – erfuhr er alles über den Herstellungsprozeß eines Buches: von der Idee über das Manuskript bis zum fertigen Buch. Das Korrekturlesen, ein schwieriges Geschäft, gehörte im Verlauf der Lehrzeit ebenso zu seinen Aufgaben und Pflichten wie der Vertrieb. Früh übernahm Rau Lektoratsaufgaben. Wurden Manuskripte ausgewählt, nahm er an Autorengesprächen teil und durfte als Lehrling sogar Manuskripte redigieren. Er hatte Glück gehabt, diese Ausbildungsstätte in dem kleinen renommierten Betrieb zu finden. Schon früh durfte er all das tun, was einem Verlagsbuchhändler meist erst nach einigen Lehr- und Gesellenjahren übertragen wird.

Großen Anteil an der qualifizierten und umfassenden Ausbildung des jungen Rau hatte der Verlagsinhaber Emil Wilhelm Müller, Jahrgang 1908. Er war bei Bertelsmann in Gütersloh ausgebildet worden und nach einigen Wanderjahren 1929 in das Unternehmen seines Vaters Emil Müller eingestiegen, der den Verlag 1903 gegründet hatte. Müller widmete sich ganz der Herausgabe evangelischer Literatur und Kunstbücher. Einer seiner ehemaligen Lehrlinge, Kurt Wolf, beschreibt in dem Bändchen *Der evangelische Buchhandel* 1961 den Emil-Müller-Verlag: In den zwanziger Jahren leitete Emil Müller den in weiten evangelischen Kreisen bekanntgewordenen BK-Verlag (Verlag der Schülerbibelkreise). Dort erschienen die Zeitschriften *Jugendkraft* und *Neue Jugend* und das einzigartige BK-Liederbuch, mit dem ein ganz neuer Liederbuchtyp geschaffen wurde. Die Herausgabe wirkte anregend und befruchtend auf die Liederbücher anderer Jugendorganisationen.

Jugenderzählungen, die Schriftenreihe *Zeitfragen der Jugend*, ferner die Bibellese *Suchet in der Schrift* und das BK-Taschenbuch gehörten mit in dieses Verlagsprogramm. In den Jahren des Kirchenkampfes hatte sich Emil Müller eindeutig auf die Seite der Bekennenden Kirche gestellt und in seinem Kommissionsverlag, nur diese Form war damals möglich, zahlreiche Schriften und die angefeindeten Synodenberichte der Bekennenden Kirche veröffentlicht. Viele wurden durch die Gestapo beschlagnahmt. 1939 bis 1944 gab er aus Verbundenheit mit der Bekennenden Kirche die Predigtmeditationen von Georg Eichholz heraus. An dem fünfbändigen Werk waren führende Theologen der Bekennenden Kirche beteiligt. Die Reichsschrifttumskammer verfügte 1943 die Schließung des Betriebes aus kriegswichtigen Gründen. Fast zur gleichen Zeit wurden Verlag und Sortiment bei einem Luftangriff auf Barmen zerstört. Der Wiederaufbau nach dem Krieg gestaltete sich aus kleinsten Anfängen in der Privatwohnung sehr schwierig. Doch konnten bald als erste Neuerscheinungen auf dem evangelischen Buchmarkt nach dem Krieg fast 100 000 Exemplare von Peters Brunner: *Die 10 Gebote Gottes* ausgeliefert werden. Die Buchhändler bestellten damals Hunderte, ja Tausende dieser Veröffentlichungen, mußten sich aber mit den zwangsläufig notwendigen Zuteilungen zufriedengeben. Es folgten Bibelauslegungen, eine Sonderausgabe des Johannesevangeliums aus der Stuttgarter Jubiläumsbibel, die bisher noch unveröffentlichten Bände von Eichholz, die Schriftenreihe *Dichtung und Deutung*, einige Jugendbücher, Bildbände, Kalender und Graphik.

Emil Wilhelm Müller läßt grüßen

Verlagschef Müller war kein Schöngeist. Er setzte seine Verlagslinie auch nach 1945 fort. Mit solidem Fachwissen und ansehnlichem handwerklichem Können verlegte er Bücher und Hefte. Eintagsfliegen und Schnellschüsse gab es bei ihm nicht. Sorgfältig prüfte er Autoren und ihre Manuskripte, sagte nein, wenn ihm ein angebotenes Buchprojekt nicht paßte. Emil Wilhelm Müller war genau, ja pingelig. Für ihn war ein Buch kein gedrucktes Papier zwischen zwei Deckeln. Er stellte Ansprüche an Autoren und Mitarbeiter. Als Verleger war er nicht unangenehm streng, setzte aber seine Vorstellungen beharrlich durch, legte größten Wert auf Genauigkeit bis hin zu einer gut lesbaren Handschrift. Das begann bei der Paketbeschriftung und endete beim redigierten Manuskript.

Johannes Rau besaß einige der guten Eigenschaften seines Vaters. Er hatte ein gediegenes Sprachgefühl, verfügte über erzählerische und rhetorische Talente. Bei Müller verfeinerte er sein Schriftbild, lernte Genauigkeit und Präzision kennen, beispielsweise beim Korrekturlesen und Redigieren. Noch heute bearbeitet der Ministerpräsident von Nordrhein-Westfalen Vorlagen, Aktenvorgänge und Redeentwürfe so, als säße er im Emil-Müller-Verlag und die Schriftstücke müßten in die Setzerei. Oft zum Ärgernis seiner Mitarbeiter. Nichts entgeht ihm, kein Rechtschreibfehler, kein Tippfehler, kein Fehler in der Interpunktion. Er freut sich diebisch, beispielsweise in der FAZ Druckfehler zu entdecken. Emil Wilhelm Müller läßt grüßen.

Der Wuppertaler Verleger erkannte früh Raus Fähigkeit, mit Autoren umzugehen, sich in deren Gedankenwelt und Projekte ein- und zurechtzufinden.

Im dritten Lehrjahr übernahm Rau zusätzlich die Tätigkeit als Verlagsvertreter. Im Frühjahr und im Herbst 1951 bereiste er mit dem Dienstwagen – einem Opel P4 – die evangelischen Buchhandlungen in der Bundesrepublik. Von Flensburg bis Lörrach bot er die Frühjahrs- und Herbstproduktion des Emil-Müller-Verlages an. Er mußte an den Mann bringen, was er mit seinem Chef und seinem Ausbilder Werner Braselmann produziert hatte. Der Wuppertaler Handlungsreisende stellte das Verlagsprogramm vor und versuchte, die Buchhandlungen für seine Bücher zu gewinnen. Immerhin stellte der Verlag zu jener Zeit zwölf Titel pro Jahr her.

Emil Müller konnte sich einen eigenen Vertreter nicht leisten. Bevor sein Lehrling auf Reisen ging, hatte sein Chef acht weitere Verlage gewonnen, deren Buchproduktionen Johannes Rau mit vertrat. So zum Beispiel das Evangelische Verlagswerk Stuttgart, damals Eigentum von Eugen Gerstenmaier, Hilfswerk, Zwingliverlag Zürich, Evangelischer Verlag Zolikon, Verlag Junge Gemeinde Stuttgart. Als Provision bekam der Wuppertaler Verleger zehn Prozent der Nettopreise, von denen zwei Prozent Rau kassierte. Aus dem Verlegererlös wurden seine Reisen finanziert.

Im letzten Lehrjahr verdiente Rau monatlich 55 DM. Emil Müller zahlte zehn Mark mehr, als eigentlich vorgeschrieben war. Angefangen hatte Rau mit 35 DM im Monat. Im zweiten Lehrjahr gab es 45 DM. Am 31. Dezember 1951 beendete er seine Lehrzeit. Noch fehlte die Abschlußprüfung, die erst im Mai 1952 folgte, weil auf der Kölner Buchhändler-Lehranstalt kein Platz frei war. Damals gab es noch keine

Berufsschulpflicht. Während seiner dreijährigen Ausbildung besuchte Rau einmal wöchentlich die Fachklasse für Buchhändler und Verleger in Wuppertal, eine Einrichtung der örtlichen Büchermacher und -händler. Gelehrt wurde unter anderem Literaturgeschichte, Buchhaltung, Betriebswirtschaftslehre. Schwerpunkte waren die kaufmännischen Fächer. Die Ausbildung wurde mit einem achtwöchigen Kurs und der Abschlußprüfung in der Kölner Buchhändler-Lehranstalt abgeschlossen.

Kurs Nr. 25

Im April 1952 begann der Kurs Nr. 25 mit seinen Lehrveranstaltungen. Zu den rund vierzig Teilnehmern gehörte auch Rau. Der Unterricht in einer Rodenkirchener Villa, vor den Toren Kölns, fand vormittags und nachmittags statt. Angeschlossen war auch ein Internat. Der Kurs Nr. 25 bestand aus einem bunten Haufen ehemaliger Kriegsteilnehmer, aus Lehrlingen mit mittlerer Reife und Abitur. Mehr Frauen als Männer! Die Atmosphäre war locker und unkonventionell. Pensionierte Studienräte, Schriftsteller, Publizisten und Praktiker des Buchhandels unterrichteten. Unter ihnen war auch der ehemalige General Karst, ein kriegsversehrter Offizier, der in Köln-Rodenkirchen Deutsch lehrte. Die angehenden Buchhändler büffelten deutsche, englische und russische Literatur; sie wurden mit kaufmännischem Recht vertraut gemacht. Alles in allem ging es darum, das buchhändlerische Grundwissen zu ergänzen und das Schulwissen zu erweitern. Am Schluß wurde schriftlich und mündlich geprüft. Gehilfenprüfung nannte man das. Rau schrieb eine Arbeit über »Neuzeitliche Massenauflagen«, den damaligen Begriff für Bestseller. Drei Viertel der Kursteilnehmer schafften die Abschlußprüfung entweder mit der Note »bestanden« oder »mit Lob« oder »mit Auszeichnung«. Die Erfolgreichen bekamen den Gehilfenbrief der Handelskammer. Rau, der seinen Abschluß »mit Auszeichnung« machte, erlebte in der Rodenkirchener Villa eine neue Welt. Dort wurde oft getanzt. Kursteilnehmer erinnern sich an ausschweifende Trinkgelage, an eine unbeschwerte, vergnügliche Zeit.

Johannes Rau war nun Gehilfe. Sein Einkommen stieg auf 180 DM im Monat. Wie in seinem letzten Lehrjahr besuchte er weiterhin die evangelischen Buchhandlungen in der gesamten Bundesrepublik, klopfte an, wo er sich Bestellungen erhoffte. Sein beruflicher Erfolg war prüf- und meßbar. Es zählten die Aufträge, die Bestellungen. An ihm lag es wesentlich, welche Umsätze seine Verlage machten, für die er als Vertreter reiste. Ein hartes Geschäft!

Als Lehrling bei Emil Müller hatte Rau an der Verlagsreihe *Dichtung und Deutung* mitgearbeitet. Über Rainer Maria Rilke, Werner Bergengruen, Ernst Wiechert und Ernst Jünger wußte er – allein durch das Korrekturlesen – mehr als vermutlich jeder andere Jugendliche in seinem Alter. Dazu verschlang er literaturgeschichtliche Werke. Politische Literatur interessierte ihn kaum. Um so stärkeres Interesse entwickelte er für theologische Fragen. Mit Karl Barths Werken war er bereits vertraut, als er während seiner Buchhändlerlehre einen nebenamtlich tätigen Studienrat traf, der ihm deutsche Literatur vermittelte. Der heute emeritierte Professor für Literaturgeschichte Helmut Preuß, ein konservativer Katholik, faszinierte den Wuppertaler. Ihm verdankt der junge Rau eine Fülle von Leseanregungen, die weit über den Fachklassen-Unterricht hinausreichten. Was Rau interessierte, saugte er unermüdlich auf. Seine Wißbegierde befriedigte er durch Gespräche mit kompetenten Erwachsenen. Außerdem regten ihn zahlreiche Sonntagspredigten zum Mitdenken, Nachdenken und Meditieren ebenso an wie die häufigen Begegnungen mit belesenen Pfarrern, Schriftstellern und Publizisten.

Als freier Mitarbeiter für die lokale Feuilleton-Redaktion der Wuppertaler *Westdeutschen Rundschau* schrieb er Buchrezensionen, berichtete von kulturellen und kommunalpolitischen Veranstaltungen. Er wurde gezwungen, sich Themen zuzuwenden, die für ihn neu waren.

Wenn unterschiedliche Menschen zu verschiedenen Zeiten auf den Gemarker Jungen Einfluß hatten, darf ein Mann nicht vergessen werden, dem Rau nie persönlich begegnete: Joachim Ringelnatz. Nicht nur dessen Lebenslauf – in dem er Ähnlichkeiten mit dem eigenen entdeckte – beeindruckte den Wuppertaler; Ringelnatz' skurrile Lyrik, seine Moritaten und Grotesken, seine Nonsensverse und sein hintergründiger Humor faszinierten Rau. Zigmal las er dessen Satiren, speicherte die moralisierenden und sarkastischen Texte des Autors. Ringelnatz schätzte er über alles, verinnerlichte dessen Humor. Nicht nur dieser deutsche Poet und Maler hinterließ in Rau bleibende Spuren.

Rau besitzt ein ausgeprägtes Gemeinschaftsgefühl. Er ist kein extremer Individualist, schätzt Gesinnungs- und Aktionsgemeinschaft, verhält sich immer kontakt- und gesprächsbereit, lernte das im Elternhaus, im Schülerbibelkreis, im Gemarker Jungenkreis und in der »Jungen Gemeinde«.

Rau wurde zum bewußten Christen erzogen und ist es auch geblieben. Die Bibel blieb für ihn Bekenntnisschrift. Die Reformierte Kirche prägte ihn, die Gemeinde Gemarke, in der wenig Wert auf Äußerlichkeit gelegt wurde. Gottesdienst war wichtiger als der Talar. Die Begegnung mit dem Wort Gottes, das den Christen beansprucht, »freispricht«, stand über allem. Wichtig war die Predigt, nicht die Liturgie. Die Gemeinde Gemarke blieb Dreh- und Angelpunkt seines Lebens.

Hier predigte von August 1945 bis 1974 Pfarrer Hans Specht, ein ausgezeichneter Redner und Theologe, der als Jugendpfarrer außerordentlich beliebt war. Seine Art, zu sprechen und zu reden, beeindruckte den Fünfzehnjährigen. Specht verstand es, die Botschaft der Heiligen Schrift ins Leben zu übertragen. Rau war angetan von diesem Mann. Beide verband bald eine tiefe Freundschaft. Der 1908 in Elberfeld geborene Specht war ein hochbegabter Pfarrer. Rau bemühte sich, Spechts Rhetorik zu kopieren, ahmte Sprache und Gestik nach. Manchmal hatten Freunde den Eindruck, daß er sogar Pfarrer Spechts Tonfall imitierte. In dem Gymnasiasten weckte Specht die Neigung, sich auf theologisch-geistige Fragen zu konzentrieren. Als Zweiundzwanzigjähriger verfaßte Rau die erste eigene Predigt, die er Specht zur Prüfung vorlegte. Er hielt sie vor Freunden und Bekannten.

Hans Specht kam aus dem Schülerbibelkreis. Er gehörte zu den mutigsten Männern der Bekennenden Kirche während des Dritten Reiches. Durch ihn begriff der wißbegierige Johannes historische Zusammenhänge, lernte gesellschaftspolitische Probleme kennen. Der Pfarrer vermittelte ihm brisante Fragen protestantischen Kirchenverständnisses und zeitgenössische Theologie.

In der »Jungen Gemeinde«, einer aktiven Gruppe Siebzehn- bis Fünfundzwanzigjähriger, erlebte Rau wieder Gemeinschaft, kam mit der Gruppe zum erstenmal über Wuppertals Grenzen hinaus. Seine erste Auslandsreise ging in die Schweiz. 1951 lernte er durch die »Junge

Gemeinde« auch die Problematik deutscher Teilung kennen. Gemarke unterhielt Beziehungen zu einer Patengemeinde in der DDR, zur evangelischen Gemeinde von Oranienburg bei Berlin. Jährlich begegnete man den »Schwestern und Brüdern«. Rau machte begeistert mit. Er gestaltete Andachten, hielt kurze Predigten und engagierte sich bei der Bibelarbeit. In der Nähe von Ost-Berlin fand er seine »erste große Liebe«.

Bis weit in die sechziger Jahre hinein arbeitete Rau in der »Jungen Gemeinde«. Er organisierte Veranstaltungen – von der Dichterlesung bis zum Jazzabend –, er politisierte, ohne daß er je den geringsten Versuch unternommen hätte, für seine Partei zu werben. Er leitete Freizeiten der »Jungen Gemeinde« in Berlin, galt als kleiner Star, weil er viele prominente Politiker kannte, immer ein Auto hatte, Geld verdiente und schon überall herumgekommen war.

Sein Engagement in der Gemarker Gemeinde stieß dennoch auf Skepsis. Die konservativen Christen verübelten ihm, daß er Sozialdemokrat geworden war.

Rau erhielt durch viele bemerkenswerte Persönlichkeiten wie Karl Immer, Hans Specht, Johannes Harder, Hermann Ehlers und Johannes Schlingensiepen, die ihn führten, leiteten und prägten, starke religiöse und politische Impulse.

Ihnen verdankt er intellektuelle Werte, Bezugsysteme und ein profundes politisches Handwerkzeug. Schon früh entkam er mit ihrer Hilfe der pietistisch-fundamentalistischen Enge seines Elternhauses. Er fand Standpunkte und Haltungen, die ihn noch heute kennzeichnen.

Zeitzeugen

Joachim Beckmann

Was Barmen-Gemarke für die Kirche bedeutet

In der Bergpredigt sagt Jesus (Mt. 5,14): »Ihr seid das Licht der Welt. Es kann die Stadt, die auf einem Berge liegt, nicht verborgen sein.« Gemarke war im Kirchenkampf eine solche Gemeinde. Sie leuchtete wie ein Licht in der Finsternis. Für eine unübersehbare Zahl von Christen war sie ein Ort des Trostes. Von ihr ging Licht aus. Es war ihr die Gnade zuteil geworden, daß es trotz der Kirchenwahl 1933 keinen Einbruch der Deutschen Christen gegeben hatte. Die Einmütigkeit der Pfarrer, des Presbyteriums, ja des großen Teils der Gemeindeglieder war ein Wall gegen die Zerstörung, die 1933 über die evangelische Kirche hereinbrach. Und was damals begann, ging während der schweren Jahre des Kampfes nicht verloren. Die Organe der Evangelisch-reformierten Gemeinde wurden zwar zeitweise von den neuen Machthabern in der Kirche aufgelöst, aber die Gemeinde hielt weiter zusammen, um dem Unrecht und der Gewalttat zu wehren. So war es nicht zu verwundern, daß Gemarke gerade in den ersten Jahren des Kirchenkampfes so etwas wie ein Mittelpunkt des Kampfes der Bekennenden Kirche wurde.

Eine der ersten Protestkundgebungen der Bekennenden Kirche wurde von Gemarke aus zusammengerufen: der Bekenntnistag der »bekennenden Gemeinde unter dem Wort« in der Westfalenhalle Dortmund Ende 1933. Ebenso fand sich in Gemarke die erste reformierte Synode Deutschlands – mit Karl Barth als Hauptredner – im Januar 1934 zusammen. Es folgte im Februar die erste rheinische »freie Synode«, der Anfang einer geordneten Bekennenden Kirche in der von den Deutschen Christen zerstörten Evangelischen Kirche Deutschlands. Und dann folgten als Höhepunkt dieser Geschichte am 29. Mai 1934 die erste Tagung der altpreußischen Bekennenden Kirche mit der Gesamtordnung der Bekennenden Kirche der altpreußischen Union gegenüber der von den Deutschen Christen beherrschten Kirche und im Mai 1934 die erste Bekenntnissynode der Deutschen Evangelischen Kirche, die Begründung der Bekennenden Kirche Deutschlands mit der »Theologischen Erklärung der DEK«, der wichtigsten Bekenntnis-Erklärung der deutschen Bekenntniskirche (die »Barmer Erklärung« genannt).

In den nachfolgenden Jahren fanden weiterhin die meisten rheinischen Bekenntnissynoden in Gemarke statt. Ihr langjähriger Präses war der Gemarker Pfarrer Paul Humburg. Von Gemarke ging auch die Gründung des »Coetus reformierter Prediger« Deutschlands unter Leitung des Gemarker Pfarrers Karl Immer aus, eines bedeutenden Zusammenschlusses reformierter Prediger, die durch die »Briefe« Karl Immers betreut und gestärkt wurden.

Die Bedeutung der Gemarker Gemeinde erhielt auch dadurch ihr Gewicht, daß zwei ihrer sechs Pastoren in der gesamtdeutschen Bekenntnisbewegung eine solch führende Rolle gespielt haben. Dies ging überhaupt nur auf dem festen Boden christlicher Gemeinden, wie er sich in Gemarke so stark entfaltet hatte. Als Beispiel für die Geschichte bedeutender Prediger und Hirten dieser Gemeinde soll ein Blick auf Pastor Karl Immer geworfen werden.

Immer entstammt einer Familie, die zu den 1731/32 vertriebenen Salzburger Protestanten gehört. Seine Vorfahren hatten durch den König von Preußen im östlichen Teil Ostpreußens nahe der russischen Grenze in der Region Litauen (Bezirk Gumbinnen) eine neue Heimat gefunden. Karl Immers Vater war Basler Missionar geworden und seit 1879 in Westafrika an der Sklavenküste tätig. Nach einigen Jahren mußte er mit seiner Frau zurück nach Deutschland, da er das Klima nicht vertrug und lebensgefährlich erkrankte. So gelangte er nach Ostfriesland als Pfarrer einer Gemeinde unweit von Emden. Hier, in Manslagt, wurde Karl Immanuel Immer am 1. Mai 1888 geboren. Er wurde Pfarrer wie sein Vater, zuerst in Rysum (Ostfriesland), von 1914 bis 1923, danach im Erziehungsverein Neukirchen, schließlich in Barmen-Gemarke, und zwar von Juni 1927 bis zu seinem Tode am 6. Juni 1944.

Als der Kirchenkampf 1933 ausbrach, wurde in Wuppertal die Reformierte Gemeinde Barmen-Gemarke bald ein Fels der Bekennenden Kirche, und Karl Immer wurde zu einem ihrer führenden Männer. So war er Mitglied des Bruderrates der DEK und in manchen anderen

Organen der Bekennenden Kirche. Er machte sich vor allem auch dadurch unentbehrlich, daß er für die Aufgabe der Information der Bekennenden Kirche im Kirchenkampf eine besondere Gabe und starke Einsatzbereitschaft hatte. Durch lange Zeit hindurch war er der Herausgeber der wichtigsten Schriften der Bekennenden Kirche, beispielsweise der Berichte und der Beschlüsse der Bekenntnissynoden der Deutschen Evangelischen Kirche von Barmen, Dahlem, Augsburg und Oeynhausen. Unter den Theologen der Bekennenden Kirche war er einer von den Publizisten, die ihre ganze Kraft in die Durchführung dieser so wichtigen Aufgabe setzten, so daß die notwendigen Veröffentlichungen in einer unwahrscheinlichen Geschwindigkeit in Druck erschienen; es gab weder in der kirchlichen noch erst recht in der öffentlichen Presse eine Berichterstattung über den Weg der Bekennenden Kirche. Immers publizistische Leistungen können gar nicht hoch genug eingeschätzt werden. Schon 1937 wurde seine publizistische Tätigkeit durch Maßnahmen der Staatspolizei endgültig undurchführbar.

In diesen Rahmen fügt sich als das geistlich wichtigste Stück seiner Arbeit die Leitung des »Coetus reformierter Prediger« durch die Herausgabe seiner Briefe ein. Sie begann im Spätherbst 1933, als die Notwendigkeit des Widerstandes der Kirche gegen die Deutschen Christen, insonderheit den Reichsbischof Ludwig Müller, immer unausweichlicher wurde. Als die Bekennende Kirche (mit ihrer »Pfarrerbruderschaft« bzw. ihrem »Pfarrernotbund«) entstand, wurde in Wuppertal für den Zusammenschluß der in Deutschland weithin zerstreuten reformierten Pastoren ein Pfarrerbund gegründet, dem dann der aus alter Überlieferung stammende Name »Coetus reformierter Prediger« gegeben wurde, um die Sondergründung einer reformierten Pfarrerbruderschaft der Bekennenden Kirche zu vermeiden. Denn gerade dieser Coetus war ganz und gar in die Bekennende Kirche in Deutschland eingeschlossen und hatte gar keine »konfessionellen« Sonderinteressen. Die Bekennende Kirche sollte gestärkt werden durch den möglichst geschlossenen Einsatz der reformierten Brüder. Karl Immer übernahm den wichtigsten Dienst, indem er Herausgeber der Briefe des Coetus wurde. Diese Briefe sind unter seiner Leitung und vor allem mit seinen eigenen regelmäßigen Beiträgen von 1933 bis 1937 erschienen. Mit seiner Gefangennahme ging diese Wirksamkeit zu

Ende und konnte auch nach seiner Freilassung schon aus Krankheitsgründen von ihm nicht fortgesetzt werden. Eine wirkliche Fortsetzung der Coetusbriefe ist dann nicht mehr erfolgt. Es gab auch für einen Nachfolger keine Möglichkeit mehr, das staatspolizeiliche Verbot der Coetusbriefe zu umgehen.

Werner Braselmann

Strömungen

Als ich im Herbst 1948 von der Buchhändlerschule in Köln in den Verlag Emil Müller zurückkehrte, fand ich zu meiner Überraschung das vor, was man damals einen Lehrling nannte. Dieser Lehrling war ein mir längst in Freundschaft verbundener Mensch: Johannes Rau. Schon in den frühen Kriegsjahren hatten wir uns in der Gemeindejugend kennengelernt. Unter diesem staatlich tolerierten Titel führten wir die Arbeit der Schülerbibelkreise weiter. Nach meiner Rückkehr aus der Gefangenschaft im Sommer 1945 war der Kontakt sofort wieder da.

Im Herbst 1948 trafen wir uns in einem vertrauten Haus. Emil Wilhelm Müller, unserem Chef, waren einige Räume im Gemeindehaus in Klingelholl (Barmen-Gemarke) zur Verfügung gestellt worden. Dort – neben dem Pfarrhaus von Karl Immer – hatte Johannes Rau Konfirmandenunterricht gehabt; dort hatten im Kirchenkampf entscheidende Konferenzen stattgefunden; von dort aus waren die illegalen Schriften der Bekennenden Kirche versandt worden. Dort war die Geheime Staatspolizei ein oft, wenn auch nicht gern gesehener Gast gewesen, und immer noch zeigte an einer der Türen eine halbe Siegelmarke an, daß unser jetziger Arbeitsraum gelegentlich von Staats wegen verschlossen worden war. Der Hausmeister des Gemeindehauses, Adolf Frielinghaus, war bei uns im Nebenamt als Packer beschäftigt. Oft denke ich heute: Hätte man doch auf Tonband aufnehmen können, was er alles aus der bewegenden Zeit zu erzählen wußte, während er erst mich und dann Johannes Rau in die Kunst einweihte, wie man Bücher sachgerecht verpackt – und das konnte er!

Ich erinnere mich an unsere gemeinsame Arbeit an der *Jungenwacht.*

Das war die Zeitschrift der Schülerbibelkreise, die etwa ab 1947 wieder erschien. Hermann Ehlers, eine Säule der Bibelkreise in Berlin, war nach dem Krieg juristischer Oberkirchenrat in Oldenburg geworden. Er hatte einen Freund aus früheren Tagen, Karl-Heinz Meyer, zum Schriftleiter des *Oldenburgischen Sonntagsblatts* gemacht und ihm dazu die Redaktion der *Jungenwacht* übertragen, deren Herausgeber Hermann Ehlers bis zu seinem frühen Tod blieb.

Karl-Heinz Meyer, von uns – was lag näher – Karl May genannt, hatte eine geniale Art, die Zeitschrift zu konzipieren. Es war ihm gelungen, einen kleinen Freundeskreis zusammenzubringen, der sich einmal im Jahr traf. Man erarbeitete einen Themenkatalog für zwölf Monatshefte, und zwischen Flensburg und München saßen dann wieder einige Gruppen, die unsere Pläne in Manuskripte umsetzten. Zu diesem »Brainstorming« gehörten auch Johannes Rau und ich. Manfred Hausmann, der zu denen gehörte, die wir für die Zeitschrift gewannen, erinnerte sich Jahrzehnte später, als ich ihn gebeten hatte, seine Predigten im Neukirchener Verlag zu veröffentlichen: »Als ich den Namen Braselmann schwarz auf weiß vor mir sah, fiel mir ein, daß ich den Mann ja längst kannte. Er hatte mit anderen jungen Leuten zum Redaktionsstab der *Jungenwacht* gehört, einer lebendigen, vielseitigen und vorstößerischen Schülerzeitschrift ... Auch ich hatte dort einige Beiträge veröffentlicht und mich manchmal gefragt, was es mit diesen Redakteuren wohl auf sich haben mochte, die überall im Lande Autoren ihrer Gesinnung und ihres Schlags aufzuspüren wußten ...« (Aus: *Spiegel der Erinnerung.*)

Das und vieles andere noch – ein schöner Freundeskreis und viel gemeinsames Tun in der Gemeinde – gehörten zu dem, was mich mit dem Lehrling des Verlags Emil Müller verband.

Johannes Rau hat in seinem Beitrag in dem kleinen Buch *Die Lehrlinge,* das einige der Ehemaligen ihrem Chef zur Vollendung des siebzigsten Lebensjahres schrieben, einiges aus dieser Zeit geschildert, das nicht wiederholt werden soll. Immerhin wird darin deutlich, wie anders es damals zuging. Ein Detail, charakteristisch für unseren verehrten Chef und zugleich auch für uns: Natürlich duzten Johannes Rau und ich sich, wie wir das immer getan hatten. Unser Chef beobachtete das eine Zeitlang schweigend. Dann rief er uns zu sich, räusperte sich – was immer ein Zeichen dafür war, daß etwas Ernstes folgte – und meinte, daß es doch wohl nicht anginge – besonders wenn Fremde (Autoren gar) dabei seien –, wenn ein Angestellter und ein Lehrling sich duzten. Er wünschte das »Sie«. Und so haben wir es denn versucht, bis wir einen rettenden Ausweg fanden, der sich dann so anhörte: »Herr Braselmann, kannst du mir mal erklären, was mit dieser Korrektur los ist?« Oder: »Herr Rau, gib mir mal den Bleistift rüber.« – Auch das, so meine ich, gehört zu der Atmosphäre jener Zeit, über die ich berichten soll.

Aber da war auch anderes. Was bewegte uns, was lasen wir, worüber diskutierten wir? Wieder muß ich zunächst von einem Haus sprechen, dem Haus des Gemarker Fabrikanten W. Halstenbach. Dort gingen wir ein und aus, mit den beiden Söhnen freundschaftlich verbunden.

Aber noch mehr war da: Pastor Hermann Lutze veranstaltete sogenannte Eckart-Abende, wie er das – solange es ging – auch im Krieg getan hatte. Er lud Autoren ein, die sich im Dritten Reich um den Berliner Eckart-Verlag gesammelt hatten und so etwas wie das »andere Deutschland« darstellten. Autoren, die geblieben waren und in aller Bescheidenheit versucht hatten, die leise Stimme derer hörbar zu machen, die nicht einstimmten in den Chor der vielen. Und nun kamen sie wieder zu uns: Rudolf Alexander Schröder, August Winnig, Otto von Taube ... Und wir dachten an die, die nicht mehr dabei waren: Jochen Klepper, Siegbert Stehmann ... Im Anschluß an die Lesungen lud Herr Halstenbach in sein Haus, das einen angebauten großen Saal hatte (in dem während des Kirchenkampfes so manche Konferenz des Bruderrats der Bekennenden Kirche stattgefunden hatte). Dort diskutierte man mit dem jeweiligen Gast. Und dazwischen saßen damals auch wir beide: Johannes Rau und ich.

Ich erzähle das, weil es Folgen für den Verlag Emil Müller hatte, in dem wir arbeiteten. Helmut Ollesch, ein aus Ostpreußen nach Wuppertal verschlagener Pfarrer, Siegfried Hajek und Günther Klemm, zwei Studienräte, machten den Vorschlag, eine Reihe unter dem Titel *Dichtung und Deutung* zu beginnen, in der Arbeiten über jene Schriftsteller veröffentlicht würden, die damals die Diskussion bestimmten.

Emil Wilhelm Müller, für den der Vorschlag zunächst überraschend kam, stimmte zu. Das war nicht selbstverständlich; denn eigentlich sah das Programm des Verlags anders aus: Schriften für die Gemeinde,

Einführungen in biblische Bücher, Predigtmeditationen, die ersten graphischen Blätter von Kurt Wolff ...

Eben in dem Jahr, in dem Rau seine Lehrzeit begann, erschienen die ersten Bände von *Dichtung und Deutung.* Ich habe gut in Erinnerung, wie er damals und weiterhin an den Gesprächen mit dem Herausgeber und den Autoren mit großem Engagement beteiligt war.

So konnten wir jungen Mitarbeiter ein wenig von dem, das uns im Grunde ja außerhalb unserer Tagesarbeit bewegte, in den Verlag einbringen. Aber auch das gehört zu den Erfahrungen jener Jahre: Neben diesen jungen Leuten stand ein Chef, der sie an langer Leine gehen ließ, der aber gelegentlich auch an dieser Leine zog; der sie, was den Verlag betraf, in dem und für den sie arbeiteten, daran erinnerte, daß da ein Auftrag war, ein Profil, eine Aufgabe. Ich denke, daß wir beide, Rau und ich, das nicht nur als eine Berufs-, sondern als eine Lebensweisheit gelernt haben: daß man suchen und dann wissen muß, wo die Aufgabe liegt, die einem zugewiesen ist.

Später trat in unseren Kreis Johannes Harder, der Dozent an der neugegründeten Pädagogischen Hochschule wurde. Sein nahezu explodierender und explosiver Tatendrang riß uns – wir waren doch jung! – zu großartigen Visionen hin: Irgendwann mußte ein eigener Verlag kommen, in dem alles das verwirklicht würde, was bisher niemand geschafft hatte! Den eigenen Verlag brachten wir natürlich nicht zustande. Aber am Ende all dieser Ausblicke stand die Nr. 1 einer von Johannes Harder herausgegebenen Zeitschrift: *Die Laterne,* die in einem befreundeten Verlag erschien. Und bei dieser Nr. 1 blieb es ...

Für Johannes Rau ist es gewiß wichtig gewesen, daß er gegen Ende seiner Lehrzeit und im Jahr danach im Auftrag des Verlags Emil Müller und einiger anderer Verlage die Buchhandlungen besucht und die Bücher den Kollegen vorgestellt hat. Er lernte nicht nur viele Sortimente kennen, er »er-fuhr« in des Wortes eigentlicher Bedeutung das Land.

Zur Atmosphäre jener gemeinsamen Zeit gehört auch, daß Rau einen Teil seiner Freizeit damit ausfüllte und seine Geldbörse damit auffüllte, daß er für eine Wuppertaler Tageszeitung arbeitete und so begann, ein *homme des lettres* zu werden. Vorträge, Konzerte, Ausstellungen – das alles hat er mit Interesse beobachtet und geschildert. Was »nicht zu beschreiben« war, hat er erzählt.

Über das schriftlich Niedergelegte hinaus hat er sehr eindrücklich von einem Interview erzählt, das er – es muß wohl 1952 gewesen sein – mit Adolf Scheu zu führen hatte. Dem sollte er auf den Zahn fühlen und erfahren, was es mit dieser merkwürdigen Gesamtdeutschen Volkspartei auf sich habe, die da ans Licht getreten war. Ich habe rückblickend den Eindruck, daß dieses Interview eine entscheidende Rolle für den Politiker Rau gespielt hat.

Von Politik »umwittert« war unser Kreis immer. Schalten wir zurück zu *Jungenwacht.* Ihr Herausgeber war Hermann Ehlers, der bald ein leibhaftiger Bundestagspräsident wurde. Wenn immer er vor oder mit uns sprach, sein Hinweis darauf, daß der Christ Verantwortung für die *res publica* habe, war unüberhörbar. Und das nicht im Werben für seine Partei, sondern als Formulierung eines Grundsatzes, einer Lebensmaxime. Wir erlebten Ehlers in jenen Jahren einmal anläßlich eines Jubiläums der Schülerbibelkreise in dem Vereinshaus Elberfeld. Der Saal war proppenvoll. Ehlers stand am Rednerpult, als plötzlich sämtliche Lichter ausgingen. Da sagte er ganz ruhig: »Keine Aufregung! Ein Politiker muß auch im Dunklen reden können.« Ein Wort, das nun wirklich eine tiefere Bedeutung hat – die uns wohl erst später aufging.

Nach seiner Lehrzeit blieb Rau ein Jahr beim Verlag Emil Müller, arbeitete dann beim Luther-Verlag in Witten, wurde 1954 Geschäftsführer des Jugenddienst-Verlags. Aber die Politik war stärker. Er hatte gelernt, daß man wissen und annehmen muß, wo die Aufgabe liegt, die einem zugewiesen ist. Sein Weg hat ihn mit Adolf Scheu und Gustav Heinemann zur Gesamtdeutschen Volkspartei und dann zur SPD geführt. Er wurde Landtagsabgeordneter und verschwand Schritt für Schritt aus dem Kreis der Kollegen.

Und wie ist es mit uns beiden, deren Kennenlernen im Krieg begann, die einander einige Jahre am Schreibtisch gegenübersaßen, die die Luft jener Jahre voller Pläne und Zukunftshoffnung atmeten? Was ist mit uns, deren Berufs- und Lebensweg auseinanderdriftete? Wir sind Freunde geblieben. Gott sei Dank!

Helmut Preuss

Wie Rau zur Literatur fand

Verba volant, scripta manent. Die Worte fliegen davon, aber die Bücher bleiben. Vielleicht hat Rau daran gedacht, als er sich zu seiner Lehre als Verleger entschloß – nicht als Buchhändler, was oft fälschlich zu seinem Mißvergnügen behauptet wird. Aus dieser Zeit stammt unsere persönliche Begegnung, da ich für die Wuppertaler Jungbuchhändler und -verleger ein Literaturkolleg hielt, das uns jeweils am Dienstagabend für drei Jahre zusammenführte mit ihm, von 1949 bis 1952.

Die Welt von damals ist im Grunde nur vorstellbar für Menschen, die jene Zeit am eigenen Leib erfahren haben, für die Alten war es Heimkehr nach Krieg und Gefangenschaft, für die Jüngeren Trümmerlandschaft und Tauschzentrale, Selbstbescheidung in Kleidung und Essen. Das war der Nährboden für die Lehrlinge des Literaturkollegs, die sich mit seltener Ausnahme durch Pünktlichkeit und Kameradschaft auszeichneten, durch geistige Selbstdisziplin und gewaltigen Lesehunger.

Meine Aufgabe war es, einen Überblick über die Epochen der deutschen Literatur zu geben. So hat Rau noch nach einer Generation den Überblick über höfische Dichtung und Herbst des Mittelalters, Humanismus und Reformation, Barock und Aufklärung, Sturm und Drang und Klassik als unabdingbare »Grundierung« empfunden. Schillers Sprache schien ihm in seinem Pathos bombastisch, wie es jungen Menschen heute ähnlich ergeht. Hingegen begeisterte ihn die Aufführung seiner Dramen auf der Bühne. Besprachen wir nicht Goethes *Faust*, weil eine kurze Würdigung im Grunde keiner entspricht, so hat er ihn gründlich privat studiert. Von seinen Romanen sind ihm *Die Leiden des jungen Werthers*, seltsamerweise eine Lieblingslektüre Napoleons, trotz schwärmerischer Gefühlsseligkeit nahegekommen – eine Erfahrung, die sich in jenen Jahren oft bestätigte, da eine Reaktion auf das gefühlsarme, eherne Zeitalter des Nationalsozialismus sich von selbst ergab. Goethes Liebeslyrik, die als Motiv von Friederike, dem Pfarrerstöchterchen aus dem elsässischen Sesenheim, über Charlotte von Stein (»Ach, Du warst in abgelebten Zeiten meine Schwester oder meine Frau«) bis zur Liebe des greisen Goethe zur siebzehnjährigen

Ulrike von Levetzow reicht, blieb ein unerschöpfliches Thema, das alle ansprach. Vielleicht hat Rau hier die Anregung erhalten, selbst Verse zu schreiben, Liebesgedichte, die auch für ihn vergessen sind. Verständlicherweise hat keiner unseres Kurses auch nur eine Zeile zu Gesicht bekommen. Der Arbeiterdichter Heinrich Lersch sagte mir einmal vor über fünfzig Jahren nach einer Lesung: »Jeder junge Mensch, der verliebt ist, schreibt Verse – es kommt mehr auf die Verliebtheit als auf die Dichtkunst an.«

Raus eigentliches Interesse galt der Literatur des 19. Jahrhunderts: Die deutsche Romantik ließ junge Menschen aufhorchen. Eichendorffs *Aus dem Leben eines Taugenichts* mit den Wanderliedern und der Sehnsucht nach Kunst und südlicher Landschaft, der schwärmerischen Verehrung für die wunderschöne Frau und den verzauberten Nächten, dem Fernweh und der Heimatliebe, einem Humor, der alle Schwierigkeiten aus dem Wege räumt, beglückte um so mehr, als unsere Reisemöglichkeiten damals meist in den Wupperbergen endeten. Für den tragischen Eichendorff interessierte sich Rau noch mehr, da der Dichter um die Dämonie von Mensch und Natur im »Marmorbild« weiß. Der »Gespenster-Hoffmann« jagte uns leichte Schauer von Zweifel und Grauen mit seinen Romanen und Novellen ein. In Ludwig Uhland schätzte unser junger Verleger wohl mehr den aufrechten Vorkämpfer im Parlament 1848 in der Frankfurter Paulskirche als den dichtenden Vater der Germanistik. Hauffs *Lichtenstein,* der Roman fürs Schwäbische Haus, und seine Kunstmärchen berührten ihn wenig. Indes fand er Zugang zu *Des Knaben Wunderhorn,* der Sammlung alter Volkslieder und eigener tiefempfundener Verse der Herausgeber Brentano und Arnim. Prosa und Poesie führten ihn zum politisch erregten Jungen Deutschland und dem »letzten Ritter der Romantik«, wie Heinrich Heine sich selbst nannte.

Von der Epoche des Realismus in der zweiten Hälfte des 19. Jahrhunderts liebte er weniger den Schweizer Gottfried Keller, der ihm »zu kühl« erschien, als den Husumer Amtsrichter Theodor Storm: *Immensee,* jene bittersüße Liebesgeschichte in der Rückschau des alten Reinhard, *Aquis submersus,* die nicht erfüllte Liebe und das schmerzvolle Wiedersehen, das *Bekenntnis,* das zur Zeit wieder aktuelle Problem der Euthanasie in ihrer Fragwürdigkeit, die dramatische Meisternovelle *Der Schimmelreiter,* sie alle sind ihm gegenwärtig wie einst.

Der junge Gerhart Hauptmann mit seinen naturalistischen Dramen hat ihn begeistert wie alle, die jung sind oder geblieben sind, mit dem Ruf nach Lösung der sozialen Frage. Mit dem Expressionismus verband ihn besonders Gottfried Benn, vielleicht, weil er noch in die fünfziger Jahre hineinragte, während Kaiser und Stadler schon fast vergessen waren. Unvergessen bleibt für ihn Else Lasker-Schüler aus Elberfeld, eine Traumwandlerin des Expressionismus. Ihr Schauspiel *Die Wupper* führt in den Umbruch des industriellen Zeitalters, mitten hinein in die Nöte des Proletariats der Heimatstadt, die Verse im Gedichtband *Mein blaues Klavier* gehören zu dem Vermächtnis der Ausdruckskunst. Dichten und Denken in ihrer engen Verflechtung führten ihn in seiner religiösen Einstellung zu Kierkegaard, dem christlichen Vordenker der Philosophie des Existentialismus, in seiner radikalen theologischen Fragestellung des Entweder-Oder. Der Religionsphilosoph Ernst Troeltsch wies ihn gegenüber dem bekannten idealistischen Lutherbild in seiner Schrift *Die Bedeutung des Protestantismus für die Entstehung der modernen Welt* (1911) besonders auf das Mittelalterliche in Luther, die protestantische Scholastik, den Teufelsglauben, die Abneigung gegen »Frau Klügel«, den sich absolut setzenden Verstand hin.

Im Pietismus als Reaktion auf eine unduldsame Orthodoxie fühlte sich Rau wahrscheinlich bestätigt, in jener praktischen Liebestätigkeit, zum Beispiel in den Franckeschen Stiftungen oder bei den Herrnhutern unter Graf Zinzendorf. Die Losungen der Brüdergemeinde las nicht nur Bismarck in seinen schlafgestörten Nächten; noch heute liest Johannes Rau mit seiner Frau allmorgendlich in ihnen. Es zeugt von wenig Toleranz und noch weniger Scharfsinn, ihn deswegen Bruder Johannes zu nennen. Denn jeder Mensch bedarf einer Verankerung, wo immer er sie findet. Manch ungläubiger Kirchenstürmer wie Friedrich Nietzsche, den er wegen seiner geschliffenen Sprache liebt, hat bei seinen heftigen Angriffen auf den Glauben gelegentlich wehmütig zum Christentum als für ihn unerfüllte Möglichkeit zurückgeschaut. Das Alte Testament wird in der Gegenwart als sehr aufschlußreiche Lektüre wiederentdeckt. Die Israelis lesen es, ob gläubig oder ungläubig, mit wahrer Hingabe als Geschichtsbuch oder als Offenbarung. Besonders liebt Johannes Rau darin das Buch Hiob. Das Hohelied kennt er in vielen Übersetzungen; Martin Buber, dem großen jüdischen Religionsphilosophen, ist er in Jerusalem begegnet.

Seinem sozialen Engagement, der ethischen Verantwortung, dem politischen Instinkt entsprang wohl seine gründliche Privatlektüre von Karl Marx. Daß er *Das Kapital* nicht als verpflichtende Offenbarung las, sondern mit kritischem Verstand, zeugt von seinem Bemühen um Objektivität und seiner Distanz gegenüber bloßer Nachbeterei. Nach dem jahrelangen Abgeschlossensein vom Ausland und seiner Literatur war der Hunger groß nach allem, was jenseits der Grenzen geschrieben war. So führt ihn Privatlektüre konsequent zu André Gide, zu Proust und zur *Pest* von Camus, zu Anouilhs *Antigone*, die im Gegensatz zu dem götterfrommen Vorbild in Sophokles' Tragödie vor zweieinhalb Jahrtausenden nicht mehr weiß, warum sie den Opfertod erleiden will, zu Saint-Exupéry, dessen *Nachtflug* und *Wind, Sand und Sterne* von einem Menschen erzählen, der zum Dichter des Fliegens wurde und dabei das Individuum über der Technik nicht vergaß. Romain Rollands umfangreiches Werk gab Rau die Bestätigung, daß die deutsch-französische Freundschaft, die sich zögernd in den fünfziger Jahren anbahnte, hier schon vor dem Ersten Weltkrieg vorausgedacht war in dessen Roman *Jean Christophe.*

Die Kriegs- und Nachkriegszeit flammte für ihn auf in Norman Mailers *Die Nackten und die Toten,* da der Kampf der Amerikaner bei Besetzung einer japanischen Insel in naturalistisch-brutaler Weise begegnet, in Malapartes *Kaputt* und *Die Haut,* wo das Obszöne und Grausige nicht durch künstlerische Notwendigkeit gerechtfertigt werden. Die Diskussionen um diese Werke wurden leidenschaftlich in unserem Kreis geführt, die für die persönliche Geschmacks- und Urteilsfindung unerläßlich waren. Sie gestalteten sich schwieriger im Vergleich zu Remarques Gegenstück *Im Westen nichts Neues,* jenem Welterfolg zwanzig Jahre zuvor – die wenigen, die ihn wirklich gelesen hatten, zu denen auch Rau gehörte, vermochten auf diesem Hintergrund sachlicher zu argumentieren. Ein Werk als Privatlektüre ist ihm zu einem unvergeßlichen Erlebnis geworden, für das er sich begeisterte: der Roman des südafrikanischen Erzählers Allan Paton *Denn sie sollen getröstet werden,* in dem es um die Fehler südafrikanischer Rassen- und Sozialpolitik schon Ende der vierziger Jahre in schlicht erzählender Weise geht. Wahrscheinlich haben sein Engagement und sein Kampf gegen Vorurteile, gleich welcher Richtung, damals die Grundlage erhalten.

Die zeitgenössische Literatur schlägt immer junge Menschen in Bann. Was uns als Schüler einst versagt war, kam nun zu seinem Recht: 1950 war gerade Goes' *Unruhige Nacht* erschienen, für mich eine der besten Erzählungen aus dem Kriegsgeschehen, da sich das Chaos des Krieges mit der Hoffart des Menschen und dem Suchen nach Geborgenheit begegnen. Noch heute ist Rau in losem Kontakt mit dem Autor, der in Lyrik wie Erzählkunst in der klassischen Mörike-Nachfolge steht.

Ein Jahr später erschien Ernst von Salomons *Der Fragebogen,* sein autobiographischer Weg vom Ende des Ersten zum Ende des Zweiten Weltkriegs, der in der Technik des Fragebogens, den jeder hinsichtlich seiner politischen Vergangenheit zu beantworten hatte, eine neuartige Form des Romans in filmischer Weise schuf. Obwohl Autor und Roman umstritten waren, hat das Buch damals jeden von uns fasziniert – Rau ist dafür Zeuge. Böll wurde um 1950 mehr bekannt. Seine frühen Erzählungen und Kurzgeschichten, die wir besprachen, hat Rau heute noch besonders gern. Die Erzählung *Der Zug war pünktlich* mit dem Schicksal eines Soldaten, der seinen Tod im Fronturlauberzug sicher voraussieht und inmitten wilder Landser im stillen Gebet Zuflucht sucht, im Freudenhaus in Lemberg platonisch seine große Liebe entdeckt und dann mit ihr den Tod auf einer Mine findet, hat uns alle so ergriffen, daß dieser Eindruck Rau bis heute unauslöschlich geblieben ist. Hier gewann er wohl auch den Maßstab für das, was bleibt und was vergeht.

Besondere Beachtung fand nach der germanisch-heidnischen Mythologie des Dritten Reiches und den Jahren des Zusammenbruchs eine literarische Richtung, die heute fast vergessen ist, die »Christliche Dichtung«, eine Bezeichnung, die nicht ganz glücklich war – auch nicht im Sinn der Autoren –, die aber insofern zutraf, als der chaotischen Welt eine andere, eine heile Welt oder zumindest eine solche, die nach Recht und Ordnung und Geborgenheit sich sehnt, gegenübergestellt wurde. Bergengruens Romane *Der Großtyrann und das Gericht* (1935) und *Am Himmel wie auf Erden* (1940), die im Suchen nach Recht und Lebenssinn als Schlüsselromane gegen die Zeit geschrieben waren, wurden jetzt auch denen bekannt, die jene Jahre als Kinder erlebt hatten.

Gertrud von le Forts *Der römische Brunnen* mit der Suche des mädchenhaften Spiegelchens nach echtem Glauben und verständnisvollen Menschen schätzte Rau so, daß er das Urbild jenes Brunnens im verschatteten Hof des einstigen Dominikanerklosters neben Santa Maria sopra Minerva bei einem Aufenthalt in Rom besuchte. Elisabeth Langgässers Roman *Das unauslöschliche Siegel* bezieht sich im Titel auf die Taufe, die den Menschen, so tief er auch in Schuld und Verworfenheit fällt, schließlich in seiner Erlösungssehnsucht rettet. Johannes Rau beschäftigte damals besonders die Frage, warum die genannten Dichter zum katholischen Glauben konvertierten, wobei ihm einmal die Weite der christlichen Kirche, zum anderen ihre wechselseitige Annäherung bewußt wurde. Zu den Dichtern evangelischer Richtung fühlte er sich vielleicht noch mehr hingezogen: Albrecht Goes nannten wir schon; Jochen Klepper mit seinem Roman *Der Vater*, der Gestalt des Preußenkönigs Friedrich Wilhelm I., seiner Lyrik, die tief im Glauben wurzelte – er schied im Kriege freiwillig mit Frau und Tochter aus dem Leben, um sie als Juden vor dem Konzentrationslager zu bewahren. Der urbane Rudolf Alexander Schröder, der nach mustergültigen Übersetzungen aus verschiedenen Epochen zum Erneuerer des evangelischen Kirchenliedes wurde. Manfred Hausmann kommt nach seinen schwärmerischen Romanen voller Naturseligkeit, von der Jugendbewegung dankbar aufgenommen, zu Werken eines christlich geprägten Existentialismus. Diese Dichter, die aus christlicher Weltschau schreiben, kamen unserem Literaturkreis auch dadurch näher, daß sie alle zu Dichterlesungen in Wuppertal zu Gast waren und wir sie unmittelbar erleben oder sogar mit ihnen sprechen konnten; Veranstalter waren einmal der evangelische Eckhardkreis, zum anderen das katholische Bildungswerk.

Die beiden Großen der Literatur aus Vor- und Nachkriegszeit waren selbstverständlich beherrschende Themen des Literaturkollegs: Hermann Hesse mit dem *Demian*, *Knulp*, *Narziß und Goldmund*, *Das Glasperlenspiel*. Der Widerstreit von Sinnlichkeit und Geisteswelt, Leidenschaft und Zügelung, Selbsterlebtem und Weltspiegelung haben Hesse immer ein begeistertes junges Lesepublikum geschenkt – so auch das Echo in unserem Kreis. An Thomas Manns bedeutender Erzählkunst, die psychologisch in meisterlich erfaßtem Detail Zeiten und Menschen beschwört, der Selbstparodie und Ironie wie kein anderer beherrscht, war Rau mehr vom Niedergang der Familie der

Buddenbrooks angerührt als vom *Zauberberg,* »dem Roman ohne Handlung«, ein Vierteljahrhundert später. Neben den Meisternovellen *Tonio Krüger* und *Der Tod in Venedig* hat ihm besonders *Bekenntnisse des Hochstaplers Felix Krull* in den verschiedenen Fassungen Spaß gemacht.

Neben der »großen Literatur« liebt Johannes Rau auch die, die ohne Anspruch ihre Leser findet – in der Heimatdichtung die Gestalt der Mina Knallenfalls und den Dialektdichter Stork. Als Pennäler ist er Old Shatterhand und Winnetou auf ihren Kriegspfaden gefolgt, ging auf Abenteuer aus mit Gerstäcker und Wörrishöffer, liest heute noch zur Entspannung Kriminalromane, wie es der erste Bundeskanzler Adenauer tat, mit Vorliebe Agatha Christie.

Vom Schauspiel soll man weniger reden, als es in Aufführung erleben. Dazu verhalf uns das längst abgebrochene Theater an der Bergstraße mit Schauspielern, die ihren Weg machten, Caninenberg und Elisabeth Türschmann, Kaspar Brüninghaus, Landauer, Brünske, Tappert, Leipnitz, Xenia Pörtner, um nur einige zu nennen. So erlebten wir in gemeinsamen Besuchen oder auch allein Werke, die die Menschen damals bewegten: Thornton Wilders *Wir sind noch einmal davongekommen* und *Unsere kleine Stadt,* Zuckmayers *Gesang im Feuerofen,* Graham Greenes *Kraft und Herrlichkeit,* Frischs *Chinesische Mauer,* Dürrenmatts *Die Physiker;* aus der Vergangenheit Hauptmanns *Die Ratten* und *Der Biberpelz,* Lessings *Minna von Barnhelm.* Das gesprochene und gespielte Wort lebt stärker als das nur gelesene und regte zur Auseinandersetzung an.

Wie sein Weg vom Emil-Müller-Verlag zum Peter-Hammer- und Jugenddienst-Verlag führte, den er zwanzig Jahre leitete, wie er ständiger Mitarbeiter des Sonntagsblatts *Der Weg* wurde – damit wäre schon ein anderes Blatt in seinem Leben aufgeschlagen. Vieles konnte von seiner Freude an Büchern nur angerissen werden, von vielen Autoren, die uns verbanden, müßte noch die Rede sein. Ein Freund des Buches ist er geblieben – das weiß jeder, der ihn kennt. Bei einem sehr langen Arbeitstag findet er noch Zeit, jede Woche ein oder zwei Bücher zu lesen, Neuerscheinungen, politische Publikationen, was es gerade gibt. Jenseits aller Nostalgie überkommt mich manchmal die Sehnsucht nach jenem bescheidenen Unterrichtsraum im Gymnasium Aue, Elberfeld, gering beleuchtet und mäßig beheizt, vom Lärm der vorbeifahrenden Schwebebahn leicht vibrierend, wo wir unser Domizil hatten, in das die Ruinen hereinschauten und an dessen Mauer die Wupper leise vorüberrauscht – und nach jenen jungen Menschen. In jener Kargheit gedieh eine geistig-lebendige und zukunftsfrohe Welt, die allen unvergeßlich blieb, die daran teilhatten. Das Auffällige in dem Kreis war, daß man nicht auffiel – aber in geistiger Auseinandersetzung und je nach Urteilsvermögen versuchte jeder, nach Kräften zu beweisen, daß Literatur nicht ein Wolkenkuckucksheim ist, sondern Spiegelbild unseres Lebens: »Tua res agitur«, es geht um deine ureigene Sache. Als Lehrender habe ich mich zeitlebens gehütet, in der Art Prognosen zu stellen: »Aus dir wird nie etwas.« Daß Johannes Rau schon damals in Bescheidenheit eine Persönlichkeit war, die ihren Weg wo und wie immer machen würde, war mir in jenen Jahren bewußt.

Als der französische Botschafter François Poncet in einer literarischen Festrunde begrüßt wurde, feierte ihn der Redner: »An dem Herrn Botschafter sieht man, wie weit man es mit dem Studium der Germanistik bringen kann.« François Poncet erwiderte schlagfertig: »Wenn man zur rechten Zeit aussteigt.« Bei Johannes Rau erscheint es mir anders. Dank seiner Verwurzelung in der Literatur hat er jene Wendigkeit und geistige Überlegenheit jenseits vom modernen Manager- und Funktionärstum gewonnen, die Freund und Gegner anerkennen. Wie soll Henri Stendhal gesagt haben? Der Stil – das ist der Mensch.

WERNER SCHEIDACKER

Begegnung in der DDR

Es war in den fünfziger Jahren: Rau kam mit Jugendlichen aus Wuppertal-Barmen, um sich mit Gliedern unserer »Jungen Gemeinde« aus Oranienburg zu treffen. Wir beide, er und ich, Pastor in Oranienburg, waren als Jungen im »BK« gewesen, im, wie der volle Name früher lautete, »Bibelkreis für Schüler höherer Lehranstalten«. Dieser ab 1928 sogenannte »Bund deutscher Bibelkreise (BK)« hatte sich der Ende 1933 erfolgenden »Eingliederung der evangelischen Jugend in die Hitlerjugend« versagt und Anfang Februar 1934 seine Selbstauflösung beschlossen. In einzelnen Gemeindegruppen, vordringlich da, wo

Pfarrer der Bekennenden Kirche tätig waren, wurde die mit dem Namen »Bibelkreis« korrekt bezeichnete Arbeit freilich fortgesetzt. Viele junge Menschen haben da Impulse für ihr weiteres Leben erhalten.

Nach Kriegsende kam es hüben und drüben unter verschiedenen Formen zu einer intensiven Bemühung, Jugendliche in mehr oder weniger enger Bindung an die Gemeinde und die Kirche neu um die evangelische Botschaft zu sammeln. Bei uns im Osten, ab 1949 in der DDR, verloren die früheren zum Teil vereinsmäßigen und jedenfalls gegenüber der Kirche selbständigen Formen der Jugendarbeit ihre Bedeutung. Durchgängig war die Sammlung von jungen Menschen und die Arbeit mit ihnen nunmehr eingegliedert in die Gemeinde am Ort. Folgerichtig und zutreffend war dementsprechend von der »Jungen Gemeinde« die Rede. Ähnlich verlief aber mancherorts die Entwicklung auch in Westdeutschland, wenigstens in der Anfangszeit, in den vierziger und fünfziger Jahren. Das trifft zum Beispiel auch auf die Oranienburger Partnergemeinde Wuppertal-Gemarke zu.

In dieser Gemeinde hat sich Johannes Rau in den fünfziger Jahren engagiert in der Jugendarbeit betätigt. Das führte zu unserer persönlichen Bekanntschaft. Wir fanden uns mit Jungen und Mädchen von hier und dort zu gemeinsamer »Rüste« in den sehr schlichten Räumen eines Berliner Baracken-Jugendheimes zusammen. Natürlich spielte dabei die damals durchaus unterschiedliche Lebenssituation eine Rolle. Dennoch, wie bescheiden waren wir alle noch in jenen fünfziger Jahren! Bescheiden, was den Lebensstandard und was die Ansprüche des einzelnen und der ganzen Gemeinschaft betraf. Aber zugleich: Wie anspruchsvoll waren wir, was die Klärung von Sinn- und Lebensfragen, die Suche nach Einsichten in die Hintergründe und Zusammenhänge des Geschehens, die Wiedergewinnung von Werten betraf, die in der Zeit des braunen Regimes verlorengegangen waren. Gemeinsam versuchten wir, in der Kirche verschüttete Erkenntnisse mit den und für die Jugendlichen wieder aufzudecken, uns den veränderten Anforderungen der Nachkriegszeit zu stellen und in noch unbekanntes Neuland vorzustoßen.

Im Rückblick möchte ich dreierlei nennen, was bei alledem für Rau charakteristisch war. Die relativ primitive äußere Situation war für ihn bedeutungslos. Mit Selbstverständlichkeit solidarisierte er sich mit denen, die es in mancher Beziehung schwerer hatten. Das hing zweifellos auch damit zusammen, daß das, was uns zusammenführte, die menschliche Begegnung und der Gedanken-, Erfahrungs- und Situationsaustausch, ihm und uns allen ungemein wichtiger war als irgendein erhöhter Lebensstandard. Ein zweites: Man konnte mit Rau über alles reden, was uns damals bewegte, und zwar so, daß das Gespräch nicht an der Oberfläche plätscherte, sondern wirklich zu den eigentlichen Fragen vorzudringen vermochte und dann durchaus Tiefgang hatte. Raus Gesprächsbeiträge halfen dabei wesentlich. Drittens: Da es sich ja um die Begegnung evangelischer Jugendlicher handelte, spielten christlich-kirchliche Fragen natürlich eine besondere Rolle. Dabei hatte Rau eine erstaunliche Bibelkunde aufzuweisen. Das Bewundernswerte aber hinsichtlich seiner Verankerung in der von der Bibel bezeugten Botschaft bestand in seiner Fähigkeit, sich mit jungen Menschen darüber so auszutauschen, daß sie merkten, daß es da um ihre ureigene Sache, daß es um ihr gegenwärtiges und noch bevorstehendes Leben in seiner Vielfalt, in seiner Gefährdung und in seiner Zukunftshoffnung ging.

Rau hat in jener Zeit mit manch einem Freundschaft geschlossen. Er hat an ihr festgehalten in allem Wandel seiner beruflichen, vor allem politischen Laufbahn. Es gehört für mich zu den erfreulichsten Erfahrungen, daß sich eine Begegnung mit dem heutigen Ministerpräsidenten, was den menschlichen Kontakt betrifft, nicht von jener Begegnung vor dreißig Jahren unterscheidet. Damals war er noch ein politisch unbeschriebenes Blatt, selbst noch ein junger Mann, erfüllt von Liebe zu jungen Menschen und Verantwortungsbewußtsein für sie. Durch die Karriere, die er gemacht hat, ist die Atmosphäre der Herzlichkeit und der Offenheit, die ihn von jeher umgab, nicht beeinträchtigt, geschweige denn zerbrochen worden. Die vielen notwendigen Übel, mit denen er sich jetzt abfinden muß und die auch seine Freunde mit in Kauf nehmen müssen: das ständige Umgebensein mit einer »Leibgarde«, der unerläßliche Umgang mit denen »oben«, von denen manch einer den Kontakt zu denen »unten« längst verloren hat, der zuweilen angebrachte »höfische Stil«, dem sich in gehobener Position selbst der nicht entziehen kann, der natürlich geblieben ist – das und vieles mehr hat nicht verhindert, Johannes Rau den sein zu lassen, als den ich ihn einst kennen- und schätzengelernt habe. Er ist ein Mensch, der seinem jeweiligen Partner oder auch Gegenüber zugewandt ist. Das ist nicht alltäglich. Alltäglich ist, daß der andere einem als Parteipolitiker, als Akademiker, als Journalist, als Arzt, als Pfarrer, als Christ, als Atheist oder was immer begegnet. Das hat auch alles seinen Stellenwert. Es braucht durchaus nicht verleugnet zu werden. Es muß an seiner Stelle und zur gegebenen Zeit sogar zur Sprache kommen. Aber an erster Stelle sollte es nicht stehen.

Ich bin froh, daß ich bei den (in den letzten Jahren naturgemäß seltenen) Treffen nicht dem »MdL«, dem »Minister«, dem »Ministerpräsidenten«, dem Repräsentanten der SPD usw. begegnet bin, sondern Johannes Rau. Das sollte und, ich bin eigentlich gewiß, das wird so bleiben.

IV. Kapitel

Verlegen – Vertreiben

Werner Filmer / Heribert Schwan

Christliche Dichter fördern

Bei allem Erfolg im Buchgeschäft: Wie oft mag er sich gefragt haben, ob er den richtigen Weg eingeschlagen hatte, welche Berufschancen er habe?

Im Januar 1953 wechselte Rau. Er nahm ein Angebot des Luther- und Eckart-Verlages in Witten an der Ruhr an, beide unter einem Dach und unter gleicher Leitung. Er übernahm die Leitung der Vertriebsabteilung bis zum 30. September 1953.

Der Luther-Verlag war 1911 gegründet worden und beschränkte sich bis 1945 im wesentlichen auf die Herausgabe von Flugblättern und Broschüren. Nach Kriegsende begann er mit der Buchproduktion. Beachtung fand sein Versuch, theologische Literatur in preiswerten Ausgaben herauszubringen. Der Verlag konnte zahlreiche evangelische Autoren von Rang an sich binden.

Ziele des Eckart-Verlages waren seit der Gründung 1922, »christliche Dichter zu fördern und dem qualifizierten evangelischen Buch eine größere Gemeinde zu schaffen«. Auch nach dem Krieg lebten in allen Teilen des Landes die »Eckart-Kreise« wieder auf. »Eckart-Abende« wurden zum festen Bestandteil literarischer Veranstaltungen in den Kirchengemeinden. In Wuppertal organisierte Pfarrer Hermann Lutze diese literarischen Treffen, an denen Johannes Rau regelmäßig teilnahm. Für diese Zielgruppe gab der Verlag auch die Zeitschrift *Eckart* heraus.

Der Vertrieb beider Verlage lag im argen, als Rau seine Arbeit aufnahm. Er verdiente 240 DM und mußte zunächst einmal eine Vertreter-Crew zusammenstellen, die es fertigbringen sollte, die kirchlich-theologische Literatur des Luther-Verlages und die literarischen Texte des Eckart-Verlages an den Mann zu bringen. Nicht selten half Rau mit. Er reiste weiterhin als Vertreter durch das Land, entwarf Prospekte, formulierte Werbetexte und verhandelte mit Graphikern und Setzern. Lektor und Vertriebsleiter mußten improvisieren. Beide stellten viel auf die Beine. Finanzen flossen reichlich vom »Evangelischen Presseverband«. Rau lernte das Verlagsmanagement kennen, verfeinerte seine Fähigkeiten im Umgang mit Autoren, Mitarbeitern und Kunden. Der zweiundzwanzigjährige Verlagsbuchhändler hatte Karriere gemacht. Täglich pendelte er zwischen Wuppertal und Witten. Er trat selbstbewußt auf und verstand es durchaus, Wind zu machen. Freunde sagen: »Er konnte angeben!«

In dieser Zeit tauchte Rau häufig mit einer roten Strickkrawatte in der Gemarker »Jungen Gemeinde« auf und erzählte, daß er dieses Schmuckstück von Herrn Rowohlt, dem großen deutschen Verleger, auf der Frankfurter Buchmesse geschenkt bekommen habe. Das machte Eindruck. Er hatte auch immer einen Koffer voller Bücher bei sich, die er den Mitgliedern der »Jungen Gemeinde« vorstellte. Nicht nur in Barmen, auch in den benachbarten Jugendgruppen machte er die Jugendlichen mit Neuerscheinungen bekannt.

Der Geschäftsführer

1953 war der Verlagsbuchhändler Rau Vertriebsleiter, freier Mitarbeiter der Wuppertaler *Westdeutschen Rundschau*, Mitglied des Redaktionsteams der *Jungenwacht* und Mitglied der Gesamtdeutschen Volkspartei (GVP). Daneben engagierte er sich in der Gemarker »Jungen Gemeinde«. Rau tanzte auf vielen Hochzeiten. Er entwickelte »einen Aktivismus«, sagen Freunde, »der nicht zu überbieten« war. Gelernt hatte er, Kontakte zu knüpfen und zu pflegen. Schon früh lernte er die Führungsspitze der GVP kennen, erlebte wichtige Leute aus den

Schülerbibelkreisen, war einer Vielzahl von Autoren, Schriftstellern und Publizisten begegnet. Im Herbst 1953 bekam er ein neues Angebot, das er ohne Zögern annahm: Er wurde Geschäftsführer des Jugenddienst-Verlages.

Dieser Verlag war am 16. September 1951 gegründet worden und hatte zunächst seinen Sitz in Oldenburg. Seine wichtigste Aufgabe bestand in der Herausgabe von Schriften für evangelische höhere Schüler in Zusammenarbeit mit der Evangelischen Jugend Deutschlands. Der Jugenddienst-Verlag war Rechtsnachfolger des BK-Verlages Emil Müller und des Jungenwacht-Verlages Kurt Otto und Co. in Wuppertal-Barmen.

Zum 1. Januar 1954 sollte Rau Geschäftsführer werden. Bisher hatte Karl-Heinz Meyer, der Schriftleiter des *Oldenburgischen Sonntagsblattes*, den Jugenddienst-Verlag – mehr nebenbei – geführt und außerdem die Redaktion der *Jungenwacht* übernommen. Das Provisorium sollte ein Ende haben. Ein gelernter Verlagsbuchhändler war gesucht worden, der dem Verlag »Wind machen« sollte. Man fand ihn in Wuppertal. Am 15. Dezember 1953 verunglückte jedoch Raus Vater Ewald tödlich. Johannes, der zu Hause lebte, konnte seine Mutter nicht allein lassen. Sein Umzug nach Oldenburg schien unmöglich zu sein. Der Verlagsgründer und -leiter Dr. Hermann Ehlers, CDU-MdB und Präsident des Deutschen Bundestages, entschied daraufhin im Einvernehmen mit Oberkirchenrat Johannes Schlingensiepen, den Jugenddienst-Verlag von Oldenburg nach Wuppertal zu verlegen. Diese beiden Männer der Bekennenden Kirche spielten auch im weiteren Leben des jungen Rau eine nicht zu unterschätzende Rolle als Förderer, Impulsgeber und Mentoren.

Mit einem VW-Bus transportierten Rau und sein Freund Hans-Otto Schnepper die Aktenunterlagen und die wenigen Möbelstücke des Verlages von Oldenburg nach Wuppertal. Nur eine Transportfahrt war nötig. Neuer Sitz des Jugenddienst-Verlages wurde vom 16. Januar 1955 an – Raus 23. Geburtstag – die elterliche Wohnung in der Riescheider Straße 14. Dort hatte der Verlag zwei Räume angemietet, die nach dem Tod Ewald Raus entbehrlich geworden waren. Gleichzeitig verschaffte Johannes damit seiner Mutter eine finanzielle Unterstützung für ihre Wohnungsmiete. Helene Rau stand nach dem plötzlichen Tod ihres Mannes völlig mittellos da.

Sein Chef und Förderer

Was hatten Hermann Ehlers und seine Mitstreiter aus der evangelischen Jugendarbeit bewogen, dem Wuppertaler Rau die Geschäftsführung des Jugenddienst-Verlages zu übertragen? Immerhin war Rau in jenen Jahren aktives Mitglied der GVP, der Partei, die Adenauers Außen- und Verteidigungspolitik entschiedener bekämpfte als die sozialdemokratische Opposition. Was dachte der CDU-Mann Hermann Ehlers, als seine Wahl auf den Heinemann-Anhänger Johannes Rau fiel? Was hielt der promovierte Jurist vom gescheiterten Gymnasiasten, der ausgerechnet für höhere Schüler Zeitschriften machen sollte?

Für Rau sprachen zunächst einmal seine fundierte christliche Erziehung und sein ausgeprägtes Interesse an kirchlich-religiösen Fragen seit frühester Jugend. Außerdem hatte er jahrelang dem Barmer Schülerbibelkreis angehört und war mit sechzehn Jahren zu jener kleinen Redaktionsgemeinschaft gestoßen, die den Themenkatalog für die Monatshefte der bekannten *Jungenwacht* erarbeitete. Schließlich hatte er seine Ausbildung in jenem »Stall« gemacht, der bis zum Verbot durch die Nazis alle Publikationen für die Bibelkreise herausbrachte. Überdies fand Ehlers Gefallen am aufgeweckten, aktivistischen jungen Mann, der über gediegene verlegerische Detailkenntnisse verfügte und ein hervorragendes Einfühlungsvermögen besaß.

Ehlers, der Bundestagspräsident, führte als Chef des Jugenddienst-Verlages ein strenges Regiment. Nicht selten wurde Rau von seinem Chef, diesem Berliner Preußen, in aller Herrgottsfrühe nach Bonn oder Oldenburg beordert. Oft mußte er bei Ehlers antanzen, mußte Bericht erstatten und seine Empfehlungen, Anordnungen und Aufträge entgegennehmen. Ehlers entschied über das Wohl und Wehe des kleinen Verlages, er verantwortete Soll und Haben, vor allem aber neue Projekte.

Neben seiner politischen Tätigkeit kümmerte sich Ehlers unermüdlich um die evangelische Schülerarbeit, um Verlag und Literatur. Rau verstand sich mit seinem Vorgesetzten trotz dessen Strenge ausgezeichnet. Von ihm lernte er eine Menge: Geschäftsführung, Themenplanung und Umsetzung. Der Lehrmeister schärfte dem Dreiundzwanzigjährigen vor allem politische Verantwortung aus evangelischer Überzeugung ein. Als Ehlers am 29. Oktober 1954 überraschend mit fünfzig Jahren starb, war Rau tief betroffen. Er hatte nicht nur den Verlust seines Chefs zu beklagen, sondern verlor auch seinen wichtigsten Impulsgeber und seine markanteste Leitfigur in jenen Jahren. Ohne Ehlers wäre Raus Berufsweg anders verlaufen. Nachfolger des liberalen CDU-Mannes Ehlers wurde der ehemalige Superintendent des Kirchenkreises Barmen und damalige Oberkirchenrat in der Düsseldorfer Kirchenleitung, Johannes Schlingensiepen. Er blieb Raus Vorgesetzter, bis dieser seinen Verlagsjob 1967 aufgab.

Impulsgeber

Schlingensiepen war zwölf Jahre Raus Verlagschef und hatte dessen Geschäftsführung zu überwachen. Er war 1898 in Barmen geboren und eine autoritäre, ehrwürdige pastorale Gestalt aus einer Fabrikantenfamilie, geprägt von persönlicher Großzügigkeit. Er überstand viele Stürme, die den Verlag heimsuchten. Protest und Kritik hielt er auch dann aus, wenn es äußerst unangenehm wurde. Schon in den fünfziger Jahren war seine ungewöhnliche Haltung aufgefallen, als es um die Schuldfrage im Dritten Reich ging. Für ihn – selbst führendes Mitglied – hatte die Bekennende Kirche versagt, weil sie sich nur um sich gekümmert und zu wenig gegen den Holocaust unternommen hatte. Schlingensiepen lehnte nachträglich jede Beweihräucherung ab. Er vertrat stets eine ehrliche, klare, oft eigenwillige Position als Theologe und politische Persönlichkeit. Sein Einfluß auf Johannes Rau war gravierend. Dabei spielten Schlingensiepens Frömmigkeit, sein kluger, politischer Verstand und seine Schlitzohrigkeit die wichtigste Rolle. Zu diesem Mann fühlte sich Rau hingezogen. Schlingensiepen war sein Berater, beeinflußte ihn, von ihm erhielt er persönlichkeitsprägende Impulse. Schlingensiepen wurde für Rau eine Vaterfigur. Dieser kalvinistische Pietist (oder pietistische Kalvinist) mit scharfer humanitärer Kontur konnte äußerst barsch sein. Auch seinen Schützling kritisierte er hart, wenn es nötig war.

Literatur für höhere Schüler

Der Jugenddienst-Verlag war ein eingetragener Verein, der sich aus den Freunden der Schülerarbeit zusammensetzte, die den Krieg überlebt hatten. Rechtlich war er ein Kuriosum. Seine Rechtsform war gewählt worden, um Finanzmittel aus dem Bundesjugendplan zu bekommen. Doch von Anfang an reichte die Kapitaldecke nicht aus. Der kleine Verlag setzte die Tradition seiner Vorgänger fort: Literatur für höhere Schüler. Die wichtigsten Verlagsprodukte waren die Monatszeitschrift *Jungenwacht,* die vom 30. Juni 1964 an drei Jahre lang unter dem neuen Titel *Motive* erschien, und *Ritterschaft,* eine Monatszeitschrift für Pennäler der Unterstufe. 1958 wurde zusätzlich eine neue Schriftreihe unter dem Titel *Das Gespräch* herausgegeben, gedacht für Oberschüler. Insgesamt erschienen 96 Hefte. Darin tauchten zum erstenmal Themen auf, die in der evangelischen Verlagslandschaft weitgehend unbekannt waren, unter anderem über Dostojewski und andere russische Schriftsteller.

Vier Jahre lang residierte Rau mit dem Jugenddienst-Verlag in seiner elterlichen Wohnung. 1954 war eine Versandbuchhandlung hinzugekommen – ein zweites Standbein –, das wirtschaftliche Rückgrat des Verlages. Freunde aus den Bibelkreisen bestellten Bücher. Einige kirchliche Organisationen kauften hier ihre Literatur ebenso wie Schüler ihr Unterrichtsmaterial. Studenten der kirchlichen Hochschule Wuppertal, die ein sogenanntes Büchergeld von der evangelischen Kirche bekamen, wurden angehalten, ihre Bücher im Jugenddienst-Verlag zu bestellen. Schlingensiepen – immer noch Boß des Verlages – sorgte dafür, daß kirchliche Gelder reichlich nach Wuppertal flossen.

1958 wurden die beiden Räume in der Riescheider Straße 14 zu eng. Eine geräumigere Unterkunft für den kleinen Betrieb fand Rau in der Völklinger Straße 17. Im gleichen Jahr gewann Rau überraschend ein Landtagsmandat. Zu seiner Entlastung holte er sich einen kaufmännischen Mitarbeiter in den Verlag, der aber nach zwei Jahren wieder ausschied. 1960 engagierte Rau eine Lektorin: Christa Weiß, eine erfahrene Buchmacherin. Sie sollte endlich ein Buchprogramm auf die Beine stellen. Als zusätzliche Kraft verpflichtete Rau den Buchhändler Hermann Schulz, der seine rechte und linke Hand wurde. Außerdem gab es noch einen Packer, eine Buchhalterin – die halbtags arbeitete – und eine Buchhändlerin, die den rentablen Versandbuchhandel betreute.

Mädchen für alles

Rau als Geschäftsführer des Jugenddienst-Verlages war Mädchen für alles. Er schrieb Rechnungen, arbeitete in der Buchhaltung mit, entwarf Werbetexte und Prospekte, schrieb eigene Beiträge in der *Jungenwacht*, gehörte zeitweise dem Herausgebergremium an. Mit umsichtiger Sorgfalt kümmerte er sich um die Publikationen der evangelischen Schülerarbeit. Jedes Manuskript redigierte er, machte Anmerkungen. Orthographie und Zeichensetzung waren seine Steckenpferde. Nichts entging ihm, kein Satzfehler. Er leistete auch Knochenarbeit: fleißig, geduldig und zäh.

Der Jugenddienst-Verlag produzierte Basismaterial mit intellektuellem Anspruch für junge Leute. In den Zeitschriften und Heften wurden theologische und politische Fragestellungen der Zeit aufgegriffen: die Auseinandersetzung mit dem Dritten Reich; das Verhältnis Judentum und Christentum; Ausbildungsfragen von Theologiestudenten; Anleitungen und Kommentare zum Bibellesen.

Die *Jungenwacht* erreichte eine monatliche Auflage von 5000 Exemplaren. 1960 machte der Verlag einen Jahresumsatz von 17000 DM. Das teuerste Verlagsprodukt kostete 2,40 DM. 1961 zog der Verlag um in die Erichstraße 4 und blieb dort bis zu Raus Ausscheiden 1967.

Ein väterlicher Freund

Mit seinen neuen Leuten wollte Rau endlich richtige Bücher machen, ohne Abstriche am bisherigen Verlagskonzept zuzulassen, das ganz auf die Zielgruppe »junge Menschen« ausgerichtet war. Die ersten Meditationsbücher erschienen. Bücher, die in der evangelischen Schülerarbeit verwendet werden konnten. Aufgrund persönlicher Beziehungen zu Autoren kamen Publikationen zustande. Vielfältig war das Programm, doch ungeordnet.

Impulse erhielt Rau von Johannes Harder, einem Professor für Sozialwissenschaften an der Pädagogischen Hochschule Wuppertal. Harder, ein enger, väterlicher Freund, Lehrer und Schriftsteller – auch Übersetzer und Interpret russischer Literatur –, brachte viele Buchideen in den Verlag. Der Sohn einer westpreußischen mennonitischen

Kolonistenfamilie war am 28. Januar 1903 unweit von Uljanowsk in Rußland geboren. Er hatte an der Universität Königsberg Wirtschaft, Literaturwissenschaft, Slawistik und Philosophie studiert, war aktives Mitglied der deutschen Jugendbewegung und gehörte zu den Mitsiedlern auf den Brüderhöfen in Sachsen, Thüringen und der Rhön. Von 1928 bis 1933 arbeitete Harder als Verleger und Schriftsteller, stand von 1933 bis 1945 im Dienst der Bekennenden Kirche, lehrte von 1946 bis 1968 an der Pädagogischen Hochschule in Wuppertal.

Sein Einfluß auf Rau, der sich oft in Harders Familie aufhielt, war bestimmend. Der gebürtige Mennonit prägte das Verlagsprogramm in den sechziger Jahren erheblich mit. Schriften und Bücher über das russische Geistesleben erschienen. Literarische Texte aus dem 19. und 20. Jahrhundert wurden zusammengefaßt. Doch in den Jahren des spürbaren Antikommunismus in der Bundesrepublik ließen sich diese Werke kaum verkaufen. Unter Marketing-Gesichtspunkten hätte der Verlag die Bücher nicht herstellen dürfen. Rau tat es dennoch.

Ein neuer Verlag

Der Jugenddienst-Verlag, ein eingetragener Verein und gemeinnützig, konnte kein Kapital aufnehmen, keine Gesellschafter werben. Er war unterkapitalisiert. Immer dringender stellte sich die Frage, Namen und Rechtsform zu ändern oder einen zusätzlichen Verlag zu gründen. Da der Name in kirchlich-evangelischen Kreisen zwar einen guten Leumund hatte, andererseits aber einen »jugendbewegten Dunstkreis« besaß, konnten namhafte Theologen und Literaten nur gewonnen werden, wenn es gelang, einen Verlag mit unverfänglichem Namen aufzubauen. Man entschied sich, einen neuen Verlag zu gründen, der den Namen »Peter Hammer« tragen sollte. Die Idee der Namensgebung stammte von Raus ehemaligem Deutschlehrer Siegfried Hajek. Er wußte, daß Peter Hammer ein Pseudonym für eine Gruppe von Druckern war, die unter diesem Namen evangelische Schriften mit unterschiedlichen Ortsangaben in der Zeit der Gegenreformation herausgebracht hatten, Schriften gegen die Fürsten, aufrührerische und rebellische Traktate.

Am 18. Juli 1966 wurde der Peter-Hammer-Verlag in das Handelsregister der Stadt Wuppertal eingetragen und erhielt die Rechtsform einer GmbH. Inhaber und Gesellschafter sind bis heute führende Männer der Schülerbibelkreise.

Rau, seit 1958 SPD-Landtagsabgeordneter, seit 1964 Stadtverordneter und Vorsitzender der SPD-Fraktion im Rat der Stadt, führte am 16. Januar 1967, es war sein 36. Geburtstag, Hermann Schulz als seinen Nachfolger in die Verlagsleitung ein. Dreizehn Jahre lang hatte er Verlagsarbeit geleistet. Nach seiner Wahl zum SPD-Fraktionsvorsitzenden im Düsseldorfer Landtag konnte er 1967 die Geschäftsführung des Verlages nicht mehr wahrnehmen. Mit 480 DM Anfangsgehalt hatte er den Verlag 1954 übernommen. Mit einem Endgehalt von 650 DM schied er 1967 aus. Mitte der sechziger Jahre wurde er zum Verlagsdirektor berufen.

Raus Stärke als Verleger bestand darin, die Entwicklung der evangelischen Jugendarbeit in ihrer differenzierten Breite ungemein sensibel nachempfunden und für die junge Generation der evangelischen Kirche hervorragende aktuelle Materialien entwickelt und publiziert zu haben. Das konnte er, darin fühlte er sich kompetent. Er vermittelte eine Fülle an Innovationen. Seine eigenen Beiträge zu den Fragen der fünfziger und sechziger Jahre waren schlüssig und flüssig formuliert. In pädagogischer und theologischer Sicht boten sie weitgehend neue, emanzipatorische Ansätze. Rau beherrschte die handwerklichen Voraussetzungen wie kaum ein anderer. Er wußte, wie gute Manuskripte aufgebaut werden, kannte die Textdramaturgie, besaß einen untrüglichen Instinkt für Textaufbereitungen, Kürzungen, Erweiterungen und Umstellungen. Beiträge lesbar zu machen war seine besondere Stärke. Zu seinen herausragenden verlegerischen Leistungen gehört die Edition des Bandes *Werkbuch Gottesdienst.* Wie kein vergleichbares Handbuch prägte es den modernen Gottesdienst der sechziger Jahre. Zum erstenmal wurden darin auf breiter Palette und in seriöser Weise moderne Texte, neue Gebete und zeitgemäße Gottesdienstformen angeboten.

Bis zum Mauerbau besaß der Jugenddienst-Verlag auch Bedeutung für die evangelische Kirche in der DDR. Zum Teil in Millionenhöhe wurden Zeitschriften und Hefte legal über West-Berlin in die DDR geliefert, finanziert von der evangelischen Kirche in der Bundesrepublik. Hinzu kamen erhebliche Buchlieferungen in die DDR, die der Versandbuchhandlung außerordentliche Gewinne einbrachten.

Bis zur Gründung des Peter-Hammer-Verlages – also ein Jahr vor Raus Ausscheiden – blieb der Jugenddienst-Verlag bei allen Erfolgen eine kleine »Barmer Klitsche«, deren Produkte sich allerdings sehen lassen konnten. Es bleibt Raus Geheimnis, warum er seine vielfältigen Kontakte zur Kirche, seine Beziehungen zu Spitzenpolitikern der Gesamtdeutschen Volkspartei und später zur SPD niemals für den Verlag nutzte. Es wäre für ihn vermutlich leicht gewesen, beispielsweise Heinemann oder Niemöller als Autoren zu gewinnen. Die Namensliste ließe sich beliebig fortsetzen. Er verpaßte die Chance, ein weitreichendes, konturiertes Verlagsprogramm aufzustellen, als gutes Geld verdient wurde.

Rau hatte viele Aufgaben. Doch mehr und mehr faszinierte ihn der politische Alltag. Zu Beginn der sechziger Jahre konnte er sich nur noch zu einem Drittel dem Verlagsgeschäft widmen. Häufig kam er lediglich in den Verlag, um Korrespondenz zu unterschreiben oder entgegenzunehmen. Seine Zusammenarbeit mit den Arbeitskollegen war offen und kameradschaftlich-kooperativ. Es ging immer seltener um Inhalte, meistens um organisatorische Fragen, um Buchhaltung und Umsatzförderung.

Viele Impulse kamen von außen. Vorübergehend schien dem gelernten Verlagsbuchhändler die früh erreichte Position in den Kopf gestiegen zu sein. Freunde sagen, daß er auch »arrogant und überheblich« sein konnte, autoritär wie ein »kapitalistischer Unternehmer«. Einen Lektor feuerte er, den er für inkompetent hielt. Von seinen Mitarbeiterinnen verlangte er, in Kleidern oder Röcken zu erscheinen.

Sein »pietistischer Geiz in kleinen Dingen« wird gerügt. Gleichzeitig konnte er von einer »wundersamen Großzügigkeit« sein, wenn es um wichtige Sachen ging.

Zeitzeugen

Jürgen Schroer

Treue zur Geschichte

»Die Freude des Ehrendoktors Rau, der vor dem Abitur sein Wuppertaler Gymnasium verließ und seine Karriere als Verleger erbaulicher Werke begann – eine Tatsache, die jetzt in der Begründung für die neue Würde eine Rolle spielte –, dürfte nicht ungetrübt sein.« So schrieb am 23. Dezember 1985 die *Rheinische Post.* Die »Zeitung für Politik und christliche Kultur« spricht offenbar vom Jugenddienst-Verlag, in dessen Geschäftsführung Johannes Rau am 15. Januar 1954 berufen wurde. 1951 hatte Hermann Ehlers, damals juristischer Oberkirchenrat in Oldenburg, zusammen mit einigen Freunden dort den Verlag gegründet. *Jungenwacht* hieß die Zeitschrift, um die sich seit 1947 alte Freunde sammelten, die den Krieg überlebt hatten.

Jungenwacht hatte die Zeitschrift geheißen, die Hermann Ehlers, zu der Zeit einer der ehrenamtlichen Leiter der Schülerbibelkreise in Berlin, 1934 mit einigen Freunden zusammen zu schreiben begann. Der »Bund deutscher Bibelkreise« hatte sich der Eingliederung in Hitlers Staatsjugend entzogen, indem er sich selbst auflöste und seine Mitglieder (und ihre Eltern!) aufrief, jetzt ihren Platz in der Bekennenden Kirche zu suchen. Die Zeitschrift – der Name klang jugendbewegt, und der Geist kam vor allem aus Preußen – sollte den Kreis der Freunde verbinden. Als sie 1938, nach vier Jahren also, polizeilich verboten wurde, zählte sie über 12000 Leser, meist junge evangelische Christen.

Die »erbaulichen Werke«, die seit 1947 erneut verlegt wurden, wußten sich dem Geist besonders verpflichtet, in dem evangelische Christen der Verführung durch den Ungeist des Nationalsozialismus zu widerstehen versucht hatten: Zunächst erschien monatlich nur eine Zeitschrift (»Veröffentlicht unter Lizenznummer 101 des Niedersächsischen Ministerpräsidenten«), dann eine kleine Arbeitshilfe zum täglichen Lesen der Bibel, dann eine zweite Zeitschrift für Jüngere, schließlich, ab 1951, kam eine erste Schriftenreihe *Echo der Zeit* dazu. *Dein Staat und sein Grundgesetz* hieß eines der ersten Hefte, verfaßt von Hermann Ehlers, der inzwischen im Deutschen Bundestag als Abgeordneter der CDU den Platz 340 bezogen hatte. *Der Mensch im Marxismus, Der Mensch und die Physik, Die Juden, Totale Schule?* waren die nächsten Titel: »erbauliche Werke« besonderer Art, von Christen geschrieben, die sich der politischen Verantwortung der Deutschen im geteilten Land ebenso verpflichtet wußten wie dem kritischen Gespräch mit dem naturwissenschaftlichen Denken (so trug denn die nächste Reihe, ab 1956, auch den Titel *Das Gespräch*).

Mit dem Beginn der fünfziger Jahre hatte der Freundeskreis die ersten Belastungen zu bestehen: Martin Niemöller hatte sich gegen die Gründung der Bundesrepublik Deutschland ausgesprochen. Wahlen zum Deutschen Bundestag, so fürchtete er, würden die Teilung Deutschlands legitimieren. Ehlers, Mitglied (und bald darauf Präsident) des Deutschen Bundestages und als Preuße und Protestant vital an der Rettung deutscher Einheit interessiert, nahm Niemöller, den Freund aus gemeinsamen Berliner Jahren, öffentlich vor den Verleumdungen in Schutz, die auf ihn niederprasselten. Die Hefte der *Jungenwacht* der Jahrgänge 1950 und 1951 sind politisch bestimmt vom »Nein« zu allen Versuchen, Deutsche wieder als Soldaten das Marschieren zu lehren: »Wir wollen unsere Freiheit verteidigen, wir wollen sogar die Einheit unseres Volkes als eine Bürgschaft des Friedens in Europa wiederherstellen, aber wir glauben, daß Krieg und Panzer und Flugzeuge im Ergebnis eine schlechte Verteidigung bedeuten. Wir wollen heute das Leben in unserem Volk so einrichten, daß es in seiner ganzen Staatsform und in seinem ganzen Sein überzeugend ist und daß es durch dieses Sein andere davon abhält, Kriege vom Zaun zu brechen.«

Hermann Ehlers schrieb diese Sätze im Oktoberheft 1950. Die Schülerbibelkreise (unter diesem Namen hatten wir uns inzwischen locker organisiert) hatten sich zu Pfingsten 1950 in Marburg getroffen. Gustav Heinemann, damals Innenminister im ersten Kabinett Adenauer, hatte dort zum Thema »Verantwortung« gesprochen. Das hatte Ehlers im Gespräch kommentiert: »Solange dieser Mann in der Bundesregierung ist, brauchen wir um unsere junge Demokratie keine Sorge zu haben.« Wenige Monate später trat der Innenminister zurück. Als Heinemann dann im Winter auf 1953 die Gesamtdeutsche

Volkspartei gründete, wurde Johannes Rau ihr Mitglied – das hinderte Ehlers keineswegs, Rau 1954 mit der Geschäftsführung des Jugenddienst-Verlages und der Einrichtung einer Versandbuchhandlung zu betrauen: Der hatte nicht nur eine Lehre als Verleger hinter sich, sondern war in Barmen in der Jungen Gemeinde Gemarke zu Hause und darum mit der rheinischen Schülerarbeit bestens vertraut; Hans Specht, Gemeindepfarrer am Klingelholl, hatte in einer der ersten Nummern der *Jungenwacht* die Überlebenden mit dem Wort Jesu eingeladen: »Kommt her zu mir alle, die Ihr übriggeblieben seid«, und sie hatten von neuem angefangen, im Rheinland nicht wie vor dem Verbot als Bund, sondern als Junge Gemeinde, nicht neben der Kirche (zu der man hätte Beziehungen pflegen können – oder nicht), sondern in der Kirche, möglichst in der Ortsgemeinde: Das war eine der Lehren aus den Jahren der Bekennenden Kirche gewesen.

Den Verleger und Buchhändler nahmen die Schülerbibelkreise voll in Anspruch, in der Bundesrepublik ebenso wie in der Deutschen Demokratischen Republik (wo die Schülerarbeit sich ganz und gar in die »Junge Gemeinde« integriert hatte, aus Überzeugung und keineswegs nur, weil die dortige Regierung keine andere Organisation junger evangelischer Christen erlaubte). Hatte Hermann Ehlers den Deutschen Evangelischen Kirchentag in Leipzig 1954 (*Jungenwacht* 9/1954) noch gemeint kommentieren zu können: »Man kennt sich in der Kirche Deutschlands, und wer einen nicht kennt, spricht einen ebenso freudig an. Die Einheit der Deutschen ist da, ob noch soviel politische Grenzen dazwischen liegen«, so lernte Rau in den folgenden Jahren genauer kennen, welchen Preis es Christen in der DDR kostete, in ihrem Land zu bleiben, sie als ihren Staat »anzunehmen«. Gerade das regelmäßige Gespräch mit den Freunden aus der Schülerarbeit in der DDR schärfte den Blick für Zeugnis und Dienst der Christen im geteilten Deutschland – damals noch in einer ungeteilten Evangelischen Kirche in Deutschland beieinander. Zu den Freunden gehörten ihre »Anwälte« in Kirchenleitungen und Synoden vor allem der »preußischen« Kirchen. Zu nennen wären aus diesen Jahren zum Beispiel Martin Fischer, Professor an der Kirchlichen Hochschule Berlin, Erich Andler, Mitglied der Berlin-Brandenburger Kirchenleitung und Vorsitzender der Jugendkammer, Kurt Scharf, Präses und später nach seiner Ausbürgerung aus Ost-Berlin Bischof der Evangelischen Kirche von Berlin-Brandenburg, Günter Jacob, Generalsuperintendent in Cottbus. Jahr für Jahr trafen wir uns beispielsweise bei der »Kirchlichen Woche« in Berlin, nahmen teil an den Zerreißproben um Jugendweihe und Konfirmation, erfuhren unmittelbar vom Schicksal junger Christen in den Bekenntnisschulen des »wissenschaftlichen Atheismus«. Wir lernten aber ebenso die Sorge kennen, die Kirchen in der Bundesrepublik könnten sich zu selbstverständlich als die freien, die intakten Kirchen verstehen, die sich die Erfahrungen der Kirchen in der DDR nicht zu eigen zu machen, sie nicht als Anfrage an die eigene Handlungsfreiheit aufzunehmen brauchten.

Wir lernten die Sorge um die Einheit der Evangelischen Kirche in Deutschland als Sorge um die Freiheit zum Dienst innerhalb zweier einander ausschließenden Gesellschaftssysteme kennen: Wir Christen in der Bundesrepublik hatten uns in den fünfziger Jahren schon daran gewöhnt, fast ausschließlich an den Osten zu denken, wenn von Beschränkung christlicher Freiheit die Rede war. Es ist vor allem den Begegnungen mit Christen aus der DDR zu verdanken, daß wir zu erkennen lernten, wo die Kirche auch in der Bundesrepublik Adenauers ihre Freiheit aufs Spiel setzte, als sich noch einmal ein Kartell von bürgerlicher Gesellschaft und christlicher Kirche zu bilden anschickte. Je eindeutiger die Bundesrepublik sich dann in die westlichen Bündnisse integrierte und je deutlicher also auch Christen in der DDR die Hoffnung begraben mußten, sie würden eine Wiedervereinigung im Sinne Adenauerscher Versprechungen noch erleben, desto mehr bewegte uns in der Schülerarbeit in Ost und West das Interesse daran, die Last der gemeinsamen Geschichte nicht dem jeweils anderen Staat und seinen Bürgern alleine zu überlassen. In diesen Jahren haben uns als Christen wie als Bürger besonders die Fragen in Anspruch genommen, wie wir für die jüngste Geschichte unserer Kirche wie unseres Volkes würden einstehen können. In der evangelischen Kirche gewann ebenso wie in Politik und Gesellschaft der Bundesrepublik das Vertrauen auf den Geist der Restauration die Oberhand. Die Erfahrungen der Bekennenden Kirche waren offenbar den meisten evangelischen Christen fremd geblieben; so konnten sie nicht zu tragenden Elementen des kirchlichen Wiederaufbaus werden. Von Gustav Heinemann, der nicht nur für diejenigen zum politischen Ziehvater wurde, die ihm dann auch in die SPD folgten, wurde in diesen Jahren das bittere Wort überliefert, in der Bundesrepublik wünsche man sich dreierlei: mehr und schneller zu verdienen, Waffen, die den neuen Besitz verteidigten, und Kirchen, die beides segneten. Johannes Rau machte im Märzheft 1960 auf Heinemanns besondere Sensibilität dafür aufmerksam, »daß überall da, wo Christlichkeit zum Vorzeichen und Warenzeichen wird, die Solidarität des Christen mit der Welt in ihr Gegenteil verkehrt ist«.

Treue zur Geschichte kann man nennen, was wir in den Jahren gemeinsamer Verantwortung in der Schülerarbeit gelernt haben, Treue zur Geschichte der Kirche wie des Volkes. Es wäre für den Christen Rau ganz undenkbar gewesen, sich wegen seines »späten« Geburtsdatums für politisch weniger betroffen zu halten als die Überlebenden früherer Geburtsjahrgänge. Freunde zogen ihn in den fünfziger und sechziger Jahren ins Gespräch auch mit überlebenden Juden (im Verlag gelang es mit viel Mühe, unter anderem einen Band mit Kinderzeichnungen aus dem Konzentrationslager Theresienstadt zu veröffentlichen: *Hier fliegen keine Schmetterlinge*) – wir haben begriffen, daß unsere Treue zur Geschichte auf dem Spiel steht, wenn wir nicht an der Schuld- und Haftungsgemeinschaft festhalten, die wir »Volk« nennen. Und wir haben daran zu arbeiten begonnen, politisch mit den Menschen und Völkern Versöhnung zu suchen, die das nationalsozialistische Deutschland zu Sklaven hatte machen wollen. Als Christen wußten wir, daß der Wille zur Versöhnung auf keinen Fall auf die neuen Verbündeten begrenzt werden darf. Rau hat als Ministerpräsident zum 8. Mai 1985 Bürgermeister einiger von uns Deutschen zerstörter Städte nach Köln eingeladen. Daß er dabei nicht nur an Rotterdam und Coventry dachte, sondern ebenso an Lidice, Warschau und Leningrad (und daß zum Schluß der gemeinsamen Gedenkfeier neben einer rheinischen Abiturientin ein junger jüdischer Kölner zu Wort kam), war eine eindeutige Konsequenz dessen, was wir damals in der evangelischen Schülerarbeit unter uns ausdiskutiert und entschieden hatten. Für uns war unbestritten, daß nicht 1945 das Jahr der deutschen Kapitulation war, sondern spätestens 1938, als die Synagogen brannten und die Christen dazu schwiegen.

Die Jahrgänge der *Jungenwacht* aus den fünfziger und den frühen sechziger Jahren geben Rechenschaft über unsere Ziele und die verwendeten Mittel. Als Verleger war Rau ein guter Berater der Schriftleiter: Er wußte die beiden Funktionen durchaus zu unterscheiden, ließ uns also in der Schriftleitung die Handlungsfreiheit, die wir brauchten. Als Verleger war er unser Ratgeber. Hatten wir, meist gelernte Pastoren und Lehrer, uns in unsere Themen verliebt, dann konnte er uns auf den Teppich zurückholen; er war unerbittlich im Hinweis auf die Leser und deren Interessen. In der Planung unserer Themen arbeitete er gern mit, bereit, bis tief in die Nacht zu diskutieren. Hatten wir uns in den Jargon unserer Seminare verstiegen, dann erinnerte er uns an die Einfachheit und Deutlichkeit der deutschen Sprache – schon damals lernten wir zum Beispiel seine Fähigkeit kennen, Streitfragen nicht in Verbalradikalismus hochzustilisieren, sondern sie auf den Punkt zu bringen, eindeutig zu formulieren und damit auf ihre Lösbarkeit zu prüfen. Wenn wir gegenseitig unsere Manuskripte lasen, ersparten wir einander nichts: Wenn die Deutlichkeit der Sache es verlangte, wurde entsprechend redigiert – unsere Adressaten sollten verstehen können, was wir sagen wollten. In einem freilich waren wir alle uns ganz und gar einig: Sollten wir eines Tages für die Zeitschrift keine Leser mehr finden, dann sollte es jedenfalls eine gute Zeitschrift sein, die ihr Erscheinen einstellte (dazu hat sich die evangelische Schülerarbeit leider am Ende der sechziger Jahre entschließen müssen). Insofern hat die Erwartung der Leser immer nur in Grenzen bestimmt, was wir schrieben beziehungsweise verlegten.

Keinesfalls waren es nur die politischen Themen, zu denen der evangelische Laie Rau in der *Jungenwacht* schrieb, obwohl der politischen Wirksamkeit des Glaubens im Leben eines Menschen sein Hauptinteresse galt (oder, anders gesagt, der Frage danach, was Menschen in ihren Entscheidungen trägt). Zunächst waren es die geliebten Bücher, denen er einen Platz im Leben sichern wollte; also schrieb er darüber, was ihm seine Bücher lieb gemacht hatte, was sie anderen liebenswert machen könnte, was Schund von Büchern unterschied. Ebenso wichtig wie die Bücher war für ihn die Gemeinde: welche Geduld es erfordere, es bei ihr auszuhalten, aber worin sie nicht zu entbehren und nicht zu ersetzen sei: warum also es sich lohne, der Einladung zu folgen und der Gemeinde anzugehören, und zwar nicht nur nominell. Immer wieder standen in den fünfziger Jahren die Themen der Friedens- und der Deutschlandpolitik zur Diskussion: Volk, Vaterland und Staat (im Zusammenhang der Wiederaufrüstung), Wehrdienst und -verweigerung (im Zusammenhang der Sorge um den

Frieden), Kultur des deutschen Ostens, Christen und Juden, die Verführung zum Faschismus, der Verlust der Heimat im Osten – ein Rückzug aufs Privat-Persönliche oder auf die Innerlichkeit kam für uns nicht in Frage. Die Schülerbibelkreise mußten also gelegentlich auch erfahren, daß andere evangelische Jugendverbände ihnen nicht folgten: Ein Votum an alle Wehrpflichtigen, sich nicht ohne Gewissensprüfung zu entscheiden, weder für den Dienst in der Bundeswehr noch für den Zivildienst, erschien im Frühjahr 1958 nur in der *Jungenwacht* und keineswegs, wie ursprünglich gedacht, als Bitte aller evangelischen Jugendverbände beziehungsweise der Jugendkammer.

1958 hatten wir in einem Doppelheft vorgeführt und analysiert, was unsere Väter und Mütter dazu bewegt hatte, Hitler zu wählen (1956, in einem Beitrag zum Widerstand, hatte Johannes Rau geschrieben: »Wo wir dem Staat zu viel Rechte und zu wenig kritische Mitarbeit geben, da schlagen wir Stauffenberg und Goerdeler ins Gesicht und wählen den Mann, der nicht mehr auf unseren Wahlzetteln steht: Adolf Hitler«). Wir hatten uns um die Dokumentation besondere Mühe gegeben, auch in der Auswahl von Bildern und Gedichten. Aber ein flüchtiger Kritiker verriß uns in der *Allgemeinen Wochenzeitung der Juden* und beschuldigte uns der offenen Verherrlichung gerade dessen, was wir in der Hohlheit der nationalsozialistischen Phrasen hatten bloßstellen wollen. Die Aufregung war so groß wie die Häme derer, die uns schon lange gefragt hatten, warum wir denn in der Schülerarbeit die Liebe zu »heißen Eisen« nicht einmal abkühlen könnten. Aber schließlich waren wir sogar wieder ein bißchen stolz, als uns Adolf Arndt, der nun wahrlich wußte, was die Deutschen verführt hatte, Hitler zu wählen, schrieb, der Kritiker habe den Inhalt und die Zielsetzung des angegriffenen Heftes auf den Kopf gestellt; seine Zitiermethode sei schlicht eine Fälschung.

»Der Friede ist der Ernstfall«, schrieb Rau im Dezember 1961: »Friede, das ist Annahme der Wirklichkeit und Gestaltung der Verhältnisse. Das ist Gespräch im immer neuen Versuch, sich über die Sprache zu einigen, damit man einander versteht. Ob wir jetzt den Frieden beginnen ernst zu nehmen – nicht nur, weil er Gottes einziges Gebot an uns ist? Gott kennt die bösen Nachbarn besser als wir. Er kennt auch uns als die bösen Nachbarn der anderen. Er will uns nicht verbergen, daß der Friede schwerer zu bestehen, daß er gefährlicher ist als der Krieg. Aber er will, daß wir den Ernstfall für den Ernstfall halten.« 1985 nannte er es ein wichtiges politisches Ziel, gute Nachbarn zu werden, gute Nachbarn auch und gerade für unsere östlichen Nachbarn. Man könnte erneut Ehlers aus dem Jahre 1950 zitieren: »Wir wollen heute das Leben in unserem Volk so einrichten, daß es durch sein ganzes Sein andere davon abhält, Kriege vom Zaun zu brechen.«

»Ich sitze auf Platz 49«, schrieb Rau im Juni 1959, zehn Monate, nachdem er ein Landtagsmandat in seiner Heimatstadt Barmen gewonnen hatte. »Um dein Vertrauen wirbt Johannes Rau« hatte auf den Wahlplakaten als einziger Satz gestanden. Über seine Arbeit im Landtag schrieb er: »Vieles kann und darf ich nicht. Aber einiges geht: Ich kann aus gewonnener Sachkenntnis Ratschläge geben, Mehrheiten für sinnvolle Beschlüsse und Positionen suchen. Es gilt, unter den Schlagworten die Sachfragen zu suchen und bei den Sachen die Menschen nicht zu vergessen.«

V. Kapitel

Der Parteigänger

WERNER FILMER / HERIBERT SCHWAN

Spontaner Eintritt

Ende Mai 1945 war bei Raus Vater ein leitender Angestellter der Wuppertaler Stadtwerke vorstellig geworden, um ihn zu bewegen, eine christliche Partei in Köln mitzugründen. Rau sei – im Gegensatz zu vielen anderen seiner Generation – nicht Mitglied der NSDAP oder einer ihrer Untergliederungen gewesen und daher geeignet, in der neuen Partei eine Rolle zu spielen; die Gründungsversammlung werde in Köln stattfinden, an der auch der ehemalige Oberbürgermeister Konrad Adenauer teilnehme.

Ewald Rau diskutierte das Angebot mit Frau und Kindern beim Mittagstisch. Nach einem längeren Gespräch gelangte die Familie jedoch zu dem einstimmigen Entschluß, abzusagen. Man wollte dem kriegsversehrten Vater die beschwerliche Reise von Wuppertal nach Köln und zurück nicht zumuten. Vor allem gesundheitliche Sorgen hatten also Ewald Rau abgehalten, Gründungsmitglied der CDU zu werden.

Vermutlich spielte auch seine Abneigung gegenüber Politik und Politikern eine Rolle. Er hatte sich in Hitler und seiner verbrecherischen Politik geirrt, konnte – so kurz nach dem Krieg – kaum Vertrauen für neue Parteiprogramme und Personen entwickeln. Seine politische Grundhaltung blieb christlich-konservativ. Sicherlich hätte er gut ins CDU-Spektrum gepaßt.

An einem Sonntagmorgen – Anfang der fünfziger Jahre – ging Rau zu einer Veranstaltung ins Barmer Kino. Der Sozialwissenschaftler Johannes Harder, Dozent an der Pädagogischen Hochschule in Wuppertal, hielt einen Vortrag gegen die Wiederbewaffnung der Bundesrepublik Deutschland. Im überfüllten Kino geißelte er Bonner Überlegungen, einen westdeutschen Verteidigungsbeitrag zu leisten. Nach der gutbesuchten Protestveranstaltung sprach Rau den Hauptredner an, stellte sich vor und bat um ein Gespräch. Harder lud den Neunzehnjährigen zu sich nach Hause ein. Der ersten Begegnung folgten zahlreiche Treffen und Gespräche. Wie ein sechstes Kind der Harders ging Rau bei der Familie ein und aus.

Der Mennonit Harder gehörte der SPD an und wurde für seine Partei auch in den Wuppertaler Stadtrat gewählt. Als überzeugter Pazifist engagierte er sich in der Antiatombewegung der fünfziger Jahre. Rau, der diesem Wissenschaftler viel zu verdanken hat, zog mit. Neben seinem politischen Mentor trat er bei Friedensaktionen auf, bewegte sich ganz auf Harders Linie, der eine Wiederbewaffnung rundweg ablehnte. In seinen Reden setzte sich Rau für den Frieden ein und wandte sich gegen jegliche Gewaltanwendung.

Gleiche Frage- und Problemstellungen jener Jahre verbanden den russischen Gelehrten und den jungen, suchenden Rau. Hinzu kam ihre gemeinsame Arbeit im Jugenddienst-Verlag. Durch Harder lernte er einen der interessantesten Pfarrer der evangelischen Kirche kennen, nämlich Johann Christoph Blumhardt. Der Württemberger war der »erste« sozialdemokratische Pfarrer gewesen, politisch ein radikaler Theologe, ein Mann der Armen. Über sein Schaffen diskutierte Harder häufig mit Rau. Im Kern ging es dabei auch immer um die Entwicklung des pietistischen Denkens hin zu einem christlichen Realismus.

Trotz Harders Einfluß versagte sich Rau den Eintritt in die SPD. Die Partei war ihm zu antikirchlich orientiert, zu sozialistisch ausgerichtet. Harder lehrte ihn die Hinwendung zur Welt; von ihm lernte er, daß Frömmigkeit nur so viel wert ist, wie sie dem Menschen und seiner Umwelt nützt. Der Pietist Rau wurde immer hellhöriger. Sozialismus, Bolschewismus und Kommunismus zu unterscheiden, lehrte ihn Harder. Durch ihn interessierte sich Rau auch für osteuropäische Geschichte, Literatur und Politik. Der Mennonit vermittelte ihm europäische Perspektiven – Politik im weitesten Sinne.

Rau pickte sich viele Rosinen aus mancherlei Kuchen. Trotz der Vielzahl und Vielfalt von Menschen und Meinungen konzentrierte er sich auf das, was ihm wichtig und richtig erschien.

Zu den Menschen, von denen Rau profitierte, gehörte auch Helmut Gollwitzer. Er war 1945 aus Rußland nach Wuppertal gekommen und hatte in Elberfeld eine Pfarrerstelle übernommen. Rau lernte ihn bei Harders kennen, erfuhr durch ihn vom Leben im Nationalsozialismus, erlebte den streibaren Theologen im Kampf gegen die Wiederaufrüstung, als Kopf der Anti-Atomtod-Bewegung. Der junge Mann verehrte den politischen Theologen und kantigen Linken, der aus den Defiziten christlichen Lebens kein Hehl machte. Rau wurde durch Harder und Gollwitzer engagierter Anhänger der damaligen Friedensbewegung. Keine der etablierten politischen Parteien schien seiner politischen Überzeugung zu entsprechen. Er agierte in der Antiatombewegung. Dann kam der 2. Dezember 1952, ein Datum, das für ihn historische Bedeutung hat.

Der freie Mitarbeiter seit 1949, der für die lokale Feuilletonredaktion Bücher rezensierte, Literatur- und Musikkritiken schrieb, erhielt einen Anruf vom Lokalchef der *Westdeutschen Rundschau,* Werner Freitag. Durch eine Grippewelle war er in Personalnot geraten und bat Johannes Rau, für ihn einen Termin wahrzunehmen: »Mal was Politisches.« Die Deutsche Presse-Agentur hatte die Gründung der Gesamtdeutschen Volkspartei (GVP) in Frankfurt gemeldet; dpa berichtete, daß der Wuppertaler Adolf Scheu zu den Gründungsmitgliedern gehöre. Diesen Mann sollte Rau interviewen. Auch Rau lag krank zu Bett und hatte Grippe. Freitag konnte seinen zweiundzwanzigjährigen freien Mitarbeiter trotz Fiebers überreden, das Interview mit Scheu zu machen.

Rau fuhr in die Privatwohnung von Adolf Scheu. Der GVP-Manager erklärte ihm Aufgabe und Ziele der neuen Partei. Am Schluß seiner Erläuterungen fragte er: »Wollen Sie nicht Mitglied werden?« Johannes Rau sagte noch am gleichen Abend ja. Mit diesem »Ja« hat Rau den ersten Schritt in die Parteipolitik getan.

Adolf Scheu, Wuppertaler Industrieberater, erkannte sogleich die »Spürnase« und Neugier des frischgebackenen GVP-Mitgliedes. Er macht ihm das Angebot, noch am gleichen Abend mit nach Essen zu fahren. In Heinemanns Anwaltspraxis sollte über eine Gründung des GVP-Landesverbandes Nordrhein-Westfalen verhandelt werden. Rau fuhr in die Redaktion, schrieb seinen Bericht und begab sich anschließend mit Scheu auf den Weg nach Essen. In der Kanzlei des Rechtsanwaltes und Notars Gustav Heinemann lernte der Wuppertaler die gesamte Spitze der GVP kennen, begegnete auch zum erstenmal seinem späteren Freund und Konkurrenten Diether Posser. Der NRW-Landesverband wurde aus der Taufe gehoben. Rau übernahm das Amt des GVP-Orts- und -Kreisvorsitzenden von Wuppertal. Unglaublich schnell hatte sich Rau für die GVP entschieden. Mit rasantem Tempo wurde er in Parteiämter gehievt.

Am 3. Dezember 1952 erschien sein erster politischer Bericht auf der Titelseite der *Westdeutschen Rundschau.* Unter der dreispaltigen Schlagzeile »Heinemann-Partei wünscht keine Kommunisten« war zu lesen: »Nach seiner Rückkehr von der Gründungsversammlung der Gesamtdeutschen Volkspartei sprachen wir mit dem Wuppertaler Adolf Scheu, der die Frankfurter Tagung leitete und der mit Dr. Dr. Heinemann, Frau Wessel und Oberbürgermeister Scholl ins Präsidium der neuen Partei gewählt wurde. Adolf Scheu ist weit über Wuppertals Grenzen hinaus aus der Arbeit der Moralischen Aufrüstung und als Industrieberater bekannt. Auf unsere Frage, ob nicht eine neue Partei lediglich das Mosaik der bereits bestehenden unübersichtlicher machen werde, meinte Scheu, daß eine große Zahl politisch Heimatloser und Unzufriedener auf die Frankfurter Gründung geradezu gewartet habe. Die Gegensätze zwischen rechts und links seien überholt, und es gelte, eine Politik zu treiben, in der der Mensch im Mittelpunkt stehe. Wenn auch die besondere außenpolitische Konzeption der Gesamtdeutschen Volkspartei dahin strebe, bis zur letzten Möglichkeit das Gespräch mit der Welt hinter dem Eisernen Vorhang zu suchen, so werde man doch zu verhindern wissen, daß Kommunisten und Leute vom Schlage Remmers Einlaß in die Partei fänden. Ein besonderes Anliegen wird es der Gesamtdeutschen Volkspartei sein, auch im Gespräch mit ehemaligen Nationalsozialisten den Ausgleich zu suchen. Tausende von Anmeldungen liegen vor, eine Kreisgruppe Wuppertal soll noch in diesem Monat entstehen ... Wie erst jetzt bekannt wird, haben an der Frankfurter Tagung auch Frau Niemöller und ihr Sohn teilgenommen. Mehrere ehemalige Kreisvorsitzende der CDU sind zur Gesamtdeutschen Volkspartei übergetreten. In Norddeutschland stehen 10 Landtagsabgeordnete in Verhandlungen wegen ihres Übertritts ...«

Vierzehn Tage nach Erscheinen dieses Rau-Artikels wurde der Schreiber der Zeilen Mitbegründer des GVP-Kreisverbandes, dessen Vorsitzender er bereits war. So spontan Raus Parteieintritt erscheinen mag, sein parteipolitisches Engagement hatte eine Vorgeschichte.

Auf der Reichstagung der Schülerbibelkreise – Pfingsten 1950 – in Marburg hatte der »Müller-Lehrling« einen Mann erlebt, der in der evangelischen Kirche unumstritten war. Neben Bischof Lilje hielt der damalige Bundesinnenminister im Kabinett Adenauer und Präses der Synode der EKD Dr. Gustav Heinemann das Hauptreferat. Seine Rede über die politische Aktivierung der evangelischen Bevölkerung ließ Rau aufhorchen.

Heinemann, den Rau in Marburg erstmalig bewußt erlebte, hinterließ bei dem Wuppertaler kaum mehr als die Erinnerung an ein interessantes, aufrüttelndes Referat. Erst mit seinem Rücktritt vom Amt des Bundesinnenministers am 9. Oktober 1950 war er erneut in das Bewußtsein des Gemarker Jungen geraten. Der spektakuläre Schritt Heinemanns lieferte in den Gemarker Kreisen, in denen Rau aktiv mitarbeitete, zündenden Diskussionsstoff. Heinemanns politisches Schicksal und die Motive seines Austritts aus der CDU bewegten viele evangelische Christen. Rau und seine Freunde aus der »Jungen Gemeinde« sammelten Unterschriften für die Gründung der »Notgemeinschaft für den Frieden Europas«, einer Vorläuferin der späteren GVP.

Mit den politischen Zielen dieser Notgemeinschaft war Rau bestens vertraut: gegen eine Wiederbewaffnung, für eine Wiedervereinigung der beiden deutschen »Teilstaaten«. Er setzte sich auch deshalb für diese Sammelbewegung ein, weil sie »unabhängig von allen politischen, konfessionellen und wirtschaftlichen Einflüssen sein sollte«. Gleichzeitig war ihm klargeworden, daß die führenden Leute dieser Bewegung zu den engagiertesten Christen zählten, die Rau seinerzeit kannte. Sein Eintritt in die GVP war keine zufällige Gefühlsanwallung gewesen. Sie entsprach seinen politischen und christlich geprägten Überzeugungen.

Raus GVP-Mitgliedschaft wurde zweifellos durch die Begegnung mit Adolf Scheu am 2. Dezember 1952 begründet. Dieser Mann hatte als Nazigegner und Mitglied der Bekennenden Kirche mehrwöchige Haftstrafen abgesessen. Die Schulderklärung der evangelischen Kirche nach dem Krieg akzeptierte er auch für sich. Seit 1945 arbeitete er als Industrieberater, war aber nicht mit Heinemann in die CDU eingetreten. Erst als Heinemann als Bundesinnenminister zurücktrat, kamen beide wieder zusammen und gründeten die »Notgemeinschaft«.

Ohne den aktiven Schwaben Scheu wäre die GVP als Partei wahrscheinlich nie ins Leben gerufen worden. Heinemann war kein Organisator und hatte starke Bedenken gegen eine Parteigründung. Scheu, ausgestattet mit fröhlichem und zuversichtlichem Gemüt, half wesentlich mit, die Vorbehalte des Initiators abzubauen. Er übernahm auch die Organisation der Partei. Heinemann war und blieb der geistige Kopf, Scheu aber wurde der Motor. Stark geprägt war er von der »Caux-Bewegung«. Zu den hehren Zielen der »Moralischen Aufrüstung« gehörte, »aus christlichem Geist einen sittlichen Wandel der Menschheit herbeizuführen«. Die Vereinigung, die noch heute existiert, wendet sich gegen Klassenkampf, Rassenhaß und totalitäre Ideologien. Wichtige Prinzipien der nach dem Schweizer Kurort bei Montreux genannten Caux-Bewegung sind: Ehrlichkeit, geschlechtliche Reinheit, Selbstlosigkeit und dienende Nächstenliebe. Doch die starke antikommunistische Komponente der Bewegung stieß in GVP-Kreisen auf Kritik. Trotz seiner Nähe zu Scheu und der jahrelangen Zusammenarbeit mit ihm konnte Rau der Caux-Bewegung nie etwas abgewinnen.

An Raus 22. Geburtstag hielt die GVP eine Großveranstaltung in Wuppertal ab. Erstmals trat Rau ans Rednerpult und hielt seine Jungfernrede. Nach ihm sprach Parteichef Heinemann zu Anhängern und Interessenten. Vier Wochen später trat Bundestagspräsident Hermann Ehlers am selben Ort auf und antwortete Heinemann in der Stadthalle. Rau lauschte mit seinem Vater den Ausführungen des CDU-Kirchenmannes. Nicht nur in Wuppertal waren die Gemeinden gespalten: einerseits für Heinemann und Niemöller, andererseits für Ehlers und Gerstenmaier.

Eine Grunderkenntnis verband damals viele evangelische Christen: Kirche durfte sich nicht mehr aus der Politik heraushalten! Die katholische Kirche hatte ihr »Erweckungserlebnis« im Kulturkampf gehabt und sich in vorpolitischen Organisationen engagiert. Die Neigung der evangelischen Christen, sich ins Private zurückzuziehen, mußte aufgehoben werden, ebenso die Haltung der evangelischen Kirche, zur Politik ja zu sagen, aber zur Parteipolitik nein. Kirchenleute – ob sie nun der CDU oder der GVP angehörten – kämpften um veränderte Einstellungen. Differenzen entstanden bei der Frage, ob es eine christliche Partei oder eine christliche Politik geben solle. Dieses Problem bewegte und begleitete Rau in seinem politischen Leben. Zu diesem Thema schrieb er zahlreiche Artikel, Kommentare, Berichte und Analysen.

Hauptberuflich arbeitete Rau 1953 als Vertriebsleiter beim Eckart- und Luther-Verlag. Neben- und ehrenamtlich engagierte er sich in der GVP, war Orts- und Kreisvorsitzender und Mitglied des Landesvorstandes. Dem GVP-Präsidium gehörte er nicht an. Der harte, aktive Kern dieser Partei bestand aus dreißig Personen. Man traf sich oft in Essen, versuchte, mit Reden und Zeitungsartikeln die Bevölkerung für die Bundestagswahl zu mobilisieren. Enttäuschend und niederschmetternd war das Wahlergebnis vom 6. September 1953. Die GVP blieb mit 1,2 Prozent der Stimmen weit hinter den Erwartungen ihrer Anhänger zurück.

Darüber konnten auch die Achtungserfolge ihrer Spitzenkandidaten nicht hinwegtäuschen. Der Schock der Bundestagswahl 1953 saß tief. Doch zunächst wurde die Politik konsequent fortgeführt. Heinemann und seine Leute wetterten weiterhin gegen den »Westabmarsch« der Bundesrepublik, propagierten ihre Alternativen zur Bonner Regierung in der Deutschland-, Außen- und Sicherheitspolitik. Die meisten verstanden sich nicht als Pazifisten. Sie wollten auch kein neutralistisches Deutschland, sondern forderten ein kollektives Sicherheitssystem, das die Großmächte garantieren sollten. Rau wäre damals nicht auf die Idee gekommen, Soldat zu werden. Er stand in der Tradition der Bekennenden Kirche, sah sich eingebunden ins Stuttgarter Schuldbekenntnis. Der GVP-Aktivist blieb trotz mancher Rückschläge seiner Partei treu. Anfang Februar 1955 beschloß der GVP-Landesvorstand Nordrhein-Westfalen, eine Jugendgruppe unter dem Namen »Gesamtdeutsche Jugend« zu gründen. Vorsitzender wurde Rau, kurze Zeit später sogar Bundesvorsitzender. Bis zur Parteiauflösung blieb die GVP-Jugendgruppe allerdings ohne Bedeutung.

1955 stürzte sich der Wuppertaler in den Landtagswahlkampf von Rheinland-Pfalz. Gegen den Willen der Bundes-SPD hatte der Vorsitzende des SPD-Bezirks Pfalz, Franz Bogler, der GVP einige Listenplätze angeboten. Die gesamte GVP-Prominenz reiste daraufhin in die

Pfalz und kämpfte. Rau beantragte Urlaub beim Jugenddienst-Verlag und übernahm die Funktion eines Wahlkampfleiters. Drei Wochen lang klebte er Plakate, entwarf Propagandamaterial und organisierte die öffentlichen Auftritte seines politischen Mentors. An den Wochenenden kam Heinemann in die Pfalz. Rau hielt vor den Heinemann-Auftritten oft kurze Wahlreden und kündigte dann den »Hauptredner« an. Im Landtagswahlkampf von Rheinland-Pfalz 1955 lernte er Heinemann erst richtig kennen. Der Vierundzwanzigjährige, der seit einem Jahr einen eigenen VW besaß, den er einem Pfarrer für 400 DM abgekauft hatte, begeisterte sich für den spröden, wortkargen, präzisen, zuverlässigen, doch völlig unromantischen väterlichen Freund. Im Gegensatz zu dem Bild Heinemanns in der Publizistik, das ihn manchmal als Träumer darstellte, lernte Rau einen Mann kennen, der wußte, was er wollte. Heinemann bestach durch seine Kenntnis politischer Vorgänge. Ihm gefiel dieser junge, stets verfügbare Parteigänger. Er mochte die unkonventionelle Art des Wuppertalers, der sich mit guter Laune, aber auch mit Geduld und Zähigkeit an politische Aufgaben machte. Heinemann hatte Rau in sein Herz geschlossen. Und für Rau waren Heinemanns Persönlichkeit, sein immer wieder aufflammender Humor, seine Standfestigkeit, Geradlinigkeit und sein Durchsetzungsvermögen beispielhaft. Tief beeindruckt war er von Heinemanns unbeirrbarer christlicher Überzeugung, von dessen politischem Handeln »aus dem Glauben heraus«.

Nach den Landesvorstandssitzungen der GVP im Essener Handelshof, die alle vierzehn Tage stattfanden, traf man sich regelmäßig bei Heinemanns, lernte Frau und Kinder kennen; Rau erlebte den Privatmann.

Für ihn wurde Heinemann politischer Mentor, Leitfigur und Vorbild. Doch zunächst blieb sein Verhältnis zum GVP-Vorsitzenden freundlich-distanziert. Zeitzeugen erinnern sich kaum an Gespräche mit Heinemann in den ersten Jahren, bei denen Rau eine gravierende Rolle gespielt hätte.

In der GVP gewann der junge Wuppertaler erst zunehmende Bedeutung, als die Prominenten – wie Eppler – resignierten, ausstiegen und sich der SPD anschlossen. Was sich bei der Bundestagswahl deutlich gezeigt hatte, wurde immer offenkundiger: Das Experiment einer Gesamtdeutschen Volkspartei war gescheitert.

Auf dem Auflösungsparteitag am 17./18. Mai 1957 in Essen wurde den Mitgliedern empfohlen, in die SPD oder FDP überzuwechseln. Rau folgte dem Schritt Heinemanns. Am 4. Juni 1957 trat er zusammen mit ihm und anderen Politikern der GVP in die SPD ein.

Damals saßen die GVPler nächtelang beieinander und diskutierten, ob ihr Schritt richtig war. »Manche gingen mit, und manche gingen nicht mit!« Ein Beitrag, den Heinemann für die *Frankfurter Hefte* geschrieben hatte und auf den Fritz Erler reagierte (»Sie sind mit diesem Artikel so in unserer Nähe«), gab den Anstoß. »Das war das auslösende Moment«, sagt Rau heute zu Erlers Brief. »Soll man das Gespräch annehmen, soll man das Gespräch nicht annehmen? Wie bewerten das Martin Niemöller oder Walter Dirks? Wie sieht dieser oder jener das? Wir waren ja im ständigen Kontakt!«

Rückschauend ist der Düsseldorfer Ministerpräsident davon überzeugt, daß er wegen Heinemann GVP-Mitglied wurde und ohne ihn den Weg in diese Partei nicht gefunden hätte.

Nachzutragen bleibt noch, daß Rau ab 1955 ehrenamtlich und unentgeltlich Artikel für das GVP-Parteiorgan *Gesamtdeutsche Rundschau* schrieb. Von August 1955 bis zur Einstellung im März 1959 gehörte er der Redaktionsgemeinschaft an. Seinem intensiven und beträchtlichen Arbeitseinsatz ist es mit zu verdanken, daß das Blatt alle vierzehn Tage erscheinen konnte.

Oft setzte er sich mit der Jungen Union Nordrhein-Westfalens auseinander, schrieb über Kommunisten, kritisch über die *Deutsche Nationalzeitung*, kommentierte den Stil politischer Auseinandersetzungen. Energisch setzte er sich mit dem möglichen Verbot der KPD durch das Karlsruher Bundesverfassungsgericht auseinander, legte 1956 in einem sehr persönlich abgefaßten Beitrag seine Ablehnung der Wehrpflicht dar, beschrieb den politischen Konflikt in der evangelischen Kirche, kommentierte detailliert und kenntnisreich die innenpolitische Situation in der DDR.

»Es ist uns schwergefallen, und zwar sowohl aus politischen als auch stilistischen Gründen, den Wechsel zur SPD zu vollziehen«, sagt Rau heute, wenn er auf das Jahr 1957 angesprochen wird, als er Genosse wurde. »Genosse und du zu sagen, das war uns äußerst fremd. Vom Lebensgefühl her waren wir Bürgerliche. Außerdem war die SPD nicht die Partei von heute. Sie stand zwei Jahre vor Godesberg, vor ihrer

Erneuerung. Doch wir GVPler sind dann in diese uns fremde Partei gegangen und merkten, was uns an einem gesamtpolitischen Konzept gefehlt hatte. Beim Landtagswahlkampf 1958 – ich war zum erstenmal Landtagskandidat – ging es nicht mehr um den Rapacki-Plan, sondern um die Frage: Gemeinschafts- oder Konfessionsschule; es ging darum, ob die Ausbildung der Lehrer an wissenschaftlichen Hochschulen oder konfessionell sortiert stattfinden solle; es ging um Verkehrs- und Wirtschaftspolitik, alles Fragen, um die wir uns bislang kaum oder gar nicht gekümmert hatten. Für uns war das ein einziges Aha-Erlebnis.«

SIEGFRIED HEIMANN

Geschichte der Gesamtdeutschen Volkspartei

In der Rückschau auf die bundesdeutsche Nachkriegsgeschichte wird die Gesamtdeutsche Volkspartei oft nur als Kuriosum abgehandelt. Lediglich die Biographie des ehemaligen sozialdemokratischen Bundespräsidenten Gustav Heinemann war in den sechziger und siebziger Jahren hin und wieder Anlaß, von dieser Partei Kenntnis zu nehmen. Es war schließlich nicht zu übersehen, daß Heinemann Gründer und Motor der GVP gewesen war, daß auch die politischen Biographien anderer, heute führender Sozialdemokraten – von Eppler bis Rau – in der GVP begannen.

Die Geschichte der Partei selbst aber findet wenig Interesse. Sie hatte bei der Bundestagswahl 1953 nur 1,2 Prozent der Zweitstimmen erhalten und schien schon deshalb zu Recht der Vergessenheit anheimgefallen zu sein. Übersehen wird, daß die Geschichte der GVP eine »unzeitgemäße« Alternative in der Nachkriegspolitik der Adenauer-Ära dokumentiert, die gerade heute wieder an Aktualität gewinnt.

Entstehung und Entwicklung

Die Gesamtdeutsche Volkspartei wurde am 29./30. November 1952 in Frankfurt am Main gegründet. Ihre Vorgeschichte reicht jedoch zurück bis in den Sommer 1950. Im August 1950 erfuhr der Innenminister der ersten Bundesregierung, Gustav Heinemann, von dem Angebot Bundeskanzler Konrad Adenauers an die westlichen Alliierten, sich mit deutschen Soldaten am westlichen Militärbündnis zu beteiligen. Obwohl Sicherheitsfragen zum Ressort des Innenministers gehörten, war Heinemann erst informiert worden, nachdem Adenauer sein Memorandum, das dieses Angebot enthielt, bereits der Hohen Kommission übergeben hatte. Einem westlichen Militärbündnis deutsche Soldaten einzugliedern bedeutete für Heinemann den Beginn einer Wiederbewaffnung und Wiederaufrüstung der Bundesrepublik.

Beides legte seiner Meinung nach dem offiziell vorrangigen politischen Ziel der Mehrheit der im Bundestag vertretenen Parteien, die Wiedervereinigung zu erreichen, unüberwindliche Hindernisse in den Weg. Gustav Heinemann akzeptierte die nachträglichen Erläuterungen Adenauers nicht und trat am 9. Oktober 1950 als Innenminister zurück.

In seiner Rücktrittserklärung wird bereits die realpolitische Sicht Heinemanns deutlich, die die Grundlage eines in sich schlüssigen deutschlandpolitischen Konzeptes bilden sollte, für das er in den folgenden Jahren in der Öffentlichkeit um Unterstützung warb. Die Vorstellungen Heinemanns waren geprägt von der Sorge um die Wiedervereinigung und um die Gefährdung des Friedens und vom Verständnis für die Sicherheitsinteressen der Sowjetunion.

Erst ein Jahr später jedoch schufen sich Heinemann und seine politischen Freunde mit der Gründung einer »Notgemeinschaft für den Frieden Europas« einen organisatorischen Rahmen, um ihre politischen Ziele in der Öffentlichkeit bekanntzumachen und um auf die bestimmenden politischen Kräfte mehr Einfluß nehmen zu können.

Das Angebot einer westdeutschen Wiederbewaffnung hatte durch den Pleven-Plan vom Oktober 1950, der eine integrierte europäische Armee einschließlich deutscher Soldaten vorsah, konkrete Gestalt angenommen. Die langwierigen Verhandlungen über die Einzelheiten einer Europäischen Verteidigungsgemeinschaft waren im Herbst 1951 zu einem Abschluß gekommen, der Termin für den Vertragsabschluß wurde absehbar. Die Sozialdemokratie, die als einzige organisierte Kraft mit Nachdruck Widerstand hätte leisten können, bezog nach Meinung Heinemanns keine eindeutige Position.

Heinemann glaubte, daß die Zeit zum Handeln reif war, sein Konzept verbot es aber, eine politische Partei zu gründen. Es sah vor, auf alle im Bundestag vertretenen Parteien Einfluß zu nehmen, die Anzahl der sich ablehnend verhaltenden Abgeordneten in allen Parteien zu vergrößern und durch eine Mobilisierung der öffentlichen Meinung zusätzlichen Druck zu erzeugen. Heinemann, weiterhin CDU-Mitglied, wollte seinen verbliebenen Einfluß in protestantischen CDU-Kreisen geltend machen; die Vorsitzende der Deutschen Zentrumspartei und Bundestagsabgeordnete Helene Wessel, zu der Heinemann noch Ende 1950 Kontakt aufgenommen hatte, versuchte dasselbe im Zentrum und in der Bayernpartei, mit der das Zentrum als Föderalistische Union eine Fraktion im Bundestag bildete. Adolf Scheu, ein weiteres Gründungsmitglied der »Notgemeinschaft«, wollte als Industrieberater seine Kontakte zur Wirtschaft nutzen. Der sozialdemokratische Ministerialdirektor im nordrhein-westfälischen Kultusministerium, Otto Koch, kritisierte die schwankende Haltung seiner SPD-Parteifreunde.

Mit Reden, Vorträgen, Streitgesprächen, Zeitungsartikeln und Broschüren versuchte die von zehn Personen gegründete und am 21. November 1951 in Düsseldorf erstmals öffentlich auftretende »Notgemeinschaft«, die Bevölkerung zu mobilisieren. In einem »Aufruf an das deutsche Volk« forderten die Gründer »das deutsche Volk auf, unseren Weg mitzugehen: gegen eine unzeitgemäße Aufrüstung«. Sie sahen sich als Sammelbewegung, die »unabhängig von allen politischen, konfessionellen und wirtschaftlichen Einflüssen« sei. Obwohl sie den Antikommunismus, wie er in den USA und in der Bundesrepublik zur herrschenden und beherrschenden Ideologie geworden war, ablehnten und trotz ihrer Bereitschaft, mit Kommunisten zu verhandeln und auch zusammenzuarbeiten, ließen die Gründer der »Notgemeinschaft« niemals daran zweifeln, daß die politischen Ziele der KPD in Westdeutschland und die gesellschaftlichen Veränderungen in der DDR für sie nicht akzeptabel waren.

Die Wirkung der »Notgemeinschaft« blieb dennoch gering. In den zahlreichen Versammlungen, die besonders von Heinemann und Wessel als Redner bestritten wurden, waren vor allem »aktive Protestanten, Pazifisten und Studenten« als Zuhörer anwesend. Reaktionen bei anderen Bevölkerungskreisen waren kaum festzustellen. Die Presse schwieg oder denunzierte. Die Regierungsparteien apostrophierten

Heinemann als »Tragikomiker« oder sogar als »verblödeten bürgerlichen Intellektuellen«. Die SPD hatte die ersten Aktivitäten Heinemanns begrüßt, ging aber zunehmend auf Distanz, lehnte schließlich eine Zusammenarbeit ab und begann, teilweise ebenfalls die »Notgemeinschaft« zu denunzieren.

Die Stalin-Noten vom März und April 1952 waren für die »Notgemeinschaft« der Anlaß, ihre Anstrengungen zu vergrößern. Erstmals bestand die Chance, die Verhandlungsbereitschaft der anderen Seite auf die Probe zu stellen, erstmals gab es konkrete Hinweise, daß ein Verhandlungsspielraum für die deutschlandpolitische Konzeption der GVP vorhanden war. Die sofortige Ablehnung der »Noten« als Verhandlungsgrundlage durch Adenauer stieß zwar auch in einer breiteren Öffentlichkeit und in allen Parteien auf Kritik. Die »Notgemeinschaft« mußte aber die Erfahrung machen, daß sie bei dem Versuch, diese Kritiker zusammenzufassen, an ihre Grenzen als Organisation stieß. Schon im Frühjahr 1952 hatten deshalb einzelne Vertreter der »Notgemeinschaft« die Gründung einer Partei erwogen. Während einer Tagung in Mülheim im Oktober 1952, an der sechzig Förderer und Mitglieder der »Notgemeinschaft« teilnahmen, konnten auch Heinemann und Wessel für diese Idee gewonnen werden. Damit war die Entscheidung für die Parteigründung gefallen. Heinemann verließ die CDU, Wessel und Bodensteiner waren schon vorher aus dem Zentrum beziehungsweise der CSU ausgetreten. Nach mehreren Großveranstaltungen, auf denen sie für die neue Partei warben, wurde am 29./30. November 1952 die Gesamtdeutsche Volkspartei offiziell in Frankfurt am Main gegründet.

In einem auf der Gründungsversammlung verabschiedeten »Manifest« betonte die GVP ihre vorrangig außen- und deutschlandpolitische Zielsetzung, durch Widerstand gegen die Aufrüstung und durch Verhandlungen mit der Sowjetunion und der DDR über eine »bedingte Neutralität« die Wiedervereinigung zu erreichen und den Frieden sicherer zu machen. Mit der SPD wollte man kritisch zusammenarbeiten, obwohl besonders Heinemann die Inkonsequenz der SPD-Opposition beklagte, die im »Sicherungsbedürfnis« der Sowjetunion nicht den Ansatzpunkt einer Friedens- und Wiedervereinigungspolitik zu erkennen vermochte.

Der Aufbau der Organisation war langwierig. Durch ausgetüftelte

Satzungsregelungen suchte man sich vor »Unterwanderung« von links und rechts zu schützen, dennoch blieb der erwartete Zulauf von führenden politischen Persönlichkeiten aus. Neben dem Organisationsaufbau und den Vorbereitungen zur Wahl im September 1953 versuchte die Partei, durch öffentlichkeitswirksame Aktivitäten auf sich aufmerksam zu machen. Der 17. Juni 1953 und die danach in der Bundesrepublik einsetzende Propaganda verschlechterten allerdings die Ausgangssituation der GVP. Lediglich Heinemanns erfolgreiche Klage gegen das Wahlgesetz, das für alle neuen Parteien in jedem Wahlkreis die Unterschrift von 500 Personen vorschrieb, verhalf der Partei kurz vor den Wahlen zu einer positiven Resonanz in der Öffentlichkeit. Der entsprechende Passus im Wahlgesetz wurde als verfassungswidrig gestrichen.

Die Bundestagswahl im September 1953 bescherte der GVP mit 1,2 Prozent der Zweitstimmen eine vernichtende Niederlage. Die regierenden Parteien des Bürgerblocks erreichten eine Zweidrittelmehrheit, sie konnten jetzt auch grundgesetzändernde Gesetze ohne große Probleme beschließen. Einige Mitglieder der GVP begannen zu resignieren und traten aus der Partei aus. Vor allem jüngere Mitglieder wollten jedoch weitermachen. Trotz großer Enttäuschung auch bei den übrigen führenden GVP-Mitgliedern glaubte daher der Vorstand, diese Unerschütterlichen nicht enttäuschen zu dürfen, und beschloß nach längerem Zögern im November 1953, die Partei weiterzuführen. Freilich war der weitere Weg der Partei vom Jahre 1954 an vorgezeichnet.

Durch ständiges Sich-zu-Wort-Melden in der Öffentlichkeit anläßlich wichtiger außenpolitischer Ereignisse, etwa auf den Außenministerkonferenzen in Berlin im Januar 1954 und in Genf im Juli 1955, setzte die GVP ihre Politik des Mahnens fort. Sie erfuhr jedoch nur geringe Resonanz, und so suchte sie die Unterstützung und Nähe einflußreicher politischer Kräfte. In einem grundsätzlichen Artikel über »Gestalt und Wandel der SPD« kam Heinemann zu dem Schluß, daß das 1954 von der SPD ausgesprochene Bekenntnis zur Marktwirtschaft und ein zu erwartendes »positives Verhältnis zum Christentum« Hinweise dafür seien, daß die SPD auch einem liberalen christlichen Bürger wie Heinemann eine politische Heimat bieten könne. Heinemann sandte den Artikel an Fritz Erler, der ihn im September 1954 im zweiten Heft der neuen theoretischen Zeitschrift der SPD, *Die neue*

Gesellschaft, veröffentlichte. Erler wurde in den folgenden Jahren Mittler der Kontakte zwischen SPD und GVP. Heinemann und seine politischen Freunde glaubten allerdings, zunächst noch als gleichberechtigte Partner politische Aktionen gemeinsam durchführen zu können, um dadurch die Bereitschaft der SPD zu vergrößern, mit der GVP Wahlabsprachen zu treffen. Die von der GVP Ende 1954 ins Leben gerufene »Gesamtdeutsche Aktion« führte zu der von GVP und SPD gemeinsam organisierten »Paulskirchen-Bewegung« Ende Januar 1955, die die Verabschiedung der Pariser Verträge im Bundestag verhindern sollte.

Die SPD lehnte es jedoch weiterhin beharrlich ab, die GVP als Juniorpartner zu akzeptieren und ihr durch Wahlabsprachen parlamentarische Repräsentanz zu verschaffen. Im Frühjahr 1957 begriff der GVP-Parteivorstand, daß alle Versuche in dieser Richtung gescheitert waren. Der dritte und letzte Bundesparteitag der GVP beschloß daher am 18./19. Mai 1957 in Essen, die Partei aufzulösen, und empfahl den Übertritt in die SPD. Die meisten der verbliebenen wenigen Getreuen folgten der Empfehlung. Gustav Heinemann und Helene Wessel erhielten zur Bundestagswahl 1957 sichere Plätze auf SPD-Landeslisten.

Zur Programmatik und Bedeutung

Das Selbstverständnis der GVP, wie auch schon zuvor das der »Notgemeinschaft«, war bestimmt vom Konzept eines »bedingten Neutralismus«, das – in sich geschlossen – eine realistische Vorstellung darüber enthielt, wie die Wiedervereinigung der beiden deutschen »Teilstaaten« zu erreichen und der Frieden für Deutschland und Europa zu erhalten sei. Haupthindernis, dieses politische Ziel zu erreichen, und damit auslösendes Moment für den Entwurf dieses Konzeptes war die geplante deutsche Wiederbewaffnung und Wiederaufrüstung. Der Kampf gegen die Wiederbewaffnung bestimmte somit die politische Praxis der Partei vom ersten Tage ihres Bestehens an.

Die Ost und West angebotene Neutralisierung eines wiedervereinigten Deutschlands – mit nationaler Armee oder ohne – sollte das Mittel sein, das politische Ziel der Wiedervereinigung und der Friedenssicherung zu erreichen. Das Konzept des Neutralismus war zweifach bedingt:

1. Der Neutralismus eines wiedervereinigten Deutschlands beschränkte sich auf eine außen- und militärpolitische Neutralität. Die Zugehörigkeit Deutschlands zu einem »westlichen Kulturkreis« und zur politischen Tradition der bürgerlich-parlamentarischen Demokratie sollte damit nicht zugunsten eines »Dritten Weges« in Frage gestellt werden.
2. Das Angebot eines neutralen Deutschlands war an die Bedingung geknüpft, daß die Sowjetunion die DDR ohne Vorbehalte aus ihrem Einflußbereich entließ, also auch die seit 1945 vollzogenen gesellschaftlichen Veränderungen in der DDR zur Disposition stellte.

Die Gründer der Partei hielten das Konzept für realistisch, da die Sowjetunion spätestens mit den Noten im März und April 1952 ein Sicherheitsbedürfnis signalisiert hatte. Der Sowjetunion sollten auf dem Verhandlungswege ernstgemeinte Angebote unterbreitet werden, um dieses Bedürfnis zu befriedigen. Der Verzicht auf die Wiederbewaffnung war ihrer Meinung nach ein solches Angebot, für das die Sowjetunion ihrerseits zu bezahlen bereit sei. Die so erreichte Wiedervereinigung verpflichte innenpolitisch zum Abbau eines »blinden Antikommunismus« und außenpolitisch, wie Diether Posser in einem Aufsatz mit dem Titel »Rapallo, nicht Tauroggen« schrieb, zu einer Politik im Geist eines »neuen Rapallo ... Deutschland hat nur eine Zukunft, wenn es bereit ist, außerhalb politischer und militärischer Blockbildungen einen Ausgleich nach allen Seiten anzustreben: nicht gegen Amerika, aber auch nicht gegen Rußland, sondern Ost und West gleichermaßen friedlich verbunden.« Das Sicherheitsinteresse Deutschlands sollte – mit nationaler Armee oder ohne – zusätzlich durch eine Einbettung in ein geeintes Europa und/oder durch UNO-Garantien befriedigt werden.

Diese außen- und deutschlandpolitischen Vorstellungen bestimmten in erster Linie die Programmatik und die Praxis der Partei. Lediglich dem Drängen einzelner Parteimitglieder folgend und wohl auch aus taktischen Überlegungen heraus gab sich die Partei auch ein »Wirtschafts- und Sozialprogramm«, das aber in der theoretischen Diskussion und in der politischen Praxis der Partei kaum eine Rolle spielte.

Für die politische Erfolglosigkeit der GVP können verschiedene Gründe angeführt werden. Ein zweifellos gewichtiges Argument, das

Scheitern der GVP zu erklären, zielt auf den Charakter der Partei als »Ein-Zweck-Bündnis«: Die GVP war wegen ihrer alleinigen außenpolitischen Orientierung nur eine halbe Partei gewesen; den Wählern konnte nicht glaubhaft gemacht werden, daß die Partei auch innenpolitische Ziele vertrete. Die Art des Zustandekommens und die geringe Bedeutung des »Wirtschafts- und Sozialprogramms« in der parteiinternen Diskussion ließ sich in der Öffentlichkeit nicht verheimlichen und verminderte sicher die Anziehungskraft der Partei auf gewerkschaftlich organisierte Arbeiter und Angestellte.

Noch schwerer aber wiegt ein weiteres Argument. Die GVP (vor allem Heinemann) sah erst den Sommer 1950 als den »kritischen Wendepunkt in der deutschen Nachkriegsgeschichte« an. Für den Zeitgenossen, der die Bildung der Bizone, die Währungsreform, die Gründung der Bundesrepublik und der DDR und damit die Spaltung Deutschlands miterlebt hatte, konnte diese Datierung in der Tat wenig überzeugen. Hier aber liegt die eigentliche Problematik der außen- und deutschlandpolitischen Beschränkung von Theorie und Praxis der GVP. Die isolierte Betrachtung des sicherheitspolitischen Moments und ihrer Konsequenz versperrte den Blick auf die Abhängigkeit der militärpolitischen Entscheidungen, die zu den Pariser Verträgen führten, von der gesellschaftspolitischen Entwicklung in den Westzonen nach 1945. Die Festschreibung der privatkapitalistischen ökonomischen und sozialen Struktur der Westzonen und der Bundesrepublik hatte die Westintegration und das Angebot einer Wiederbewaffnung zur logischen Konsequenz. So war das Adenauersche Angebot nicht nur ein Mittel, die staatliche Souveränität zurückzugewinnen, sondern zugleich auch Ausdruck des Interesses, die Stabilität dieser erreichten gesellschaftlichen Ordnung nicht zu gefährden. Indem sich die GVP auf deutschland- und außenpolitische Ziele beschränkte, isolierte sie sich von den politischen Kräften, die gegen diese gesellschaftspolitische Festschreibung vergeblich anzurennen versuchten. Sie registrierte die schwankende Haltung der SPD und die anfängliche Zustimmung des DGB zur Wiederbewaffnung, sie nahm aber die gleichzeitigen innenpolitischen Auseinandersetzungen, die mit der Verabschiedung des Betriebsverfassungsgesetzes 1952 zu einer der schweren Niederlagen der westdeutschen Arbeiterbewegung führten, weder zur Kenntnis, noch ergriff sie für die innenpolitischen Forderungen der SPD und der

Gewerkschaften Partei. Daher konnte sie den sich in den Gewerkschaften regenden Widerstand gegen die schwankende und vor Kampfmaßnahmen zurückschreckende Politik der DGB-Führung bis Mitte 1952 nur von außen kommentieren, nicht jedoch für die eigene politische Zielsetzung nutzen. Das wäre allerdings nur dann möglich gewesen, wenn die GVP ihren Konsens über die Erhaltung der ökonomischen und sozialen Struktur der Bundesrepublik zumindest in die Richtung von wirtschaftsdemokratischen Überlegungen in Frage gestellt hätte.

Die Bedeutung der von der GVP formulierten friedenssichernden politischen Alternative ist damit freilich nicht geringer geworden; im Gegenteil, sie gewinnt heute wieder neue Aktualität. Die GVP formulierte mit ihrer deutschlandpolitischen Konzeption im Vorgriff die außenpolitische Konzeption der SPD der sechziger Jahre: Die SPD hatte nach dem Scheitern ihrer außenpolitischen Vorstellung von einer »Dritten Kraft« Ende der vierziger Jahre (das heißt eines sozialistischen Deutschlands in einem sozialistischen Europa, unabhängig von der kommunistischen Diktatur im Osten und der bürgerlich-kapitalistischen Herrschaft im Westen) zunächst keine neue Konzeption entwikkelt. Die GVP hingegen besaß eine in sich schlüssige und letztlich auch auf Westintegration abgestellte Konzeption einer Deutschlandpolitik, die gegenüber der extremistischen, von der Politik der Stärke bestimmten CDU/CSU-Außenpolitik eine realistische Alternative darstellte.

Selbst nachdem die spezifische Form dieser Konzeption – nämlich mit Hilfe des »Neutralismus-Angebots« eine Wiedervereinigung unter westlichen, wenn auch bündnisfreien Vorzeichen zu erreichen – durch die Rücknahme des sowjetischen Angebots »freier Wahlen« für ein »neutralisiertes Deutschland« die Geschäftsgrundlage verloren hatte, blieb der Kern dieser Konzeption weiter realistisch: Ohne die in der Bundesrepublik bestehenden gesellschaftlichen Verhältnisse prinzipiell in Frage zu stellen, sollte durch die Anerkennung von militärischen und ökonomischen Interessen der Sowjetunion mit ihr eine vertraglich gesicherte Verständigung über die Beziehungen der Staaten in Mitteleuropa erreicht werden. Diese Verständigung sollte helfen, die Beziehungen zwischen der DDR und der Bundesrepublik so zu normalisieren, daß die Bevölkerung in beiden deutschen Staaten davon Nutzen hatte, daß der aus der Spaltung Deutschlands resultierende und friedensgefährdende Konflikt zwischen Ost- und Westdeutschland zumindest nicht größer und daß langfristig der Weg zu einer Wiedervereinigung nicht versperrt würde.

Ohne Beiwerk aus der tagespolitischen Situation der fünfziger Jahre war und ist diese Konzeption auch die Grundlage der Außen- und Deutschlandpolitik der SPD seit Mitte der sechziger Jahre. Der Übertritt zur SPD war eine logische Konsequenz, nachdem Ansätze dieser Konzeption seit 1953 auch in der SPD von einzelnen ihrer führenden Vertreter formuliert worden waren. Diese deutschlandpolitische Konzeption konnte in einer Zeit, in der sich die SPD noch dem Rigorismus Schumachers verpflichtet fühlte und in der das Klima des Antikommunismus und die Furcht vor dem Kommunismusvorwurf die SPD vor Verhandlungen mit der DDR zurückschrecken ließ, nur außerhalb der SPD schlüssig formuliert werden.

KLAUS GOEBEL

Journalistische Gehversuche

Spannende Geschichten

Rau hatte sich geirrt, als er die Erzählung für Sonntagsschulkinder *Klaus und das Feuer* mit der Widmung »Liestejadochnich!« versah. Ich las sie noch am gleichen Tag, anschließend auch das Heft *Keine spielt wie Gisela* (handschriftlicher Zusatz: »Hilf, daß ich Dichter werde!«) und dachte: An solch einer Geschichte könntest du dich auch einmal versuchen. Ich setzte mich also hin und schrieb an einigen der Abende, mit denen man vor dem Abitur geizen muß, *Zu viel Geld für Peter Kroll.* Aber erst im Jahr darauf, als ich Student im ersten Semester war, wurde das nächste halbe Dutzend Verteilhefte, darunter mein Opus, aufgelegt. Es blieb bei diesem einen Versuch, während mein schriftstellerndes Vorbild Johannes Rau es auf die vierfache Produktion brachte. Seine unter dem Pseudonym »Heinz Gräber« erschienene *Tote Hütte* erreichte sogar eine zweite Auflage.

Der ehemalige Lehrling der Verlagsbuchhandlung Emil Müller schrieb die *Tote Hütte* laut Heftumschlag für zehn- bis vierzehnjährige

Jungen. Aus diesem Leserkreis stammten auch die Hauptpersonen, die Jungscharler Martin und Eberhard (genannt Nepomuk), so um die Dreizehn, die sich eine Bude im Grünen bauen möchten. Die Küsterin Böcker, der Pastor, Jungscharleiter Roth, Ilse, der Sägewerksbesitzer Herr Kleinfuß aus dem Presbyterium, dem zwei Jungen »wichtige Zeit wegnehmen«, sie alle spielen ebenfalls eine Rolle. Auf dem Gemeindegrundstück soll eine Schwedenbaracke entstehen. Mit dem dafür vorgesehenen Holz richten die beiden Freunde eine Erdhöhle ein, ohne dazu eine Erlaubnis zu besitzen.

Frau Böcker nimmt den Knaben die Beichte ab. Martin bekennt sein schlechtes Gewissen offen: »Frau Böcker, wir wollten nicht stehlen. Aber – jetzt läßt mich das nicht los. Ich vergesse es oft stunden- und tagelang, dann bin ich wie immer. Wenn's aber dann wieder da ist, kann ich nicht schlafen und nicht lachen. Im Jungenkreis hat einmal einer, der zu Besuch war, erzählt, es gebe Dinge, die man bereut und die auch von Jesus vergeben sind – und doch wird man nicht ruhig.«

In einem Gespräch, das Martin und Eberhard mit dem Sägewerksbesitzer führen, wird die Sache ins reine gebracht. Denn Herr Kleinfuß versteht die Kinder und vergibt ihnen. »Zwei Jungen sind glücklich, weil sie frei sind.« Die Schwedenbaracke, für deren Aufbau Herr Kleinfuß »einige seiner besten Leute zur Verfügung gestellt« hatte, wird gebaut und auf der 16. und letzten Seite des Heftes in einer Gemeindefeier ihrer Bestimmung übergeben. Die Jungschar trifft sich zum erstenmal im eigenen Raum und singt ihr Lied »Es klingt ein Ruf in deutschen Gauen: Wer will ein Streiter Christi sein?« Martin und Eberhard entdecken an der Wand eine »Zeichnung von Herrn Roth, die eine unfertige ›Jungenbude‹ zeigt. Darunter lesen die Jungen erstaunt: ›Die tote Hütte, mit deren Holz die Innenausstattung dieses Heims begonnen wurde.‹ Da gehen die beiden gemeinsam nach Hause. Zielklar und froh.«

Johannes Rau stand das Gemeindeleben in Barmen vor Augen, als er diese Geschichte erfand. Man traf sich in Kreisen, man feierte mit Festgottesdiensten und sonntags nachmittags bei Kaffee und Kuchen, was es zu feiern gab. Unternehmer stellten Geld und Arbeitskräfte für Gemeindeaufgaben zur Verfügung. Und zwei kleinen Jungen wurden die Gewissenskonflikte in verständnisvoller Zuwendung gelöst.

1952 feierte die evangelisch-reformierte Gemeinde Barmen-Gemarke ihr 250jähriges Jubiläum. Leni Immer und Werner Braselmann schrieben ein Laienspiel über die gegen die katholische Landesregierung in Düsseldorf erstrittene Gründung. Im Ornat eines katholischen Bischofs residierte ich damals auf der Bühne, wie mir ein unvergilbtes Foto in Erinnerung ruft. Aus dem Spielerkreis erwuchs die Junge Gemeinde Gemarke. Johannes Rau referierte an einem Abend über Manfred Hausmann, dessen Werk Gegenstand seiner Buchhändler-Examensarbeit gewesen war. Die Rahmenhandlung seines Erzählheftes *Keine spielt wie Gisela* hat das Leben in der Jungen Gemeinde verfremdet festgehalten.

Hauptperson ist die achtzehnjährige Gisela Berger, Mitglied dieser Jungen Gemeinde und »ganz ohne gänsische Albernheit«. Rau läßt sie berichten, wie sie als Zwölfjährige in der Geschichtsprüfung durchgerasselt war, weil sie Erasmus von Rotterdam den letzten und größten Minnesänger genannt und die Schlacht gegen die Hunnen nach Issus verlegt hatte. Auch in anderen Fächern versagt sie und schafft die Versetzung nur durch Betrügen. Denn »die Bluse in Beige erwies sich als besonders praktisch, sie hatte zwei kleine Täschchen, in die sich gut ein kleiner Zettel mit Regeln oder Vokabeln und Geschichtszahlen bergen ließ«. Schrieb sich Johannes Rau da eigene Alpträume aus dem Gymnasium von der Seele? Gisela ließ der Verfasser in einem Kreis der Jungen Gemeinde bei sich zu Hause – er gab ein Fest, weil sein Bruder ihm drei dunkle Bücherregale gezimmert und er selbst Sprüche und Bilder Rudolf Kochs an die frisch tapezierten Wände gehängt hatte –, Gisela also ließ Autor Rau erzählen, wie sie immer mehr in Lug und Trug versunken sei: »Das Führen-Wollen hatte mich gepackt. Ich war Gisela Berger, beliebtestes Mädchen der Quarta! Ich war Gisela Berger, ideenreichste Schwänzerin! Ich war Gisela Berger, waghalsigste Führerin bei abendlichen Streichen! Ich war Gisela Berger, beste Schauspielerin der Klasse! Ich, ich, ich!«

Schließlich kam es in der Adventszeit, angesichts der im Frühjahr bevorstehenden Konfirmation, zur Umkehr. Jugendpfarrer Linz hatte sie behutsam in ein neues Leben geführt und sitzt auch an diesem Abend des Rückblicks dabei. Johannes Rau läßt die Geschichte in einigen Sätzen des Pastors ausklingen: »Uns ist in der Bibel nicht alle Tage Sonnenschein verheißen. Jesus sagte nur: Ich bin bei euch alle Tage. Das macht ein junges Leben fröhlich, auch in der Schule – ja, Gisela?«

Hans-Martin und *Klaus und das Feuer* führen, jede Geschichte in ihrer Weise, zu dem gleichen Ziel: Ungebärdige Jungen wachsen in die »Gefolgschaft des Herrn Christus« hinein. Klaus erlebt auf einer Ferienfahrt, wie ein Bauernhof abbrennt. Als er dazuläuft, um sich an der Rettungsaktion zu beteiligen und dadurch berühmt zu werden, bricht er sich ein Bein. Am Vorabend, so hatte Johannes Rau konstruiert, ist Klaus zufällig Zeuge einer Andacht gewesen, in der ein Jugendgruppenleiter vom »hellen Feuer im Herzen des Petrus« spricht. In der Mußezeit des Krankenlagers und im anschließenden Konfirmandenunterricht beginnt »in seinem Herzen ein Feuer zu brennen. Es war das Feuer des Fischers Simon Petrus, der so gern mit seinen Gaben etwas Großes angefangen hätte.« Aber Klaus sehnt sich nicht mehr nach Berühmtheit. Denn noch viel wichtiger als der gedruckte Name in der Zeitung sei doch wohl, daß, wie die Bibel das sage, der Name eines jeden im Buch Gottes stehe. Johannes Rau fügt der Geschichte einen autobiographischen Schluß hinzu. »Da war gerade mein Vater gestorben auf eine grausame Art. Plötzlich hatte ihn ein Verkehrsunfall aus der großen Familie und von vielen Freunden weggenommen.«

Der elfjährige Hans-Martin, die Hauptperson des vierten Heftes, ist eines Abends zu einem Abenteuer ausgerissen. Er kriecht mit einem Freund durch eine Kanalisation. Dabei verunglückt er, wird mühsam gefunden und schwer verletzt in ein Krankenhaus gebracht. Sein Jungscharleiter besucht ihn und bringt ihm das Andachtsbuch *Ihr seid Adler* mit. »Jeden Morgen las Hans-Martin eine Andacht. Das Buch wurde zum Freund. Hans-Martin merkte, daß er mit dem Ruf in die Schar derer gemeint war, die ein helles Leben der Jungenfreude leben sollten. Sein Leben würde hell werden – weil Gottes Wort einen Jungen packen konnte, ihn froh machen und männlich.« Der Barmer Rau läßt die Erzählung in heimatlichen Gefilden spielen; wir begegnen dem Ausflugslokal Spreeler Mühle, Dönberg, der Rathenaustraße, der Schule in der Germanenstraße und der Leimbach. In allen Heften wiederholt sich ein Muster: Jugendliche kommen vom rechten Pfad ab. Sie werden in für sie schwierigen Lebenssituationen vom Wort der Bibel getroffen und erkennen, daß sie ihr Leben der Führung durch Jesus Christus anvertrauen müssen, um von ihren Verirrungen befreit zu werden. Die Umwelt spiegelt das Gemeindeleben der reformierten Gemeinde Barmen-Gemarke. Predigten, Bibelstunden, Jugendkreise und Fahrten sollen in den Alltag ausstrahlen. Der junge Buchhändler gehörte zu den regelmäßigen Gottesdienstbesuchern. Er ließ sich von einigen Pfarrern besonders ansprechen, vor allem von Karl Immer sen., von Hans Mehrhoff (der ihn nach Immers Tod konfirmierte) und von Hans Specht, Immers Nachfolger im Pfarrbezirk Klingelholl. Johannes konnte beobachten, wie Presbyter, so die Unternehmer Willy Halstenbach, Carl Frowein oder Ernst Plutte, aber auch Handwerker und Angestellte Zeit und Geld in die Gemeindearbeit steckten. Solche Erfahrungen flossen ebenso in die Geschichten ein wie die kleinbürgerliche Atmosphäre vieler Familien, wo Jugendliche in den Zwängen und Versuchungen von Alltag, Schule und Beruf aufwuchsen. Ihr Leben konnte »frei und froh« werden – Begriffe, die Rau wiederholt –, wenn sie am Gemeindeleben teilnahmen und in dem täglichen Bibellesen die Richtschnur für ihr Leben suchten. Leni Immer hat Johannes Rau manchmal aus ihrer Jugendarbeit berichtet; sie kümmerte sich als Gemeindehelferin besonders um die Mädchen. Man meint, die Worte der Tochter Karl Immers aus den Geschichten herauszuhören, so wie der Redner Johannes Rau noch heute oft unverkennbar die Rhetorik des Jugendpfarrers Specht wiedergibt.

Erste journalistische Texte

Seit 1950 war der junge Verlagsbuchhändler gelegentlicher Mitarbeiter von Wuppertaler Lokalzeitungen. Bücher, Dichterlesungen, Chorkonzerte, Laienspielaufführungen und kirchliche Veranstaltungen waren bevorzugt Gegenstände seiner Artikel, die mit vollem Namen, mit Kürzel, ohne Verfasserangabe oder auch, wie er sich erinnert, mit einem inzwischen vergessenen Pseudonym unterzeichnet wurden. Da er seine Arbeiten nicht systematisch gesammelt hat, sind sie wohl kaum noch vollständig zu erfassen. Was sich ermitteln ließ, erlaubt jedoch, den Hobbyjournalisten zu porträtieren und die Entwicklung seiner Persönlichkeit darin zu betrachten. Der Mitarbeit für die *Westdeutsche Rundschau* wird besonderes Augenmerk geschenkt, weil diese Tageszeitung der FDP nahestand und ein Artikel für den jungen Reporter sogar politisches Schicksal gespielt hat. Lizenzträger der 1946 gegründeten, in Wuppertal und einigen benachbarten bergischen Städten erscheinenden Zeitung war der Wuppertaler Bauunternehmer und FDP-Stadtverordnete Carl Wirths. Aufgrund einer Wahlabsprache mit der CDU – die CDU verzichtete auf einen eigenen Kandidaten in Wuppertal-West, die FDP leistete in Wuppertal-Ost zugunsten der CDU den gleichen Verzicht – wurde Wirths 1949 und 1953 direkt in den Bundestag gewählt. Das bürgerlich-liberale Konzept der Zeitung ließ nicht selten einen dezidiert-evangelischen Standpunkt durchscheinen. Vor allem im Feuilleton, das der spätere Düsseldorfer Generalintendant Grischa Barfuss leitete, erreichte das Blatt zeitweise ein hohes Niveau.

In diesem Feuilleton besprach Rau am 14. Oktober 1950 Bücher von Albrecht Goes *(Unruhige Nacht)*, Herbert Kuhn *(Karmel)* und Max Wedemeyer *(In der Welt habt ihr Angst)*, die er als »neuartig und revolutionär« charakterisierte, so daß sie einen »heftigen Kampf in der christlichen Publizistik« hervorgerufen hätten. Wer Kuhns Buch gelesen habe, könne selbst zu Kriegen mit frommen Vorzeichen nicht mehr ja sagen. Nach der Lektüre der Goesschen Erzählung sei man beglückt von der Gestaltungskraft des Verfassers, aber auch angewidert vom Krieg. Kritisch sah Rau Wedemeyers Arbeit, weil hier die Sprache der Bibel in den Vordergrund gerückt sei. Das Kriegsgeschehen in Stalingrad verabscheue Wedemeyer zwar auch, wichtiger sei ihm jedoch in aller Verzweiflung der Halt im Glauben. Unverkennbar bleibt der pazifistische Unterton der Rezension Raus. Fünf Tage zuvor hatte übrigens Innenminister Heinemann dem Bundeskanzler seinen Rücktritt erklärt.

Eine weitere Buchbesprechung kam einer Nichtrezension gleich. Ludwig Tügels *Die Charionade oder Auf dem Strom des Lebens* könne man nicht rezensieren, schrieb Rau im Juni 1951. Man müsse den Handlungsablauf leben und lesen. Über christliche Dichter und Dichtung von Christen referierte er mehrfach, so über Bernt von Heiseler und Edzard Schaper. Letzteren lobte er im November 1953 als »Gestalter von hohen Graden«. Schaper las »stehend, fast auswendig sprechend, auch mit dem tiefen Wohlklang der Stimme noch gestaltend«. Die Zuhörer seien gebannt gewesen, »weit über hundert Interessierte aber waren leider verbannt: Wegen Überfüllung mußten sie unverrichteterdinge wieder davongehen. Im gleichen Saal war schon einmal – gelegentlich eines Vortrags von Prof. Thielicke – genau die gleiche Panne passiert.« Der Berichterstatter kritisierte den Veranstalter, die

Resonanz nicht richtig eingeschätzt zu haben. Auch der beste Wille, Kultur zu pflegen, sei nur eine halbe Sache, wenn er die Hürde der Organisation nicht zu nehmen verstehe.

Die Redakteure schickten den nebenberuflichen Mitarbeiter, der soviel Herz für Kultur offenbarte, auch zu musikalischen Veranstaltungen. Das Opernhaus war ihm zwar verschlossen, aber er wurde bei Männerchören und in Kirchenkonzerten willkommen geheißen. Die Leser blieben von Allgemeinplätzen nicht verschont. Sie lasen, wie »mit Ernst und Eifer« gesungen worden sei, wie Chöre »ernstlich und hart« gearbeitet hätten und darum nicht verachtet werden sollten (so im April 1952). Präziser fiel die Liebeserklärung aus, die er an seinen Heimatstadtteil auf einer ganzen Zeitungsseite richtete. Wichlinghausen trieb »durch Jahrhunderte Handel und Wandel, hatte Sorgen und Mühen und Freude und Erfolg, und die Wichlinghauser blieben, wie sie waren: aufrecht, eigen, fleißig, gesellig und gottesfürchtig«. Konnten Sozialdemokraten in soviel »kirchlichem Leben und kirchlicher Tradition« überhaupt gedeihen? Johannes ließ die Frage unbeantwortet, denn in seiner Verwandtschaft gab's ja keine. Er lobte vielmehr den echten Kaffee, die alten Gendarmen und das Vertrauen zur neuen Polizei. Er mußte es wissen. Großvater Rau hatte in Wichlinghausen »mit Pickelhaube, Uniform und Humor für Ordnung und Sitte gesorgt, im Namen des preußischen Königs und des Gesetzes«. Man könnte noch viel erzählen, beteuerte der akribische Heimatforscher, »von der Revolution 1918 vielleicht, wie sie in Wichlinghausen war«; doch hierüber ließ er die Neugier des Lesers ungestillt. Was wäre aus einer Revolution auch geworden? Großvater Rau hätte leichte Mühe mit ihr gehabt, denn die Wichlinghauser waren »politisch nie für Extreme und gaben dem Kaiser, was sein war. Mehr nicht!«

Diese Aufforderung des Heilandes, im Lukasevangelium, Kapitel 20, nachzulesen, schloß Prominentenkult aus, denn den Wichlinghausern sei es »gleich, ob jemand zur Prominenz gehört, der Minister (lange wohnte Dr. Schmidt am Diek) ist Bürger«. Dr. Otto Schmidt gehört seit 1950 der CDU-Landesregierung Karl Arnold an und mußte diesen Platz vier Jahre später räumen, als die FDP und mit ihr Willy Weyer ins Kabinett eintrat. Die Gleichgültigkeit der Dorfbewohner ließ schließlich auch keinen Ministerpräsidenten in ihrer Mitte gedeihen. Nur die Mutter blieb dort bis zum heutigen Tag wohnen.

Schon der Einundzwanzigjährige galt der Redaktion als ein »in kirchlichen Dingen recht bewanderter Mann«, wie es im Vorspann eines Leserbriefes im Dezember 1952 hieß. Im Herbst jenes Jahres hatten sich einige niederbergische Pfarrer, unter ihnen die bekannten reformierten Theologen Wilhelm Niesel und Karl Halaski, mit ihrer Kreissynode gegen die Teilnahme evangelischer Kinder an Martinszügen, die von der katholischen Kirche organisiert wurden, gewandt. Das rief Rau mit einem Leserbrief auf den Plan. Das Kind sehe nicht den Heiligen, sondern die Laternen, schrieb er und wies auf evangelische Martinsumzüge im doch weitgehend reformierten Ostfriesland hin. Dort sängen die Kinder sogar ein Lied, das er zitieren wolle: »Martinus Luther war ein Christ, ein glaubensstarker Mann, weil heute sein Geburtstag ist, zünd' ich mein Lichtlein an.« Es gelte, die Stimme des Kindes nicht zu überhören.

In der nächsten Zeit schrieb Rau manche Zeile über das kirchliche Leben. Zum zwanzigsten Jahrestag der Barmer Erklärung kommentierte er ihre aktuelle Bedeutung. Das Wort vom 31. Mai 1934 enthielte »ein Nein zum totalen Staat, ob er ›drüben‹ schon knechtet oder irgendwo im Westen sich zu formieren beginnt. Sie sagt auch heute noch, daß keine Weltanschauung – auch keine ›christliche‹ – an die Stelle Gottes gesetzt werden kann, daß auch heute die Sicherheit nur aus dem Glauben, nicht aus Atombombe und Humanismus kommen kann.« Evangelische Christen seien in allen Ständen, Parteien und Gemeinden zu Wachsamkeit verpflichtet, damit die Kirche ihrem Auftrag treu bleibe.

Als »Protestant vom Dienst« erhielt er für die instruktive Festausgabe der *Westdeutschen Rundschau* anläßlich des fünfundzwanzigjährigen Wuppertaler Stadtjubläums die Aufgabe, ein Bild der evangelischen Landes- und Freikirchen zu zeichnen. Einer statistisch-historischen Darstellung entzieht er sich (sie »würde nach einem gebundenen Buch verlangen«), sucht nach ihren Lebensäußerungen und variiert das Sprichwort, die Kirche bleibe im Dorf. »Daß die Kirche im Dorf war und daß sie dort eine hervorragende Bedeutung hatte in Wuppertal, das wissen wir nicht erst, seit Friedrich Engels sich an dem gewaltigen Prediger Krummacher ärgerte.«

Rau hebt die starke pietistische Grundhaltung der Wuppertaler Kirche hervor. Den Zügen der Weltabgewandtheit im Pietismus tritt er entgegen. Eine Hochburg des Christlichen sei die Stadt nicht, denn die Idealform der Kirche sei auch hier nicht zu finden. Aber Christen wüßten, daß die Kirche im Dorf läuten müsse. Das geschehe mit Gemeinschaftsstunden, Filmen, Öffentlichkeitsarbeit und im persönlichen Gespräch.

Der Pietismus bildet eine Klammer um Landeskirche und freie Gemeinden; das jedenfalls hatte Rau beim Dienst seines Vaters beobachtet. Er grenzt die Freikirchen darum von »Sekten« ab und hebt hervor, sogar ein Wuppertaler Bundestagsabgeordneter sei Glied einer Freikirche. Gemeint war der namentlich nicht genannte Eugen Huth (CDU). Sein Beispiel sei jedoch ein Einzelfall, denn in der Regel sei die Anteilnahme der Freikirchen am öffentlichen Leben nicht allzu stark. Das biblische Gebot vom Absondern von der »Welt« würde dort manchmal mißverstanden.

Einige wenige Beiträge, die Johannes Rau für das rheinische evangelische Sonntagsblatt *Der Weg* schrieb, behandelten das Verhältnis von Kunst und Kirche. Die von Pastor Peter Herkenrath geleitete Redaktion hatte ihren Sitz in Wuppertal-Barmen und stellte biblische Themen, die kirchliche Welt und christliche Wegweisungen für den Alltag in den Mittelpunkt ihres Redaktionsprogramms. Parteipolitische Tendenzen suchte man in dem Kirchenblatt vergebens.

Auf einer ganzen Zeitungsseite befaßte sich Rau mit der Musik am Beispiel der Kantorei Barmen-Gemarke, ein andermal mit den Paramentenwerkstätten der Diakonissenanstalt Düsseldorf-Kaiserswerth als Exempel für die bildende Kunst. Dieser Beitrag erscheint charakteristisch für die Art und Weise, mit der der Autor, ausgehend von eigenen Vorlieben, sich eines kirchlichen Themas annimmt. Der Schriftkünstler Rudolf Koch hatte ihn besonders beeindruckt. So paraphrasiert er seine Kaiserswerther Beobachtungen an dessen Werk. »Was vom künstlerischen Schaffen unserer Tage bleibt, wissen wir nicht«, vermutet Rau und fragt, wie ein Prediger auf der Gemarker Kanzel auch fragen würde: »Ob unsere Kirchen auch für die, die nach uns kommen, von unserm Glauben zeugen und von der Güte Gottes, die über uns war?«

Solche Anfragen an die Sonntagsblattleser leiten zur Würdigung des

Graphikers über, dessen Arbeiten er in seinem Zimmer vor Augen hatte: Rudolf Koch. »Als er 1934 starb, da war vielen gewiß, daß sein Werk lange Zeit bleiben würde. Viele haben seitdem seinen Ruf gehört, haben in Kirchen und Sälen, an Gemeindesiegeln und Altargeräten wieder den Tand des Bombastischen oder Zierlichen verworfen und dem Echten, Wahren und Schlichten Raum verschafft.« Seit Rudolf Kochs Wirken habe es keine Kirche, keine Gemeinde, kein Haus mehr nötig, sich Kitsch und billigem Machwerk zu verschreiben.

In die Beschreibung der Werkstattarbeit mischen sich Belanglosigkeiten (»Helles Lachen und munteres Erzählen haben in der Paramentik ebenso Platz wie die stille Andacht«) mit biblischen Bezugnahmen und Rudolf-Koch-Zitaten. Wolff hat nach der Lektüre dem jungen Schreiber vielleicht ein paar dankbare Zeilen geschrieben, denn der Artikel verriet Einfühlung und Verständnis; er stellte zugleich eine Werbung für eine als modern empfundene künstlerische Linie dar. Das mußten auch Helmut Kahlhöfer und die Kantorei Barmen-Gemarke empfinden, über die Rau ähnlich enthusiastisch schrieb. Kritik war allenfalls an bestimmten Stilmitteln zu spüren, denen in der geistlichen Musik wie in der kirchlichen Kunst kein Platz mehr eingeräumt werden dürfte. Raus reformierte Schlußfolgerung lautet: »Christen- und Gemeindeleben sind immer schlicht, sie sollen nicht glänzen, sondern bezeugen: ›Was ihr höret in das Ohr, das predigt von den Dächern!‹ Auch mit Kirchensiegeln? Ja, sicherlich!«

Von Hermann Ehlers berufen

Am Hamburger Kirchentag nahm Johannes Rau für die *Westdeutsche Rundschau* teil. Ich war in einem Jugendlager des Kirchentags untergebracht. Strohhalme der Schlafstätte hingen noch an meiner Lederhose, als ich den Exklusivreporter in seinem Hotel besuchte. Er informierte mich sogleich, daß er vom nächsten Jahr an den Verlag der Schülerbibelkreise übernehmen werde. »Ich habe gestern ein entscheidendes Gespräch mit Hermann Ehlers gehabt. Er nimmt mich.« – »Und wo soll der Jugenddienst-Verlag hin?« fragte ich. – »Ich stelle einen Schreibtisch in mein Schlafzimmer.«

Zunächst aber schickte er Kirchentagsberichte nach Barmen. In einer Kolumne unter der Überschrift »Niemöller in Hamburg« verpaßte er dem Evangelischen Arbeitskreis der CDU einen Seitenhieb. Der Arbeitskreis habe unter der Federführung von Hermann Ehlers sein Veto gegen die Absicht des Kirchentags eingelegt, Niemöller sprechen zu lassen. Niemöller habe trotzdem geredet und Rau zufolge Vertrauen gefunden. »Auch nach der Hamburger Diskussion der Ausführungen Niemöllers werden sich die Zahlenverhältnisse unter den Freunden der Niemöller-Heinemannschen Konzeption und den Anhängern des Programms der Gegenspieler Ehlers und Tillmanns kaum verändert haben«, schrieb Rau. Es gebe weiter unterschiedliche Auffassungen über den Weg zur Wiedervereinigung. Der Kirchentag habe keine Methode dafür gefunden, »aber er hatte Platz für Martin Niemöller wie für Ernst Lemmer«.

Als der Jugenddienst-Verlag am 15. Januar 1954 nach Barmen umzog, oblag Rau neben dem Aufbau einer Versandbuchhandlung auch die verlegerische Betreuung der *Jungenwacht*. Redakteur Karl-Heinz Meyer war zunächst in Oldenburg verblieben und fand in Rau einen regelmäßig mitarbeitenden Autor. Hier vermochte Johannes von seinen Beschäftigungen, Beobachtungen und Liebhabereien zu berichten. So philosophierte er über das Entstehen seiner Bibliothek und literarische Vorlieben (»Meine Bücherregale«), erinnerte sich an seine Reportertätigkeit bei der *Westdeutschen Rundschau* (»Eine Nacht in der Redaktion«), focht gegen den spanischen Katholizismus (»Psst – ich bin evangelisch«), zog die Regenbogenpresse durch den Kakao (»Die Tante in dir«) und aktualisierte historische Daten, zum Beispiel anläßlich der zwölften Wiederkehr des 20. Juli 1944 (»Hast du auch Hitler gewählt?«).

Von dem gelernten Buchhändler war auch zu erwarten, daß er sich ausführlicher zu Büchern äußerte. Seine »Liebe zu Büchern« habe damit angefangen, daß der Vater im großen Wohnzimmerschrank den fünf Kindern Ecken einräumte, für die sie selbst verantwortlich waren. Während die Brüder dort ihre Bleisoldaten untergebracht hätten, habe er solches Spielzeug gleich weggelassen. »Nicht, weil ich Pazifist und darum kein Junge gewesen wäre. Nein, wegen der Bücher.« Er füllte den Schrank mit Büchern, die er bekommen konnte, ob über den Kaiser in Doorn oder Auslegungen der Bibel. Es habe ihm nicht geschadet, daß er so früh mit Politik, Theologie und Pietismus zusammengekommen sei. Jene Lektüre sei meist vergessen, »aber die Liebe zum Lesen blieb. Sie machte mich irrtümlich zum Buchhändler (da hat man keine Zeit zum Lesen mehr) und verleitete mich, hie und da über Bücher zu schreiben, so daß ich viele kostenlos bekam.« Drei Bücherregale nahmen in leidlicher Ordnung unterschiedliche Literatur auf. Im ersten Regal standen Politik, Geschichte, Wirtschaft, Literaturgeschichte, Sprachen, Musik, Künste, Nachschlagewerke und Atlanten, im zweiten Theologie und Evangelika, im dritten schließlich Belletristik.

Was die schöngeistige Literatur betrifft, so bevorzugte Rau Schriftsteller, die er verstand, Mörike und Claudius oder unter den Lebenden Hausmann, Waggerl, Goes und Alan Paton, die er seine Freunde nennt. Goethe oder den Griechen vermag er wenig abzugewinnen, um so mehr jedoch Kleist. »Kleist habe ich ganz, und er ist ganz groß.« Aufräumen, Lesen, Sortieren, die Bücherrücken streicheln oder sie nur ansehen – vor den Bücherregalen hat Johannes Rau sein ganz privates Abitur nachgeholt, mindestens in den Fächern Deutsch, Geschichte und Religion.

Anfang Dezember 1953 konnten die *Jungenwacht*-Leser von Raus Eltern und von der christlichen Familienatmosphäre in seinem Zuhause lesen. »Interessiert euch mein Vater? Er ist 55 Jahre alt geworden und ist wie alle Väter. Wir lieben ihn und machen das ›Generationsproblem‹ unter uns aus. Noch arbeitet er für uns«, hatte der Sohn geschrieben und wußte nicht, daß Ewald Rau diesen Monat nicht überleben würde.

In dem *Jungenwacht*-Heft, in dem Johannes Rau der Wochenendzeitschriften-Presse testierte: »Es ist alles gelogen« und davor warnte (»Der Einkauf von Wochenendzeitungen schädigt dein Taschengeld – die Lektüre kann dich nur anöden«), in diesem Heft mit seinem Aufsatz »Die Tante in dir« erwies ich der Presse mit »Geliebte und verdammte Journalisten« eine gespaltene Reverenz. Schuld an diesem wie anderen Schreibaufträgen war Johannes, der sich stets auf mein unvollendetes Volontariat beim *Generalanzeiger* besann. Nicht nur Regenbogenpresse und Groschenromane nahm Rau aufs Korn, sondern er ließ auch einmal in lexikalischer Kürze unter dem Titel »Es rauscht so viel im Blätterwald« die wichtigsten Tages- und Wochenzeitungen »ganz subjektiv« Revue passieren. Dieser Beitrag ist zwar nicht gezeichnet, aber ich finde in meinem Belegexemplar den handschriftlichen Zusatz »Rau«, trage also keine Bedenken, die folgenden Zeilen ihm auch zuzuschreiben: »Frankfurter Allgemeine Zeitung für Deutschland. Renommierteste Tageszeitung der Bundesrepublik. Bester Nachrichtenteil, auch innenpolitisch. Das Ressort Politik wurde lange von Paul Sethe betraut. Daraus entstand der ›Fall Sethe‹. Weil der Redakteur anders dachte, als man das in Westdeutschland christlicherweise tun sollte, mußte er seinen Posten aufgeben. Dieser Mangel an Unabhängigkeit bleibt ein Schönheitsfehler der sonst mit Recht so angesehenen Zeitung. Paul Sethe ging zur ›Welt‹.« Diese *Welt* ist nach Raus Meinung eine »aktuelle, niveauvolle und hervorragend gemachte Tageszeitung«, ebenso *Die Zeit*, womit Rau auf die Wochenzeitungen zu sprechen kommt. *Die Zeit* sei unabhängig und vertrete die Außenpolitik der Bundesregierung, ihr Verleger Bucerius sei Bundestagsabgeordneter der CDU. Weniger glimpflich kommt *Christ und Welt* davon, denn die Zeitschrift sei »ein gut christdemokratisches und für alle anderen Ideen unempfängliches Organ, in dem etwa Gegner der Wiederaufrüstung nicht widerlegt, sondern unchristlich beschimpft werden. Die Lektüre ist eigentlich nur gegen hohes Honorar zumutbar, die Werbeabteilung ist aber sehr rührig.« Ähnliches geschieht dem *Rheinischen Merkur*, von Johannes Rau damals bei vielen Gelegenheiten mit »Römischem Merkur« tituliert. Ihm verpaßt er folgende Ohrfeige: »Man sagt boshafterweise, der Bundeskanzler lese im ›Römischen Merkur‹, was er denken und tun werde. Die Lektüre ist nicht immer interessant, immer aber linientreu katholisch, manchmal viel zu schlimm.«

Was aber würde ein Bundeskanzler Rau bevorzugt lesen, um davon zu profitieren? Das *Sonntagsblatt* vielleicht, von dem der Fünfundzwanzigjährige schrieb, es sei unter der Menge evangelischer Blätter das beste? *Quick*, *Revue* und *Stern* blätterte Johannes durch, »aber viel läßt sich dazu nicht sagen. Auch im Winter leicht bekleidete Mädchen. Sie zu kaufen heißt sein Taschengeld ebenso schnell wie nutzlos ausgeben.« Schließlich *Der Spiegel*, der uns damals als Adenauers ernsthaftester Gegner erschien. Johannes Rau hat viel von ihm geschwärmt, mehr als von der zuzeiten zahnlosen sozialdemokratischen Opposition. Er lobt ihn denn auch aufs höchste: »Kostet mich jede Woche 1,– DM, weil ich auf die hervorragenden Informationen, den bestechend gekonnten Stil und die Weite der behandelten Themen nicht verzichten möchte. Bringt nahezu alle Skandale, ist aber nicht skandalöser als die Bundesrepublik und die ganze Welt. Regt sicherlich zu dem verwerflichen Gedanken an, man müsse einmal einen kirchlichen ›Spiegel‹ herausbringen. Habe wegen Stoffmangels keine Bedenken.«

In einer Antikarnevalsausgabe der *Jungenwacht* verriet Johannes, wie und warum er so gerne fröhlich sei: »Wenn mir jemand am Telefon schnell einen guten Witz erzählt, dann strahle ich übers ganze Gesicht.« Auf Befehl, weil zum Beispiel laut Kalender Karneval gefeiert werden soll, könne er nicht lachen. Er wolle auch nicht turnusgemäß einmal im Jahr Opfer der Vergnügungsindustrie werden. Der Geradeerst-Politiker meint es hier ehrlich, während der Empfang tiefernster uniformierter Karnevalspräsidenten in späteren Jahren zu seinen weniger ernstgenommenen Dienstobliegenheiten zählte. Die öffentlich abgebildete Bützerei hat Johannes vor seiner Mutter nur notdürftig mit dem Interesse der Partei erklären können. Auch sein Vater war ihm in dieser Beziehung weitaus lieber, denn »die meisten Witze, mit denen die Alleinunterhalter ihr kärgliches Brot verdienen, fand mein Vater schon als Jüngling blöd«. Der fröhliche Junge stellt sein Licht diesbezüglich jedoch unter den Scheffel, denn er hat in späteren Jahren manche Gesellschaft bis in den Morgen mit glänzend einstudierten Witzen unterhalten und Witze auch als Sprossen in die politische Karriereleiter eingebaut.

Gern verwies der Landtagsabgeordnete darauf, er sei nicht nur Kultur-, sondern auch Jugendpolitiker. Jugendpolitische Äußerungen sucht man jedoch vergeblich. Denn auch dieses Gebiet betrachtete er bevorzugt durch die feuilletonistisch-kirchliche Brille. So formuliert er in der *Jungenwacht* eine lange Einladung an Konfirmanden, sich am Gemeindeleben zu beteiligen. Auf der in der *Westdeutschen Rundschau* zeitweilig erscheinenden Seite »Junges Wuppertal« nimmt er sich des Themas Junge/Mädchen und der Formen möglicher Annäherung an, wobei Interviews mit jungen Leuten ausgewertet werden.

Die Gesprächspartner, die mit vollem Namen erscheinen, sucht er sich genau aus. Einer davon ist Eberhard Robke, der dreißig Jahre später Fraktionsvorsitzender der SPD im Rat der Stadt Wuppertal werden sollte. Rau schreibt: »Eberhard Robke, den ich nach einer gemischten Laienspielprobe in Wichlinghausen traf, hat als sechzehnjähriger Oberschüler durchaus schon eine eigene Meinung. Er hält bis zum achtzehnten Lebensjahr getrennte Kreise für gesund und allein richtig. Dann aber sei der einzelne doch schon so ausgeprägt, daß er auch die andern kennenlernen müsse. ›Von diesem Zeitpunkt an halte ich gemischte Kreise geradezu für notwendig!‹ meint er – und hat ja selbst noch zwei Jahre Zeit.« Rau kommentiert diesen Bericht in einer Randspalte.

Soll man »Mädchen« oder »Mädel« sagen, fragte man Johannes im Wonnemonat Mai 1953. Beim »Mädel«, so antwortete er, denke er an Fröhlichkeit, Sonne, Volkstanz mit fliegenden Dirndln, aber auch an »allzu leichtes Tanzparkett-Milieu (zehn Zentimeter tiefer als normal) und an Laternen-Bekanntschaften«. Hingegen komme ihm das »Mädchen« still, sanft, fraulich vor, ernst und tief, aber, »Achtung, Beigeschmack – ist das nicht auch das Unbeholfene, Altmodische?«. Seine sicher nicht weltbewegende Frage gebe er an die Leser weiter.

Politisch gemeint

Werner Freitag erinnerte anläßlich der Wahl zum Ministerpräsidenten 1979 daran, daß Rau aufgrund seiner Pressemitarbeit dazu gekommen sei, sich für eine Partei zu entscheiden. Freitag, damals Lokalredakteur der *Westdeutschen Rundschau*, habe ihn nach der Gründung der GVP gebeten, den Wuppertaler Mitgründer Adolf Scheu zu interviewen. Unter dem Eindruck des Gesprächs mit Scheu trat Rau tags darauf der GVP bei. Mit ihrer Bundestagskandidatin Johanna Erdmann hatte die GVP im September 1953 kein Glück. Als Mitglied des »Bundes der Deutschen«, der mit der GVP ein Wahlbündnis eingegangen war, verteilte sie in ihrer Firma kommunistisches Propagandamaterial und wurde daraufhin wegen Verstoßes gegen das Betriebsverfassungsgesetz als Betriebsratsmitglied fristlos entlassen. Die Bundestagswahl am 6. September 1953 mußte für Rau eine große Enttäuschung sein. Die GVP erreichte in Barmen 4,3 Prozent und blieb in Elberfeld knapp unter drei Prozent der Zweitstimmen. Rau wandte sich publizistisch zunehmend politischen Themen zu, für die er in der *Gesamtdeutschen Rundschau* eine Plattform fand. In den Blättern, in denen er bisher schon mitgearbeitet hatte, wurde GVP-Politik jedoch sparsam dosiert. So räumte die

Westdeutsche Rundschau der GVP nur wenig Raum ein. Rau vermochte die Partei, deren Vorsitzender, Pressereferent, Rundschreibenautor, Organisator und Kämpfer gegen die eigene Resignation er war, darum kaum ins Gespräch zu bringen.

Deutlich machte Reporter Rau Anfang Dezember 1953 Front gegen den Deutschen Gewerkschaftsbund. Der Rezensent zerzauste die Aufführung des Stückes *Wir alle schaffen Hand in Hand* von Bruno Schönlank, dargestellt von der Bielefelder Spielschar im Rahmen einer Morgenfeier des Deutschen Gewerkschaftsbundes. Das Schauspiel beschränke sich auf ein drastisches Gemälde des Klassenkampfes aus der Sicht des Arbeitnehmers von 1891. Diejenigen »Gewerkschaftler, denen eine Entwicklung zur echten Partnerschaft am Herzen liegt«, würden sicher, wie »J. R.« abschließend meint, ihr Nein zu diesem dramatischen Versuch ebenso »wie wir ohne Scheu anmelden«.

In Leserbriefen setzte sich Rau mit politischen Fragen auseinander, für die ihm die Spalten für Politik verschlossen blieben. Am 15. Mai 1954 begrüßte er den Plan des FDP-Landtagsabgeordneten Pfleiderer, der seit jeher eine konstruktive Außenpolitik vertreten habe, in Moskau seine politischen Vorstellungen vorzubringen. »Aber mit Erstaunen nimmt man die Resonanz wahr: Vor etlichen Jahren besucht ein westdeutscher Kirchenpräsident (in Moskau; Anm. d. Verf.) seine Amtsbrüder auf deren Einladung hin. Er wurde von Bonn schärfstens attackiert und mit Mitteln bekämpft, die keinen guten Geruch hatten.« Wo bleibe bei Pfleiderer die Rede von Verrat? In diesem Leserbrief nimmt sich Johannes Rau auch das Bonner Protokoll vor. Daß Adenauers Tochter Lotte, die jetzt geheiratet habe, First Lady in der Bundesrepublik gewesen sei, sei die private Meinung ihres Vaters. Im Protokoll sei »seit jeher die sympathische Jutta Ehlers«, also die junge Frau des Bundestagspräsidenten, »die erste Dame. Man hat dem Bundeskanzler immer gern zugestanden – er leistet soviel, warum sollte er sich nicht einmal etwas leisten? –, daß er seine Tochter nach Amerika und auf den Balkan führte.« In einem Bericht über die rosa Unterwäsche der Kanzlerenkel, über Frühlingssuppe und Heilbutt stecke jedoch zuviel persönliche Propaganda. Von Frau Lotte Multhaupt geborene Adenauer sollte man in Zukunft nicht stärker Notiz nehmen »als von jeder angenehmen Architektengattin in Deutschland« auch.

Eine Reise nach Südfrankreich führte 1954 zu Begegnungen mit der dortigen evangelischen Kirche. Ein kommunistischer Funktionär, der gleichzeitig als Laienprediger arbeitete, hatte es ihm besonders angetan: Maurice Charier. Er porträtiert ihn in der *Jungenwacht* und verhehlt seine Bewunderung nicht. Aber er schränkt auch ein: In Deutschland lägen die Konsequenzen, die hinsichtlich der sozialen Frage zu ziehen seien, »wohl kaum in der Politik. Wir haben andere Sorgen als die des Klassenkampfes.« Verheißung hätte die Weitergabe der Liebe Christi.

Johannes Rau hat das Tempo seiner Schreibmaschine, das er Anfang der fünfziger Jahre vorlegte, nicht aufrechterhalten. Sitzungen, Versammlungen, Gespräche, Reden haben dem Autor die Zeit dafür genommen. Nur der Briefschreiber ließ sich nicht unterkriegen.

Stellen wir zum Schluß die dem Historiker zwar wenig gemäße, politisch aber um so reizvollere Frage, wie Johannes Rau in den von seinen Artikeln zwischen 1950 und 1956 vorgezeichneten Bahnen weitergemacht hätte, wenn er kein Berufspolitiker geworden wäre. Vielleicht stünde er heute an der Spitze eines theologisch orientierten Verlags. Vielleicht leitete er das Feuilleton einer angesehenen Lokalzeitung. Wäre es auch denkbar, daß es ihm, ohne Amt und Mandat einer Partei, bei Wahlen gelegentlich schwerfiele, die Partei anzukreuzen, deren Mitglied er 1957 wurde?

WERNER FILMER / HERIBERT SCHWAN

Ohne Stallgeruch

Wäre Gustav Heinemann 1957, anstatt zur SPD überzuwechseln, Mitglied der Dehler-FDP geworden, hätte Rau wahrscheinlich keine Sekunde gezögert, ihm ins liberale Lager zu folgen. Diese These ist zwar schwerlich zu belegen, doch naheliegend ist die Annahme schon.

Gefragt, ob er damals auch der CDU beigetreten wäre, antwortet Rau: »Wir wollten Friedens- und Entspannungspolitik. Unser Anstoß, die GVP zu gründen, war verbunden mit dem Ausscheiden Heinemanns aus der Regierung Konrad Adenauer. Außerdem war die CDU doch im eigentlichen keine politische Partei, sondern ein Verband unterschiedlicher, teils widersprüchlicher Interessen. Nein, damit hatte ich nichts im Sinn!«

Ein halbes Jahr lang hatte der GVP-Führungszirkel diskutiert, ob die Partei zur Bundestagswahl 1957 antreten oder ob man eine andere Formation wählen solle. Adolf Scheu, der GVP-Manager, verhandelte bereits mit FDP-Spitzenleuten in Baden-Württemberg. Als Erler dann wegen des Heinemann-Artikels in den *Frankfurter Heften* mit dem GVP-Vorsitzenden Kontakt aufnahm, schwenkte auch Scheu auf Verhandlungen mit der Bonner SPD ein. Vorbehalte gab es auf beiden Seiten: politische und – wie gesagt – stilistische. Der Eindruck war verbreitet, die SPD sei für christliche Fragestellungen weitestgehend verschlossen. Verhandelt wurde mit dem Bonner SPD-Büro darüber, wer von den GVP-Leuten einen sicheren Wahlkreis bekommen könne. Nach nächtelangen Gesprächen kam man überein, Gustav Heinemann und Helene Wessel als SPD-Kandidaten für die Bundestagswahl 1957 aufzustellen. Schriftlich verabredete Heinemann mit seinen Verhandlungsführern, er werde niemals einer atomaren Bewaffnung der Bundeswehr zustimmen, auch wenn die SPD einen solchen Beschluß fassen würde. Zu den Verabredungen gehörte auch, daß die GVPler ihre Vorstellungen in den zu erarbeitenden Programmprozeß des neuen Parteiprogramms der SPD einbringen könnten. So entstand im Frühsommer 1959 der Abschnitt »SPD und Kirchen« im Godesberger Programm unter Mitwirkung von Adolf Scheu, Wolf Dieter Marsch, Jürgen Moltmann, Arnold Falkenroth, Karl Immer und Johannes Rau.

Der Sechsundzwanzigjährige versuchte zunächst einmal, in der Wuppertaler SPD heimisch zu werden. Das Genossen-Du fiel ihm schwer, macht ihm heute noch zu schaffen. »Wenn Mitarbeiter von Kabinettskollegen beispielsweise ihren Chef duzen«, verriet einer, »ist bei Rau Unbehagen zu spüren.«

Der kontaktfreudige Verlagsgeschäftsführer lernte die SPD-Basis schnell kennen; einfühlsam begriff er die Struktur einer Arbeiterpartei, die in Wuppertal stark gewerkschaftlich ausgerichtet war.

Wer ihn heute nach seiner damaligen Einstellung zur Gewerkschaft fragt, erntet zunächst ein Lächeln: »Ich wußte kaum, was Gewerkschaften waren, kannte sie zu wenig, doch Vorbehalte hatte ich nicht. Gewerkschafter zu sein, hätte ich damals nicht als meine Sache empfunden. Ich bin erst sechs Jahre später in die Gewerkschaft Erziehung und Wissenschaft eingetreten – und immer noch Mitglied.«

Heute sieht Rau SPD und Gewerkschaften als »zwei Stämme aus

der gleichen Wurzel«, die beide vom Grundmotiv der Solidarität leben. Solidarität derer, »die sie zu geben bereit sind, mit denen, die sie brauchen«.

Genosse Johannes Rau – ob ihm diese Anrede gefiel oder nicht – machte Eindruck. Er wirkte durch seine unkonventionelle Art. Seine Bekanntschaften und Freundschaften mit herausragenden Politikern und Kirchenmännern vermittelten das Bild eines belesenen und gebildeten, doch auch mit allen Wassern gewaschenen Parteiaktivisten. Seine intuitive, doch umsichtige Art, etwas zu organisieren, sich zu solidarisieren oder zu argumentieren, überhaupt auf Meinungen und Strömungen einzugehen, verschaffte ihm Respekt und Vertrauen. Sozusagen im Handstreich schlug er Gegenkandidaten aus dem Rennen. Auf Anhieb siegte er am 21. Januar 1958 bei der Wahl zum Wuppertaler Juso-Vorsitzenden. Nachhaltige Spuren als SPD-Jungtürke bis Januar 1962 hinterließ er nicht. Rau konzentrierte sich bald auf eine – fast unerwartete – Karriere als Landtagsabgeordneter.

Was ihn bis heute auszeichnet, wurde Ende der fünfziger Jahre schon deutlich: seine Fähigkeit, auf Menschen zuzugehen, Verletzungen möglichst zu vermeiden und anderen das Gefühl zu vermitteln, er sei geeigneter als der Konkurrent! Harmoniebestreben, geduldige Kompromißbereitschaft, Einsatz und Ausdauer – das waren die markantesten Eigenschaften des jungen Politikers.

Die Wuppertaler Juso-Gruppe hatte Rau schnell im Griff. Der Neue machte zu Beginn seiner Amtszeit starken Eindruck, als er die vierzig aktiven Jungsozis an einem Wochenende in ein Jugendheim einlud, um »sich näher kennenzulernen, um Politik durch- und auszudiskutieren«. Wichtiger für Rau wurde jedoch seine Teilnahme als Juso-Vorsitzender an den Sitzungen des Unterbezirksausschusses, zu denen auch die SPD-Ortsvorsitzenden gehörten. Hier diskutierte er mit, wurde bekannt, gelangte 1962 in den Unterbezirksvorstand. Am 11. April 1964 wählten ihn seine Genossen zum stellvertretenden Unterbezirksvorsitzenden.

Der Landtagsabgeordnete

Rau war gerade 302 Tage Mitglied der SPD und seit knapp drei Monaten Juso-Vorsitzender, als er am 2. April 1958 gefragt wurde, ob er gegen den damaligen örtlichen DGB-Chef Arnold Wulf für den Düsseldorfer Landtag kandidieren wolle. In der Hoffnung, lediglich als Zählkandidat der Jusos anzutreten, sagte er ja. Drei der bisherigen Landtagsabgeordneten der vier Wuppertaler Wahlkreise wurden als Landtagskandidaten wieder aufgestellt. Einer – Fritz Sack – fiel durch. Statt dessen wurde Johannes Rau gewählt. Um es vorwegzunehmen: Alle bisherigen Wuppertaler SPD-Direktkandidaten fielen bei der Landtagswahl am 6. Juli 1958 durch. Die SPD verlor drei sichere Wahlkreise an die Union. Der einzige SPD-Kandidat, der mit 750 Stimmen Vorsprung durchkam, war Rau.

Im Wahlkreis 58 (Wuppertal III) hatte der christlich getönte Jungsozialist einen geschickten Wahlkampf geführt. »Um dein Vertrauen wirbt Johannes Rau« stand auf den Plakaten, die sein Brustbild zeigten. Im zunächst ganz auf lokale Themen abgestimmten Wahlkampf mußte sich der Siebenundzwanzigjährige auf eine Auseinandersetzung einlassen, die vom CDU-Bundesschatzmeister Bach angezettelt worden war. Der listenreiche Unionsstratege hatte ein Flugblatt in Millionenauflage drucken lassen, auf dem zu lesen stand: »Wer SPD wählt, wählt Moskau.«

Dagegen vor allem mußte Rau in den letzten Wochen vor der Wahl kämpfen. Schon 1958 klang immer wieder sein Lieblingsthema durch, das ihm bis heute erhalten blieb: die politische Auseinandersetzung mit dem evangelischen Arbeitskreis der CDU.

Der Newcomer hatte nicht nur seinen CDU-Konkurrenten geschlagen, sondern auch den Genossen gezeigt, daß Alter, Stallgeruch und Erfahrung allein nichts bringen. Raus Bekanntheitsgrad nahm erheblich zu, weit über die Grenzen Wuppertals hinaus. Hinzu kam, daß er am 21. Juli 1958 als »Benjamin« in den Düsseldorfer Landtag einzog und das Interesse der Presse und der elektronischen Medien auf sich zog.

Der jüngste Abgeordnete, der sich in der GVP erste Sporen verdient und sich intensiv mit Deutschland- und außenpolitischen Fragen auseinandergesetzt hatte, suchte ein neues Sachgebiet. Im Landtag spielten

Fragen der Wiedervereinigung und der Außenpolitik kaum eine Rolle. Rau machte sich in der Jugend- und Bildungspolitik sachkundig. Dieses gesellschaftspolitische Problemfeld kannte und verstand er hinreichend aus der Arbeit im Jugenddienst-Verlag, aus der Evangelischen Jugend und dem Landesjugendring. Im Laufe der Düsseldorfer Parlamentsjahre entwickelte sich Rau zum gewieften, sachkundigen bildungspolitischen Sprecher der SPD-Fraktion; er glänzte durch Detailwissen und Überblick sowie durch geschliffene Sprache und rhetorisches Talent. Am 18. März 1959 hielt er seine Jungfernrede. Außerdem mauserte er sich zu einem hervorragenden Medienpolitiker.

1961 erlebte er – erst- und einmalig in seinem politischen Leben – eine Wahlniederlage. Bei den Kommunalwahlen in Wuppertal sprang er kurz vor dem Abstimmungstag als Kandidat für einen Genossen ein und fiel prompt durch. Der fast vergessene Versuch, SPD-Stadtrat zu werden, klappte beim ersten Anlauf nicht. Drei Jahre später errang er ohne Schwierigkeiten ein Stadtratsmandat und avancierte gleich zum Chef der SPD-Ratsfraktion bis 1967. Sein Mandat als Stadtverordneter legte er erst 1978 nieder, nachdem er Ministerpräsident geworden war.

Landtagsabgeordneter, Stadtrat und im Hauptberuf Geschäftsführer des Jugenddienst-Verlages: Mitte der sechziger Jahre war seine Entscheidung gefallen, Politik zum Beruf zu machen. Ende 1965 erreichte ihn das Angebot seiner Wuppertaler Genossen, Beigeordneter zu werden. Doch Heinz Kühn, der von dieser Absicht erfuhr, teilte Rau schriftlich mit, daß er ihn für wichtigere Aufgaben in der Landespolitik vorgesehen habe. Er dürfe – so Kühn – nicht in die Kommunalpolitik abwandern, müsse sich für seine Zehnermannschaft – eine Art Schattenkabinett – in Düsseldorf bereithalten. Doch Rau wird später von Kühn fallengelassen.

Zeitzeugen

Peter J. Heinemann

Was ihn mit meinem Vater verbindet

Mein Vater mochte Johannes Rau. Obwohl er nie über sich und auch nicht über andere sprach, war sein Verhältnis zu ihm eindeutig bestimmbar: Wie er ihn begrüßte, mit ihm sprach, ja überhaupt auf ihn reagierte, das zeigte freundschaftliche, fast väterliche Gefühle.

Herzlich hat er gelacht, als er einmal eine Ferienpostkarte erhielt, die wie folgt unterschrieben war: »Dein Freund und Förderer Johannes Rau.« Das war Anfang der fünfziger Jahre, als Rau noch kaum 25 Jahre alt war.

In der damaligen Zeit lud mein Vater häufig zu politischen Gesprächen ein. Diese Gespräche verliefen in einer fast familiären Atmosphäre, waren aber trotzdem sehr konzentriert und diszipliniert. An ihnen nahmen unter anderen die frühere Zentrums-Vorsitzende Helene Wessel, Diether Posser, Erhard Eppler und Helmut Simon teil und natürlich auch Johannes Rau. Er war mit Abstand der Jüngste und oft von einer ansteckend fröhlichen Unbekümmertheit. Wenn alles erörtert war und der mehr gesellige Teil folgte, glänzte er durch umwerfend komische Schilderungen von Begebenheiten. Dabei arbeitete er mit erkennbarer Lust anekdotische und auch psychologische Details mit treffsicherer Pointe heraus. Meinen Vater amüsierte das sehr.

Gelegentlich besuchte Rau meinen Vater in dessen Anwaltskanzlei. Wenn mein Vater nicht sogleich zu sprechen war, wartete Rau voller Ausdauer. Trat dann mein Vater aus seinem Zimmer, sprang Rau auf, begrüßte ihn mit einem kurzen Scherz, so daß mein Vater lachen mußte und ihn mit in sein Zimmer nahm.

Im Grunde waren sie gänzlich unterschiedliche Naturen. Mein Vater war bei aller politischen Leidenschaft von einer grenzenlosen, durch keine auf die eigene Person bezogenen Hoffnungen oder Ängste getrübten Nüchternheit und trotz seines Humors streng und unbeugsam. Herausragendes Wesensmerkmal von Johannes Rau aber ist sein angeborenes Urvertrauen, seine Freude am Leben, auch an sich selbst, und die daraus fließende Menschenfreundlichkeit. Was verband, was verbindet diesen so viel jüngeren und so anderen Menschen mit meinem Vater?

Ich glaube, daß Rau durch meinen Vater eine Prägung als Mensch, als Politiker und als Christ erfahren hat. Er hat bei ihm oder besser von ihm gelernt, daß politischer Realismus und Moral einander nicht ausschließen, sondern im Gegenteil zueinandergehören. Denn dauerhaft wird nur geregelt, was gerecht geregelt wird.

Deshalb ging der große Streit um die deutsche Ostpolitik der frühen Nachkriegsjahre immer auch um deren geistige Grundlagen. Diese Ostpolitik, von ihren Urhebern stolz als Politik der Stärke, von meinem Vater als Politik der eingebildeten Stärke bezeichnet, war nicht nur unrealistisch in der Art, wie sie die Macht der Sowjetunion in grotesker Weise gleichzeitig überschätzte und unterschätzte. Sie war bei aller christlichen Verbrämung auch unmoralisch. Denn sie hat die Schuld des deutschen Volkes gegenüber seinen östlichen Nachbarn nicht anerkannt, obwohl doch diese Nachbarn keineswegs mit ihren kommunistischen Regimen identisch sind, ja, bis auf die Sowjetunion erst durch deutsches Verschulden unter kommunistische Herrschaft geraten waren. Stärke, zumal moralische Stärke, hätte gerade auch den Polen gegenüber von Anfang an einen ganz anderen politischen Ansatz notwendig gemacht.

Für diese Einsicht kämpfte mein Vater. Zu den wenigen, die ihn damals unterstützten, gehörte Rau. Als noch ganz junger Mensch hat er so erfahren, daß zu einer großen Politik Mut und auch ein langer Atem gehören.

Die Verbundenheit von Rau mit meinem Vater ging aber über solche politischen Einsichten weit hinaus. Johannes Rau hat in meinem Vater immer auch einen Mann des Rechts gesehen. Die Überzeugung meines Vaters, daß Recht immer das Recht aller ist, hat sich auch ihm eingeprägt.

Letztlich wurzelte ihre Übereinstimmung in einem unerschütterlichen christlichen Glauben. Dieser Glaube erlaubt keinen Verzicht auf tätige Verantwortung. Denn wer nicht handelt, der läßt sich behandeln und ist anderen kein Nächster.

Wohl in diesem Sinn hat Rau nach dem Tod meines Vaters an dessen Schlußsatz auf dem Deutschen Evangelischen Kirchentag 1950 in Essen erinnert. Dieser Schlußsatz lautete: »Eure Herren gehen, unser Herr aber kommt!« Dazu schrieb Johannes Rau in seinem Nachruf: »Hier spricht jemand statt von Tradition von Zukunft, statt von Dogmen von begründeter Hoffnung. Weil noch etwas, weil noch jemand kommt, darum ist diese Welt geliebt und wichtig, verbesserungswürdig und verbesserungsfähig.« Das ist die Hoffnung, die Johannes Rau mit meinem Vater verbindet.

WILHELM GODDE

Schon damals eine Alternative

Es trifft nicht zu, daß Gustav Heinemann der Parteivorsitzende der GVP gewesen wäre; zu meinem Ärger weigerte er sich entschieden, eine solche Funktion zu übernehmen. Aber natürlich war der Rheinstahl-Manager und erste Bundesinnenminister im Adenauer-Kabinett von 1949 und Präses der Synode der EKD »derjenige, welcher« in einem bunten, oppositionellen Verbund, dem Persönlichkeiten aller demokratischen Richtungen angehörten: zum Beispiel die ehemalige Zentrums-Vorsitzende Helene Wessel, das CSU-MdB Hans Bodensteiner, Robert Scholl, der Vater der Geschwister Scholl, der Admiral Ludwig Stummel, die aus der FDP kommenden Christa und Alfred Koch, der Publizist Ludwig Zimmerer, der katholische Bodenreformer Nikolaus Ehlen, der Unternehmensberater Adolf Scheu, der Sozialdemokrat Arthur Hammer, der Studienassessor Erhard Eppler, der Rechtsanwalt Diether Posser – und viele andere, die nicht aufzuzählen mir schwerfällt, und natürlich auch der Jüngste von allen: ein gewisser Johannes Rau aus Wuppertal, so evangelisch von Hause aus, daß es ihn zu dieser Partei zog, in der es – bei aller weltanschaulichen Pluralität – von evangelischen Theologen nur so wimmelte.

Ich lernte Rau kennen vor allem in meiner Funktion als »Chef vom Dienst« eines Blattes, das *Gesamtdeutsche Rundschau* hieß, unter Ausschluß der Öffentlichkeit erschien und von mir, mangels fachlicher

Kompetenz, gänzlich unjournalistisch gemacht wurde, unterstützt von einer für die FDP lizensierten Dortmunder Tageszeitung. In dieser Zeitung konnte man wöchentlich lesen, wie Heinemann, 1950 aus Adenauers Regierung unter Protest ausgetreten, die Restaurationspolitik kommentierte (»Viel verdienen – Soldaten, die das verteidigen – und Kirchen, die beides segnen«). In ihr veröffentlichte Heinrich Böll seinen »Brief an einen jungen Katholiken«. Zu ihrem Redaktionsteam gehörte Johannes Rau.

Zu einem Zeitpunkt, da ein »Adenauer-Enkel« Bundeskanzler bleiben möchte, sollte daran erinnert werden – bei allem Respekt vor dem Format des Mannes aus Rhöndorf –, welche Zeit das war, diese Adenauer-Ära der fünfziger Jahre. Wir Heinemann-Freunde galten als »Dummköpfe oder Verräter«, als »von Moskau bezahlt«. Natürlich bekamen wir weder von Herrn Flick noch aus Ost-Berlin noch aus der Staatskasse irgendeinen Pfennig. Wir finanzierten uns selbst; entsprechend war unsere Reichweite. Einmal wurde ich verhaftet – als Zweitredner neben Heinemann in Krefeld –, weil ich einem Gesetz aus der Nazizeit zuwider Geld für die GVP sammelte. Polizeihundertschaften riegelten GVP-Kundgebungen ab, als seien es Aufruhrherde. In unzähligen Prozessen mußte Diether Posser mühsam und Schritt für Schritt rechtsstaatlichen Grundsätzen Geltung erkämpfen in einer Zeit hemmungsloser Kommunistenhatz und routinierten Rufmords. Adenauers rechte Hand war ein Staatssekretär Globke, unter Hitler Kommentator der NS-Rassengesetze. Nur von zwei Zeitschriften erhielten wir einen gewissen publizistischen Flankenschutz: von den *Frankfurter Heften* (Dirks, Kogon) und von der *Stimme der Gemeinde* (Mochalski). Ansonsten waren wir politisch und moralisch geächtet; waren, wenn es wohlwollend zuging, lächerliche pazifistische Spinner und waren verkappte Bolschewiken, wenn wir Wehrwillen und Wirtschaftswunder allzu deutlich konterkarierten, etwa indem wir immer wieder an das Ahlener Programm der CDU erinnerten oder Adenauers Prophezeiung bezweifelten, seine »Politik der Stärke« werde nicht nur die »soffjetische Besatzungszone« heimholen, sondern auch die Schlesier, Pommern und Ostpreußen in ihre Heimat zurückbringen.

In der GVP war also – nur darum erwähne ich dergleichen – kein Blumentopf zu gewinnen, in ihr dominierte der Geist des »Hier stehe ich, ich kann nicht anders!«. In ihr rückten Leute des sogenannten bürgerlichen Lagers zusammen, die in ihrem Bewußtsein immer noch bestimmt waren von den bitteren Erinnerungen an ungeheuerliche moralische und physische Katastrophen und von der Enttäuschung über eine Politik, die alle ihre Schwüre von 1945 vergessen hatte, die von der »Gnade der Stunde Null« nichts mehr wissen wollte, die so tat, als könne man dort fortfahren, wo man 1933 »unterbrochen« worden war. Manche in dieser »Gesamtdeutschen Volkspartei« waren melancholische Verächter der Politik überhaupt geworden, reduzierten ihr Engagement auf ein Gewissen, das »ohne falsche Hoffnung« widerspricht. Der Dichter Reinhold Schneider, in der *Gesamtdeutschen Rundschau* immer wieder zitiert, war repräsentativ für diese tief sympathische, aber unpolitische Orientierung.

Zu dieser skeptischen Richtung der GVP und innerhalb ständig umstrittener Bemühungen um »Politik trotzdem« war Rau eine auffällige und mehr und mehr »bewegende« Alternative.

Nicht, als ob ihm Gewissensfragen weniger wesentlich gewesen wären. Im Gegenteil; gerade ihn trieb die Frage um, ob es genüge, »recht zu haben und zu behalten«, und wie sich Gewissen und Bekenntnis als »sozialer Dienst« im Alltag politischen Wirkens bewähren ließen. Dabei interessierte den jungen, vom Elternhaus her mit einem bemerkenswerten »Urvertrauen« und einem unzerstörbar sanguinischen Naturell ausgestatteten Rau die Zukunft ebensosehr oder vielleicht etwas mehr als die Vergangenheit. Und Politik – bei aller Bedeutung von Prinzip und Ziel – war ihm vor allem eine Frage des Kontakts zu den Menschen, der Kommunikation mit vielen, also eine Methodenfrage.

In der GVP hatte sich, aus einer regelmäßigen Zusammenkunft von Herausgebern und Redaktion der *Gesamtdeutschen Rundschau*, ein Zirkel von Nachdenklichen und Grüblern zusammengefunden. In der Heinemannschen Wohnung in der Schinkelstraße überprüften wir unter der Leitung des Hausherrn die Logik der laufenden Ereignisse und unsere Antworten darauf; ein strenges Exerzitium, gemildert zunächst nur durch die gelegentlichen ironischen Einwürfe Hilda Heinemanns. Diese Abende sind mir unvergeßlich. Aber dann war da ein Abend außerhalb unserer »Leitstelle« in der Schinkelstraße, in irgendeinem Hotel nach irgendeinem Parteitag. Wir waren anfangs, wie meistens, eher düster gestimmt und brillierten in sarkastischen (bis eschatologischen) Analysen des Zeitgeschehens. Wir hatten recht behalten, denn alles war wieder einmal schiefgegangen. Wir trugen die Beispiele zusammen, wie sich »christliche« Politik demagogisch durchgesetzt, wie sich »Liberalität« als schwarzweißrot dekuvriert hatte, wieviel Scheinheiligkeit, Unwahrhaftigkeit und Hinterlist in der Welt war. Und dann passierte es, daß ein gewisser, sehr junger Herr Rau, woher auch immer aufgetaucht, erstmalig so richtig zum Zuge kam und auch die Trübsinnigsten in der Runde in seinen Bann zog. Er tat es, indem er CDU- und FDP-Politik, statt sie zu beklagen, auf ungemein begabte Weise zu persiflieren begann. Das war eine Art improvisierten Solokabaretts der Spitzenklasse. Dieser Rau mußte eine geraume Zeit lang bereits die Fülle der Erscheinungen in sich gespeichert und mit einem merkwürdig humorigen Ferment zu historischen Anekdoten umgeformt haben. Er ließ, was uns deprimierte, wie eine groteske Vergangenheit Revue passieren, löste in Gelächter auf, was uns erbitterte, und ließ hinter alledem eine gleichsam befreite Zukunft aufleuchten, wie sie einer neuen Generation anstand.

Diese Sitzung dauerte bis in den frühen Morgen, nie habe ich Gustav und Hilda Heinemann so herzlich und anhaltend lachen gehört. Auf einmal waren wir nicht mehr nur eine freundschaftliche, nun waren wir eine fröhliche Runde. Johannes hieß das Therapeutikum, und seine Wirkungen waren über alles Psychologische hinaus politisch belangvoll. Sie gaben uns eine neue Distanz zur bitteren Realität. Sie machten die Komik jeder politischen Szenerie, auch der eigenen, transparent. Sie machten uns fähig, ebensosehr an morgen wie an gestern zu denken. Sie ließen uns Politik als ein mögliches Bündnis mit der Jugend erscheinen.

Rau war und ist ein Schüler Gustav Heinemanns, nicht umgekehrt. Selbstironisch pflegte er Töne anzuschlagen wie: »Gustav, ich komme, dein Freund und Förderer.« Oder auch mit dem für Theologenzirkel typischen Hang zur Blasphemie: »Fürchtet euch nicht, ich bin es!« Das konnte er, weil Heinemann, nur scheinbar die Trockenheit in Person, selbst einen besonderen Sinn für die komischen Aspekte politischen Geltungstriebs und alles Menschliche, allzu Menschliche hatte. Heinemann war Raus väterliches Vorbild. Aber Heinemann gewann auch seinem jungen und fröhlichen Freund Zuversicht ab und eine besondere Art von Inspiration. Rau war es, der dem späteren Bundespräsidenten und dessen Freunden entschieden half, nach vorn zu schauen, immer neue Hoffnung zu schöpfen, die Relativität und heimliche Komik aller menschlichen Unternehmungen zu sehen, starre Fronten aufzuheben, Versöhnlichkeit glaubhaft zu praktizieren und so einen langfristigen Beitrag zu einer Politik der Verständigung zu leisten, der vermutlich immer noch unterschätzt wird.

DIETHER POSSER

Daten

Am 15. Dezember 1985 beschloß der Parteivorstand der SPD in geheimer Wahl einstimmig, Rau dem für Ende August 1986 vorgesehenen Bundesparteitag in Nürnberg als sozialdemokratischen Bewerber für das Amt des Bundeskanzlers vorzuschlagen. Am Tage nach dieser einmütigen Nominierung hielt Rau bei einem Treffen führender Sozialdemokraten in Ahlen eine Grundsatzrede unter dem Leitgedanken »Soziale und ökologische Erneuerung in Frieden«. In dieser weit beachteten Rede bezeichnet er sich als »einen Sozialdemokraten in der Tradition Gustav Heinemanns«. Dieses Bekenntnis legt die Frage nahe, welche Bedeutung der erste und bisher einzige sozialdemokratische Bundespräsident für die Entwicklung und Meinungsbildung des nordrhein-westfälischen Ministerpräsidenten gehabt hat. Die erste Begegnung liegt mehr als 35 Jahre zurück: Rau traf Heinemann Pfingsten 1950 in Marburg bei der Reichstagung der Schülerbibelkreise. Es war ein kirchliches Treffen, das der Oldenburger Oberkirchenrat Hermann Ehlers vorbereitet hatte und leitete. Heinemann war schon in der frühen Planung als Hauptredner vorgesehen, bekleidete er doch seit 1945 als Präses der gesamtdeutschen Synode und als Mitglied des Rates der Evangelischen Kirche in Deutschland das höchste Amt, das die Kirche einem Nichttheologen übertragen konnte. Zwar hatte Heinemann neben seiner beruflichen Tätigkeit als Vorstandsmitglied der Rheinischen Stahlwerke auch politische Aufgaben seit Kriegsende übernommen, aber dies waren praktisch Ehrenämter, wie das Amt des Essener Oberbürgermeisters (1946–1949) und das neben dem Landtagsmandat nur für eine Übergangszeit ausgeübte Amt des nordrhein-westfälischen Justizministers (1947/48). Dies hatte sich grundlegend geändert, als Heinemann nach einigem Zögern im September 1949 als Bundesinnenminister Mitglied des ersten Kabinetts Adenauer geworden war, was sein Ausscheiden aus seinen Positionen in der Wirtschaft bedeutete. Seine kirchlichen Ämter behielt Heinemann.

Auch Hermann Ehlers war nach 1945 im Stadtrat von Oldenburg politisch tätig geworden und bei der ersten Bundestagswahl am 14. August 1949 über die niedersächsische Landesliste in den Deutschen Bundestag gewählt worden, dessen Präsident er im Oktober 1950 wurde und bis zu seinem Tode Ende Oktober 1954 blieb. Von Oktober 1952 bis zu seinem Tod war Ehlers überdies zweiter Vorsitzender der CDU.

In beiden prominenten Politikern sah der junge Rau Vorbilder für sein eigenes Verhalten, zumal er sich selbst schon früh zur politischen Mitverantwortung der Christen bekannt hatte. Im Anschluß an den offiziellen Teil der Reichstagung der Schülerbibelkreise saßen die Redner und einige der Veranstalter noch zu einer lockeren Gesprächsrunde beisammen. Der neunzehnjährige Rau – noch in der Lehre als Verlagsbuchhändler – war von der nüchternen und doch fesselnden Art, mit der der fünfzigjährige Heinemann Fragen beantwortete, sehr beeindruckt. Wie häufig bei politischen und kirchlichen Veranstaltungen war Heinemann von einem seiner Kinder begleitet. In Marburg war es die Tochter Christa, der Rau als Erinnerung an seine erste persönliche Begegnung mit Angehörigen der Familie Heinemann ein Bändchen mit Rilke-Gedichten schenkte. Christa Heinemann, die 1952 den Bielefelder Fabrikanten Eduard Delius geheiratet hat, wurde viele Jahre später Raus Schwiegermutter, als er 1982 Christina Delius, die zweitälteste Enkelin Gustav Heinemanns, heiratete.

Nur wenige Monate nach dem Marburger Treffen schied Heinemann am 10. Oktober 1950 aus der Bundesregierung aus. Die Gründe für seinen Rücktritt teilte Heinemann in einem »Memorandum über die deutsche Sicherheit« am 13. Oktober 1950 der Öffentlichkeit mit. Nur eine überregionale Zeitung – die *Stuttgarter Zeitung* – druckte den vollständigen Text ab, der damit weitgehend unbekannt blieb. Die Hauptargumente der Heinemannschen Darlegungen leuchteten dem jungen Rau ein: Das durch Bundeskanzler Adenauer am 29. August

1950 den Westmächten unterbreitete Angebot (!) einer militärischen Aufrüstung der Bundesrepublik Deutschland fünf Jahre nach der totalen Kapitulation des Deutschen Reiches, das sich zudem noch im Kriegszustand mit der Sowjetunion befand, sei auch dann nicht vertretbar, wenn deutsche Verbände Teile einer westeuropäischen Streitmacht würden; außerdem würde ein westdeutscher Militärbeitrag die Chance für eine friedliche Wiedervereinigung Deutschlands auf unabsehbare Zeit zunichte machen. Aus eigenem Antrieb suchte der Buchhändlerlehrling Rau die Redaktionen der in Wuppertal und Umgebung erscheinenden Zeitungen auf und warb für einen Abdruck des Sicherheitsmemorandums. Der Erfolg war gering: Nur die *Lüdenscheider Nachrichten* veröffentlichten den vollständigen Text.

Bis zum nächsten Kontakt mit Heinemann vergingen mehr als zwei Jahre. Rau hatte inzwischen die Buchhändlerschule in Köln besucht und die Gehilfenprüfung abgelegt. Neben seiner Tätigkeit in einem Verlag schrieb er für das Feuilleton der *Westdeutschen Rundschau* Theater- und Konzertkritiken sowie Buchrezensionen. Feuilletonchef dieser Zeitung war damals Grischa Barfuss, der später Schauspieldirektor in Wuppertal wurde und jetzt Intendant der »Deutschen Oper am Rhein« Düsseldorf/Duisburg ist.

Rau erinnert sich, daß er am 2. Dezember 1952 neben Gustav Heinemann erstmals der Bundestagsabgeordneten Helene Wessel, einer der »Mütter« des Bonner Grundgesetzes und mehrjährigen Vorsitzenden der Deutschen Zentrumspartei, einer bewundernswerten Frau mit vielseitiger politischer Erfahrung, begegnete. Zu den Gesprächsteilnehmern gehörten weiter die Bundestagsabgeordneten Thea Arnold (früher Zentrum) und Hans Bodensteiner (früher CSU), der zum Generalsekretär der GVP berufen worden war; auch meine Frau und ich sind bei diesem Anlaß Johannes Rau zum erstenmal begegnet.

Im Januar 1967 wurde Rau als Nachfolger des im Dezember 1966 zum Ministerpräsidenten gewählten Heinz Kühn Vorsitzender der SPD-Fraktion und 1968 Mitglied des Parteivorstandes der SPD. Als Bundespräsident Heinrich Lübke Mitte Oktober 1968 ankündigte, er werde vorzeitig zum 30. Juni 1969 aus dem Amt scheiden, berief die SPD-Führung sogleich eine siebenköpfige Kommission – darunter Johannes Rau – mit dem Auftrag, einen sozialdemokratischen Kandidaten auszuwählen. Rau führte Ende Oktober, von der Findungskommission beauftragt, das entscheidende Gespräch mit Heinemann, der seine Zustimmung gab. Aufgrund des der Kommission gegebenen Berichtes teilte der Parteivorsitzende Willy Brandt am 1. November 1968 mit, daß die SPD Heinemann für das Amt des Bundespräsidenten vorschlagen werde.

Gustav Heinemann wurde am 5. März 1969 im dritten Wahlgang von der Bundesversammlung zum Bundespräsidenten gewählt und amtierte vom 1. Juli 1969 bis zum 30. Juni 1974. Bis zu Heinemanns Tod am 7. Juli 1976 hielt Rau einen ständigen Kontakt zu ihm und seiner Familie. Als Johannes Rau und Christina Delius heirateten, gab ihnen die Familie die Trauringe, die Gustav und Hilda Heinemann fast fünfzig Jahre lang als Eheleute getragen hatten.

VI. Kapitel

Der Kommunalpolitiker

Helmut Böger

Das Barmerische

So erfreulich auch diese Beweise der Umwälzung sind, die Barmen aus dem kleinen Philisternest meiner Jugendzeit in eine große Industriestadt verwandelt hat, so freut es mich doch am meisten, daß auch die Menschen sich dort bedeutend zu ihren Gunsten verändert haben.

Friedrich Engels

»Keine Schau ohne Rau«, so dichtete Ende der sechziger Jahre ein Laienkabarett im Barmer Haus der Jugend über den erfolgreichen und sichtbar weiter aufstrebenden Politiker Johannes Rau. Damals war er Vorsitzender der SPD-Fraktion im nordrhein-westfälischen Landtag und Mitglied des Wuppertaler Stadtrates, stellvertretender Unterbezirksvorsitzender der Sozialdemokraten in Wuppertal und Mitglied der Synode der Evangelischen Kirche im Rheinland. Auf die Frage einer Schülerzeitung namens *Siegessäule* nach seiner Lieblingsbeschäftigung antwortete er seinerzeit: »Im Moment sammle ich Posten.«

Nur zehn Monate lang, von November 1969 bis September 1970, war Rau Oberbürgermeister seiner Heimatstadt Wuppertal, doch das war ein Amt, das er nun in der Rückschau für sein schönstes hält. Mit genau den gleichen Worten, mit denen er heute als Kandidat Abstand zum Kanzleramt hält, dementierte er 1969, sein Ziel sei gewesen, erster

Bürger Wuppertals zu werden: »Dieses Amt stand nicht im Rahmen meiner Lebensplanung.« Formulierungen halten manchmal sehr lang.

Als Rau dann mit 50 von 55 Stimmen Oberbürgermeister wurde, füllte er dieses Amt mit einer solchen Intensität aus, daß das Kabarettwort »Keine Schau ohne Rau« zwischen Langerfeld und Vohwinkel Realität wurde. Ob sich katholische Chöre in der Stadthalle fanden, Engels-Forscher zum 150. Geburtstag dieses so problematischen und weithin verkannten Barmers zum Kolloquium trafen, ob Firmenjubiläen, Straßenfreigaben – auf jeder Schau war Rau. Kein Bürger vollendete sein hundertstes Lebensjahr ohne Strauß von Rau. Doch das, was vielen Kommunalpolitikern eher lästige Pflicht ist, schien »Bruder Johannes« Freude zu sein. Gefragt nach dem Geheimnis seines politischen Erfolges, antwortete er: »Ich mag die Menschen, und das merken sie.« Der Leiter der Lokalredaktion der damals im Tal noch mit einer eigenen Redaktion vertretenen *Neuen Ruhr-Zeitung,* Werner Lust, mußte die redaktionelle Weisung erteilen, Rau nur höchstens einmal am Tag mit Bild im Blatt erscheinen zu lassen.

Nach der nordrhein-westfälischen Gemeindeverfassung ist der Oberbürgermeister eigentlich nur ein Grüß-Gott-August. Politische Macht bringt das Amt seinem Amtsträger nicht, dessen höchste Aufgabe es ist, die Ratssitzungen zu leiten. Das tat Rau in einer Art, die »vor lauter Übermut manchmal kabarettreif« war, wie der Redakteur des *General Anzeigers,* Heinz Wolff, tadelte.

Doch merkwürdig: Dieser Johannes Dampf in allen Gassen hat als Kommunalpolitiker wenig Bleibendes, das mit seinem Namen verbunden ist, in Wuppertal etabliert. Das liegt nicht nur an seiner kurzen Amtszeit als Oberbürgermeister, denn Rau war, was oft vergessen wird, immerhin fünfzehn Jahre Stadtverordneter. Dieses Amt legte er erst nieder, als er Ministerpräsident von Nordrhein-Westfalen wurde. Acht Jahre lang war er Landesminister und Stadtverordneter; ob das rechtlich in Ordnung war, ist durchaus strittig.

Die Bergische Universität in Wuppertal, von ihrem Gründungsrektor Professor Rainer Gruenter mal scherzhaft als »Johannesstift« bezeichnet, ist dem Wissenschaftsminister, nicht dem Stadtoberhaupt Rau zu verdanken. Doch der Kommunalpolitiker Rau hat nirgendwo eine bedeutende Idee in die Tat umgesetzt: Keine Umgehungsstraße, kein neu entstandener Stadtteil, keine Industrieansiedlung. Das liegt aber, so paradox es klingt, nicht daran, daß Rau ein schwacher Kommunalpolitiker oder Oberbürgermeister gewesen wäre. Im Gegenteil, er war von Beginn seiner Zeit als Kommunalpolitiker schon ein wenig zu groß für das Wuppertal. Eine, nicht die einzige, Parallele zu dem anderen Großen aus reformiertem Geist, Friedrich Engels.

Rau wird immer als ein Politiker beschrieben, der niemals die von schweren Niederlagen herrührenden Narben auf der Seele verkraften mußte. Doch seine kommunalpolitische Karriere fing mit einer Niederlage an: Bei den 61er Kommunalwahlen wurde kurzfristig, als schon die Listen eingereicht waren, ein Wahlkreis frei, weil gegen einen SPD-Bewerber ein Strafverfahren eingeleitet worden war. Bedrängt von seinen Freunden, im Wahlkreis Barmen anzutreten, sagte Rau, gerade ein Jahr MdL, zu. In diesem konservativ strukturierten Kreis war es für einen Sozialdemokraten nahezu unmöglich zu gewinnen, aber Rau kandidierte ohne Listensicherung. Prompt verlor er gegen Wilhelm Stichtmann von der CDU. »Seitdem schreiben wir uns zum Geburtstag«, berichtet Rau, als Beleg dafür, daß er diese Niederlage, die im nachhinein eher anekdotisch wirkt, ohne Bitternis verdaut hat.

Er hat daraus gelernt, sich nur noch zu bewerben, wenn der Erfolg nahezu garantiert ist. Ausnahmen: der Kampf um den SPD-Landesvorsitz und die aufgedrängte Kanzlerkandidatur. Die zweite belegbare Niederlage hat er der Parteiräson zu verdanken. Als Oberbürgermeister wurde Rau bedrängt, sich um den Vorsitz im Sparkassenrat zu bewerben. Gewählt wurde aber Kurt Drees von der CDU.

Fünf Jahre nach dem vergeblichen Einstiegsversuch in die kommunale Politik war Rau, inzwischen im Düsseldorfer Landtag in den SPD-Fraktionsvorstand aufgerückt, bereits der Spitzenkandidat der Wuppertaler Sozialdemokraten. Doch es war beschlossene Sache, daß Hermann Herberts, der zuweilen kauzige und skurrile, aber durchaus populäre Oberbürgermeister, weiterhin im Amt bleiben sollte. Rau wollte nur Fraktionsvorsitzender im Rat werden.

Warum dieses Streben, zu dem Erfolg im Land sich auch noch die Bürde der Kommunalpolitik aufzuerlegen? Rau versteckt seine Motivation hinter dem Wort: »Das liegt an meiner Wuppertal-Krankheit.« Es war wohl das Bedürfnis, den Wuppertalern, seinen Wuppertalern, zu zeigen: Seht, ich bin und bleibe einer von euch, auch wenn ich es dort im fernen Düsseldorf ganz schön weit gebracht habe.

Er hat sich damals nicht vorgedrängt, sondern war da, und er war unumstritten da. Schließlich war für ihn »die Kommunalpolitik nicht die Grundschule der Politik«, sondern eher, um im Bild zu bleiben, so eine Art zusätzlicher Volkshochschulkurs.

Damals, 1964, war die SPD im Landtag in der Opposition. Ob sie, wie Heinz Kühn es anstrebte, je regieren würde, war offen. Klar, daß ein sanft-ehrgeiziger Mann gerne politische Macht ausübt. Der Vorsitz der Mehrheitsfraktion im Rat kann durchaus attraktiv sein.

Zwei ihm zu dieser Zeit angebotene Karrierewege ist Rau nicht gegangen. Reizvoll ist es, das »Was wäre, wenn?« auszuspinnen. Was wäre Rau heute, wenn er damals Beigeordneter für Schule und Kultur geworden wäre? Dieses Amt wurde frei, weil der Dezernent Goeke – lange Jahre eine Institution in Wuppertal – in Pension ging. Heinz Kühn machte diesen Wechsel des MdL Rau ins (Wahl-)Beamtenverhältnis zunichte durch ein Versprechen, das er hinterher nicht erfüllte. Fraktionschef Kühn schrieb Rau einen Brief, er wolle ihn in sein Kabinett berufen. Doch als es 1967 soweit war und Kühn Ministerpräsident wurde, da wurde Rau nicht Minister, sondern Fraktionsvorsitzender. Dieser Kühn-Brief ist übrigens nicht mehr auffindbar.

Was wäre, wenn Rau damals ein anderes Angebot angenommen hätte, nämlich in das Kabinett des damaligen hessischen Ministerpräsidenten Oswald als Kultusminister einzutreten? Ein Anruf Oswalds erreichte den Spitzenkandidaten der 64er Kommunalwahl an einem Samstagabend. Oswald wollte eine schnelle Entscheidung. Rau antwortete, bis nach den Wahlen müsse sich Oswald noch gedulden, er könne jetzt nicht abspringen. Wäre Oswald geduldiger gewesen, ja, was dann? Wäre Rau vielleicht Ministerpräsident von Hessen geworden nach dem unrühmlichen Abgang Oswalds, oder wäre er mit ihm untergegangen?

Rau ging nicht weg und damit auch nicht unter. Er wurde der erste Mann der Wuppertaler Ratsfraktion der SPD. Auch damals schon übte er Macht und Einfluß sanft aus, löste Konflikte ins Anekdotische auf und verpflichtete durch Pflege von Genossen-Eitelkeiten viele der Parteifreunde auf seine Person. Seine Fähigkeit zum Kompromiß, sein Hang zur Harmonie waren damals schon politische Stilmittel.

Das Management der Wuppertaler Stadtratsfraktion war eine Nebenbei-Aufgabe, die man zu Hause erledigte – bis Rau kam. Zur

Verblüffung der Verwaltung bestand er auf einem Arbeitszimmer im Rathaus. Er bekam eins im Keller, gleich neben der Heizungsanlage. Ein Telefon wurde installiert, aber nur für Ortsgespräche. Für eine Schreibmaschine reichte es nicht. Rau brachte seine eigene von zu Hause mit.

1969 waren wieder Kommunalwahlen. Diesmal wurde Rau als Oberbürgermeisterkandidat nominiert. Er war zu einer Wahllokomotive geworden, ein Mann, an dem niemand vorbei konnte, kaum einer vorbei wollte. Sein politisches Meisterstück, so sagte er selbst, war die Einbindung der damals noch sehr honoratiorenhaft geprägten CDU, indem er Heinz Frowein, einst selbst Oberbürgermeister, zum Bürgermeister wählen ließ.

In seiner Antrittsrede sagte der frischgekürte Rau: »Ich werde das Amt gemeinsam mit Herrn Bürgermeister Dr. Frowein wahrnehmen.« Sicherlich wäre es möglich gewesen, die CDU von einem Bürgermeisteramt fernzuhalten. Rau entschied anders, klüger. »Es gab nicht eine Stunde Spannung mit Heinz Frowein«, bekennt Rau heute. Doch schon bei seiner Wahl zum Oberbürgermeister gab es das Gerücht im Tal, Rau sei Oberbürgermeister geworden, damit er bald der jüngste Alt-Oberbürgermeister werden könne. Die Rats-Alterspräsidentin Cläre Blaeser von der FDP sagte sehr betont, als sie Rau die Amtskette umlegte: »Damit sind Sie für die nächsten fünf Jahre Oberbürgermeister der Stadt.«

Es waren dann doch nur zehn Monate, doch zehn Monate, »die für mich keine Episode gewesen sind«. Die Zeit als Oberbürgermeister seiner Heimatstadt waren für Rau »eine Zeit in einem schönen Amt, dem schönsten Amt, das ich mir nach der Verfassung unseres Staates, unserer Gesellschaft vorstellen kann«.

Rau verbrachte in jedem Stadtteil einen ganzen Tag, war in Kneipen und Kirchen, auf Kongressen und in Kinderheimen. Popularität, das hatte Rau früh erkannt, ist ein Machtfaktor. Und wenn einer diese Macht so benutzt, daß er die Würde des anderen, dessen Integrität, dessen Ich hegt und pflegt, dann potenziert sie sich.

Es war die Macht des Wortes, eine Macht, deren Wirksamkeit Rau bei seinem Vater Ewald, diesem beredsamen Prediger, kennengelernt hat. Rau bekannte einmal in nahezu theologischer Diktion: »Das gesprochene Wort kann Fragen bewußtmachen, zu Antworten führen, Worte und Taten anderer herausfordern.« Worte eines Menschenfischers. Am Anfang war das Wort. Und das Wort war ihm wichtiger, als sich in irgendeinem Stadtteil oder Bauwerk zu verewigen.

Rau dürfte schon als kleiner Junge erfahren haben, wie das Wort wirkt. Ältere Barmer können sich noch gut an den Laienprediger Ewald Rau erinnern. Denn er predigte nicht den sauertöpfischen Pietismus südwestdeutscher Prägung, er legte freudig und fröhlich Zeugnis ab.

Rau stammt aus dem gleichen geistig-religiösen Milieu wie Friedrich Engels, Weggefährte von Karl Marx, Mitbegründer des wissenschaftlichen Sozialismus. Freilich ist Raus soziales Herkommen kleinbürgerlich, Friedrich Engels stammte aus einer der wohlhabendsten Familien des Tals. Die Gemeinsamkeiten mit Engels, der sich bitter-ironisch über die Philister des »Muckertals« amüsierte und gleichzeitig darunter litt, gehen tiefer, als sich Rau wohl eingestehen mag: Die Prädestinationslehre Calvins besagt, grob formuliert, daß ein gottgefälliges Leben sich auch im weltlichen Erfolg ausdrückt. Dies setzt Menschen, die in diesem Sinne erzogen werden, unter Erfolgsdruck; auch wenn man für sich nicht mehr an die Prädestinationstheorie von Calvin glauben mag, jahrhundertelange Überlieferungen prägen, sei es wie bei Engels, der sich radikal lossagte, sei es wie bei Rau, der sie wirkungsvoll sublimiert hat.

Der zweite wichtige Antrieb, den anderen und damit sich etwas beweisen zu wollen, liegt in der Zauberberg-Krankheit, die Rau in der Pubertät befallen hat. In allen offiziellen Biographien wird sie verschwiegen, als sei sie etwas Unanständiges. Tatsächlich spricht man in der kleinbürgerlichen Welt über so etwas nicht. Doch diese Krankheit, einmal überwunden, kann Quelle von Kraft sein. Hans-Dietrich Genscher ist in der deutschen Politik ein anderes Beispiel dafür. Offenbar fördert die lange Zeit des Verzichts auf intensive körperliche Beschäftigung, den die Rekonvaleszenz nötig macht, das Streben nach geistigem Tun. Der spätere Lebenshunger von Johannes Rau, die oft hektisch erscheinenden Aktivitäten, die Jagd nach Posten und Anerkennung für Leistung haben auch darin ihre Ursache, aber auch das, was ein wohlmeinender Genosse als Privatleben bezeichnet, »das nicht den üblichen Vorstellungen eines Predigersohnes entsprach«. Man kann es auch klarer formulieren: Rau war, bis er – wie man so sagt – in feste Hände kam, ein Herzensbrecher. Was mit einer merkwürdigen, manchmal rührenden Schüchternheit und mit Scherzen überspielten Unbeholfenheit gegenüber Frauen einherging. »Man kann auch im stillen Gutes tun« war schon Standardantwort des Oberbürgermeisters Rau auf die Frage, ob er denn nicht heiraten werde.

Ein dritter Ansporn, es der Welt zu zeigen, ist die Tatsache, daß Rau kein Abitur hat. Inzwischen kokettiert der Dr. h.c., Begründer von fünf Gesamthochschulen in Nordrhein-Westfalen, mit seinem Mangel an formalen Bildungsabschlüssen. Doch zwischen all der Koketterie kommt durchaus ein Stück Bitterkeit durch. Nach den Landtagswahlen 1975, bei denen er seinen Wahlkreis glänzend verteidigt hatte, lustwandelte Rau zu dem Wuppertaler CDU-Vorsitzenden Hans-Jürgen Lichtenberg, einem beurlaubten Bundeswehroffizier, der seit langem an seiner Promotion herumdokterte (inzwischen ist er promoviert und ist auch MdL). Rau frotzelte den Christdemokraten: »Na, Sie warten mit Ihrer Doktorarbeit wohl bis zur flexiblen Altersgrenze. Bei mir ist das ja anders. Ich hab' ja kein Abitur und muß deshalb was können.« In diesem aus übermütiger Siegerlaune heraus gesprochenen Satz offenbarte Rau, wie er an sich, mit sich und damit letztlich auch für sich gearbeitet hat, wie ihn die typische Autodidakten-Macke beherrscht haben muß, noch beherrscht, nicht nur gut, sondern möglichst besser zu sein als die mit Abitur und Studium.

Auch hier wieder eine interessante Parallele zu dem anderen Barmer, Friedrich Engels, der nie ein akademisches Studium vollendet hat und doch eine der deutschen Geistesgrößen geworden ist. Mit diesem Barmer Bruder aus pietistischem Geist hat sich Rau immer wieder auseinandergesetzt. In einem Vorwort zu dem von Helmut Hirsch im Peter-Hammer-Verlag herausgegebenen Buch *Friedrich Engels – Profile* schrieb Johannes Rau als Oberbürgermeister: »In dieser Hochburg des Pietismus, dem die Familie Engels angemessen Tribut gezollt hat, waren religiöse Grundstimmung und beruflicher Erfolg untrennbar miteinander verbunden ...« Ein Stück Prädestination schleppt auch der Ministerpräsident von Nordrhein-Westfalen mit sich herum.

Rau behauptete einmal, das ist aber ziemlich lange her: »Ich bin ein Linker.« In einer lebhaften Diskussion im Wuppertaler Stadtrat, als es darum ging, ob man Engels ein Denkmal setzen solle und der Stadtverordnete Lichtenberg einen plump-dummen Vergleich Engels/Goebbels in die Debatte geworfen hatte, predigte Rau: »Und ich sage Ihnen: Die katholische Soziallehre und die evangelische Sozialethik sind noch heute dabei, die unbeantworteten Fragen von Marx und Engels aufzuarbeiten.«

Doch wie so manches gerinnt Rau auch die Beziehung zu Engels ins Symbolhaft-Anekdotische: Alle Jahre feiert Rau seinen Geburtstag im Keller des restaurierten Engels-Hauses in Barmen.

Kirchenpräses Karl Immer, ein Barmer, behauptete einmal: »Wenn man aus Barmen kommt, bleibt man ein Leben lang Barmer.« Siehe Engels, Friedrich; siehe Rau, Johannes.

Klaus Jürgen Haller

Der Menschenschlag im sündigen Tal

Wuppertal ist langgestreckt und schwierig. Wuppertal ist unanschaulich auf den ersten Blick. Wäre nicht die gute alte Schwebebahn von Hause aus ein Unikum, möchte sogar die Fahrt von Vohwinkel nach Oberbarmen enttäuschen. Grandiose Einblicke tun sich nicht auf. Da ist viel Hinterhof, und wo es weitläufig wird, hat der Bombenkrieg die Bresche geschlagen. Es gibt viele Zentren, aber kein Zentrum, an dem sich Maß nehmen ließe. Wuppertal ist nicht aus einem Guß, und seine Menschen sind es auch nicht. Sie sind wahrscheinlich zu wenig ausgelassen, um sich noch als Rheinländer, zu filigran, um sich schon als Westfalen zu fühlen. Im Bergischen Land trägt man zu wenig vor sich her, um Durchreisenden keine Rätsel aufzugeben. Dieser Stadt fehlt die Großzügigkeit der Anlage und ihren Bewohnern wahrscheinlich die Anlage zur Großzügigkeit. Weder Römer noch Landesfürsten haben Elberfeld und Barmen, Vohwinkel, Ronsdorf oder Cronenberg entworfen; an der Wiege haben Bleicher, Färber, Wirker, Weber, die Werkzeugmacher und ihr Gewerbefleiß gestanden. Wo das Handwerk das Maß vorgibt, verbietet sich die Großspurigkeit. Man spricht auch leiser. Der wunderliche Dialekt ist allerdings ein Kapitel für sich. Kasimir Edschmid könnte ihm zum Opfer gefallen sein, als er behauptete, »dumme Ziege« sei im Bergischen keine Kränkung, weil es hier üblich sei, zu jemandem hin und wieder freundlich »dumme Ziege« zu sagen. Edschmid muß an Vertreter der bergischen Geradlinigkeit geraten sein. Die gibt es, und Querköppe gibt es auch im Tal. Friedrich Nietzsche attestierte den Frauen eine besondere »Liebe zum frommen Kopfhängen«. Am besten gefällt mir Heinrich Bölls Beobachtung, daß sich diese Stadt nicht schminke; dies sei – wie bei den Frauen – wohltuend und enttäuschend zugleich. Hochstapelei ist selten, weil man sie im Grunde des Herzens für eine Sünde hält.

Wuppertal ist technisch komplizierter als die Schwebebahn. Barmen und Elberfeld waren einmal das Experimentierfeld der Industrialisierung in Deutschland, als das Ruhrgebiet noch durch Idyllen bestach. 1880 hatten die Wupperstädte zusammengenommen schon 190000 Einwohner, 45000 mehr als Köln, doppelt soviel wie Düsseldorf und dreimal soviel wie Essen. Aus dem Oberbergischen, aus Waldeck, aus Hessen, aus dem Rheinland und aus Westfalen waren die Arbeiter in die Fabriken des Wuppertals geströmt, um ein Auskommen zu finden. Begonnen hatte der Aufschwung mit dem kalkarmen Wasser der Wupper und mit den Bleicherwiesen, bald folgten die Färbereien. Die Türkischrot-Färbergesellen waren die ersten richtigen Fabrikarbeiter. 1783 baute der Elberfelder Gottfried Brügelmann in Ratingen die erste mechanische Baumwollspinnerei. Die chemische »Fixbleiche« machte das Bleichen der Garne auf den Wiesen überflüssig. In der Spinnerei von Peter Reinhold am Neuenteich in Elberfeld wurde 1821 die erste Dampfmaschine aufgestellt. Vier Jahre später plädierte Friedrich Harkort für den Bau einer Eisenbahn zwischen Düsseldorf und Elberfeld; aber so fortschrittlich wie die Fabrikanten im Tal der Wupper waren die neuen Herren in Preußen noch nicht.

Zur Textilindustrie gehörten Handel und Transport. Rohleinen wurde aus Ostwestfalen, aus Hessen-Kassel und dem Raum Hildesheim herangeschafft, Seide aus Oberitalien und Frankreich und die schließlich dominierende Baumwolle aus Großbritannien, vornehmlich aus Liverpool. Die Kontinentalsperre Napoleons brachte die bergische Wirtschaft deshalb an den Rand des Ruins. Während sich in Barmen die Produktionsstätten konzentrierten, baute Elberfeld seine Kontore aus. Die Hofaue wurde zu einem Handelsplatz, der mit der Bondstreet in London konkurrierte.

Napoleon hatte 1810 die Gewerbefreiheit eingeführt. Zwanzig Jahre später wurde mit der Handelskammer von Elberfeld und Barmen das erste Selbstverwaltungsorgan der Wirtschaft gegründet, das nicht auf französischen Vorbildern beruhte. Auch insofern wurde Wuppertal vorbildlich. Um die Jahrhundertmitte wurden »Barmer Artikel« in alle Welt exportiert: Seiden-, Baumwoll-, später Gummibänder, Litzen, Kordeln und Spitzen. Friedrich Bayer, der gemeinsam mit dem Chemiker Friedrich Westkott in einer Heckinghauser Waschküche die ersten Anilinfarben zusammenkochte, war der Sohn eines Wichlinghauser Bandwirkers. Seine Firma, die Carl Duisberg, ein anderer Wuppertaler, zur Weltgeltung führte, wurde erst 1891 nach Leverkusen verlegt.

Die bergische Wirtschaft marschierte an der Spitze des industriellen Fortschritts. Die Kehrseite der Medaille war allerdings auch nicht zu übersehen. Eine um 1806 gefertigte Landbeschreibung des Herzogtums Berg kam zu einem peinlichen Ergebnis: »Die große Mehrzahl der Einwohner des Arrondissments Elberfeld befindet sich in einer äußerst jämmerlichen Verfassung. Dieser Zustand der Degeneration ist wohl auf die Gewohnheit in dieser Gegend zurückzuführen, daß man zu früh die Kinder in den Fabriken arbeiten läßt. In großer Zahl in den Werkstätten zusammengepfercht, an eine sitzende Beschäftigung gefesselt, die sie zwingt, lange Zeit in gekrümmter Haltung zu verharren, kann sich ihr Körper nicht ausreichend entwickeln.« Vor dem preußischen Provinziallandtag beschwor 1837 der Barmer Abgeordnete Johannes Schuchardt seine Kollegen: »Könnten Sie, hochverehrte Herren, doch einmal die Jammerszenen mitansehen, wenn die armen, zarten Kinder in kaltem oder nassem Wetter morgens früh um fünf Uhr weinend und widerstrebend von der Mutter in ein solches Gefängnis geschleppt werden.« Eine Anfrage beim Barmer Bürgermeister aus demselben Jahr bestätigte, daß dreizehn Stunden tägliche Arbeitszeit für Kinder von fünf oder sechs Jahren keine Seltenheit waren. 1839 wurde in Preußen die Beschäftigung von Kindern unter neun Jahren untersagt, 1849 die Beschäftigung von Kindern unter zwölf Jahren und eine Arbeitszeit von mehr als sechs Stunden verboten.

1839 erschienen im *Telegraph für Deutschland* »Briefe aus dem Wuppertal«; sie enthielten eine flammende Anklage gegen die Ausbeutung von Kindern. »Die reichen Fabrikanten aber haben ein weites Gewissen, und ein Kind mehr oder weniger verkommen zu lassen bringt keine Pietistenseele in die Hölle, besonders wenn sie alle Sonntage zweimal in die Kirche geht.« Der da auf das »Zion der Obskuranten« schimpfte, kannte sich aus. Der Verfasser F. Oswald war neunzehn Jahre alt, Sohn eines Barmer Fabrikanten und hieß tatsächlich Friedrich Engels. Engels war betucht, wie man sagt; aber das Mitleid mit den Unterdrückten muß keine Funktion des Geldbeutels sein. Engels wetterte gegen die Duldsamkeit der Unterdrückten und gegen die Selbstgerechtigkeit der Frommen. Seinem Freunde Wilhelm Gräber riet er deshalb: »Du mußt Pastor werden zu Gemarke und den verdammten schwindsüchtigen ofenhöckerigen Pietismus wegjagen, den der Krummacher zur Blüte gebracht hat.«

Friedrich Wilhelm Krummacher war Pfarrer in Gemarke und eine Berühmtheit seiner Zeit. Hätte es das Fernsehen schon gegeben, hätte man ihn womöglich mit Billy Graham vergleichen dürfen. Er hat es auch ohnedem zum Hofprediger in Potsdam gebracht. Als er noch im Tal der Wupper predigte, mußten des öfteren die Kirchenfenster ausgehängt werden, damit diejenigen, die die Kirche nicht mehr faßte, auch etwas mitbekamen. »Ich wüßte keine Stelle in unserm Vaterlande, wo sich des gesunden praktischen Christentums so viel zusammenfände wie in jenem viel verschrienen, aber auch viel gepriesenen Tal«, hat er später seine Barmer Zeit gelobt.

Neben dem ungestümen Engels hat erstaunlicherweise auch der alte Goethe gegen Krummacher und seine »narkotischen« Predigten polemisiert. Wie der angehende Sozialist unterstellte auch der Olympier, daß Krummacher das Seelenbedürfnis seiner Gemeinde dadurch befriedige, »daß er ihren Zustand behaglich, ihre Mängel erträglich darstellt, auch die Hoffnung auf ein gegenwärtiges und künftiges Gutes zu beleben sucht«. Dann folgte bei Goethe der Satz, an dem das Wuppertal lange zu knabbern hatte: »Die Weber sind von jeher als ein abstrusreligiöses Volk bekannt.«

Damit wurde überraschend handgreiflich erklärt, warum der Menschenschlag dieses Tales auf einzigartige Weise Betriebsamkeit und ein ausgeprägtes Bedürfnis nach Seelentrost miteinander verbindet. Die Arbeit am Webstuhl soll es sein, das geduldige Warten auf den Faden, der reißt und dann geknotet werden muß; die Konzentration angesichts des schlagenden Stuhles und des sausenden Schiffchens, die verleitet, über die letzte Predigt, über Sündhaftigkeit und Gottgefallen nachzudenken. Eine Erklärung für die unnachahmliche Atmosphäre aus Bibel und Kattun, aus Gottesfurcht und Krämergeist, die man einem Dichterfürsten gar nicht zugetraut hätte.

Die Reformation hatte sich im Tal der Wupper nahezu auf ganzer Linie durchgesetzt. Elberfeld wurde aber kalvinistisch, die Gemeinde Schwelm, zu der ein großer Teil Barmens gehörte, blieb lutherisch. Aber dabei blieb es nicht. Viele suchten nach eigenen Wegen, manche fühlten sich berufen und einige auserwählt. 1737 rief der durch Heirat seiner verwitweten Chefin reich gewordene Elias Eller lauthals: »Elberfeld – es verfällt!« Fünzig Familien mit Eller an der Spitze verließen das angeblich sündige Tal, um auf der Höhe ein neues Zion zu gründen. So ist Ronsdorf entstanden. Alle Straßen führten auf die Stiftshütte zu, morgens um sechs wurde in der Bibel gelesen, und alle Erstgeborenen wurden auf den Namen Elias getauft. Ausgerechnet der Freigeist Friedrich der Große hielt seine Hand über Eller, den er zum Geheimen Rat, zum Preußischen Agenten und schließlich zum Vorsteher sämtlicher Protestanten in Jülich, Kleve, Mark und Berg ernannte. Bereits 1745 wurden der Aussteigerkolonie Stadtrechte verliehen. Unpraktisch darf man auch als religiöser Schwärmer nicht sein.

Aus dem Humus protestantischer Gewissenserforschung sprossen die Konventikel und Konfessiönchen, die Sekten und die Bibelkreise, die gleich den Barmer Artikeln zum Markenzeichen Wuppertals wurden. Es gab und gibt wohl immer noch Zionisten, Adamiten, Independenten, Nazarener, Methodisten, Quäker, Anthroposophen, Niederländisch-Reformierte, Altlutheraner, Altkatholiken, Katholisch-Apostolische, Theosophen, Unitarier, Zeugen Jehovas, Kinder Gottes, Brudervereine und andere. Wer es genau wissen wollte, müßte die verschollene Liste aller religiösen Gruppen wiederfinden, die die britische Besatzungsmacht anlegen ließ. Selbst Kundige mutmaßen inzwischen über das wahre Ausmaß der organisierten Innerlichkeit. Die Gemeinden und Konventikel selbst lärmen nicht. Will Vesper hat freilich berichtet, wie nach einem heftigen Religionsdisput, ausgerechnet im Wirtshaus, ein biederer Webermeister auf den Tisch haute und verkündete: »Jett hant alle nich den reiten Glowen, du nich un du nich un de Pastor nich. Nä! Eck! Eck alleen un sus nümmes!«

Ich erinnere mich, daß meine Großmutter väterlicherseits immer wieder einen beschwerlichen Berg hinanstieg, um in ihre Bibelstunde zu gehen, aus der sie still und heiter zurückzukehren pflegte. Tersteegen, der Pietist aus Moers, spielte hier eine Rolle; derselbe, dem ausgerechnet der militärische Zapfenstreich das gefühlvolle »Ich bete an die Macht der Liebe« verdankt. Mein Großvater mütterlicherseits ließ sich in der Unterbarmer Kirche kräftig in das Gewissen eines Christenmenschen reden. Weniger zur Erbauung denn zur sittlichen Festigung, wie mir schien. Die Schattierungen des reformierten oder lutherischen Protestantismus im Wuppertal zielen alle auf die überschaubare Gemeinde, nicht auf die große Prozession. Den Ton im Tale geben die Stillen und die nicht selten wortgewaltigen Prediger an. Wer sich wie einst Goethe und Engels über die übertriebene Duldsamkeit der Empfindsamen mokieren möchte, darf nicht übersehen, daß die Gemeinden Gemarke und Unterbarmen bei den Kirchenwahlen es wagten, den nationalsozialistisch angehauchten »Deutschen Christen« eigene Kandidaten entgegenzustellen; in Gemarke, einer der größten reformierten Gemeinden in Deutschland, mit erstaunlich großem Erfolg. Die Bekenntnissynode der evangelischen Kirche fand deshalb 1934 mit einer gewissen Berechtigung in Barmen statt. Widerstand in jenen Jahren war nicht jedermanns Sache. Auch in Wuppertal nicht. Zu den Mutigen und Unerschrockenen gehörte mit Sicherheit der Wuppertaler Katholik Bernhard Letterhaus. Der gelernte Bandwirker, Sekretär der Katholischen Arbeiterbewegung und Zentrumsabgeordnete hatte es gewagt, Hitler und sein Gefolge als Größenwahnsinnige, Volksbetrüger, als Abenteurer, die das Volk ins Unglück stoßen, als Pathologen und als Gewalttäter zu bezeichnen. Er wurde hingerichtet im Zusammenhang mit dem 20. Juli.

Wuppertal heißt vielleicht auch, sich mit dem Unabänderlichen nie abzufinden, ohne eine Lehre daraus zu ziehen. Das Sinnen hört nicht auf. »Von Jugend auf hat mich die Frage nicht mehr losgelassen, wie es möglich war, daß unsere Gemeinde den jungen Friedrich Engels nicht auf dem guten Weg des Glaubens, den er gegangen war, hat halten können«, schrieb im Jahre 1963 Oberkirchenrat Johannes Schlingensiepen, ein Mann der Bekennenden Kirche, Pastor in Unterbarmen. »Der Gedanke quält mich auch heute noch, daß die ganze Weltgeschichte vielleicht anders verlaufen wäre, wenn dieser Sohn unserer Gemeinde, der später die schärfsten Waffen für den dialektischen Materialismus und den atheistischen Kommunismus geschmiedet hat, bei der Gemeinde geblieben wäre. Was ihn aus ihr herausgetrieben hat, ist die unleugbare Tatsache, daß unsere frommen Väter, die – der damaligen Zeit weit voraus – in der Armenpflege und Betriebsfürsorge Hervorragendes geleistet haben, nicht anerkannten, daß der Arbeiter nicht Almosen, sondern des gerechten Lohnes bedarf. Die himmelschreiende Not der damaligen Industriearbeiterschaft in unserem Tal hat den reichen Fabrikantensohn aus seinem Elternhaus und aus unserer Gemeinde vertrieben.«

Wenn Adolf Kolping als Vater der katholischen Gesellenvereine gilt, müßte Johann Georg Breuer, weiland Lehrer in Elberfeld, als Großvater akzeptiert werden. Kolping hatte als junger Kaplan in Elberfeld den Breuerschen Gesellenverein kennengelernt, der als Gesangs- und Bildungsverein begonnen hatte. Fast so bekannt wie die Barmer Artikel wurde in der Sozialpolitik das Elberfelder System, begründet 1852/53 durch die Fabrikanten Gustav Schlieper, David Peters und den Geheimen Kommerzienrat Daniel von der Heydt, ein Bruder des Wuppertaler Bankiers und preußischen Ministers August von der Heydt. Nach diesem Elberfelder System wurden die Armen schon damals von ehrenamtlichen Sozialarbeitern betreut. Man begann 1853 mit zehn Bezirksvorstehern und 150 Armenpflegern, die nicht auf einem Amte saßen, sondern sich an Ort und Stelle um die »Außenarmen« kümmerten. Die Unterstützung konnte in Geld, Suppe, Brot, in Bekleidung und Bettwerk bestehen, in freier Schule, ärztlicher Versorgung und freier Beerdigung, sogar schon in Pflegegeldern, Bekleidung und Lehrmitteln für privat, also nicht in Armenhäusern untergebrachte Kinder.

Zum sozialen Engagement der Reichen, die nach kalvinistischer Tradition ihren wirtschaftlichen Erfolg als Ausdruck göttlichen Wohlwollens werteten, gehören auch die Stiftungen und nicht zuletzt die Verschönerungsvereine der Stadt, die den Barmern beispielsweise ihre Anlagen bescherten. Ein grünes Areal und ein Stück Naherholung, wie es sich kein zeitgenössischer Umweltschützer besser ausdenken kann. Auch die Bergbahn zum Toelleturm, von Knauserigen 1959 abgerissen, war nicht nur eine technische Sensation, nämlich die erste elektrische Zahnradbahn in deutschen Landen; nach Barmer Verständnis wurde sie gebaut, »um erholungsbedürftigen Mitbürgern Gelegenheit zu geben, die gesunde Waldluft auf den südlichen Höhen genießen zu können«. So hieß es, und wir, die Nachkriegskinder, haben sie genossen. Die Bergbahn und die Höhenluft. Über Stiftungen und Errungenschaften patriarchalischer Sozialfürsorge sollte man das Engagement einer »Tante Hanna« nicht vergessen, einer Elberfelder Arbeiterfrau, Hanna Faust mit Namen, die unermüdlich unterwegs war, treppauf, treppab, um zu helfen und zu pflegen, und die deshalb zu einer Legende wurde im Tal. Sonntagsschule und Bibelstunde verstanden sich von selbst.

Es wurde und wird viel gesungen im Tal der Wupper und auf den Höhen. Als junger Bursche habe ich vermutet, daß ein Harmonium zur Wuppertaler Grundausstattung gehöre. Zum Tanzen eignet es sich zwar nicht, aber zur Unterstützung verhaltenen Gemeindegesangs. Außerdem macht das Harmonium sinnenfällig, daß man sich abstrampeln muß, wenn ein gottgefällig Lied zustande kommen soll. Nicht zufällig entwickelte sich Elberfeld zur Gesangbuchstadt. 1702 erschien als Anhang zur Elberfelder Bibel das Elberfelder Gesangbuch, 1721 der *Große Neander,* eine Sammlung pietistischer Lieder des Düsseldorfer Predigers Neander. Nach ihm ist auch das Neandertal benannt. Als man die dort gefundenen Knochen 1856 dem Elberfelder Schulmeister Fuhlrott vorlegte und dieser allen Experten zum Trotz darauf beharrte, daß es sich um Überreste eines Urmenschen handeln müßte, wetterten wieder die Prediger von den Kanzeln wider diese Unvernunft, und die Rechtgläubigen verließen den Naturwissenschaftlichen Verein, dem Fuhlrott vorstand. Recht zu haben genügt nicht im Tal.

Choräle und Oratorien waren immer willkommen; sie konnten sogar vor den gestrengen Maßstäben der Reformierten bestehen. Bei weltlicheren Künsten mokierte sich mindestens der engstirnigere Teil der Geistlichkeit. So schrieb 1834 Felix Mendelssohn Bartholdy über den Hochmut und die Elberfelder Art: »Aber man ist hier von fatalen Exemplaren umgeben, Predigern, die jede Freude sich und anderen versalzen, trockenen prosaischen Hofmeistern, die ein Concert für eine Sünde, einen Spaziergang für zerstreuend und verderblich, ein Theater aber für den Schwefelpfuhl und den ganzen Frühling mit Baumblüthen und schönem Wetter für ein Moderloch ausgeben.« Die Schauspielkunst hatte es in der Tat besonders schwer. Als 1806 an der Elberfelder Hofaue ein Schauspielhaus errichtet werden sollte, revoltierte die puritanische Sittenstrenge. Die Kunstinteressierten ließen sich von der Aussicht auf ewige Verdammnis nicht abschrecken; sie gründeten kurzerhand eine Aktiengesellschaft, die das Theater baute. Was auf Unerschrockenheit und organisatorisches Talent schließen läßt. Als 1875, nur dreizehn Monate nach der Eröffnung, das Barmer Theater ein Raub der Flammen wurde, fühlten sich die Gerechten bestätigt und sprachen frivolerweise von einem Gottesurteil. Auch als 1775 die Lesegesellschaft gegründet wurde, unterstellten die Überfrommen, daß das Lesen hochmütig mache und von wichtigeren Dingen abhalte. So gesehen haben wir alle dazugelernt und die Frommen ein Stück Hochmut abgelegt. Das Theater gilt inzwischen etwas im Tal. Wir Schüler sind nach dem Kriege mit großer Begeisterung in das provisorische Theater an der Bergstraße gezogen. Nie hat die Schwebebahn unheimlicher gequietscht als in der *Wupper* der Else Lasker-Schüler in der Inszenierung Hans Bauers 1966 zur Eröffnung des Neuen Schauspielhauses. Damals waren alle begeistert. Einige Jahre zuvor beim ersten Versuch hatten sich nicht nur die Kritiker blamiert. Was neu ist und verwirrend, braucht einen mehrfachen Anlauf im Wuppertal. Wer, von Pina Bauschs grandiosem Tanztheater beeindruckt, Wuppertal für ein einziges Experimentierfeld der Moderne hält, wird sich an Ort und Stelle wundern. Die Gerechten und die Pharisäer leben Tür an Tür. Inzwischen ist man mutiger geworden. Trotzdem hat man vor Jahren Henry Moores *Sitzende* geteert und gefedert und mit einem Schild versehen, demzufolge den Banausen Bratpfannen vernünftiger erschienen.

Auch in politischer Hinsicht hat man mehrfach Anlauf nehmen müssen. 1849 brach in Elberfeld der Aufstand aus. Der aus Köln angereiste Redakteur Friedrich Engels wurde sogar zum Barrikadeninspekteur bestellt. Man hat dann – gewissermaßen für alle Fälle – zwei Plakate drucken lassen. »Elberfeld hat sich erhoben für die Reichsverfassung« war das eine überschrieben, in dem aufgefordert wurde, Elberfeld gegen anrückende Truppen mit Waffen, Munition, Geld, Lebensmitteln und persönlichem Erscheinen zu unterstützen. Auf dem anderen hieß es: »Der Bürger Friedrich Engels aus Barmen, zuletzt in Köln wohnhaft, wird unter voller Anerkennung seiner bisherigen, in dieser Stadt bewiesenen Tätigkeit ersucht, das Weichbild der städtischen Gemeinde noch heute zu verlassen, da seine Anwesenheit zu Mißverständnissen über den Charakter der Bewegung Anlaß geben könnte.« Dies war das entscheidende Plakat. Barmens Bürgerwehr hatte um des lieben Friedens willen an der Haspeler Brücke die »Grenze« gesperrt und überwechselnde Freischärler festgesetzt. Der Preußenkönig nannte Barmen eine treue Stadt. Man mag sich damit trösten, daß andere 1848/49 auch keine Revolution zustande gebracht haben.

Wie wichtig die Hochburg der frühen Industrialisierung politisch eingeschätzt wurde, ergibt sich daraus, daß 1867 bei den Wahlen zur konstituierenden Versammlung des Norddeutschen Bundes in Elberfeld und Barmen gleich drei Spitzenpolitiker auf einmal kandidierten. Otto von Bismarck, der preußische Ministerpräsident, für die Konservativen, Max von Forckenbeck, der Präsident des Preußischen Abgeordnetenhauses, für die liberale Fortschrittspartei und für den Allgemeinen Deutschen Arbeiterverein der Vorsitzende und Nachfolger Lassalles Johann Baptist von Schweizer. Als Lassalle sich 1864 duellierte und starb, hatte der 1863 gegründete Allgemeine Deutsche Arbeiterverein 4600 Mitglieder. Ein Viertel, sagen die Historiker, wohnte im heutigen Wuppertaler Stadtgebiet. Bei der Hauptwahl zum Norddeutschen Reichstag am 31. August 1867 siegte der »Sozialdemokrat« von Schweizer. Eine Hochburg der Sozialdemokraten blieb das Wuppertal auch unter den Sozialistengesetzen. 1912 bei den letzten Reichstagswahlen vor Ausbruch des Weltkrieges wurde im Wahlkreis Elberfeld-Barmen Friedrich Ebert gewählt. So wäre am Ende die sozialistische Saat aufgegangen. Hatten doch Friedrich Engel und Moses Heß aus Köln schon 1845 im Elberfelder Gasthaus »Zweibrücker Hof« Vorträge übers proletarische Bewußtsein gehalten. Aber Wuppertal wäre nicht Wuppertal, wäre alles nur folgerichtig. Der Barmer Predigersohn Johannes Rau ist kaum Engels' Testamentsvollstrecker. Als 1979 der Wuppertaler Sozialdemokrat und damalige Vorsitzende der Gewerkschaft Öffentliche Dienste, Transport und Verkehr Heinz Kluncker gefragt wurde, was er denn davon gehalten habe, daß Johannes Rau 1957 nach dem Scheitern der Heinemannschen GVP zu den Sozialdemokraten stieß, antwortete er listig: »Wir hatten damals noch andere Pietisten.« Über den möglichen Hintersinn sinnen wir immer noch nach.

Zeitzeugen

Knulp Goeke

Erste Schritte

Bundestagswahlkampf 1961. Vor der Stadthalle in Wuppertal-Elberfeld hat sich eine große dichtgedrängte Menschenmenge zur Abschluß-kundgebung der SPD mit Willy Brandt versammelt, der soeben im Ruhrgebiet den blauen Himmel über dem Revier gefordert hat. Brandt ist aufgehalten worden, und Alfred Dobbert, Landtagsvizepräsident und Bezirksvorsitzender der SPD Niederrhein, gibt zunächst eine solide Einschätzung der politischen Lage. Dann erhält Rau, seit 1958 Landtagsabgeordneter der SPD, Gelegenheit zu einem kurzen politischen Statement – bis Brandt kommt. Rau ergreift das Wort und konzentriert sich in Erwartung einer recht kurzen Redezeit auf die wichtigen sozialen und außenpolitischen Themen. Aber Brandt läßt auf sich warten. Seine Anreise dauert und dauert. Rau muß als Redner durchhalten. Er muß Wesentliches sagen und gleichzeitig bereit sein, an fast jeder beliebigen Stelle seines Vortrages abzubrechen. Er bewältigt diese Aufgabe. Willy Brandt kommt mit über einer Stunde Verspätung und hat die erwartete große Resonanz. Rau jedoch wächst zumindest für diesen Tag in die Rolle des akzeptierten Sprechers der Wuppertaler SPD.

Der jüngere politische Weggefährte Gustav Heinemanns war in der Wuppertaler SPD schnell heimisch geworden. Ein wichtiger Anknüpfungspunkt war, daß in der SPD und insbesondere unter den Jungsozialisten das Friedensthema hoch im Kurs stand. Das Plakat zu einer Kundgebung »Verhandeln statt Rüsten« mit Gustav Heinemann, Heinz Kühn, Helene Wessel und Fritz Eschmann am 19. Februar 1955 in Wuppertal wurde von Rau zusammen mit zahlreichen SPD-Politikern, Gewerschaftern, Pastoren und Jugendvertretern unterzeichnet. Auf wenig später stattfindenden Kundgebungen mit ähnlichen Themen war Rau bereits einer der Hauptredner.

Für Wuppertal ist schließlich auf den frühen partnerschaftlichen

Brückenschlag hinzuweisen, der schon seit Ende der vierziger Jahre von der Falkengruppe und der Jungsozialistengruppe, in der ich jeweils mitarbeitete, vor allem auch zur Evangelischen Jugend erfolgte und beispielsweise in Freizeiten mit Professor Harder, Professor Hammesbeck und Pastor Lutze vertieft wurde. Das Wort von Kurt Schumacher, daß die Bergpredigt, der wissenschaftliche Sozialismus und eine philosophisch fundierte Ethik in gleicher Weise Wurzel sozialdemokratischen Gedankengutes sein können, wurde Grundlage für die SPD in Wuppertal. Hier wie anderswo verstand sie sich zunehmend als Gesinnungspartei, die von unterschiedlichen weltanschaulichen Positionen her getragen werden kann.

Gespräche mit Rau, zum Beispiel im Hause von Professor Harder, der, von einem radikalen christlichen Verständnis herkommend, schon Anfang der fünfziger Jahre SPD-Stadtverordneter war, konnten die damit verbundenen Fragen vertiefen. Als vor der Bundestagswahl 1957 auf Bundesebene die Weichen für die Einbeziehung des politischen Freundeskreises um Heinemann in die SPD gestellt waren, gab es in Wuppertal günstige Vorbedingungen. Indessen bedurfte es auch einer deutlichen Untermauerung dieses Einverständnisses, die Freunde Heinemanns in die Wuppertaler SPD einzubeziehen.

Aus vielen Gesprächen bildete sich vor allem bei jüngeren Parteimitgliedern die Meinung, daß Rau der richtige Mann für den Landtag sei. Dieses Anliegen war glaubhaft zu begründen, aber nicht eben leicht zu verwirklichen. Die vier Wuppertaler Direktmandate waren bei Alfred Dobbert, dem Landtagsvizepräsidenten und Bezirksvorsitzenden, Kurt Gehrmann, dem Unterbezirksvorsitzenden, Fritz Sack, dem ehemaligen SPD-Geschäftsführer und Arbeitsdirektor der Stadtwerke, sowie Arno Wulff, dem DGB-Vorsitzenden, in guten Händen.

Die Diskussion in der Partei wurde offen geführt. Ich hatte frühzeitig über die zu erwartende Nominierung Rau mit Fritz Sack gesprochen, der einerseits Verständnis für das Grundanliegen hatte, andererseits aber deutlicher als ich sah, daß diese Absicht nicht ohne Konflikte verwirklicht werden konnte. In der Meinungsbildungsphase nominierte der Unterbezirksausschuß der SPD mit Mehrheit die bisherigen Abgeordneten für eine erneute Kandidatur; für Johannes Rau fand sich nur eine Minderheit.

Auf dem Nominierungskongreß am 2. April 1958, auf dem ich als

Sprecher einer Gruppe meist jüngerer Parteimitglieder Rau als Landtagskandidaten vorschlug, schonte sich die Partei nicht und diskutierte ausgiebig über die Konsequenzen. Das Abstimmungsergebnis fiel knapp zugunsten von Johannes Rau aus, wobei auch Alfred Dobbert, Kurt Gehrmann und Arno Wulff nominiert wurden. Die Benennung dieser vier wurde anschließend in einem endgültigen Wahlgang mit großer Mehrheit bestätigt.

In der nachfolgenden Landtagswahl am 6. Juli 1958 errang Rau als einziger Wuppertaler SPD-Kandidat einen Direktwahlkreis.

Rau setzte im Wuppertaler Parteileben neue Akzente. Die Jungsozialisten wählten ihn am 21. Januar 1958 mit Mehrheit zu ihrem Vorsitzenden. Gegenkandidat war Werner Böwing, der betont gesellschaftskritisch eingestellt war. Die Partei hatte während der fünfziger Jahre um ihr Verhältnis zum Staat und ihr Verständnis von Macht gerungen, wobei diese Entwicklung mit Namen wie Kurt Schumacher, Erich Ollenhauer, Fritz Erler und Carlo Schmid verbunden ist. Rau machte oft deutlich, daß es nicht nur auf gute Diskussionen ankomme, sondern daß die Verwirklichung des Gewollten hinzukommen müsse. Wir machten dabei die Erfahrung, daß er bei Meinungsverschiedenheiten notfalls geduldig bis tief in die Nacht hinein bereit war, anstehende Fragen zu erörtern und damit zu einer Lösung zu kommen. Dazu gehörten auch Verständnis und Hilfe bei sehr persönlichen Problemen. Mancher registrierte aufmerksam, daß er schon bald die Parteimitglieder unbefangen als »Genossinnen und Genossen« anredete. Doch auch folgendes passierte: Nach einer Aktion versammelten wir uns im »Pött«, der Stammkneipe für gestandene Sozialdemokraten. Rau bestellte zehn »Löwenköttel« (Frikadellen); und jemand fragte, ob er sie alle essen wolle. Er antwortete trocken: »Nein, ich nicht, aber der Eberhardt und der Heinz, die kommen gerade aus Beyenburg von einer Aktion, und die haben noch nichts gegessen.«

Der SPD-Parteitag von Godesberg im Jahre 1959, der das neue Grundsatzprogramm verabschiedete, rückte heran. Wir saßen am 23. März 1959 im Rathaus Wuppertal-Barmen mit Johannes Rau und weiteren – auch theologisch kompetenten – Gesprächspartnern. Was heute selbstverständlich ist, nämlich eine faire Partnerschaft zu den Kirchen, wurde mit Blick auf das kommende Programm formuliert und später als Wuppertaler Antrag mit nur wenigen Sätzen der Antragskommission zugeleitet. Die Wuppertaler Formulierungen fanden in wesentlichen Teilen Eingang in das Godesberger Programm.

FREIA ENGELHARDT-SCHWAFERTS

Er rauchte zuviel

Wir waren eine in vielen Diskussionsrunden, in vielen Wahlkampfveranstaltungen erprobte Gruppe, alle untereinander freundschaftlich verbunden, die üblichen, möglichen Zweierbeziehungen (heute würde man sagen »Beziehungskisten«) fest gefügt. Unser Verhältnis zu den Kirchen, insbesondere zur evangelischen Kirche und ihren Institutionen, eher zwiespältig, zur katholischen Kirche überhaupt nicht vorhanden, was in einer Stadt der Protestanten und Sekten nicht weiter verwundern dürfte. Unsere Erfahrungen mit evangelischen Jugendgruppen: für uns enttäuschend, langweilig, da man gemeinsame Diskussionen oft dazu benutzte, uns missionieren zu wollen, was unsere Ablehnung, ja Abneigung bestärkte.

Und da kam also dieser Junge von der GVP, Johannes mit Vornamen. Wir haben ihn erst einmal mißtrauisch beäugt. Was hatten wir von ihm zu erwarten? Sicherlich war er ein prüder Jüngling mit frommen Bibelsprüchen. Die kamen auch prompt, aber ganz anders als bei Knulp, der auch recht bibelfest war. Wir lachten uns oft »schibbelig«, wie man in Wuppertal sagt, erlebten ein ganz neues Bibelgefühl. Johannes konnte so herrlich über sich selbst »uzen«, und fromm, nee, fromm gab er sich eigentlich nie. Er flirtete heftig mit den weiblichen Mitgliedern, und so konnten ihn die dazugehörigen Jungs erst mal nicht leiden. Johannes gehörte schnell voll zu uns, als sei er immer schon dabeigewesen; er hatte nur einen großen Fehler, er rauchte zuviel!

Übrigens stürzte er sich mit Feuereifer in die Arbeit, und wir packten ihm dankbar soviel auf wie eben möglich und zu verantworten, kurz gesagt, er hatte uns gerade noch gefehlt.

Während wir uns vorübergehend mehr und mehr ins Berufs- und Familienleben zurückzogen, startete er, was wir damals gar nicht so recht mitbekamen, seine politische Karriere.

Waltraud Kalsbach-van Gerfsheim

Er handelt als Freund

An einem späten Abend im Jahr 1961 sitzen drei junge Leute in einer kleinen Gastwirtschaft in Barmen. Es ist keine Kneipe, in der Männer ein schnelles Bier kippen. Hierher kommen überwiegend Stammgäste, viele Ehepaare, die sich untereinander kennen. Manchmal geht es laut zu, immer ist es gemütlich. Die drei, die da sitzen, sind Johannes Rau, Till und Wawi Kalsbach.

Sie haben sich viel zu erzählen. Besonders die Männer, denn immerhin verging seit ihrer letzten Begegnung ein ganzer Tag. Till ist erfüllt von juristischen Fragen, die sich bei seiner entstehenden Doktorarbeit ergeben, und den Erfahrungen, die er in der Referendarzeit macht. Johannes berichtet von seiner Verlagsarbeit und vor allem von seinen politischen Aufgaben als Stadtverordneter und Landtagsabgeordneter. Es wird immer später. Sie reden und diskutieren. Schnell noch ein Bier! Für eine Runde Skat ist es heute zu spät. Vielleicht morgen!

Die beiden Männer, die sich Abend für Abend soviel zu sagen haben, kennen sich erst seit einem Jahr. Ein recht ungleiches Freundespaar, bei dem man vergeblich nach Gemeinsamkeiten sucht. Weder aus Schul- oder Ausbildungszeit gibt es Berührungspunkte noch im Beruf, nicht familiär, nicht durch Hobbys.

Till: zielstrebig, manchmal ungestüm, ein begeisterter Jurist, der mit Energie für sein berufliches Fortkommen arbeitet.

Johannes: schon arriviert, besonnen agierend und argumentierend, realitätsbezogen und darauf ausgerichtet, durch sein politisches Handeln zum Wohl anderer beizutragen. Auf jeden Fall ist Johannes – obwohl nur wenig älter – in den ersten Jahren der sich formenden und festigenden Freundschaft der absolut Überlegene. Seinem mit vielen Problemen ringenden Freund hört er unermüdlich und aufmerksam zu, berät ihn kritisch, aber behutsam, und bringt unendlich viel Verständnis für ihn auf. Nie verliert er die Geduld. Nie läßt er ihn seine Überlegenheit spüren. Till und ich machen die Erfahrung, daß man sich Johannes bedingungslos anvertrauen kann, daß keiner verläßlicher ist als er. Er redet nicht über Freundschaft, er handelt als Freund.

Die Jahre gehen dahin, berufliche Veränderungen treten ein, Terminnöte häufen sich, und unsere abendlichen Gespräche finden seltener statt. Aber die Freundschaft, die in ihrer Inkubationszeit von der ständigen Begegnung profitiert hat, ist ausgereift und bedarf ihrer nicht mehr. Sie entwickelt sich jetzt in zweifacher Weise. Zunächst ist da die ganz persönliche Freundschaft zwischen uns dreien, die uns oft zu erfreulichen Anlässen zusammenbringt: Reisen, Feiern, kulturelle Erlebnisse; die sich aber auch immer wieder in Notsituationen und traurigen Stunden bewährt. Till und ich treffen keine nur annähernd wichtige Entscheidung, ohne uns vorher mit Johannes beraten zu haben. Und dennoch wird diese Beziehung nicht besitzergreifend oder ausschließend. Es bleibt Raum auch für andere Freundschaften.

Daneben entsteht eine Parteifreundschaft zwischen Johannes und Till. Als sich beide kennenlernen, ist Till parteipolitisch überhaupt nicht engagiert, noch nicht einmal sonderlich interessiert. Zur SPD besteht nicht der geringste Kontakt. Es ist die Persönlichkeit von Johannes, besonders seine soziale Verantwortung und die Lauterkeit seines politischen Handelns, die beeindruckt. Er ist der Politiker, der Till überzeugt und der sein Vorbild wird. Es dauert nicht sehr lange, bis Johannes ihn als politischen Weggefährten gewonnen hat. Till tritt in die SPD ein, und unter der behutsamen, aber richtungweisenden Führung seines Freundes wird er Stadtverordneter und Landtagsabgeordneter. 1972 stirbt Till, 36 Jahre alt.

Die Schwierigkeiten der nun folgenden Zeit hätte ich ohne die Hilfe des Freundes wahrscheinlich nicht gemeistert. Wie immer, wenn ich in Not bin, hilft er mir auch jetzt, hat Zeit für mich und achtet darauf, daß ich Entscheidungen mit Vernunft treffe. Mehr als ein Jahrzehnt ist inzwischen vergangen. Nahezu alles hat sich in Johannes' und meinem Leben verändert. Wir beide sind Bindungen mit Partnern eingegangen, die »unsere gemeinsame« Zeit nicht miterlebt haben. Ist die alte Freundschaft dieser Belastungsprobe gewachsen?

Johannes klettert stetig auf der Erfolgsleiter empor. Zeit ist der rarste Artikel in seinem Leben geworden. Wenn wir uns treffen, ist alles wie früher. Schade nur, daß wir uns so selten sehen und kaum noch Gelegenheit haben, Neues gemeinsam zu erleben.

Und dann spricht mich Johannes eines Tages an: »Übrigens, was ich dir noch sagen wollte, Christina und ich fänden es gut, wenn du Patin unseres Sohnes Philip werden würdest.«

Vor Freude verstumme ich. Was soll ich sagen?

Inzwischen weiß ich es. Ich nehme meinen kleinen Patensohn auf den Arm und denke: »Ich hoffe, daß du eines Tages ein so verläßlicher Freund sein kannst, wie es dein Vater ist.«

THEODOR STURM

Geburtstag im Friedrich-Engels-Haus

Seit 1971 tragen manche Politiker und Journalisten, Freunde und Verwandte den 16. Januar als Jour fixe in den Jahreskalender ein: »Geburtstag von Johannes Rau, Friedrich-Engels-Haus in Wuppertal-Barmen, Friedrich-Engels-Allee«. Der äußere Rahmen scheint für seine Art, Geburtstage zu feiern, extra geschaffen:

Ein Bürgerhaus, 1775 von Caspar Engels (Großvater von Friedrich Engels) gebaut, 1970 von der Stadt Wuppertal als Gedenkstätte für Friedrich Engels restauriert und heute eines der schönsten Beispiele des sogenannten Bergischen Barocks mit Schiefer, grünen Schlagläden und weißen Fenstern. Solide Bürgerlichkeit, die Eingangshalle nicht pompös, aber groß genug für Johannes Rau, um dort allen Gästen herzlich die Hand zu schütteln und über manche anzügliche Geschenkidee zu schmunzeln (eine ganze Kunstsammlung kam zusammen, als die Stadt Wuppertal einen hier berühmt-berüchtigt gewordenen Kunstprozeß mit Professor Beuys über dessen Badewannen-Komposition führte und über zwanzig Geburtstagsgäste auf die »einmalige« Idee kamen, durch kühne Badewannen-Eigenprodukte in künstlerischer Weise auf die streitbaren Beziehungen des damaligen nordrhein-westfälischen Wissenschaftsministers zu seinem eigenwilligen Kunstprofessor anzuspielen).

Im Erd- und Obergeschoß dann die verschiedenen Wohnzimmer der Familie Engels, der rechte Ort, um sich im Trubel der Geburtstagsfeier auch zu einem ruhigen Gespräch oder zu vertrautem Austausch in politischen Tagesfragen – ein Fest ohne Politik wäre für Rau ein Geburtstag ohne Lieblingsessen – zurückziehen zu können. Gustav Heinemann oder Herbert Wehner haben hier gerne Platz genommen oder auch CDU-Altoberbürgermeister Dr. Heinz Frowein, der 1969, als Johannes Rau die Wuppertaler Kommunalwahl gewann und Oberbürgermeister wurde, der CDU-Gegenkandidat gewesen war und seither mit ihm respektvoll verbunden ist; diese Kommunalwahl war die erste, aber nicht die letzte Wahl mit Johannes Rau als Spitzenkandidat seiner Partei, bei welcher er manche Auguren erfolgreich widerlegte.

Viel Wandern zwischen den Räumen und Freunden, zum Konferenzzimmer mit dem reichhaltigen, bürgerlichen Buffet oder in den offenen Flur mit der Polizeiband – auch Johannes Rau wird gelegentlich bei einem Tanz erwischt –, vor allem aber in Richtung des Geburtstagsmittelpunktes: ein altes Kellerrundgewölbe mit großen Holztischen und Bänken, der ideale Platz zum Trinkgespräch und den Geburtstagsreden, zum Feiern und zum Diskutieren mit den rund 150 Geburtstagsgästen. Manche haben sich dort seit 1971 ihren festen Stammplatz auf der Bank erobert, zum Beispiel Walter Jahnke, früher SPD-Fraktionsvorsitzender in Wuppertal und enger Wegbegleiter von Johannes Rau in dessen Wuppertaler Stadtverordnetenzeit von 1964 bis 1978. Dort sitzen auch andere ständige Geburtstagsgäste, die mit Rau aus seiner Wuppertaler Zeit bis heute verbunden sind und ihm in seinen Ämtern folgten.

Die Geburtstagsgäste, sie haben sich seit 1971 eigentlich nicht geändert, sondern nur erweitert und »vergrößert«. Natürlich ist das Geburtstagsfest im Laufe der Jahre immer stärker zu einem Stelldichein politischer Persönlichkeiten geworden, aber nie zu einem Jahrmarkt, auf dem Rau protokollarische Pflichten erfüllen will; an der persönlichen Aufstellung der Einladungsliste hat sich nichts geändert, seitdem ihm ein Protokollchef zur Seite steht. Die Gästeliste, sie spiegelt den persönlichen Kontakt zu politischen Freunden wider, aber auch zu politischen Gegnern – eine klare Minderheit auf den Bänken, aber ohne Minderheitsgefühle –, zu Journalisten, die seine politische Laufbahn begleitet haben oder begleiten – mit Sympathie für ihn, nicht unbedingt für seine Politik –, oder zu persönlichen Freunden, zum Beispiel vom Skat- oder Stammtisch und aus dem Bereich der Kultur. Freunde bringen ihre seit 1971 herangewachsenen Kinder mit; sie sind stolz und verblüfft, von ihrem Landesvater bei der Begrüßung auf die schlechte oder gute Schulnote des Vorjahres angesprochen zu werden, die er nicht vergessen hat.

Geschwister, Neffen, Verwandte feiern mit, an ihrer Spitze Mutter Helene, die öfters die Lacher auf ihrer Seite hat, wenn sie durch trockene Zwischenbemerkungen bei Geburtstagsreden ihre mütterliche Personenkenntnis offen preisgibt. Sie weiß, daß ihr Sohn selbst auf Sitzungen gestört werden darf, wenn in der Familie etwas passiert und Hilfe oder Trost nötig ist.

Das Gästebuch seit 1971 verrät keine grundlegenden Änderungen im persönlichen Umkreis, zeichnet aber die Entwicklung der politischen Laufbahn nach und beantwortet still manche Frage nach seiner politischen Herkunft, seinen engeren politischen Freunden und seinen Ratgebern. Gustav Heinemann war der erste Geburtstagsgast, der sich am 16. Januar 1971 ins neue Geburtstagsgästebuch eintrug. Natürlich kamen in späteren Jahren auch Helmut Schmidt und Willy Brandt, um ihm zu gratulieren; Brandt kam zuerst und etwas öfter. 1982 – in jenem Jahr ist Johannes Rau stellvertretender Vorsitzender der SPD geworden und für ein Jahr Präsident des Bundesrates gewesen – kamen sie alle, unter anderen Wehner, Vogel, Brandt und Schmidt.

Kein Geburtstag ohne Geburtstagsreden im Kellergewölbe, aber niemals eine Laudatio, die nur den Lorbeerkranz zusammenbindet. Eine Gratulation im Namen vieler Freunde, natürlich mit Anspielungen auf politische Tagesthemen und Zielsetzungen reich gewürzt, den Journalisten auch einen Blick hinter den politischen Vorhang gönnend, aber man ist eben auf dem Geburtstag unter Freunden, und die Kellermauer ist dick. Die politische Zukunft des Geburtstagskindes wird mitunter ahnbar, bevor sie da ist, etwa 1977, als Hans-Otto Bäumer mit gelöster Zunge beiden Kandidaten für den Vorsitz im Landesverband der SPD, Johannes Rau und Friedhelm Farthmann, aufmunternde Worte zurief und seine Meinung nicht sagte, aber hörbar machte. Auch Harald Steup, ein weiterer enger politischer Freund aus der Wuppertaler Stadtverordnetenzeit, läßt durch seine zum Geburtstagsinventar gewordenen Reden »à la Willy Brandt« die politischen Wünsche und kommende Entwicklungen mitunter vorherahnen.

Die Geburtstage von Johannes Rau spiegeln einen Politiker wider, der mit der Politik und seiner Partei eng verbunden ist, aber über Politik und Parteigrenzen hinaussehen kann. Sie machen spürbar, warum Rau viele Freunde hat; persönliche Verbundenheit – in der Politik und außerhalb – hat für ihn Bedeutung und Konstanz. Sie verraten die ständige Entwicklung als politische Persönlichkeit; Veränderungen der Person offenbaren sie nicht. Viele Journalisten sind da; ein Journalisten*termin* ist der Geburtstag nie gewesen, ein Fest ohne Fernsehkameras für einen von Fernsehkameras umstellten Politiker.

WILFRIED RECKEWITZ

Lieber Johannes

Lieber Johannes,

da kommt einer, ein sympathischer Mann übrigens, in mein Atelier und macht mit mir ein Interview. Er will wissen: »Was hat Ihr Freund Johannes Rau für eine Beziehung zur Kunst?« Und so eine einfache Frage hat es in sich. Erstens – was ist Freundschaft? Zweitens – was ist Kunst? Freundschaft ist sicherlich nicht ein permanentes Zusammenhocken und Tratschen. Das machen viele. Aber Vertrauen, Zuneigung und das Bekenntnis zueinander wäre eine zulässige Umschreibung. Und Kunst? Da ich Maler bin, ist wahrscheinlich die bildende Kunst gemeint. Um sich den Fragen zu nähern, ist es nicht unwichtig, sich zu erinnern.

Es muß 1950 gewesen sein. Ich war gerade zwei Jahre aus Düsseldorf von der Staatlichen Kunstakademie zurück nach Wuppertal gekommen. Damals haben wir die Galerie »Palette« und das Künstlerlokal mit gleichem Namen gegründet. Den dazugehörenden Ring bildender Künstler gab's schon. Und in dieser Zeit hatten wir die ersten Begegnungen. Die wöchentlichen Künstlertreffs, die monatlichen öffentlichen Diskussionen über die moderne Kunst und die heftigen Auseinandersetzungen »gegenständlich« oder »nichtgegenständlich«. Alle Künste – Literatur, Musik, Theater, Malerei – spielten eine wichtige Rolle. Und »draußen vor der Tür«! Die Städte waren zerstört. Um uns Ruinen und Berge von Schutt. Im Grunde eine Ansammlung von Häßlichkeit und Elend. Und da gab's nun dieses Künstlerlokal und die Galerie »Palette«, ein Ort vielfältiger Begegnungen. Ob Schauspieler, Architekten, Maler, Politiker, Journalisten, man traf sich dort und kannte sich. Kunst ist Dir aus dieser Zeit selbstverständlich. Ich glaube, sie braucht für Dich Überraschungsmomente, nicht Spektakel oder Show! Du hast ein ausgeprägtes Gefühl für stille Dinge.

Und Deine Wohnung ohne die moderne Kunst ist nicht vorstellbar. Ich glaube, Dein ältestes Bild ist ein kleiner Liebermann. Und das jüngste: die durch mich gestaltete Nurglastür in Glaskunstschliff. Sie befindet sich an einem Platz, welcher nach außen nicht im geringsten repräsentiert. Dies ist sicher Zufall, vielleicht doch charakteristisch.

Es ist müßig, die vielen Jahre mit ihren schönen Geschichten und Erlebnissen aufzuzählen. Doch irgendwann wunderte ich mich. Du gingst engagiert in die Politik. Und als ich mich ausgewundert hatte, warst Du unser Ministerpräsident. Immer begegneten und trafen wir uns. Nicht mehr so oft, aber die Stimmung unserer Anfänge schwingt da noch mit. Ob es nun 1958 bei dem durch uns veranstalteten ersten deutsch-polnischen Ausstellungsaustausch nach 1945 war oder ob ich an die frohen Stunden in unserem Atelier denke, nicht Deine selbstverständliche Gastfreundschaft vergessend.

Etwas ist mir aufgefallen, wir beide haben nie ein sogenanntes Kunstgespräch geführt. Dies liegt sicher an mir. Ich weiß, solche Gespräche hinterlassen einen ungeordneten Berg von Worten. Das beste ist ein leerer, frisch gescheuerter Tisch.

Clemenceau zum Beispiel hatte ein geradezu kämpferisches Verhältnis zur damaligen zeitgenössischen Kunst, seinem Freund Claude Monet und dessen Werk. Frankreich verdankt der Freundschaft dieser beiden Männer viel. Aber dies ist kein Vergleich. Da braucht's schon stillere Vergleiche. Oder brauchst Du die Kunst so wie ich: zum Atmen?

Es gibt einen kurzen Satz von Hermann Hesse: »Der Anfang aller Kunst ist Liebe.« Ich glaube, von daher gibt's einen Zugang.

Verzeih mir bitte diesen Versuch.

Herzlichst und natürlich artige Grüße an Christina und die Kinder,
Dein Wilfried Reckewitz

Harald Steup

Sympathie und Vertrauen

Es war am 25. Oktober 1976, als im Rat der Stadt Wuppertal heftig über die Aufstellung einer Friedrich Engels gewidmeten Marmorskulptur debattiert wurde. Die CDU-Fraktion betrachtete vor zehn Jahren dieses heute unumstrittene Kunstwerk des renommierten Wiener Bildhauers Alfred Hrdlicka als einen »Stein des Anstoßes«, während sich die sozialdemokratischen Ratsmitglieder einmütig zu dieser Form der Ehrung des bedeutendsten Sohnes der Stadt bekannten.

Einer meiner Fraktionskollegen, der Stadtverordnete Rau, griff spontan in die lebhafte Diskussion ein. Ohne Pathos, aber mit leidenschaftlichem Engagement plädierte er für eine sachliche Auseinandersetzung mit Friedrich Engels und seinem Werk – frei von Vorurteilen und ideologischen Scheuklappen.

»Die katholische Soziallehre und die evangelische Sozialethik sind heute noch dabei, die unbeantworteten Fragen von Marx und Engels aufzuarbeiten, weil sie spüren: Das ist alles unerledigt in unserer Gesellschaft!« So Rau in seiner improvisierten Rede. Und weiter: »Die Antworten, die Marx und Engels gegeben haben, die gelten längst nicht mehr für uns alle, die gelten längst nicht mehr für die Situation, in der wir leben! Aber die Fragen, die Marx und Engels ihrer Zeit und den Menschen nach ihnen gestellt haben, die sind nach meiner Auffassung und nach der Auffassung nicht nur vieler Sozialdemokraten, sondern vieler überhaupt unerledigte Fragen.«

In knapper Weise macht dieser kurze Redeauszug den entscheidenden Wesenszug im Bild von Rau anschaulich. Er hat sich nie darauf beschränkt, im stillen Kämmerlein theologischen, philosophischen, historischen und zeitgeschichtlichen Studien nachzugehen. Rau wurde schon sehr früh aktiv.

Als er 1958 mit 27 Jahren in den Landtag am Düsseldorfer Schwanenspiegel einzog, war er der jüngste Abgeordnete – und der Hoffnungsträger einer kritischen, skeptischen Generation junger Menschen. Als eine der Hoffnungen der jungen Generation formulierte Rau sieben Jahre später die Erwartung, »die Politiker von heute könnten und sollten Konzeptionen für morgen entwickeln, statt die Gegenwart von gestern her zu rechtfertigen«. Und dazu gehören »Mut zur realen Utopie, verantwortliche Tabu-Zerstörung, Aufreißen des Horizonts, Setzung neuer Ziele und Grenzen«. Daß er dieser Zielsetzung treu geblieben ist, weiß ich aus vielen Gesprächen, die wir im Laufe der Jahre miteinander geführt haben.

Als ich im Herbst 1969 zum erstenmal in den Rat der Stadt Wuppertal gewählt wurde, war Rau schon fünf Jahre lang Stadtverordneter. Von Anfang an verband uns gegenseitige Sympathie. Einer der Gründe dafür war, daß wir auch in der schärfsten politischen Auseinandersetzung nie mit dem Säbel, sondern immer mit dem Florett gekämpft haben. Es war unser gemeinsames Anliegen im Stadtparlament, dazu beizutragen, eine für die Stadt und ihre Bürger schädliche Polarisierung zu verhindern, über die Fraktionszäune hinweg Offenheit und Gesprächsbereitschaft zu signalisieren. Zu verhindern, daß aus politischen Gegnern persönliche Feinde werden, der Abbau des unseligen Freund-Feind-Denkens unter Demokraten und Partnern – das hatte und das hat nichts zu tun mit politischer Konturenlosigkeit oder gar dem Verzicht auf das Ringen um den besseren Weg. Im Gegenteil: Wir sind einem notwendigen Streit der Sache wegen mit dem politischen Gegner im Stadtparlament zu keinem Zeitpunkt aus dem Weg gegangen.

Wenn ich von den Herausgebern gefragt werde, was meine Freundschaft mit Johannes Rau trägt, so räume ich ein, daß ich diese Frage nicht erschöpfend beantworten kann. Einer der Pfeiler unserer Verbundenheit ist die gemeinsame politische Überzeugung. Wir sind Genossen – aber auch persönliche Freunde. Aus der bloßen Sympathie füreinander am Anfang unseres gemeinsamen politischen Weges erwuchs während unserer Arbeit im Rat der Stadt wie in der Partei ein vertrauensvolles Miteinander – über den politischen und parlamentarischen Raum hinaus.

Freundschaft – diese verpflichtende, aber vielfach zum Lippenbekenntnis erstarrte Eigenschaft – hat am klarsten Martin Luther definiert: »Es soll keiner einen für einen vertrauten Freund halten, er habe denn zuvor einen Scheffel Salz mit ihm gegessen.«

Man muß kein Theologe sein, um zu verstehen, was der Reformator damit gemeint hat. Freundschaft ist eben mehr als ein Lippenbekenntnis oder Zweckbündnis von Menschen, die sich von gemeinsamen Interessen oder Überzeugungen leiten lassen.

Freundschaft bedeutet für mich auch Bewährung. Ich will nicht verschweigen, daß Johannes Rau in einer für mich persönlich schwierigen Situation zu den engen Freunden zählte, die mir halfen, diese Lebenskrise zu meistern. Nicht nur mit guten Ratschlägen, sondern konkret mit Taten, Verständnis und menschlicher Wärme.

Ich habe in persönlicher Hinsicht wiederholt erfahren können, daß Rau auch als Spitzenpolitiker ein empfindsamer – nicht zu verwechseln mit empfindlich –, aufmerksamer und hilfsbereiter Mensch geblieben ist. Begabt mit der seltenen Fähigkeit, zuhören und auf andere eingehen zu können – und mit der ebenso nicht alltäglichen Fähigkeit zu Selbstkritik und Selbstironie.

Seine Sensibilität und menschliche Anteilnahme wird besonders deutlich, wenn er Angehörigen jenes Volkes begegnet, das nach den teuflischen Plänen der Machthaber des »Dritten Reiches« ausgelöscht werden sollte. Wir haben zahlreiche gemeinsame jüdische Freunde in der Bundesrepublik wie in Israel, darunter auch viele, die durch Flucht und Emigration dem drohenden Holocaust entkommen sind.

Johannes Rau hat schon als Kommunalpolitiker beharrlich den Weg der Verständigung mit Israel und seinen Bürgern verfolgt. Auf unseren gemeinsamen Reisen konnten wir Kontakte zwischen deutschen und israelischen Kommunen anbahnen und verbessern – nicht zuletzt auch dank unserer guten Zusammenarbeit mit dem Israelischen Städteverband. So ist es denn auch nicht verwunderlich, daß Wuppertal als erste deutsche Großstadt mit einer israelischen Stadt, Beer Sheva im Negev, eine Städtepartnerschaft vereinbarte. Diese 1977 durch die Unterzeichnung einer »Freundschaftsvereinbarung« begründete Partnerschaft ist mittlerweile durch regelmäßige Kontakte zwischen Jugendgruppen, Sportlern und Künstlern, aber auch durch einen regen Gedankenaustausch der Kommunalpolitiker mit Leben erfüllt worden.

Was mich mit ihm verbindet, ist nicht zuletzt auch eine Eigenschaft, die auf den ersten Blick zunächst vordergründig erscheinen mag: Wir beide sind in Wuppertal geboren, in dieser Stadt an der Nahtstelle der beiden Landesteile Rheinland und Westfalen aufgewachsen, und wir leben in diesem quicklebendigen Zentrum des Bergischen Landes, das als Stadt der Schwebebahn und Geburtsort so unterschiedlicher Persönlichkeiten wie Friedrich Engels und seines Zeitgenossen Friedrich Bayer, des Begründers der heutigen Bayer AG, bekannt ist.

Die Wuppertaler verbindet ein ausgeprägtes Heimatbewußtsein. Eine Liebe zur Stadt und zur bergischen Region, die aber gänzlich frei ist von provinzieller Engstirnigkeit. Ich halte die Wuppertaler für weltoffen. Sie verstehen es, Tradition und Fortschritt miteinander zu verbinden.

Bei den Wuppertalern verbindet sich aber auch, wie ich meine, in glücklicher Weise nüchterner Verstand mit menschlicher Zuneigung, Grundsatztreue und Standfestigkeit mit Freimut und Großzügigkeit.

In dieser Stadt, die vom Christentum wie von der Arbeiterbewegung gleichermaßen geprägt worden ist, hat der Respekt vor der Meinung des Andersdenkenden einen hohen Stellenwert.

Und noch eine Eigenschaft verbindet uns, die Wuppertaler: In dem engen Tal der Wupper mit den beiden Stadtbezirken Barmen – dort ist Rau geboren und aufgewachsen – und Elberfeld – sein heutiger Wohnsitz – ergänzen sich wie nirgendwo anders in unserem Land Nordrhein-Westfalen rheinischer Frohsinn und westfälischer Eigensinn.

VII. Kapitel

Bruder Johannes

WERNER FILMER / HERIBERT SCHWAN

Sein Christsein

Christliche Hoffnung ist für Rau gleichsam der Atem seines Daseins, der rote Faden, der durch alles hindurchgeht, was er tut. Hoffnung ist Teil seines Lebensdrangs. Davon wird er getragen. Diese Erwartung gab ihm Gelassenheit. Ein Wesenszug, den enge Mitarbeiter immer noch rühmen, eine Art »sonniges Lebensgefühl«, das sein seelisches Gesamtleben stimuliert.

Er ist – wie könnte es anders sein – auch ein Zweifelnder. Allerdings treibt er seine Zweifel selten an jenen äußersten Punkt voran, an dem er sich selbst blockiert. Gedanken gegen Gedanken zu setzen, damit beschäftigte sich bereits der junge Verlagsbuchhändler. Er besaß eine Begabung dafür, die gedachten Dinge den erscheinenden entgegenzusetzen. Früh bekam er zu spüren, daß es zu jedem Satz einen gleichwertigen Gegensatz gibt. Auch diese Erfahrung verhinderte, daß er dogmatisch wurde.

Rau begreift sich als Christ, der glaubt, daß diese Welt nicht verloren ist. Seine Grundüberzeugung ist, das hat er vor Jahren schon einmal gesagt, »daß Gott die Welt und die Menschen liebt«. Christ sein heißt für ihn nicht, mitzulaufen. »Ich habe mich eigentlich immer, seit meiner Kindheit, als jemand empfunden, der ohne die Gemeinde nicht leben kann ... Die Tatsache, daß ich überhaupt in die Politik gegangen bin, hat für mich etwas damit zu tun, daß ich glaube, der Christ darf sich nicht abwenden von den Problemem seiner Welt und seiner Umwelt.« Einmal fragten wir ihn, wo nach seiner Meinung Christus heute stünde, würde er unter uns leben. »Das weiß ich nicht. Ich weiß nur, daß er heute lebt und daß er bei denen steht, die Unrecht leiden – und bei denen, die Hilfe brauchen.«

Ausgehöhlt von Weinerlichkeit verlief sein Leben nicht. In Rau ist – und das macht ihn stark in seiner Partei – immer auch etwas vom Verlangen nach einem unkorrumpierbaren Bewußtsein zu spüren. Er gehört nicht zu den weltabgewandten, lebensfremden politischen Traumwandlern, auch wenn seine Gegner dies dem Wahlvolk suggerieren möchten. Rau zählt zu denen, die jene Verluste erkannt haben, die Industriegesellschaften dem einzelnen zugefügt haben und zuzufügen vermögen. Dabei nahm er Abschied von Utopien. Er besteht nicht aus reformierter Verstopfung und schlechtem Gewissen. Rau vermag zu leben, kann sogar genießen. Auch wenn Sparsamkeit – vielleicht sogar ein gewisser Geiz – sein Verhalten kennzeichnen. Rau hält nicht die Nächstenliebe für das entscheidende Kriterium des christlichen Glaubens. Für ihn ist sie »eine unverzichtbare Sache, aber nicht die allein entscheidende«. »Ich kann«, sagt er, »christlichen Glauben nicht auf Nächstenliebe reduzieren.« Nach seiner Meinung ist die »Nichtverfügbarkeit der Welt und des eigenen Lebens sowie die Zuversicht, daß diese Welt nicht im Verhängnis lebt, sondern daß noch etwas kommt«, das entscheidende Kriterium christlichen Glaubens.

Manchen atheistischen Sozialdemokraten hat er durch solche Bekenntnisse geschockt. Viele denken: Der ist da irrtümlich hingeraten. Rau aber hält dies für seinen unverzichtbaren Hintergrund. »Als Kinder gingen wir mit meinem Vater in die ›Stunde‹, aber als Familie auch in den Gottesdienst. Heute gehe ich in die Kirche, wenn ich Zeit habe oder sie mir nehme.«

Als Politiker wurde Rau schon früh von seiner Kirche »in Verantwortung genommen«. Er kam ins Präsidium des Kirchentages, mußte auf Kirchentagen reden, ist seit vielen Jahren berufenes Mitglied der Synode und stellvertretendes Mitglied der Leitung der Evangelischen Kirche im Rheinland. Dieses politisch-christliche Engagement hatte er gut vorbereitet. Von Juli 1957 bis Februar 1967 redigierte er die *Politische Verantwortung – Evangelische Stimmen.* Diese »Blätter« erschienen monatlich mit einem Umfang von vier bis acht Seiten und wurden kostenlos an alle evangelischen Pfarrer und an weitere Kirchenleute geschickt. Diese Idee Heinemanns galt als flankierende Maßnahme der SPD, die Protestanten für die Partei zu gewinnen, zumindest Vorurteile abzubauen.

Fast in jeder Ausgabe schrieb Rau einen Leitartikel, setzte sich auch hier mit dem Evangelischen Arbeitskreis der Union auseinander. Er machte Interviews, kommentierte und analysierte. Für Rau war das eine hervorragende Basis, sich zu profilieren. Dadurch wurde er weit über die Landesgrenzen bekannt.

Johannes Rau

Weshalb ich immer noch Christ bin*

Eigentlich bin ich überzeugt davon, daß mancher unter meinen Freunden und Bekannten mir diese Frage gern stellen möchte, sich aber nicht richtig traut. Gefragt wird eher nach Ansichten zu politischen oder wirtschaftlichen Entwicklungen, nach möglichen Rezepten dafür; gefragt wird auch, ob Krieg abzuwenden sei, ob Studenten oder Bäcker oder Mechaniker überhaupt noch eine Zukunft haben, ob wir genug für unsere älteren oder behinderten Mitbürger tun, ob wir mehr Fernsehen haben sollten und manches andere.

Ein mir nur flüchtig bekannter Bürger meiner Heimatstadt, der mir manchmal ziemlich originelle Gedanken in seinen Briefen mitteilt, überraschte mich kürzlich mit der Frage, ob ich vor meinem Zwölf- bis Sechzehn-Stunden-Tag auch Zeit fände, »Gott zu tanken«. Das meinte er ganz ernst; er ist keiner, der nur so dahinschreibt. Es handelte sich auch nicht um einen Schreibfehler. Er sagt »Gott tanken« und nicht »Gott danken«.

Die Frage hat mich ähnlich bewegt wie die hier gestellte. Da gibt es einen Zusammenhang. Das Wesen dieses Zusammenhangs ist der Glaube. Christen glauben an Gott. Martin Luther hat das in einem

* Der Beitrag war in dem Buch »Leben vor sich haben«, herausgegeben von Werner Filmer, im Arena Verlag, Würzburg, erschienen

seiner Kernsätze so gesagt: »Denn die zwei gehören zuhaufe: Glaube und Gott. Worauf du nun dein Herz hängst und dich verläßt, das ist eigentlich dein Gott.« Gott tanken kann nur der, der sein Herz an ihn hängt und sich auf ihn verläßt. Mein Glück ist, daß mich kein Sechzehn-Stunden-Tag daran hindert. Christ bin ich wegen dieses Glaubens, von dem der berühmte Theologe Karl Barth 1947 als von einem »Geschenk der Begegnung, in der Menschen frei werden«, gesprochen hat.

Ach, gewiß, ich weiß nicht, ob ich durchweg ein redlicher Christ bin, ob ich immer genug vertraue, ob ich im Glauben und im Christsein mir genügend »des Sinnes meines Daseins und des Grundes und des Zieles allen Geschehens« (Barth) gewiß bin. In solcher Ungewißheit bleibt dem Christen das Gebet, dies »Mit Gott reden in der Gewißheit, daß Gott den Menschen hören und erhören kann«.

Für viele ist der Glaube, der christliche vor allem, so zur »Privatsache« geworden, daß man nicht danach zu fragen wagt. Da wird unterschieden zwischen dem »inneren« Menschen und der harten Wirklichkeit. Das ist dann eine einfache Sache: Religion ist für die Seele da – und wer kann die schon fassen?

Christen, so meine ich, setzen solcher Auffassung anderes entgegen: zum Beispiel die Bergpredigt, in der es heißt: »Ihr seid das Salz der Erde.« Das bedeutet doch wohl, Christen sollen auf der Erde, also in unserer Gesellschaft, vorangehen. Mit dem Friedenmachen, mit der Gerechtigkeit, mit der Verbesserung einer Welt, die im argen liegt.

Ganz schlicht hat ein sehr tatkräftiger Christ, nämlich Christoph Blumhardt, vor etwa einem Jahrhundert auf die Frage nach Jesus geantwortet: »Jesus, das ist der Trotz Gottes gegen Sünde, Armut und Elend.« Vielleicht und hoffentlich bin ich deshalb »immer noch« Christ – weil ich durch Glauben frei geworden bin, weil ich an die Verheißung glaube: »Siehe, ich mache alles neu«, womit ja die Zukunft dieser Welt gemeint ist, und weil die gebraucht werden (und seliggepriesen werden), die nach Gerechtigkeit hungern und dürsten und diesen »Trotz Gottes« gegen Sünde, Armut und Elend empfinden.

Werner Filmer / Heribert Schwan

Menschen haben einander zu ertragen

Daß die Hoffnung auf Toleranz sich selten erfüllt und die Inquisition in anderen Gewändern ihr Unwesen treibt, hat der Reformierte Rau oft erfahren müssen. Unduldsamkeit begann nicht mit der mittelalterlichen Ketzerverfolgung und endete nicht mit Calvin, dessen Jagd auf Servet, den er verbrennen ließ, noch heute den Christen Rau schreckt.

Für den Hoffnungsträger seiner Partei heißt Toleranz, daß Menschen einander zu ertragen haben, ohne ständige Abneigung, ohne schäumende Wut. Jedes inquisitorische Gelüst, dem er verfallen könnte, würde seine »Liebesgesinnung« in Frage stellen. Er weiß, daß Christen zu allen Zeiten erbarmungswürdige Schauspiele lieferten, wenn sie ihre Widersacher verketzerten. Abweichende Meinungen kann Rau vermutlich besser ertragen als viele andere Politiker. Gerade das macht ihn für die SPD Ende der achtziger Jahre so interessant. Allerdings reagiert er empfindsam, wenn ihm die Lauterkeit der eigenen Gesinnung bestritten wird. Daß ihm Biedenkopf »Verkommenheit« vorwarf, verletzte Rau bis ins Mark. Daß in der Politik Kompromisse unerläßlich sind, diese Erfahrung strukturierte ihn. Das gesamte Leben des Christen – ob in gesellschaftlichen, privaten oder geistigen Bezügen – begreift er als Einheit.

Als christlich geprägter Sozialdemokrat ist Rau ein redlicher, verläßlicher Politiker, für den Christsein mehr ist als nur »Innerlichkeit«. Er kennt seine Verantwortung für die Welt und in der Welt. Er gehört zu jenen, die wissen, wovon man als Christ lebt. »Der hat nicht irgendeine Emaille über dem Metall, der ist Christ durch und durch, ist aus Fundamenten gewachsen«, beschrieb ihn Präses Brandt. »Er hat Freude an Menschen«, von alten Gemarkern ist dies oft hervorgehoben worden. »Er spricht wirklich mit ihnen.« Was Rau macht, geschieht zuverlässig und akribisch genau. Oft pingelig genau! Sechzehn oder siebzehn Arbeitsstunden sind keine Seltenheit. »Ich schaffe mich kaputt«, hat er einem seiner Freunde gesagt, »so geht das nicht weiter!«

Natürlich ist Rau ehrgeizig. »Er hat mir mal einen Brief gezeigt, den er als Fünfzehnjähriger geschrieben hat. Darin entwarf er die Organisation der Evangelischen Jugend für ganz Deutschland neu ... Auch die

Partei ist für ihn das Spielfeld seiner Gedanken.« Wer sich mit seinen Freunden unterhält, erfährt manche Eigenart. Am 7. Dezember 1985 wird Raus Sohn getauft: Philip-Immanuel. Wieder erleben wir ihn im vertrauten Kreis seiner Familie.

Rituale sind symbolische Handlungen. Sie beschwören Heiliges, das hier und jetzt erfahren werden soll. Rau sieht glücklich aus. Symbole sind Akte gegen den Geist des Verneinens, gegen das Zwiespältige, durch das Sinnzusammenhänge in Frage gestellt werden. Rituale der Liebe helfen Lebensängste überwinden. Die Taufe eines Christenmenschen gehört dazu.

Raus Bibelkenntnis ist umwerfend. Einer sagte: »Rau ist ein Mann, der nicht nur kognitiv, sondern in seinem gesamten Lebensfundament Bibel, Gesangbuch und seinen Heidelberger Katechismus kennt. Das gibt ihm, ohne daß er es immer in den Vordergrund rücken muß, eine innere Leitlinie.«

Rau hat in sein Religionsverständnis politische und soziale Verantwortung einbezogen. Sein reformierter Pietismus schließt das ein. Vor allem im Hause Immer lernte er politische Verantwortlichkeit kennen, baute wachsende Nüchternheit auf, die ihn bis heute bestimmt. Jeder, der ihn in seiner Jugend erlebte, bestaunt fassungslos seine autodidaktischen Fähigkeiten. Er las viel. »Ich denke, daß jemand, der bewußt Christ ist und für den die Bibel Bekenntnisschrift und Lebensgrundlage darstellt, im Laufe der Zeit zunehmend in eine theologische Dimension hineinwächst«, sagte Präses Brandt, »Theologie wurzelt eben drinnen!« Rau verfügt über einen entsprechenden Reflexionshorizont. »Das machte möglich, daß er mitreden konnte.«

Kritische Intelligenz ist nicht lehrbar, nicht lernbar. Sie hat etwas zu tun mit Neugier, Gründlichkeit, Belesenheit und der Gabe, einprägsam zu speichern, zu denken, zu formulieren. Rau war früh ein gieriger, unersättlicher Leser, der schnell Inhalte erfaßte; er war ein frühreifer Bursche, der – als er die Schule verlassen hatte – Ansichten mit Eloquenz und Nachdruck vertrat.

Geschichte, vor allem jüngste Geschichte, ist für Rau nicht einfach abgeflossen. Er hat die Bombennächte nie vergessen, das Leid der Millionen, das Hitlerrelief in der elterlichen Wohnung; er hat mitgeholfen, jene Barrikaden zu errichten, die den Zeitfluß stauen, das Vergessen. Seine Fähigkeit, Trauerarbeit zu leisten, die alptraumhaft wiederkehrende deutsche Vergangenheit nicht einfach zu verdrängen, läßt ihn herausragen. Tief in ihm sitzt die Erkenntnis aller Schuld, die das deutsche Volk auf sich geladen hat. Das erklärt auch die besondere Tiefe seiner deutsch-israelischen Beziehung.

Rau gehört zu jenen Politikern, die ein starkes soziales Empfinden haben. »Ich könnte auch sagen – Brüderlichkeit«, meinte einer seiner Weggefährten, »das wäre ein Begriff aus unserer Sprache. Allerdings ist er auch ein Mann, der den kleinen Bruder des Glaubens kennt, den Humor. Und er praktiziert ihn auch. Wirklich, er kann humorvoll sein, kennt furchtbar viel Witze, die er außerordentlich gut erzählen kann. Seine Sprachfähigkeit, sein Potential an Worten und Begriffen ist phänomenal. Er gehört zu jenen, die in der Sprache nie kalt werden. Darin ähnelt er Strauß. Zu seiner Person gehört, daß er eine Sehnsucht nach Harmonie hat, die ihn manchmal schwach aussehen läßt.«

»Zusammenleben mit Menschen, denen ich nichts vormachen kann, das ist ja der Alltag.« Staunend vernimmt man Einsichten, kleine, handgreifliche Erkenntisse. Losungen könnten es sein. Er weigert sich, die Welt einzuteilen in Gesunde und Kranke, will nicht die Leistung zum Maß aller Dinge machen. Vorsätze, die leichter gesagt als zu halten sind. Rau weiß es. »Es wäre gut, wenn wir ein wenig mehr auf die Meßlatten in unserem Leben achten würden.« Seine Mischung aus Charisma und jovialer Zuversicht, aus Heilsgewißheit und Witze reißender Kameradschaftlichkeit verschlägt dem Beobachter mitunter die Sprache. Wer den Christen Rau begleitet, ist hin und her gerissen. Mißtrauen wechselt mit Bewunderung. Rau, das ist einer, »der nach dem Rechten schauen will«.

Religion ist für ihn mehr als ein Systembewahrungsmittel. Für ihn ist Religion der übergreifende gemeinsame Sinn, der Konsens einer Menschheit, die auseinanderzufallen droht. Während die einen noch genüßlich vom Verschwinden des Sinns reden, treibt es die anderen schon wieder umher. »Was er kann, tut er auch. Wie der Reformierte, der sagt: Gott hat mir diesen Bereich anvertraut, okay, ich will gehorsam sein und eine Fabrik bauen.« Rau hat viele Freunde, die er systematisch und bewußt pflegt, aber er hat nur wenige, denen er sich ganz öffnet.

Rau ist von den Aussagen des Neuen Testaments betroffen. Er sucht auf seine Weise nach Möglichkeiten, sie auszulegen, sie zu realisieren.

Sucht eine Politik der Nähe, des empfindsamen Miteinanders. Seine Redlichkeit dabei steht außer Zweifel. Kalvinisten – und Rau ist einer – glauben an die doppelte Erwählungslehre: Sichtbar werden muß, daß »Gott mich erwählt« hat. Leistungswille, Ehrgeiz und Sparsamkeit – das alles lebt in Rau. Ein Mengengemisch aus vielen Elementen. Er sieht einen Auftrag in dieser Welt, möchte in sie hineinwirken. So fühlt er sich verpflichtet, so steht er in seiner Partei. Ein Pietist, der das pietistische Getue hinter sich gelassen hat. Er wollte nicht verwerfen und fromm sein, sondern mitdenken, mitgestalten, »andere Antworten suchen«. Vom eigentlichen Pietismus blieben Empfindsamkeit, Zuversicht und die »Losungen« der Herrnhuter Brüdergemeine, die er täglich liest. Meistens morgens. »Politik hat nur eine Chance«, betont er oft, »wenn sie Zuversicht und Hoffnung verbreiten kann.«

Er hat seine pietistischen Wurzeln »verweltlicht«. Hier könnte der Schlüssel für seine hohe Akzeptanz bei den Bürgern liegen. »Er ist bereit, in jedem den Bruder, die Schwester zu sehen«, meinte einer seiner ältesten Freunde, »Bruderschaft, Geschwisterschaft zu erleben.« Er sucht Vertrauen, auch Zutrauen, sucht den Nächsten. Deshalb meidet er Schimpfworte und Diffamierungen, verhindert eigene Ausbrüche. Er kann zwar Witze machen, wird aber selten verleumden, wird kaum seine Gegner – und sei er selbst noch so betroffen oder verletzt – »fertigmachen«. Auch diese Haltung rührt aus pietistischem Denken: ein nicht nur moralisches, sondern auch ethisches Verhalten gegenüber der Umwelt. Er begnügt sich nicht damit, innerhalb einer überschaubaren religiösen Gemeinschaft aktiv zu sein, sondern streckt seine Hände aus. »Hier verbindet Rau«, umriß einer seiner frühen Gönner, »die sozialistische mit der christlichen Idee. Er weiß gar nicht, wie sehr sein Tun, das er als christliches Handeln versteht, sozialistisch ist.« Er lebt aus seiner pietistischen Substanz, ohne noch Pietist zu sein.

Hoffnung ist Aussicht und Ausrichtung nach vorne.

Einer, durch den er sich wesentlich beeinflußt fühlte, der Theologe Jürgen Moltmann, formulierte es. Durch Hoffnung wandelt sich die Gegenwart. Raus christlicher Glaube lebt von der Auferweckung des gekreuzigten Christus. Wer den Sozialdemokraten bewerten will, darf diesen Gesichtspunkt nicht verlieren. Christus gibt seinem Denken Zukunft. Sein Gott ist kein innerweltlicher oder außenweltlicher Gott, sondern – wie Moltmann sagt – »der Gott der Hoffnung« (Röm. 15,13).

Die Geschichte Jesu Christi ist und bleibt für Rau der Prüfstein seiner Existenz.

Seine Aussagen zur politischen Wirklichkeit sind in diesem Licht zu werten. Darin liegt Raus Zukunft zur Welt begründet, seine Erwartung. Der Glaube an den Gekreuzigten bestimmt seine Hoffnung auf eine noch ausstehende, noch verborgene Zukunft, die trotzdem in seine Gegenwart hineinreicht.

Zeitzeugen

Hermann Lutze
Erinnerungen

Manches Mal ist Johannes Rau in meinem Pfarrhaus in der Westkotterstraße in Barmen gewesen, damals nie allein, sondern mit Jungen, die vierzehn, fünfzehn Jahre alt waren. Wir kamen regelmäßig zusammen, meistens Schüler des Wilhelm-Döpfell-Gymnasiums in Elberfeld und des Carl-Duisberg-Gymnasiums in Barmen. Die Nazis hatten von heute auf morgen »verfügt«, der Religionsunterricht solle in den weiterführenden Schulen ab Obertertia wegfallen. Wir nahmen das nicht hin, sondern richteten von der Bekennenden Kirche Religionsunterricht für Schüler und Schülerinnen ab Obertertia ein. Es fanden sich viele, die den außerhalb der Schulgebäude in kirchlichen Räumen von uns eingerichteten Religionsunterricht besuchten. Er wurde nicht nur von Pfarrern und kirchlichen Mitarbeitern erteilt, sondern auch von Lehrern. Ich war glücklich über diese Lösung, denn es gehörte Mut dazu.

Zu dem Kreis der Schüler stieß auch Johannes Rau. Der Junge fiel durch ein erstaunliches Gedächtnis für Bibelstunden und Gesangbuchverse auf. Er arbeitete rege mit, war aber kein »Überflieger«. Daß er in der Schule »hängengeblieben« war, wußte ich nicht. Das erzählte er mir später, als er schon Wissenschaftsminister war. Es amüsierte ihn, daß ausgerechnet er, der schwache Schüler, für die Wissenschaften zuständig wurde.

Johannes erinnerte mich einmal an die erste Religionsstunde nach dem Zusammenbruch 1945. »Na, Jungs, was sagt ihr denn jetzt?« hatte ich gefragt. Da ich kaum Antwort bekam, mußte ich »aus der Lamäng« einen politischen Aufklärungsvortrag halten.

Nach seinem Abgang vom Gymnasium hörte ich von Zeit zu Zeit von ihm. Manchmal sprachen wir miteinander. Später hörte ich dann, daß er sich der von Heinemann gegründeten GVP angeschlossen hatte und nach ihrer Auflösung mit dem Heinemann-Clan der SPD beigetreten war. Sein Schritt enttäuschte mich. Doch habe ich mit ihm darüber nie gesprochen. Bedauert hatte ich, daß sich Johannes der GVP anschloß, die ich für »Schwärmer« hielt, und daß er dann in die SPD eintrat statt in die CDU, zu deren Mitbegründern ich gehörte. Doch ich wollte keinen Streit mit Johannes vom Zaun brechen.

Die freundschaftliche Verbindung zu ihm hat nie darunter gelitten, obwohl er mit seinem feinen Spürsinn bemerkte, daß ich seine Entwicklung bedauerte. Inzwischen war aus dem Jungen ein Mann geworden, der sich allerdings immer seine Jugendlichkeit bewahrt hatte. Er blieb ein getreuer Freund, der Freundschaft pflegt. Seine Segenswünsche schickte er regelmäßig. An meinem achtzigsten Geburtstag erschien er 1983 persönlich. Er ist – das gehört zu seinem Charakter – äußerst hilfsbereit. Ich habe das gemerkt, als er sich einer ägyptischen Familie annahm, die den Vater verloren hatte, der im Alter von 46 Jahren gestorben war. Johannes Rau gehört zu den Politikern, die über ihrer Tagesarbeit Humanität nicht vergessen. Und seine Humanität ist eine fröhliche Humanität.

Hans-Joachim Kraus

Verbundenheit

In den letzten Kriegsjahren traf sich in unserer Wohnung im Zentrum von Wuppertal-Barmen ein Kreis von zehn- bis zwölfjährigen Jungen. Ich hatte eingeladen. Es war eine Gruppe, die im verborgenen und gut getarnt den Weg der evangelischen Schülerbibelkreise (BK) fortzusetzen suchte. Johannes Rau und sein Bruder Hartmut gehörten dazu. Der Weg zu uns führte an einem Laden vorbei, hinter dessen Theke der Ortsgruppenleiter der NSDAP stand. Die Jungen mußten am mißtrauischen Parteimenschen vorbeischleichen, um sich möglichst unbemerkt zu sammeln. Wir lasen in der Bibel, sprachen über Ereignisse der Bekennenden Kirche. Danach erzählte ich oft – 1940 als Flugzeugführer abgestürzt und aus dem Wehrdienst entlassen – allerlei Fliegerlatein.

Die Jugendgruppe wurde in bedrückender, gefährlicher Zeit von der Evangelisch-Reformierten Gemeinde Barmen-Gemarke getragen. Jener Gemeinde, in deren Hauptkirche 1934 die »Barmer Theologische Erklärung« beschlossen und veröffentlicht wurde. Ohne Zweifel hat diese Gemeinde den jungen Rau entscheidend geprägt. »Die Gemarke« war im Dritten Reich von der ersten Stunde an eine Gemeinde der Bekennenden Kirche. »Deutsche Christen« – Anhänger der die Kirche auf die Linie der nationalsozialistischen Ideologie führenden »Bewegung« – hatten in ihr keine Chance. Die sechs Pastoren der Gemeinde und das Presbyterium beschritten einen weithin deutlich erkennbaren Kurs, der an entscheidenden Stellen mit der Partei und der Geheimen Staatspolizei in Kollision geriet. So zum Beispiel, als Pastor Paul Humburg in einem Gottesdienst, der von Trommeln und Fanfaren der Hitlerjugend gestört wurde, ausrief: »Das ist der Knospenfrevel, den man an unserer Jugend betreibt!« So auch, als Pastor Karl Immer anläßlich der Untaten und Zerstörungen der »Reichskristallnacht« sich unmißverständlich zu dem Geschehenen äußerte. Damit ist der Name genannt: Karl Immer (sen.). Er war der wegweisende und sammelnde Theologe der »Bekennenden Kirche«, dem alle Initiativen und Vorbereitungen zur »Barmer Theologischen Erklärung« zu verdanken sind. Bei ihm versammelte sich zuerst der Jugendkreis.

Karl Immer war für Johannes Rau ein väterlicher Freund. Aber was heißt »väterlich«, geht es darum, diesen Freund des jungen Rau genauer zu betrachten, ohne all das bedenken zu können, was an innigster Verbundenheit bestand. Dieser Pastor beugte sich nicht herab. Er war keine »Altersautorität«. Auch dem Jüngsten begegnete er so vorbehaltlos, herzlich und vertrauengewinnend, daß alle Schranken der Scheu und Verlegenheit fielen. Karl Immer tat etwas Gefährliches: Er ließ junge Menschen an alldem teilnehmen, was in der Bekennenden Kirche geschah, was geplant und eingeleitet wurde. Es waren Mitteilungen und Gedankengänge, die nicht für »falsche Ohren« bestimmt waren und die, wenn sie bestimmten Instanzen bekanntgeworden wären, ins Gefängnis oder Konzentrationslager geführt hätten. Wenn er sich mitteilte, setzte er sein Leben ein. Er tat dies mit einer Selbstverständlichkeit, die keiner Warnungen bedurfte. Da entstand nicht nur Vertrauen; da wurden die Jungen, die ihm in diesem Lebenskreis begegneten, weit über ihr Alter hinausgehoben. Sie wurden hineingenommen in eine Gemeinschaft des Glaubens, in der es keine Abstufungen gab. Sie nahmen verantwortlich teil an den Konflikten der Zeit.

Ich versuche, Rau in seiner Entwicklung von alldem her zu sehen und zu verstehen, was ihm eine reformierte Gemeinde und die Bekennende Kirche schon früh gegeben haben. Gewiß stehen an erster Stelle die Sätze der »Barmer Theologischen Erklärung«: »Jesus Christus, wie er uns in der Heiligen Schrift bezeugt ist, ist das *eine* Wort Gottes, das wir zu hören, dem wir im Leben und im Sterben zu vertrauen und zu gehorchen haben.« Und: »Wie Jesus Christus Gottes Zuspruch der Vergebung aller unserer Sünden ist, so und mit gleichem Ernst ist er auch Gottes kräftiger Anspruch auf unser ganzes Leben; durch ihn widerfährt uns frohe Befreiung aus den gottlosen Bindungen dieser Welt zu freiem, dankbarem Dienst an seinen Geschöpfen.« Die Hinwendung zu diesen Sätzen kennzeichnet das Profil des Christen Rau. Sie ist nicht eine fromme Attitüde, die man mit der Rede vom »Bruder Johannes« gelegentlich verbindet.

»Gottes kräftiger Anspruch auf unser ganzes Leben« hatte seine neuen politischen Auswirkungen, als Gustav Heinemann im Jahre 1958 im Bundestag gegen die Stationierung von Atombomben in der Bundesrepublik stritt. Die Reden liegen in einer Kassette vor; man kann sie heute noch hören. Was Heinemann sagte, war und ist die gebotene Weise, wie Christen zu den Massenvernichtungsmitteln sich zu äußern haben. Rau stand am Ausgang der fünfziger Jahre erkennbar auf der Seite Gustav Heinemanns – auch und gerade in dieser über Leben und Tod entscheidenden Frage. Als er jedoch Ministerpräsident des Landes Nordrhein-Westfalen wurde, schwenkte er ein auf den politisch-pragmatischen Kurs der »Sicherheitsstrategie« des Bundeskanzlers Helmut Schmidt. Ich habe aber als alter Freund dankbar erkannt, daß Johannes Rau das im Jahre 1981 von Helmut Schmidt und Karl Carstens betriebene Privatisieren und Sterilisieren der Bergpredigt insofern nicht mitmachte, als er eine politische Bevormundung kirchlicher Verkündigung witterte und das Lehramt der Kirche in politischen Fragen nicht binden ließ. Ein empfindsamer Nerv war getroffen worden.

Ich gehe auf diese Zusammenhänge ein, weil Rau als Mitglied des Reformierten Bundes sich vor die Frage gestellt sah und sieht, wie er die vom Moderamen (Vorstand) dieses Bundes im Jahre 1982 veröffentlichte Erklärung »Das Bekenntnis zu Jesus Christus und die Friedensverantwortung der Kirche« aufzunehmen und politisch zu realisieren gedenkt. Diese Erklärung ist im Prinzip nichts anderes als eine Aktualisierung jener Thesen und Reden, die Karl Barth und Gustav Heinemann 1958 vor aller Öffentlichkeit vertraten.

Ich habe es gehört und dankbar aufgenommen, daß und wie der Ministerpräsident von Nordrhein-Westfalen in seiner Begrüßungsansprache auf der Hauptversammlung des Reformierten Bundes in Mönchengladbach (1984) von dem Recht der Christen auf besondere, herausfordernde politische Erklärungen sprach, sofern diese Äußerungen aus der der christlichen Gemeinde eigenen (biblischen) Voraussetzung und Sendung hervorgehen. Doch ich habe die Sorge, daß diese Erklärungen in ihrer »besonderen Bedeutung« zwar anerkannt, nicht aber wirklich aufgenommen und wenigstens in Ansätzen realisiert werden.

Es bekümmert mich zu sehen, wie der – gegenwärtig mit leichter Kurskorrektur verfahrende – Trend seiner Partei und die Bündniszwänge einer unheiligen Sicherheitsallianz die Freiheit des Christen Rau auf eine innere Linie zurückgeworfen und eingeschränkt haben. In alter Freundschaft und Verbundenheit kann ich nur wünschen und hoffen, daß reformierter Mut und der Geist der »Bekennenden Kirche heute« diesen inneren Ring sprengen möchten.

VIII. Kapitel

Düsseldorfer Karriere

Werner Filmer / Heribert Schwan

Der Fraktionsvorsitzende

Als Benjamin im Landtag hatte Rau auf einem Zettel vermerkt, in welche Parlamentsausschüsse er gehen wolle. Er bekam den Zuschlag für zwei Gremien: Kultur und Jugend. Fritz Holthoff war die Nummer eins der SPD in der Kultur- und Bildungspolitik. Die Nummer zwei wurde Rau. Immer häufiger fiel der junge Abgeordnete durch seine »kesse Lippe« auf, machte durch Wortwahl und attraktive Formeln auf sich aufmerksam. Er galt als intelligenter und vielfach verwendungsfähiger Mann, der zu vielen Fragen Vernünftiges zu sagen wußte und eine gute Figur machte. Sein Fleiß, seine Auffassungsgabe und sein Ehrgeiz ragten heraus. Am 27. Oktober 1966 wurde Rau Vorsitzender im Kulturausschuß des Landtages und blieb es bis zum 9. Mai 1968.

Vier Jahre zuvor hatte er bereits im Fraktionsvorstand gesessen und kräftig mitgemischt, sich als ausgleichender, widerstrebende Interessen zusammenführender Jungpolitiker erwiesen. Als die Regierung Meyers auseinanderbrach, stellte die SPD den Ministerpräsidenten. Heinz Kühn wurde im Dezember 1966 mit seinem sozialliberalen Kabinett vereidigt. Er hatte 1966 Rau von der Übernahme eines Dezernentenamtes in Wuppertal mit dem Hinweis abgehalten, sich in Düsseldorf für wichtigere Aufgaben bereitzuhalten. Bei der Kabinettsbildung ging Rau jedoch leer aus. Kühn signalisierte dem Sprecher des kulturpolitischen Ausschusses, er könne sein Nachfolger im Fraktionsvorsitz werden. Doch wie so oft zeigte er sich von seiner unangenehmsten Seite: Bei der Vorwahl im SPD-Fraktionsvorstand schlug er nicht Rau vor, sondern präsentierte überraschend – und gegen jede Absprache – den Oberstadtdirektor von Dortmund, Dr. Walter Klimt, als Kandidaten für den Fraktionsvorsitz. Für Rau schien die Schlacht geschlagen zu sein, als Klimt im Fraktionsvorstand eine knappe Mehrheit erhielt. Doch Raus Förderer und Freunde, Friedel Neuber und Hans-Otto Bäumer, gaben nicht auf. Bäumer hatte zuvor mit Hilfe Diether Possers im Unterbezirk Niederrhein für Rau die Bahn freigeschaufelt. Sie brachten den Essener Ernst Bessel, der den Fraktionsvorsitz wollte, von seiner Kandidatur ab.

Die Niederlage im SPD-Fraktionsvorstand verunsicherte Rau. Hatte er sich zu früh herausgewagt und das Risiko einer Bewerbung nicht ausreichend kalkuliert? Neuber und Bäumer richteten den Freund und Kandidaten wieder auf, konzentrierten sich missionarisch auf die Werbung in der Fraktion für Rau. Seine sichtbar gewordene Unsicherheit und sein angeschlagenes Nervenkostüm machten seinen Freunden Sorge. Das »Seelchen« Rau reagierte depressiv. Noch hatte er seine resignative Phase nicht überwunden, als die Fraktion am 9. Januar 1967 endlich wählte. Auf Rau entfielen 52, auf Klimt nur 41 Stimmen. Neuber und Bäumer hatten Generalstabsarbeit geleistet. Sie konnten sich rühmen, dem Taktiker Kühn eins ausgewischt zu haben. Rau vermochte sich über seine Wahl zum Fraktionschef zunächst kaum zu freuen. Er fühlte sich sterbenskrank, mußte wenige Stunden nach seinem Wahlsieg wegen einer Gallenblasenentzündung ins Krankenhaus. Neben unsäglichen Schmerzen litt Rau tagelang an der Vorstellung, sein Stellvertreter Klimt führe das Regiment an ihm vorbei. Daß Klimt außerordentlich loyal zu ihm gestanden hatte, erfuhr er erst später.

Ohne Neuber und Bäumer wäre Raus Versuch gescheitert, die erste Sprosse seiner Karriereleiter zu erklimmen. Der neue, bedächtig und leise agierende SPD-Fraktionsvorsitzende faßte Fuß. Den Genossen vermittelte er ein Gefühl der Mitverantwortung. Er beteiligte sie an Entscheidungen, sprach immer wieder mit einzelnen Abgeordneten außerhalb der Sitzungen, kontaktierte oft die wichtigsten Exponenten innerhalb der Fraktionsgruppen. Im Vergleich zu Kühn zeichnete sich eine wohltuende Verbesserung ab. Rau brachte die Gesamtfraktion schnell hinter sich, zeigte sich nicht querköpfig, sondern unterstützte konstruktiv die Landesregierung. Rau verstand sich als parlamentarischer Degen der Regierung Kühn. Dem Ministerpräsidenten stand er mit kritischen Anregungen – unter vier Augen – zur Seite. Fairneß und Loyalität gegenüber dem Kühn-Kabinett zeichneten ihn aus. Gelegentlich litt er darunter, daß Kabinettsmitglieder in ihrer Bedeutung und Machtausübung höher eingeschätzt wurden als der Fraktionschef.

LOTHAR BEWERUNGE

Der Wissenschaftsminister

»Wenn ich dieses Amt übernehme, dann ist das so, als würde ich einen Starfighter ohne Schleudersitz fliegen.« So sinnierte im Juni 1970 der Vorsitzende der SPD-Fraktion im Düsseldorfer Landtag, Johannes Rau, als ihm sein Ministerpräsident Heinz Kühn den Kabinettsrang eines Ministers für Wissenschaft und Forschung des Landes Nordrhein-Westfalen anbot. Der noch 39 Jahre junge Parlamentarier wurde ministrabel, erhielt die erste jener demokratischen Weihen, zu denen später höhere kommen sollten. Der Kanzlerkandidat Rau mag jenen Satz von 1970 heute, bezogen auf das weit bedeutendere Amt, das er in Bonn für die Republik anstrebt, noch nachdenkenswerter finden.

Kurz danach saß Rau in Düsseldorf in der Maschine, eingeklemmt zwischen den Planzielen eines damals nach Milliarden Mark ausgerichteten Nordrhein-Westfalen-Programms der SPD/FDP-Koalition unter Kühn, den begehrlichen Wünschen von Professoren und Studenten, dem Wettlauf vieler Städte um den Rang neuer Hochschulstandorte und den dabei durchaus regional-eigennützig denkenden Bezirksführungskadern seiner Partei. Rau selbst war ohne akademische Ausbildung; der Titel eines Ehrendoktors wurde ihm erst im Herbst 1985 zuteil; aber er war als gestandener Politiker ausgewiesen, gehörte dem Landtag schon zwölf Jahre an, hatte es bis zum Fraktionsführer gebracht. Schon 1970 wurde er intern unter kommenden »Kronprinzen« von Kühn gehandelt, neben Diether Posser und Friedhelm Farthmann.

In einer »Erinnerung an Prinzipien« versuchte Rau damals, auf

Neuerungen in Kontinuität bedacht, die Aufgaben von Hochschulpolitik im volkreichsten Bundesland zu beschreiben:

»Unter dem doppelten inhaltlichen und organisatorischen Aspekt muß Hochschulpolitik in Nordrhein-Westfalen

1. die quantitativen Anforderungen erfüllen, die die steigende Zahl der Studenten an sie stellt;
2. dazu beitragen, daß soziale Chancengleichheit auch durch die Hochschulen realisiert wird;
3. auf die Verwirklichung demokratischer Formen und demokratischen Verhaltens von allen Mitgliedern in allen Bereichen der Hochschule drängen und
4. die Grundlagen für die wissenschaftliche Leistungsfähigkeit der Hochschulen festigen und verbreitern.«

Zwei Akzente sind dabei zu erkennen: mehr Plätze für mehr Studenten, vor allem mehr Studierende aus Arbeiterfamilien; zugleich Demokratisierung der Hochschulen bei Steigerung ihrer fachlichen Leistungsfähigkeit. Das waren hehre Ziele. In der Aufbruchsstimmung Anfang der siebziger Jahre, der sich SPD und FDP in ihren Bündnissen in Bonn und Düsseldorf gemeinsam hingaben, fanden Skeptiker noch kein Gehör. Rau hatte damals schon die Neigung, durch Politik Bedürfnisse zu schaffen, den Bedarf durch öffentliche Finanzierung in persönlichen Erfolg umzumünzen und sich wenig um den unausweichlichen Verschuldungszwang zu kümmern, der aus den Folgekosten erwachsen mußte. Er unterschied sich da wenig vom Verhalten vieler Politiker in allen Parteien. 1970 kündigte er für seine erste Amtsperiode an: »Das Land wird sich bemühen, in diesem Zeitraum 60600 Studienplätze zu errichten, um bis 1975 wenn schon nicht optimale, so doch wenigstens vertretbare Studienbedingungen für die 182000 Studenten zu schaffen, mit denen man dann an Nordrhein-Westfalens Universitäten und Hochschulen rechnen muß.«

Ende April kündigte Rau folgerichtig die Gründung von fünf neuen Gesamthochschulen in Duisburg, Essen, Paderborn, Siegen und Wuppertal – seiner Heimatstadt – für zunächst 20500 Studenten mit einem Kostenaufwand von 1,9 Milliarden Mark an. Sie traten neben die bestehenden acht Universitäten und Hochschulen in Aachen, Bielefeld, Bochum, Bonn, Dortmund, Düsseldorf, Köln und Münster. Der Grundgedanke lag im Regionalisierungsprinzip. Die Hochschulen, hieß es, hätten zu den Studenten zu kommen. Das Land sollte sich als »Dorado für Professoren und Studenten« darstellen. Drei der vorhandenen Hochschulen waren erst ein Jahrzehnt zuvor neu gegründet oder aus vorhandenen Akademien entwickelt worden. Der einmalig anmutende Kraftakt, zunächst finanziell und organisatorisch zu bewältigen, sollte nach dem Willen von Rau um eine Studienreform, eine Neuordnung der Studiengänge und eine – wenig präzis formulierte – »allgemeine Hochschulreform« erweitert werden.

Daß die Summe all dieser propagierten Ziele nicht umsetzbar sein würde, war damals noch kaum erkennbar. Die Parole »Mehr Geld, mehr Hochschulen, mehr Lehrer für mehr Studenten« konnte aber zunächst durchgehalten werden. Im Herbst 1972 gewannen nach entsprechender Gesetzgebung die neuen Gesamthochschulen an Gestalt, zum Teil aus vorhandenen Ingenieurfachschulen entwickelt, zum Teil um andere Fachhochschulbereiche ergänzt. Binnen zwei Jahren hatte Rau das neue Ausbildungs- und Forschungssystem, das es in dieser Breite seinerzeit in keinem anderen Bundesland gab, gegen starke politische Widerstände durchgesetzt und neben die herkömmliche »Alma mater« gestellt.

Weniger erfolgreich war Rau mit der inhaltlichen Hochschulreform im Lande. Die komplizierte, vielfach modifizierte paritätische Mitbestimmung in den Selbstverwaltungsgremien, die Rau unter dem Aspekt der Demokratisierung ebenfalls gesetzlich betrieb, trug fortwährende Konflikte in die Hochschulen hinein, für die diese die Politiker haftbar zu machen suchten. Die Universitäten waren jahrelang nicht in der Lage und auch kaum gewillt, sich jene neuen Verfassungen selbst zu geben, die der Gesetzgeber in Düsseldorf vorschrieb. Satzungskonvente waren oft heillos zerstritten, nicht mehrheitsfähig und somit paralysiert. In diesen Konflikten spiegelten sich auch bildungs- und herrschaftspolitische Konflikte in der SPD selbst wider.

Anfang 1973 schienen sich die Hoffnungen auf schnell wachsende Studentenzahlen zu bestätigen, während die inhaltlichen Reformen in eine Sackgasse gerieten. Die Konflikte in den neuen »Gruppenuniversitäten« führten zu Verfassungsstreitereien. Rau versuchte, den Hochschulen »vorläufige Grundordnungen« zu oktroyieren. Ein höchstrichterliches Urteil aus Karlsruhe zwang zur Novellierung der Düsseldorfer Gesetzgebung; sie blieb im Streit zwischen allen Parteien im

Landesparlament zunächst hängen. Im Mai 1974 fiel ein »Entwurf eines Gesetzes zur Änderung des Hochschulgesetzes und des Gesamthochschulentwicklungsgesetzes« dem heraufziehenden Landtagswahlkampf von 1975 zum Opfer.

In der Demokratie können komplizierte Konflikte zu einem Überdruß führen, der das öffentliche Interesse allmählich erlahmen läßt. Das kann man für 1974 und 1975 auch für die von Rau betriebenen inhaltlichen Hochschulreformen im Lande sagen, wobei er selbst mit seiner Neigung zum Lavieren und Taktieren zu dieser Entwicklung beitrug. Rau verstand es aber geschickt, neues Interesse auf die von ihm in Szene gesetzte Neugründung einer »Fernuniversität« in Hagen zu ziehen. Während die eigentliche Hochschulreformpolitik im Dickicht widerstreitender Interessen verschwand, dekorierte der Wissenschaftspolitiker Rau sein Schaufenster mit der Möglichkeit des Studiums »per Post« zu Hause, am Arbeitsplatz, im direkten und betreuten Kontakt mit den »fernen« Dozenten und Professoren zwar, doch ohne teure Seminar- und Laborplätze zu blockieren. Diese Fernuniversität sollte auch Disziplinen entlasten, die an anderen Hochschulen von der Aufnahmesperre, vom Numerus clausus, bedrängt waren.

Dieser neue Gesetzesvorstoß von Rau fand die Billigung des Landtags. Die Hagener Fernuniversität garantiert ihren Absolventen seither einen den bestehenden Hochschulen gegenüber gleichwertigen Abschluß, freilich bei einem aus der Natur des Modells heraus beschränkten Fächerkanon. Diese Fernuniversität arbeitet seither effektiver als der Mitte der siebziger Jahre noch erwartungsvoll von Ländern, Hochschulen und Rundfunkanstalten betrachtete Versuch des Fernstudiums im Medienverbund. Die fünf neuen Gesamthochschulen und die Fernuniversität waren die wesentlichen Projekte, die aus den ersten fünf Amtsjahren des Wissenschaftsministers Rau von 1970 bis 1975 in Erinnerung geblieben sind. Das Scheitern seiner Bemühungen um inhaltliche Hochschulreformen hat er weitgehend aus dem Bewußtsein der öffentlichen Meinungsbildung verdrängen können. Dagegen konnte er sich rühmen, mehr Studienplätze in Nordrhein-Westfalen geschaffen zu haben als je ein Amtsvorgänger zuvor. 1970 zählte man im Lande knapp 100 000 Studenten; als Rau 1978 als Wissenschaftsminister ausschied, um Regierungschef in Düsseldorf zu werden, waren fast 300 000 Studierende immatrikuliert.

Die Kosten und Folgekosten der Hochschulgründungspolitik von Rau im Lande waren enorm. 1970 wendete das Land für seinen Hochschulsektor 1,075 Milliarden D-Mark auf, 1978 waren es 5,481 Milliarden D-Mark. (Über diese und andere Konsequenzen für die Haushaltslage und die Kreditmarktverschuldung des Landes wird später noch zu sprechen sein.) Rau zog 1976, ein Jahr, nachdem Kühn ihn abermals zum Wissenschaftsminister bestellt hatte, eine positive Bilanz: »Die wesentlichen Veränderungen der letzten zehn Jahre liegen sicher im quantitativen Bereich. Wenn Sie bedenken, daß zwar der Numerus clausus Schlagzeilen macht und daß damit viele bedrükkende Schicksale einzelner junger Menschen verbunden sind – und das will ich nicht verkleinern –, dann muß man doch auch sagen, daß vor zwanzig Jahren nur jeder zwanzigste die Chance des Studierens hatte und jetzt jeder fünfte. Wir nähern uns den fünfundzwanzig Prozent und sind (in Nordrhein-Westfalen) damit bei den einvernehmlich festgesetzten Zahlen der Bund-Länder-Kommission.« Rau hatte sich auch für 1976 und 1977 noch viel vorgenommen, einen neuen Anlauf zur inneren Hochschulreform ebenso wie eine Integration der gesamten, inzwischen recht diffus gewordenen Hochschulgesetzgebung im Lande. Doch bald richtete er sein Augenmerk nicht mehr so sehr auf diesen fachpolitischen Bereich als auf eine neue, für ihn in der Partei wie bei den Wählern verheißungsvoll anmutende persönliche politische Chance. Und das hatte Gründe.

Ministerpräsident Kühn hatte die Düsseldorfer Landtagswahl von 1975 noch relativ gut überstanden. Die CDU scheiterte unter Heinrich Köppler mit mehr als 47 Prozent der Wählerstimmen nur, weil die FDP am Bündnis mit der SPD in Düsseldorf festhielt. »Bund und Land, Hand in Hand«, hieß es damals. Kühn zeigte dann aber bald eine Fülle von Schwächen. Eine von ihm nur halbherzig mitbetriebene Schulorganisationsreform zur allmählichen Zerschlagung der Gymnasien zugunsten von integrierten Gesamtschulen – das sogenannte Koop-Schulsystem – scheiterte an einem von der CDU und interessierten Verbänden betriebenen erfolgreichen Volksbegehren. Es richtete sich gegen die Initiatoren in SPD und FDP, doch Kühn hatte den Mißerfolg nach außen zu verantworten. Ausufernde Auslandsreisen von Kühn schienen auch allgemeine Amtsmüdigkeit anzudeuten. Später kam noch ein schwerwiegender Konflikt zwischen der Regierung

Kühn und der Westdeutschen Landesbank in Düsseldorf – die sogenannte Poullain-Affäre – hinzu, der sich für den Regierungschef schließlich als nicht mehr steuerbar erwies. Sein Finanzminister Halstenberg verlor darüber den Kabinettsrang.

All dies und innerparteilich manches mehr führte in der SPD schon ab 1977 zur Diskussion der vorzeitigen Ablösung von Kühn. Rau sah diese seine Chance sehr früh und nahm sie auch wahr. In Kampfabstimmungen innerhalb der SPD mit Farthmann und auch mit Posser konnte er sich zunächst den Landesvorsitz in der Partei und dann die Nominierung zum Nachfolger des Ministerpräsidenten sichern. 1977 wurde Rau in Düsseldorf im Parteiamt, 1978 auch im Staatsamt voll etabliert.

Ein Problem war zu dieser Zeit aber schon aufgetaucht, für dessen spätere Dimensionen der Wissenschaftsminister Rau wenig sensibel erschien: die Kostenexplosion beim Bau des neuen Aachener Hochschulklinikums, die sich nach den Ergebnissen von zwei parlamentarischen Untersuchungsausschüssen in Düsseldorf 1984 zu einem unbestreitbaren Planungs- und Bauskandal auswuchs. Schon seit 1970 trug Rau an diesem gigantischen Projekt Mitverantwortung. Es war Ende der sechziger Jahre einmal auf knapp 700 Millionen Mark geschätzt worden und hätte nach den Verträgen, die die Landesregierung über eine landeseigene Hochschulbau- und Finanzierungsgesellschaft mit dem Unternehmen Neue Heimat Städtebau als Generalübernehmer abgeschlossen hatte, 1977 fertiggestellt sein müssen. Damals war über einen riesigen Rohbau hinaus in Aachen nichts geschaffen worden. Die Baustelle lag vielmehr seit fast zwei Jahren praktisch still, dennoch immer neue Kosten verschlingend.

Die Frage, wer die wegen dieser erheblichen Bauverzögerungen später eintretende Kostenexplosion zu verantworten habe, wird bis auf den Tag strittig beantwortet. In der politischen Verantwortung waren bis 1977 zweifellos der Wissenschaftsminister Rau und der Finanzminister Halstenberg. 1980 waren die Kosten der Mammutklinik von Aachen auf 1,4 Milliarden angestiegen, 1984 schätzte man sie bei 2,1 Milliarden ein. Eine Endabrechnung liegt wegen zahlloser Rechtsstreitigkeiten zwischen der jetzigen Regierung Rau und der Neuen Heimat sowie wegen des Zahlungsvorbehalts der früheren Bundesregierung Schmidt und der amtierenden Bonner Regierung Kohl gegenüber

Nordrhein-Westfalen immer noch nicht vor. Mit einem Gesamtvolumen von 2,4 Milliarden Mark ist zu rechnen. Rau geriet wegen dieses Klinikskandals so sehr in das Fadenkreuz der Kritik der CDU, daß sie schließlich gegen ihn sogar eine Ministeranklage mit dem Ziel betrieb, den Regierungschef durch Verfassungsgerichtsurteil aus dem Amt in Düsseldorf entfernen zu lassen. Er handelte sich von der FDP den Vorwurf eines »Landesmeisters im Wegtauchen« ein, sagte als Zeuge vor einem Untersuchungsausschuß, beim Thema Aachener Klinikum habe ihn gelegentlich »fidele Resignation« überfallen, lobte das Projekt gegenüber der Öffentlichkeit aber auch immer wieder als »das Lebenswerk des Landes«.

Vieles davon mündete in den Landtagswahlkampf von 1985, aus dem Rau als klarer Sieger hervorging. Die Mehrheit der Wähler lastete ihm den Klinikskandal so wenig persönlich an wie sein Scheitern bei den inhaltlichen Hochschulreformen im Lande. Die Euphorie der Hochschulgründungen der siebziger Jahre hat zweifellos viel zur schnell wachsenden Neuverschuldung des Landes seit 1980 beigetragen. Die Sparzwänge, die aus dem Zwang, die Landesfinanzen mittelfristig doch wieder zu konsolidieren, hervorgehen, führen dazu, daß im Haushaltsjahr 1986 schon wieder über Kürzungen im Planstellenbereich der Hochschulen bis 1989 um etwa 1500 Stellen nachgedacht wird. Vom rein finanziellen Volumen her würde das bedeuten, daß bis 1989 wieder eine »Universität« im Lande einzusparen sei, obwohl die Gesamtzahl der Studenten weiterhin steigt.

Wegen der öffentlichen Akzeptanz des Regierungschefs Johannes Rau in Nordrhein-Westfalen, belegt in seinen und seiner Partei Wahlergebnissen von 1980 und 1985 im Düsseldorfer Landtag, ist es nie zu einer politischen Abschlußbewertung des Hochschulpolitikers und Wissenschaftsministers Rau von 1970 bis 1978 gekommen. Wenn es aber zutrifft, daß das Land in den siebziger Jahren in einem Maße über seine finanziellen Verhältnisse gelebt hat, daß es in der Mitte der achtziger Jahre darunter schwer zu leiden begann, dann kann Johannes Rau aus der Regierungsmitverantwortung für diese Entwicklung in Nordrhein-Westfalen und auch aus der Gesamthaftung nicht entlassen werden.

Werner Filmer / Heribert Schwan

Machtkämpfe

Wann immer er ein neues Amt übernahm, fragten sich Freunde und Förderer, ob er es schaffen werde, ob er sich nicht übernommen habe. Sein Wunsch war es, Minister zu werden. Doch niemals drängte er – wie andere beispielsweise – die SPD-Bezirksfürsten.

Kühn wollte einen realistischen Kulturpolitiker in sein Kabinett holen. Es sollte jemand sein, der nicht das Wünschbare für das Realisierbare hielt, sondern die Grenzen des Machbaren berücksichtigte. Der unberechenbare Regierungschef liebäugelte auch mit Fritz Kassmann, der über langjährige Verwaltungs- und Kabinettserfahrungen verfügte. Doch der riet Kühn, einen jüngeren Politiker ins Wissenschaftsressort zu berufen. Sicher komme der in den schwierigen Zeiten der Unruhen besser mit den aufmüpfigen Studenten zurecht. Am 28. Juli 1970 wurde Rau als Minister vereidigt.

In der nordrhein-westfälischen SPD hatte sich Rau als Jugend- und Bildungspolitiker ausgewiesen und fachlich spezialisiert. Vorbehalte, er habe kein Abitur und sei deshalb ungeeignet, verstummten bald. Mit Kompetenz, Geschick und der organisatorischen sowie administrativen Unterstützung seines Staatssekretärs Herbert Schnoor baute er das neugeschaffene Wissenschaftsministerium auf, hinterließ dabei die nachhaltigsten Spuren seiner bisherigen politischen Karriere.

Rau war dreieinhalb Jahre Fraktionschef gewesen, ein knappes Jahr gleichzeitig Oberbürgermeister und amtierte nun als Wissenschaftsminister. Das nächste Ziel konnte nur das Amt des Ministerpräsidenten sein. Schon Anfang der siebziger Jahre fühlte er sich berufen. Zumindest fühlte er sich besser geeignet als jene, deren Namen als mögliche Kühn-Nachfolger auftauchten. Ministerpräsident wollte er werden, ohne dieses Ziel öffentlich zu artikulieren. Es war seine Lebensplanung.

Als ob er es geahnt hätte, griff Heinz Kühn – der Rau kaltstellen wollte – in seine Trickkiste und betrieb 1976 über den Genossen Erdmann Linde die Wahl Raus zum WDR-Intendanten. Dafür hatte sich die SPD im WDR-Verwaltungsrat einstimmig ausgesprochen. Auch die FDP-Räte zeigten sich geneigt, Rau zu wählen. Für ihn kamen dramatische Tage und Nächte. Sollte er der Politik den Rücken kehren? Konnte er das Amt des Intendanten verweigern – ohne Ansehensverlust? Der Wissenschaftsminister war hin und her gerissen. Händeringend wartete er auf ein befreiendes Wort von Kühn. Rau wollte sich keine Macke einfangen. Nur der Ministerpräsident konnte erklären, daß Rau als Kabinettsmitglied unentbehrlich sei und daß die Partei einen anderen Kandidaten für den Intendantenstuhl wählen müsse. Doch Kühn schwieg trotz drängender Telefonate. Er befand sich in Israel, brachte es sogar fertig, am Telefon mit Rau über seinen Nachfolger als Wissenschaftsminister zu sprechen. Dem Wuppertaler verschlug es die Sprache. Er bekam Magenkrämpfe, fing sich aber bald wieder. Für ihn stand endgültig fest, Politiker zu bleiben. Er ergriff die Flucht nach vorn, reiste nach Frankfurt, wo Kühn von seinem Israelbesuch zurück erwartet wurde, und stieg in die Maschine, die Kühn nach Köln bringen sollte. In 3000 Meter Höhe machte er seinem Regierungschef klar, daß er für das Amt des Intendanten nicht zur Verfügung stehe. Kühn tat so, als habe Rau ihm eine riesige Last von den Schultern genommen. Er begrüßte dessen Entschluß. In der SPD-Fraktion fand Rau Unterstützung und viel Beifall für seine Entscheidung. Gleichzeitig wurde vielen Genossen klar, daß sich der Wuppertaler entschieden hatte, die Nachfolge Kühns anzustreben. Doch zunächst mußte er eine weitere Hürde nehmen. Nach dem Rücktritt von Werner Figgen als SPD-Landesvorsitzender ging es um dessen Nachfolge. Diese Wahl war eine Vorentscheidung für die Kühn-Nachfolge.

Rau spürte, daß er in Heinz Kühn keinen Fürsprecher hatte. Weder für das Parteiamt noch für das des Regierungschefs. Vorübergehend zweifelte er, ob er überhaupt neue und höhere Ämter anvisieren sollte.

Friedhelm Farthmann hatte sich mittlerweile als erster aus der Dekkung herausgewagt. Nachdem er sich der Unterstützung des größten SPD-Bezirks, des Bezirks westliches Westfalen, versichert hatte, meldete er öffentlich sein Interesse für das Amt des SPD-Landesvorsitzenden an. Für Raus Freunde war das ein Signal, aktiv zu werden. Der Zauderer gab nicht einmal im Kreise enger Vertrauter zu erkennen, ob er gegen Farthmann antreten wolle oder nicht. Reinhard Graetz, Helmut Müller-Reinig und Herbert Schnoor versuchten – ohne Raus

Zutun –, die Unterstützung des mächtigen Unterbezirksfürsten Hans-Otto Bäumer zu gewinnen. Er sollte Rau gegen Farthmann als SPD-Landesvorsitzenden vorschlagen. Den Rau-Vertrauten gelang es, Bäumer auf ihre Seite zu ziehen.

Farthmann, die genossenwirksame Mischung aus Kumpel und Professor, besaß die besseren Karten. Der DGB stand hinter ihm, die Arbeitsgemeinschaft sozialdemokratischer Arbeitnehmer sowie die Mehrheit der SPD-Unterbezirke. Die Rau-Befürworter werteten den Ruhrprofessor als zu kurzatmig, zu holzschnittartig, zu wenig differenziert. Sein rasches Urteil und seine ständige Selbstdarstellung machten ihn verdächtig.

Vorbehalte gegen Rau gab es auch. Dieser ehemalige GVP-Mann hatte – nach Meinung mancher Genossen – einen Irrweg beschritten, ehe er zur Sozialdemokratie fand. Eine Mischung aus »sauertöpfischer evangelischer Weltfremdheit und utopischer Friedensliebe« wurde ihm nachgesagt. Außerdem galt er in Nordrhein-Westfalen als nicht so bekannt wie Friedhelm Farthmann.

Bäumer hatte Jahre zuvor vergeblich versucht, den Wuppertaler in den Landesparteivorstand zu bekommen. 1973 klappte die Wahl beim zweiten Versuch. In seinem SPD-Unterbezirk Niederrhein besaß Rau zeitweise keine gute Position.

1977 schaffte es der einflußreiche Bäumer, die Parteitagsdelegierten seines Bezirks hinter sich und damit hinter Johannes Rau zu bringen. Als diese Operation gelungen war, ging Rau in die Offensive. Karneval 1977 entschied er sich, gegen Farthmann anzutreten. In einem Schreiben vom 23. Februar 1977 teilte er seinen »lieben Freunden« der SPD-Findungskommission (Antje Huber, Heinz Junker, Heinz Kühn, Hermann Heinemann, Hans-Otto Bäumer und Günter Schlatter) mit, er habe sich zur Kandidatur für den Landesvorsitz entschieden. Dem Schreiben war ein dreieinhalbseitiges »Positionspapier zu den Aufgaben eines künftigen Landesvorsitzenden« beigefügt.

Über vier Monate lang dauerte der innerparteiliche Machtkampf. Vorübergehend führte er zu scharfen Auseinandersetzungen. Zum Wahlparteitag am 25. Juni 1977 in der Duisburger Mercatorhalle hatte Rau ein Geschenk für Farthmann mitgebracht, das er jedoch nicht zu überreichen brauchte. Der Wissenschaftsminister siegte im zweiten Wahlgang knapp über seinen Rivalen Farthmann. Durch seine offensive programmatische Vorstellungsrede überzeugte er. Er hatte sich gut vorbereitet, fand die richtigen Worte zur rechten Zeit.

Farthmann gehörte nicht dem Landtag an und hätte somit auch vor der Wahl 1980 nicht Ministerpräsident werden können. Doch die Duisburger Juniwahl entschied auch die Kühn-Nachfolge.

Der Taktiker Kühn hatte sich ein schlaues Spiel ausgedacht. Im Vorfeld der Wahlen ließ er keinen Kronprinzen aufkommen. Er zensierte Verhalten und sprach öffentlich über die Qualitäten möglicher Nachfolger. Da war Posser, der wie ein Jagdhund zur Jagd getragen werden müsse, oder Halstenberg, der ein guter Administrator sei. Über Rau sagte Kühn, der könne doch keine Akten lesen. Das schmerzte. In Raus phänomenalem Gedächtnis sitzen diese Kränkungen tief.

Der Kampf um die Nachfolge

Heinz Kühn war Mitte der siebziger Jahre gesundheitlich angeschlagen. Von 1975 an trug er einen Herzschrittmacher. Die Ärzte empfahlen ihm, die Politik an den Nagel zu hängen. Von Jahr zu Jahr wurde er immer amtsmüder. Seine Ausstrahlung ließ nach. Auch sein Frühwarnsystem funktionierte nicht mehr wie früher. Die Partei hätte ihn am liebsten schon im Mai 1978 aufs Altenteil geschickt. Doch Kühn beharrte auf einer Absprache, erst im November die Düsseldorfer Spitzenposition neu zu besetzen. Ungerecht, sogar fast unverschämt wurde er vorübergehend behandelt. Rüde und ruppige Angriffe auf ihn häuften sich. Es wurde höchste Zeit, das Ende der Ära Kühn einzuläuten.

Rau wäre gern der erklärte Kronprinz Kühns gewesen. Doch der alte Fuchs legte sich nicht fest. Zwar hielt er Rau für den besseren Wahlkämpfer und Verkäufer sozialdemokratischer Politik, in Diether Posser glaubte er aber den besseren Sachwalter zu haben.

Posser, dienstältester Minister im Kühn-Kabinett und Vertrauter des Ministerpräsidenten, ein Politiker von hohem Ansehen und enger Freund von Rau, kündigte früh und öffentlich seine Kandidatur als Nachfolger Kühns an. Das war ganz im Sinne des Amtsinhabers. Possers Kritiker betrachteten ihn als guten Verwaltungsmann, doch ohne politische Weitsicht. Für sie wäre der glänzende Jurist ein idealer Präsident des Bundesverfassungsgerichts gewesen.

Nachdem Kühn in einem Rundfunkinterview wieder einmal öffentlich über die Kandidaten hergezogen und zusätzlich Farthmann und Halstenberg ins Gespräch gebracht hatte, teilte Rau seinem Freund Posser mit, daß er sich um das Amt des NRW-Ministerpräsidenten bewerben werde. Vergeblich versuchte Kühn ihn davon abzubringen, gegen Posser zu kandidieren. Der Wuppertaler wollte das höchste Amt, das Nordrhein-Westfalen zu vergeben hatte. Er wollte Parteivorsitzender und Ministerpräsident werden. Der innerparteiliche Machtkampf verlief über viele Monate fair und offen. Den Delegierten auf dem Duisburger Parteitag am 17. September 1978 muß es schwergefallen sein, sich für diesen oder jenen zu entscheiden. Was Posser fehlte, hatte Rau, und umgekehrt. Am Ende des Wahlgangs in der Mercatorhalle stand Rau als strahlender Sieger fest. Mit sechs Stimmen Vorsprung (161 zu 155) vor Posser wurde er zum Ministerpräsidenten nominiert. Drei Tage später votierten alle 104 Landtagsabgeordneten von SPD und FDP für ihn.

Rau hatte geschafft, was er sich acht Jahre zuvor vorgenommen hatte. Ohne größere Machtanstrengung nach außen, ohne öffentliches Aufsehen. Beide Spitzenpositionen verdankt er wesentlich Hans-Otto Bäumer, ohne dessen Hilfe, Einsatz und Fürsprache er kaum Chancen gehabt hätte, in diese Ämter gehievt zu werden.

Zeitzeugen

FRIEDHELM FARTHMANN

Mein Konkurrent

Meine erste Begegnung mit Johannes Rau fiel in die Zeit des Bundestagswahlkampfes 1969. Damals kandidierte ich zum erstenmal für den Deutschen Bundestag und war deshalb froh, als politischer Anfänger von einem bewährten Routinier Unterstützung zu erhalten. Rau war zu jener Zeit schon seit Jahren Vorsitzender der SPD-Fraktion im Düsseldorfer Landtag und hatte ein schul- und bildungspolitisches Referat auf einer meiner Wahlveranstaltungen in Grevenbroich übernommen. Dabei hinterließ er bei mir den Eindruck, der sich auch später immer wieder bestätigen sollte: im Auftreten konziliant, locker und witzig; um die Zustimmung der Menschen bemüht auch bei der Vermittlung von politischen Programmen oder Grundsätzen.

In den folgenden Jahren verliefen unsere Wege zunächst getrennt. Der Schwerpunkt meiner politischen Arbeit lag nach wie vor im Bereich der Gewerkschaft, und meine parteipolitischen Aktivitäten beschränkten sich auf die Wahrnehmung des Bundestagsmandats. Dies änderte sich erst, als Heinz Kühn nach der gewonnenen Landtagswahl 1975 eine neue Landesregierung bildete, der auch ich angehörte. Von diesem Zeitpunkt an saßen Rau und ich gemeinsam am Kabinettstisch. Er als Wissenschaftsminister und ich als Minister für Arbeit, Gesundheit und Soziales.

Die ersten zwei Jahre unserer gemeinsamen Regierungsarbeit verliefen ohne schwierige Konflikte zwischen uns beiden, allerdings auch ohne daß sich ein besonders enges Vertrauensverhältnis herausgebildet hätte. Nach Jahresbeginn 1977 wurde jedoch immer deutlicher, daß als Nachfolger für den nicht wieder kandidierenden Werner Figgen für den Landesvorsitz der SPD in NRW nur zwei ernsthafte Bewerber in Betracht kamen, nämlich Johannes Rau und ich. Nachdem ich zunächst meine Kandidatur offiziell angemeldet hatte, warf kurze Zeit später, im Februar 1977, auch Rau den Hut in den Ring. Damit entbrannte zwischen uns beiden ein rund vier Monate dauerndes Ringen um die Gunst in der Partei, und es wurde zum offenen Schlagabtausch, was sich schon seit Monaten in verdeckter Rivalität angebahnt hatte.

Rein äußerlich verlief die Auseinandersetzung nach den in der SPD üblichen Ritualen. Jede unserer politischen Aktivitäten, jede Rede im Landtag und jede Pressekonferenz wurden in der Öffentlichkeit und in der Partei ausschließlich unter dem Gesichtspunkt bewertet, ob sie dem Beteiligten Vor- oder Nachteile eingebracht hatten. In der parteipolitischen Programmatik hat es zwischen Rau und mir niemals prinzipielle Differenzen gegeben, die sich etwa in das hergebrachte Links-rechts-Schema hätten einordnen lassen. Versuche in dieser Richtung sind auch in unserem innerparteilichen Wettbewerb erfreulicherweise von keiner Seite unternommen worden. Das darf freilich nicht darüber hinwegtäuschen, daß wir beide sowohl nach unserer eigenen parteipolitischen Herkunft als auch nach unserer Einschätzung durch die Mehrheit der Mitglieder durchaus unterschiedliche Strömungen innerhalb der SPD repräsentierten: Während ich weitgehend angesehen wurde als ein Vertreter der traditionellen, gewerkschaftlich orientierten Arbeitnehmerschaft, die ihren Schwerpunkt im Ruhrgebiet hat, verkörperte Johannes Rau eher die jüngeren, neu zur Partei gestoßenen Mitgliedergruppen, die überwiegend dem Bildungsbürgertum entstammen und regional stärker in den Dienstleistungszentren des Rheinlandes anzutreffen sind. Jeder von uns beiden versuchte deshalb auch in den zahllosen innerparteilichen Gesprächen, Vorstellungen und Diskussionsrunden, vornehmlich diejenigen Teile der Mitgliedschaft zu mobilisieren, die der sogenannten Hausmacht zuzurechnen waren.

Der erfreulichste Aspekt unseres Wettbewerbs, der teilweise durchaus mit großem persönlichen Einsatz geführt wurde, war jedoch das beiderseitige Bemühen um Fair play. Ohne daß es darüber jemals eine Absprache gegeben hatte, ist es bei allem Eifer des Gefechts nicht ein einziges Mal zu einer Entgleisung oder persönlichen Verstimmung zwischen den beiden Kontrahenten gekommen. Niemals ist versucht worden, dem anderen eine politische Position zu unterstellen, die dieser nicht vertreten mochte; niemals hat es unsachliche oder polemische Kritik gegeben; und niemals ist der Mitwettbewerber persönlich verunglimpft oder in ein schlechtes Licht gerückt worden. Mir ist sogar

Die Eltern Helene und Ewald Rau.
Foto: privat

Der kleine Johannes im Alter von etwa zwei Jahren.
Foto: privat

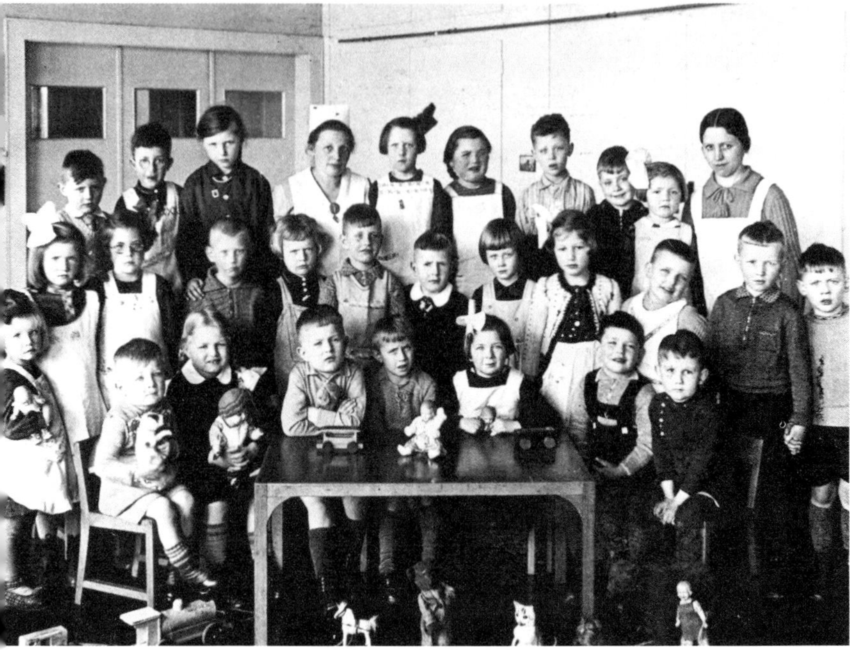

Die Familie: Die Kinder (v.l.n.r.) Leni, Christel, Traugott und Johannes (oben).
Ein Bild aus dem Kindergarten. Johannes steht in der zweiten Reihe ganz rechts (unten).
Foto: privat

Der Sechzehnjährige bei einer Fahrt des Schülerbibelkreises. *Foto: privat*

Johannes Rau als Mitglied der Laienspielschar (oben) und mit Freunden von der Jungen Gemeinde (unten). *Foto: privat*

In den fünfziger Jahren bei einem Tanzabend auf Schloß Elmau. *Foto: privat*

Die Verlagsbuchhandlung Emil Müller in Wuppertal (oben). Johannes Rau (links) als Geschäftsführer des Jugenddienst-Verlags auf der Frankfurter Buchmesse (unten).
Foto: privat

Rau (vorne rechts) ist Vorsitzender der SPD-Fraktion im Düsseldorfer Landtag (oben).
In einer Forumsdiskussion mit Rudi Dutschke im Jahr 1966 (unten).
Fotos: Presse- und Informationsamt der Landesregierung NRW

Am 24. November 1969 wird Rau Oberbürgermeister von Wuppertal.
Foto: privat

Als Wissenschaftsminister eröffnet Rau mit dem Ministerpräsidenten Heinz Kühn die erste Fernuniversität in Hagen (oben).
1978 kommt Rau als Nachfolger Kühns ins Gespräch. Mit Diether Posser, seinem Konkurrenten um das Amt des Ministerpräsidenten (unten). *Fotos: dpa*

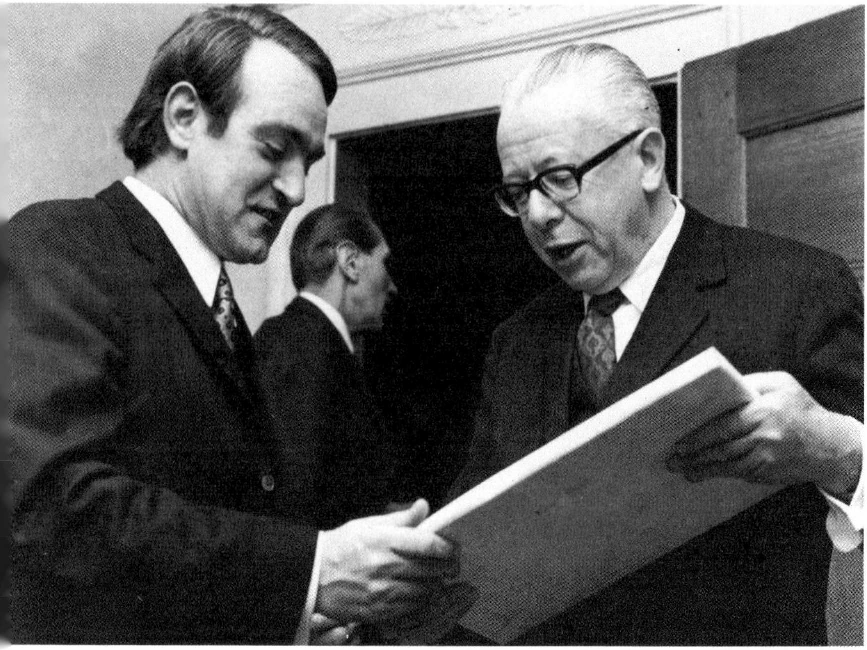

Nach der Wahl zum nordrhein-westfälischen Ministerpräsidenten (oben). *Foto: dpa*
Mit Bundespräsident Gustav Heinemann, seinem einstigen politischen Ziehvater (unten).
Foto: Presse- und Informationsamt der Landesregierung NRW

Am 9. August 1982 heiratet Rau Christina Delius, eine Enkelin Heinemanns. *Foto: privat*

RW-Landtagswahlen: Fernsehduell der Spitzenkandidaten Rau und Worms (CDU) (oben).
ach dem Erdrutschsieg der SPD. Rau mit Willy Brandt und Ehefrau Christina. *Fotos: dpa*

SPD-Treffen in Ahlen im Dezember 1985. Rau mit dem Parteivorsitzenden Brandt (oben). Eine herzliche Umarmung mit Herbert Wehner in der Ahlener Stadthalle (unten).
Fotos: dpa

Rau mit dem sowjetischen Parteichef Gorbatschow.
Foto: Presse- und Informationsamt der Landesregierung NRW
n Washington wird Rau am 5. Februar 1986 von US-Präsident Reagan empfangen (unten)
Foto: dpa

Als Laienprediger in der Paul-Gerhard-Kirche in Kiel (oben).
Johannes Rau, Willy Brandt und der ehemalige österreichische Bundeskanzler Bruno Kreisky (v. r. n. l.) bei der Beisetzung Olof Palmes in Stockholm (unten).
Fotos: dpa

bekanntgeworden, daß Rau mehrfach einige Eiferer seines eigenen »Lagers« nachdrücklich zurückgepfiffen hat, als diese versuchen wollten, über mich in der innerparteilichen Wertschätzung herabsetzende Gerüchte zu verbreiten.

Die Entscheidung zwischen uns beiden fiel auf dem Landesparteitag, der am 25. Juni 1977 in der Duisburger Mercatorhalle stattfand. Es war vereinbart worden, daß wir uns jeder in einer viertelstündigen Rede den Delegierten vorstellen sollten. Dabei hatte Johannes Rau meinem Wunsch zugestimmt, daß ich als erster auftreten sollte. Die Startposition hatte ich deswegen gewählt, weil ich hoffte, auf diese Weise einen Wettbewerb der schönen Versprechungen vermeiden zu können. Ich war der Meinung, daß es sich bei den Delegierten überwiegend um langjährige Funktionäre handeln müsse, denen die beiden Wettbewerber und ihre politischen Einstellungen bestens bekannt seien und die deshalb lange Reden eher als lästig empfinden würden. Ich schöpfte demgemäß in meiner Vorstellung den mir gesetzten zeitlichen Rahmen nur zur Hälfte aus und beschränkte mich auf wenige mehr persönliche Bemerkungen.

Mein Konkurrent tat genau das Gegenteil. Er hielt eine in der Form brillante Rede, in der er an das Godesberger Programm der SPD anknüpfte und dabei seine Grundposition zu einigen wichtigen politischen Fragen – wenn auch sehr allgemein – umschrieb. Er traf damit haargenau die psychologische Erwartungshaltung des Parteitages. Die Delegierten wünschten offensichtlich das formvollendete »Schaulaufen« der Kandidaten und empfanden meine Art der Vorstellung fast als anmaßend.

Das Ergebnis der Abstimmung fiel entsprechend aus. Während vorher meine Wahlchancen von Journalisten mindestens im Verhältnis zwei Drittel zu ein Drittel eingeschätzt wurden, erreichte ich im ersten Wahlgang zwar noch ein Stimmenverhältnis von 157 zu 151, unterlag dann aber in dem – wegen des Fehlens einer absoluten Mehrheit – notwendig gewordenen zweiten Wahlgang mit 155 zu 158 Stimmen.

Damit war Johannes Rau zum Landesvorsitzenden der SPD in Nordrhein-Westfalen gewählt worden. Er bestimmte deshalb maßgeblich die Geschicke unserer Partei in den folgenden Jahren und schuf sich eine entscheidende Voraussetzung für die Wahl zum Ministerpräsidenten nach Heinz Kühns Rücktritt im September 1978.

In aller Regel gewährt eine verlorene Wahl nicht die »Gnade des Nullpunkts« und wirft den gescheiterten Kandidaten hinter seine früher eingenommene Position zurück. Daß sich dieser Rückschlag für mich nach der Niederlage bei der Wahl um den Landesvorsitz der SPD in Grenzen hielt, habe ich im wesentlichen meinem siegreichen Konkurrenten zu danken. Er hatte schon nach der Wahl vor der Presse erklärt: »Die SPD in Nordrhein-Westfalen braucht nicht Johannes Rau *oder* Friedhelm Farthmann, sondern braucht Johannes Rau *und* Friedhelm Farthmann.« In unserer gemeinsamen Regierungs- und Parteiarbeit, in den vielen Jahren, die seitdem vergangen sind, hat Rau gezeigt, daß dieser Satz so gemeint war, wie er gesprochen war. Wir haben in vielen schwierigen Konfliktsituationen aufrichtig und freundschaftlich zusammenarbeiten können. So gesehen war es ein beglückendes Erlebnis, daß auch ein harter politischer Konkurrenzkampf das menschliche Miteinander nicht zu zerstören braucht, sondern sogar zu dessen Vertiefung beitragen kann.

Wenn ich heute rückblickend die Folgen der damaligen Entscheidung des Landesparteitages beurteilen und einschätzen sollte, wie sich die SPD in unserem Lande bei einem anderen Ausgang der Wahl entwickelt hätte, will ich mich auf folgende Bemerkung beschränken: Ich bin sicher, daß ich als Landesvorsitzender manches anders gemacht hätte als Johannes Rau; aber ich bin nicht sicher, ob ich es besser gemacht hätte.

WOLFGANG BRÜGGEMANN

Ein sympathischer Gegner

»Im Vorfeld von 1987 über Rau schreiben? Tun Sie das nicht!« riet mir ein Freund. »Sie geraten in sämtliche Nesseln«, sagte er. »Sie werden Ihre Leute und Rau zugleich verärgern.«

In der Tat: Diese aparte Möglichkeit ist gegeben. Unmittelbarer bewegt mich jedoch die Frage: Kann ich einen politischen Gegner, dessen Politik ich vor allem kritisiert und der ich widersprochen habe, wenn schon nicht gerecht, so doch wenigstens angemessen beurteilen und bewerten? Muß eine solche von der Distanz des unbeteiligten

Beobachters entfernte Perspektive nicht unvermeidlich zu Verzerrungen führen? Oder fördert vermutete Befangenheit gar Neigung zu kompensatorischer Schönfärberei?

Weiterhin: Johannes Rau befindet sich ja keineswegs in einer vom politischen Kampffeld entfernten Position, die wohlwollendes Urteil und Bewerten zweifellos erleichterte. Im Gegenteil: Mit dem Band sozialdemokratischer Parteidisziplin an die Kandidatur gegen Bundeskanzler Helmut Kohl gebunden, steht er wie kein zweiter Politiker seiner Partei in medias res.

Gleichwohl und trotz naheliegender Bedenken beteilige ich mich gerne – und auf Wunsch der Herausgeber: »so subjektiv es geht« – an dieser biographischen Zwischenbilanz. Auch deswegen, weil das Bild eines strahlenden Helden offenbar *nicht* gefragt ist. Und das ist gut so, denn »Helden«, die immer nur »strahlen«, sind langweilig und werden zumeist durch langweilige Präsentation subtil bestraft. Rau ist nicht langweilig.

Gibt es Gemeinsamkeiten mit Johannes Rau?

Ich darf vermuten, daß uns das Wagnis verbindet, als Christ Politik zu machen, dieses aufregende, vom Ereignis der Menschwerdung Gottes herausgeforderte Experiment, zu dessen Bedingungen Machtkampf, Taktik, Eitelkeit, »ethische Irrationalität« und die »Schmuddeligkeit« des politischen Alltags unabweislich hinzugehören.

Verbindendes mit dem Sohn eines pietistischen Predigers »aus dem Bergischen«, eines Mannes »mit Vollmacht und ohne Diplom« (Rau über seinen Vater), der »evangelisierend« über Land zog, in dessen Familie »Tischgebet und Schriftauslegung zur Mahlzeit gehörten wie Messer und Gabel« (Rau), entdeckte ich zuerst bei parlamentarischen Debatten.

Hier trafen wir des öfteren aufeinander, gerieten aneinander »mit harten Bandagen«, »mit Haken und Ösen«, im Streit um Wörter und Begriffe, im Ritual des Auf- und Abwertens, im Bemühen, sozialwirksame Thesen und Begriffe zu entwickeln oder für die eigene politische Position zu vereinnahmen.

Es fiel mir auf, daß Rau auch bei affektgeladenem »Schlagabtausch«

verbissene Rechthaberei ebenso vermied wie verletzende Attacken. Auch wenn ihm heftig zugesetzt wurde, blieb er rhetorisch – oft mit einem Anflug heiterer Distanz – in jener »Spielsphäre des Parlaments« (Huizinga: *Homo Ludens*), die »Schmiegsamkeit der Verhältnisse« verbürgt, »Spannungen zuläßt, wie sie anderswo unerträglich wären«, und somit der Vorläufigkeit des Politischen sowie dem freien Wort und Widerwort im demokratischen Meinungsstreit höchst angemessen ist.

Gewiß beweist ein solches Verhalten auch Sinn für Effekt – der Gelassene wirkt im Rededuell immer überlegen –, zum Habitus wird es, wie mir scheint, jedoch auf der Grundlage der Einsicht, daß Politik zwar eine wichtige Sache, aber, gottlob, nicht das Ganze und Letzte ist.

Frühen Aufschluß über ein grundierendes Element im Psychogramm Raus verdanke ich einer Begegnung im Jahre 1967. Bei der Diskussion im Franz-Hitze-Haus, der Katholischen Akademie des Bistums Münster, ging es um die Privatschulen, um öffentliche Schulen in nichtstaatlicher und nichtkommunaler Trägerschaft. Man hatte den kurz zuvor gewählten Vorsitzenden der SPD-Landtagsfraktion und mich eingeladen.

Ich war, mit dem Genius loci wohl vertraut, in Erwartung einer günstigen Gesprächssituation, in guter Stimmung nach Münster gefahren. Hatte nicht schon die Landesregierung Franz Meyers durch das Ersatzschulfinanzgesetz von 1961 die Nähe der CDU zu den Freien Schulen überzeugend unter Beweis gestellt? Ich rechnete mit einem »Heimspiel«.

Die Diskussion, von Hellmut Becker mit nervöser Konzilianz geleitet, verlief dann aber in einer Weise, die mich zunehmend irritierte. Die Aufmerksamkeit meines Gesprächspartners Rau galt, wie mir schien, von Anfang an – ich sprach zuerst – weniger meinen mit systematischem Ernst vorgetragenen Argumenten als dem Publikum, das den Saal bis auf den letzten Platz gefüllt hatte. Er verfolgte jede Reaktion der Zuhörer, beachtete jedes Signal, registrierte jede Zustimmung, jede Unmutsäußerung und witterte gleichsam Stimmung und Klima im Saal.

In seinem Beitrag ging er auf meine Argumente nur beiläufig ein. Er transponierte sie vielmehr auf eine andere Ebene, kommentierte mit spritzigen Anmerkungen und bibelnahen Bonmots, berührte Strittiges nur am Rande, vermied jede Schärfe, sagte überhaupt wenig Konkretes, sondern warb, heiter und wohlwollend, um Sympathie. Unter den Zuhörern verbreitete sich binnen kurzem ein angenehmes Gefühl. Man lächelte zunächst amüsiert, lachte dann lauthals und spendete am Ende starken Applaus.

Im Vergleich zu Raus »unsachlicher« Brillanz mußte mein systematisches Argumentieren im nachhinein linkisch und schwerfällig wirken. Ich hatte Mühe, wieder Boden zu gewinnen – und zugleich meine Lektion für zukünftige Dispute gelernt.

Mir scheint, daß dieses typische Verhalten Raus, das seine Freunde und Gegner heute freilich nicht mehr überrascht, auch zu den Voraussetzungen seiner Erfolge gehört. Und wenn es in diesen – freilich recht ephemeren – Zusammenhängen erlaubt ist, an die vielzitierten Hinweise Jacob Burckhardts (»Das Individuum und das Allgemeine«, *Weltgeschichtliche Betrachtungen)* zu erinnern: Burckhardt schreibt, daß erfolgreiche Politiker, »Leute von Talent und Frische«, auch die »von partieller und momentaner Größe«, nicht »nur das Programm und die Wut einer Partei« zum Ausdruck brächten, sondern immer einem allgemeinen Bedürfnis entsprächen und »Ausdruck des Gesamtlebens« seien. Wer dem Erfolgsgeheimnis Raus nachspürt, mag entdecken, daß er diesen Kriterien in vielem nahekommt.

»Ausdruck des Gesamtlebens« und mehr als »die Wut einer Partei«?

Da ist die Hinwendung zu dem unter den Bürgern des Landes, vor allem unter konservativen Revierarbeitern, kräftig ausgebildeten Harmoniebedürfnis, das Gespür für die latente »Sehnsucht nach Synthese« (R. Dahrendorf).

Da ist die landesväterliche Attitüde im Tarnmantel der Überparteilichkeit, die geheimen Wünschen nach einer Instanz über den politischen Tageskämpfen nicht allein den Blick auf den Bundespräsidenten freigibt. Da ist der Redner, der Verbindendes und Unbestrittenes lieber und wirkungsvoller ausspricht als das, was trennt, der kein Salz in die Wunden seiner Gegner streut, sondern milde Essenzen bevorzugt, die Wunden zwar spüren, aber nicht schmerzen lassen.

Der Redner auch, der das Bild des gestanzte, abgeschliffene Formulierungen verwendenden Politikers durch Originalität und perfekte

Ungezwungenheit immer wieder korrigiert und aus dem Kontrasterlebnis, das er seinen rhetorisch nicht gerade verwöhnten Zeitgenossen bereitet, Zustimmung und Sympathie gewinnt.

Da ist nicht zuletzt auch die politische Biographie: Rau gilt, an »klassischen« sozialdemokratischen Werdegängen und Karrieren gemessen, als Homo novus. Seine Lebensgeschichte ist nicht Parteigeschichte. Sein politischer Lebensweg beginnt nicht in der SPD. Die Partei ist für ihn nicht jene totale Institution, der ein traditioneller Sozialdemokrat »von der Wiege bis zur Bahre«, vom »Nestfalken«-Beginn bis zum sozialdemokratischen Feuerbestattungsverein angehörte. Das erzeugt Interesse und ist allemal attraktiver als der Nachweis biederer Parteitreue.

Freilich, Sensibilität für das »Allgemeine«, die, nebenbei bemerkt, über eine von Heinrich Böll an Willy Brandt entdeckte »plebejische Sensibilität« hinausreicht, ein feines Ohr für die Melodie der Zeit, Fähigkeit, diffuse Stimmungslagen zu erkennen und zu personifizieren – sie fordern ihren Preis. Welchen Preis? Diese Frage stellen heißt weitere provozieren.

Ist Rau ein politischer Beweger, ein Trendsetter, oder beherrscht er vor allem die *Kunst*, Trends und Stimmungen in Politik umzusetzen?

Bewegen ihn die Aufgaben des Tages stärker als der Anspruch, Erfordernisse des Zukünftigen zu definieren? Wo findet er im politischen Aktionsfeld, das von Zielen, Mitteln und Methoden bestimmt wird, den Schwerpunkt seines Handelns?

Mir will scheinen, mehr im Umkreis der Mittel und Methoden als in dem der Ziele. Anders und vermutlich zutreffender gesagt: Wenn Rau sich auf Zielverschiebungen, auf Trendveränderungen einläßt – nota bene: »Ibbenbüren« lag in Nordrhein-Westfalen *im* Trend –, dann geht er so absichernd, behutsam und tastend vor, daß die Bewegung der Kompaßnadel, die eine Kurskorrektur anzeigt, kaum zu erkennen ist.

Da aber immer wieder Lagen entstehen, in denen gegen sozialwirksame Trends und dominante Stimmungslagen gesprochen, entschieden und gehandelt werden muß, kann sich dieser Attentismus natürlich leicht als politisches Defizit erweisen ...

Ein Beispiel ex domo: Als Raus Vorgänger Kühn, der bekanntlich lieber Posser als Nachfolger in der Düsseldorfer Staatskanzlei gesehen hätte, in den siebziger Jahren gegen juso-linke Stamokap-Anhänger, gegen »akademische Rowdys« und gegen »intellektuelle Nachlaßverwalter des heiligen Marx« (H. Kühn) zu Felde zog, hat der damalige Wissenschaftsminister das Bemühen seines Ministerpräsidenten, der SPD den Charakter einer Volkspartei zu erhalten, nicht hinreichend unterstützt. Kühn stand fast allein. »Nur einer«, sagt Kühn im Rückblick auf den turbulent verlaufenen SPD-Parteitag von 1973 in Münster, »nur einer verteidigte mich, Friedhelm Farthmann ...«

Wen Kühn an seiner Seite vermißt hat, verschweigt er nicht. Er zitiert, das Eingeständnis des Betroffenen zugleich nobel dokumentierend, aus der Abschiedsrede, die Rau ihm 1978 gehalten hat: »Wenn Heinz Kühn heute morgen gesagt hat, er hoffe, daß die ihm verziehen hätten, denen er einmal Schmerzen zugefügt hatte, dann sagen wir mit gleicher Ernsthaftigkeit – und ich sage das für mich und für die Partei im Lande –: Auch wir bitten um Verzeihung, Heinz, wenn wir nicht immer geredet haben, wo wir hätten reden müssen ...«

1970 übernahm Rau das neue, aus dem Kultusministerium ausgegliederte Ministerium für Wissenschaft und Forschung im zweiten Kabinett Kühn. Die Berufung des gelernten Buchhändlers und Leiters eines evangelischen Jugendverlages »aus dem Bergischen«, eines Politikers ohne Abitur und Studium, zum Dienstherrn der Professoren des Landes erregte Aufsehen. Auch SPD-nahe Hochschullehrer zeigten sich irritiert. Befürchtungen überwogen die Erwartungen.

Nach traditionellen Kriterien mußte der neue Wissenschaftsminister als Dilettant gelten. Sollte sich vielleicht einmal mehr die Erfahrung bestätigen, daß der Dilettant, wenn ein Amt ihn auf unbekanntes Gelände führt, rücksichtsloser, ja skrupelloser als der Fachmann entscheidet? Jeder »echte Politiker« müsse Dilettant sein, »als ein Geist, der vom Zentrum des allgemeinen Lebensgefühls aus denkt und Fachleute klug zu nutzen weiß«, meinte Friedrich Sieburg, den Kühn in seinen Memoiren zitiert.

Fähigkeiten, über die Rau zu Beginn seiner Arbeit in der Regierung zweifellos verfügte! Vor allem das Denken »vom Zentrum des allgemeinen Lebensgefühls aus« lag ihm. Und das Lebensgefühl der siebziger Jahre kam ihm entgegen. Wissenschafts- und Bildungspolitik standen – im Gegensatz zu ihrem Abrutschen von der Spitze der politischen Prioritätenskala heute – hoch im Kurs und waren gesuchtes »Medium progressiver Imagepflege« (H. Lübbe). Zudem hatte die Revolte antiautoritärer Studenten, die sich zum Kampf gegen jede Form institutioneller Machtausübung die Universität als Übungsfeld gewählt hatten, inzwischen auch Nordrhein-Westfalen erreicht. Dies alles sicherte Raus Ministertätigkeit Aufmerksamkeit und Interesse.

Zwei Ausnahmen bestimmten, wenn ich recht sehe, im wesentlichen seine Hochschulpolitik. Rau meinte, am Ende der sechziger Jahre eine Ausgangssituation vorzufinden, »die eine völlige Reform des tertiären Bereichs nötig machte«, weil die Strukturen der deutschen wissenschaftlichen Hochschulen »seit 150 Jahren keine neuen Impulse« erhalten hätten. Und er meinte, daß »der Staat der Wissenschaft gesellschaftliche Zwecke setzen« und »über Aufgaben, Organisation und Struktur« der Institutionen mitbestimmen müsse, »in denen freie Forschung und Lehre betrieben« werde. Raus Annahme von der Immobilität und Erstarrung der Universitäten wurde damals von vielen geteilt. Sie verlieh auch dem diffusen Aktionismus der Studenten, auch derjenigen, die nicht zu den zynischen Chaoten gehörten, Schubkraft und Resonanz.

Gleichwohl war gerade diese Annahme falsch.

Rau übersah oder wollte, um sich freies Aktionsfeld zu schaffen, übersehen, daß es bereits wirksame Impulse zur organisatorischen und inhaltlichen Reform der Universitäten gab. Schon 1960 hatte der Wissenschaftsrat »Empfehlungen zum Ausbau der wissenschaftlichen Einrichtungen« vorgelegt. Weitere Empfehlungen – zur Neugliederung des Lehrkörpers (1964), zur Neuordnung des Studiums (1966) usw. – waren gefolgt. Und Hermann Lübbe, von 1967 bis 1970 Staatssekretär für das Hochschulwesen in Düsseldorf, vermerkt, daß diese Empfehlungen nicht in Archiven verschwunden, sondern kurzfristig verwirklicht worden seien. So auch in Nordrhein-Westfalen.

1961 hatte die Landesregierung Franz Meyers die Errichtung der Ruhr-Universität Bochum beschlossen, die bereits 1965 mit einer neuen, die Zusammenarbeit verschiedener Disziplinen fördernden Struktur den Lehrbetrieb aufnahm. Dortmund folgte 1966; auch Bielefeld (1969) und Düsseldorf gingen auf unter anderen von Paul Mikat und Helmut Schelsky betriebene Initiativen der sechziger Jahre zurück.

Als Rau sein Amt antrat, war, auch unter dem Druck steigender Studentenzahlen, die nordrhein-westfälische Hochschullandschaft schon beträchtlich ausgedehnt und strukturell verändert worden.

Im Grunde hätte er vorhandene Bewegungen und Entwicklungen nur weiter voranzutreiben brauchen. Das tat er auch, setzte zugleich aber neue Akzente. Zunächst einmal griff er alles bereitwillig auf – wie mir heute noch scheint: zu bereitwillig, nicht kritisch, realistisch und skeptisch genug –, was damals hochschulpolitisch »in« war: Gruppenuniversität, Drittelparität, Hochschuldidaktik, Mobilität, Flexibilität, Durchlässigkeit usw.

Unser Streit im Landtag bezog sich häufig, viel zu häufig, auf diese Karrierevokabeln und »scheinsachlichen Modeformeln der Hochschulreform« (H. Schelsky), die heute zu Recht niemanden mehr interessieren.

Rau war der Meinung, daß die »alte« Universität zu starr und verwachsen und nicht mehr in der Lage sei, Reformen zu verwirklichen. Er wollte ein neues, von traditioneller Prägung freies Hochschulmodell. Er fand es in der Integrierten Gesamthochschule, die, wie er meinte, als moderne, zeitgemäße Universitas litterarum die gegliederten Hochschularten Universität, Pädagogische Hochschule, Fachhochschule zu *einer* Organisationseinheit zusammenfassen sollte.

Rau war von diesem Konzept, das überdies traditionellen bildungspolitischen Einheitspostulaten seiner Partei entgegenkam, so begeistert – er trage das Attribut »gesamt« ja geradezu wie eine Monstranz vor sich her, sagte ich im Landtag –, daß er sein Kabinett und seine Fraktion von dem Erfordernis der Errichtung fünf neuer Gesamthochschulen – und zwar fünf »auf einen Schlag« – zu überzeugen vermochte. Durch ein – inzwischen längst obsolet gewordenes – Gesamthochschulentwicklungsgesetz wurde darüber hinaus allen Universitäten und Hochschulen des Landes der vermeintliche Königsweg zur integrierten Gesamthochschule vorgeschrieben.

Es ist hier nicht der Raum aufzuweisen, wie begrenzt das hochschulorganisatorische Innovations- und Anregungspotential der Gesamthochschulen, die sich heute alle Universitäten nennen, geblieben ist. Diese speziellen Strukturprobleme fanden auch in den siebziger Jahren über den Kreis der Betroffenen und Fachleute hinaus nur wenig Interesse.

Auf breite Resonanz in der Öffentlichkeit stießen dagegen Raus regionalpolitische Argumente, mit denen er seine Gründungspläne erläuterte und vorantrieb: Hochschulen, so hieß es, verbesserten die

Lebensqualität einer Region und müßten überall dort im Lande errichtet werden, wo noch Studenten zu vermuten wären. Studierwillige junge Leute sollten nicht länger »auswandern« müssen, sondern in Nordrhein-Westfalen ein umfassendes Hochschulangebot vorfinden.

Kommunalpolitiker aller Parteien unterstützten die Pläne der Landesregierung und machten mit umfangreichen Gutachten und Standortanalysen auf ihre Städte und Regionen aufmerksam. Rats- und Kreistagsabgeordnete der CDU bestürmten ihre Landtagsfraktion, die Raus Gesamthochschul-Begeisterung nicht zu teilen vermochte und auch schon auf das Problem eines Überangebots von Hochschulabsolventen hingewiesen hatte, diese Bedenken doch zunächst einmal zurückzustellen. Innerhalb weniger Jahre entstanden neue Hochschulen in Duisburg, Essen, Paderborn, Siegen, Wuppertal und die Fernuniversität Hagen als Gesamthochschule. Ein Fazit kann noch nicht gezogen werden.

WILLY BRANDT

Wie Heinemann gekürt wurde

Über die Bundespräsidentenwahl 1969 ist schon mancherlei geschrieben worden. Natürlich ist nicht alles richtig, aber das meiste dessen, was sich damals zutrug, liegt offen zutage. Über die Vorentscheidungen innerhalb der SPD-Führung wurde bisher wenig bekannt. Wohl nicht einmal, daß Johannes Rau ein wichtiges Mitglied unserer Findungskommission war. Ich will versuchen, diese Lücke zu schließen.

Wenige Monate nachdem Ende 1966 die Bundesregierung der Großen Koalition gebildet worden war, hatte ich angekündigt, daß die SPD bestrebt sein werde, bei der nächsten Wahl des Bundespräsidenten einen Kandidaten aus ihren Reihen zum Zuge kommen zu lassen. Um das richtig verstehen zu können, muß man sich daran erinnern: Von 1949 bis 1959 hatte der aus der FDP gekommene Theodor Heuss verdienstvoll amtiert. Ihm war der CDU-Minister Heinrich Lübke gefolgt, der sich auf seine Weise ehrlich bemühte; wir Sozialdemokraten hatten ihm bei der Wiederwahl 1964 – wie 1954 für Heussens zweite Amtsperiode – unsere Unterstützung zuteil werden lassen. Uns wollte scheinen, daß es angemessen sei, nach zwei Jahrzehnten einen von der Sozialdemokratie nominierten Kandidaten folgen zu lassen.

Die Entscheidung über diesen Kandidaten wurde nach der Sommerpause 1968 getroffen. Dafür hatte der Parteivorstand eine siebenköpfige Kommission eingesetzt: neben mir Herbert Wehner und Alfred Nau für das Präsidium, Helmut Schmidt und Alex Möller für den Fraktionsvorstand und die Fraktionsvorsitzenden aus den beiden größten Ländern. Das hieß Johannes Rau für Nordrhein-Westfalen, Volkmar Gabert für Bayern.

Diese Kommission hat ihren Vorschlag den Parteigremien unterbreitet, die zur Monatswende Oktober/November 1968 in Berlin zusammentraten. Der Parteirat stimmte bei nur einem ablehnenden Votum unserer Empfehlung zu: Der Justizminister Gustav Heinemann sollte Bundespräsident werden. Im dritten Wahlgang der Bundesversammlung ist er es dann ja auch geworden.

Johannes Rau hatte wesentlich dazu beigetragen, daß wir nicht lange zu beraten brauchten. Er kannte ja auch seinen väterlichen Freund besser als andere. Bei einigen von uns stieß er freilich auf offene Türen. Heinemann war selbst bei mir gewesen – der guten Ordnung wegen nicht im Amt –, um sich nach meiner Meinung zu erkundigen und mir ohne Umschweife zu sagen, daß er für die Aufgabe des Staatsoberhaupts gern zur Verfügung stünde.

1967 waren Überlegungen voraufgegangen, die noch nicht auf eine bestimmte Kandidatur abzielten. Im Sommer hatte mir das Präsidium zugestimmt, daß wir unseren Anspruch anmelden und die Vorsitzenden von CDU und CSU – mit denen wir in der Regierung der Großen Koalition saßen – in aller Form hiervon unterrichten sollten. Bundeskanzler Kiesinger war nicht abgeneigt, diesem Gedanken nachzugeben. Unser Freund Georg Leber erschien als derjenige, der die besten Chancen haben könnte, auf breiter Basis gewählt zu werden. Doch bei den Unionsparteien gewannen diejenigen die Oberhand, die Gerhard Schröder durchsetzen wollten und sich dafür bei der FDP um Unterstützung bemühten – zusätzlich zu den aus einer Reihe von Landtagen entsandten NPD-Wahlmännern (deren demokratischer Zuverlässigkeit interessanterweise nicht weiter nachgegangen wurde!).

Georg August Zinn und Heinz Kühn befanden sich dann gleich auf der Liste derer, mit denen darüber zu sprechen war, ob sie für die

Nachfolge Lübkes in Betracht kämen. Beiden war schwer zuzumuten, ihre Ministerpräsidentschaft aufzugeben. Auch Carlo Schmid versprach, Heinemann zu unterstützen, und stellte anheim, auf ihn zurückzukommen, falls sich dies im Verlauf der Wahlgänge noch als nützlich erweisen sollte. Daß es an Georg Lebers Loyalität keinen Zweifel gab, verstand sich von selbst.

Johannes Rau stimmte mit mir darin überein, daß wir zweierlei im Auge zu behalten hätten: einmal die persönliche und sachliche Eignung, die bei Gustav Heinemann in hohem Maße gegeben war und die sich dann auch in der viele beeindruckenden Amtsführung eines Bürgerpräsidenten zum Wohle des Ganzen bewähren sollte; zum anderen, für unseren Vorschlag die Zustimmung der Freien Demokraten zu bekommen. Um dies zu klären, hat es vertrauliche Fühlungnahmen gegeben. Als ich gleich nach unserem Parteirat Walter Scheel in Berlin unterrichtete, meinte der FDP-Vorsitzende, wir hätten es seiner Partei schwergemacht, nicht für unseren Kandidaten zu stimmen.

Es hat dann doch noch einiges Gezerre gegeben. Aber der Ausgang bedeutete einen bundesdeutschen Glücksfall. Zu denen, die dies am stärksten empfanden, gehörte der Mann, der ein Jahrzehnt später Ministerpräsident des größten Bundeslandes wurde und von dem nun viele – über den Kreis seiner persönlichen und politischen Freunde hinaus – wünschen, daß er Bundeskanzler werde.

IX. Kapitel

Der Landesvater

GERD KRÖNCKE

Ein Mann für alle Fälle

Johannes Rau, der, wie wir wissen, jeden halbwegs persönlichen Brief mit der Hand schreibt, schrieb einem seiner wichtigen Mitarbeiter am 20. Juli 1983: »Ich denke, träume, lese und fabuliere in Sachen Parteitagsrede. Den Bäumer-Punkt will ich gern ziemlich zu Anfang sowohl kontrovers als auch versöhnlich ansprechen.« Der Ministerpräsident, der auch in seiner Regierungsarbeit eher versöhnlich als kontrovers agiert, und wenn überhaupt kontrovers, dann doch lieber sowohl als auch, hatte gerade einen seiner schwersten Rückschläge erlitten, seit er, im Herbst 1978, Nachfolger von Heinz Kühn geworden war: Hans-Otto Bäumer, so populär, wie ein Landwirtschaftsminister überhaupt sein kann, war zurückgetreten. Es war und blieb die bislang einzige wirkliche Regierungskrise, die der spätere Kanzlerkandidat zu überwinden hatte.

Im nachhinein war es simpel zu sagen, daß Bäumers Demission in der Luft gelegen hatte. Ein ums andere Mal hatte er schon damit gedroht. Als es um die Verschärfung der Großfeuerungsanlagenverordnung – was für ein Wort – ging, hatte Bäumer den Ministerpräsidenten und die Kabinettskollegen vergebens beschworen: »Wir können uns doch nicht von den Bayern vorführen lassen.« Für Johannes Rau war es ein hartes Stück Arbeit gewesen, den Querkopf noch einmal ruhigzustellen. Aber auch als der dann tatsächlich zurücktrat, ist Johannes Rau nicht ernsthaft gefährdet gewesen. »Einen Königsmord kann man nur einmal machen, danach gibt es Sicherungsverwahrung«, hatte Bäumer einsehen müssen.

Sein Königsmord – das heißt sein Mitwirken am vorzeitigen Abtreten von Raus Vorgänger Heinz Kühn – lag fünf Jahre zurück. Nach der erfolgreichen Nachfolgekandidatur gegen seinen Kabinettskollegen Diether Posser war Johannes Rau am 20. September 1978 mit allen Stimmen der damaligen sozialliberalen Koalition zum Regierungschef in Düsseldorf gewählt worden. Seine erste Regierungserklärung war noch von Optimismus geprägt; der neue Chef versprach, die Sicherung der Arbeitsplätze und die Verbesserung der Umweltqualität zu betreiben, die Zukunftschancen der Jugend sollten erhöht, den sozial Schwachen geholfen werden. Die Regierungserklärung stand schon unter dem Grundgedanken einer »solidarischen Gesellschaft«, jener Losung, die Johannes Rau seither immer wieder aufgreifen sollte – bis hin zu Ahlen.

Die ersten Monate seiner Regierungszeit sind wahrscheinlich die schwierigsten gewesen. Der, den sie gelegentlich ironisch oder freundlich den guten Menschen von Wuppertal nennen, hatte große Probleme, sich in seine Rolle zu finden. Heinz Kühn hatte ihm die Erkenntnis auf den Weg gegeben, daß das Leben eine harte Nuß sei (»Sie läßt sich zwischen zwei weißen Kissen nicht knacken«), aber Johannes Rau weigerte sich ganz offensichtlich, den Nußknacker zu markieren. Ein liberaler Abgeordneter, dessen Namen keiner mehr nennt, schimpfte den Regierungschef einen »Landesmeister im Wegtauchen«. Denn Johannes Rau, der gleich zu Beginn seiner Amtszeit in Bedrängnis geriet, ist nur selten bereit, schnell und klar Position zu beziehen. »Ich gedenke keine Marschstiefel anzuziehen.« Als sein liberaler Innenminister Burkhard Hirsch nicht von der Anwendung des Radikalen-Erlasses abrücken wollte, wo doch sowohl das Düsseldorfer Kabinett als auch die Koalitionsparteien die Regelanfrage abschaffen wollten, ließ er ihn gewähren. Das Problem Hirsch, dem Johannes Rau später immer wieder Hochachtung bekundete, erledigte sich von selbst.

In die erste Phase seiner Regierungszeit fällt auch der Rücktritt seines Landwirtschaftsministers (der sich, wie seine Nachfolger, zu einem

Gutteil auch als Umweltminister verstand). Diether Denecke, gelernter Gärtner, hatte in seinem vergeblichen Kampf für die Umwelt resigniert. »Autos können immer schneller fahren und Menschen immer weniger atmen«, sagte der Minister, und der Tonfall erinnert an Johannes Rau – schöne Worte fallen dem immer ein. Diether Denecke, der schon seit 1966 in Kühns Kabinetten gesessen hatte, trat zurück aus Protest gegen die geplante Autobahn durchs Rothaargebirge, »eine der letzten ökologischen Großzellen« der Bundesrepublik. Die Autobahn ist nicht gebaut worden, und Diether Denecke ist eigentlich erst durch seinen Rücktritt bundesweit bekannt geworden. Eine Krise hat er nicht ausgelöst. Mit der Berufung von Hans-Otto Bäumer als seinem Nachfolger hatte sich Johannes Rau vielmehr einen starken Mann ins Kabinett geholt, dessen Rückhalt in der Partei dazu beitrug, daß Denecke ziemlich allein mit seiner Kritik blieb. (Als Bäumer später selber demissionierte, überraschte Johannes Rau die Partei und das Land mit der Berufung von Klaus Matthiesen; eine seinerzeit als beinahe genial empfundene Personalentscheidung.)

Johannes Raus Anlaufschwierigkeiten blieben beträchtlich. Die *Süddeutsche Zeitung* sah einen »nicht gerade entschlußfreudigen Rau«, die *Neue Rhein Zeitung* einen »Samariter mit dem Köfferchen und dem Heftpflaster«, der »salben statt schneiden« wolle. Aber das Talent des Wuppertalers für große Auftritte, auch für Symbolträchtiges, festigte ganz allmählich seinen Ruf im Lande und in der Partei. Die Ruhrgebietskonferenz, auf der ein Sechs-Milliarden-Programm für das kränkelnde Revier verabschiedet wurde, war so ein Markstein. (Der Nutzen des Programms ist umstritten geblieben, und das Revier kränkelt noch immer, aber es kam wenigstens nicht zum Kollaps.) Mit seiner ersten Landtagswahl als SPD-Spitzenkandidat hatte Johannes Rau sich gewissermaßen freigeschwommen. Jene Wahl brachte dem Sozialdemokraten zum erstenmal die absolute Mehrheit im Landtag und galt als Schmidt/Strauß-Wahl. Aber es muß wohl doch eine Menge am Kandidaten selbst gelegen haben, denn bei den jüngsten Wahlen im vorigen Mai wiederum gab es den Kanzler Schmidt schon lange nicht mehr, und auch FJS ist längst nicht mehr der alte. Jedenfalls demonstrierte Johannes Rau nach seinem ersten Wahlsieg erstmals seinen Führungsanspruch. »Wer Ostern redet, wird Himmelfahrt nicht erleben,« warnte er alle Genossen, die ihm in die Regierungsbildung hineinreden wollten. Und als einzelne Mitglieder des SPD-Landesvorstands schon mal vorab etwas über die Regierungserklärung wissen wollten, gab sich der Chef abweisend: »Die Arbeiten laufen zügig, sind gründlich und werden fertig.« Seine Autorität stieg, wiewohl die Verbindlichkeit seiner politischen Aussagen sich weiter in Grenzen hielt. Seine zweite Regierungserklärung kündete vom »Höchstmaß an innerem Frieden und Stabilität«; da sollte »überall angemessen auf die Probleme des Landes« reagiert werden, sollten die »Randgruppen in unsere Mitte« geholt werden. Johannes Rau hat den Dialog zum Prinzip erhoben, auch wenn dabei oft nicht viel herauskommt. Einmal, zu einer »Dialog« genannten Veranstaltung mit sachkundigen Bürgern, sollte über das Gespräch zwischen den Generationen nachgedacht werden. Da waren der Staatskanzlei aus Versehen Aussteiger und Hausbesetzer auf die Gästeliste geraten, die irgendwie wieder ausgeladen werden mußten. (Es fand sich zum Glück der Vorwand, daß die »Sägewerk« genannte Gruppe nicht einen Sprecher, sondern einige Menschen schicken wollte.)

Johannes Rau ist ein vorsichtiger Mann, kein Typ für schnelle Entschlüsse. Nach der Wahlniederlage der FDP und ihrem Ausscheiden aus dem Landtag 1980 ließ der Regierungschef die meisten liberalen Staatssekretäre, für manchen überraschend, in ihren Ämtern. Erst nach zweieinhalb Jahren, als in Bonn sich die Wende vollzogen hatte, mußten drei der vier Herren in den vorläufigen Ruhestand abtreten. Immerhin würdigte der damalige FDP-Landesvorsitzende Burkhard Hirsch ausdrücklich Raus Bemühungen, »den ständig wachsenden Begehrlichkeiten aus der eigenen Partei zu widerstehen«. Entgegen seiner besseren Einsicht habe Rau die Liberalen schließlich entlassen, weil die Landesregierung eigene Leute hätte versorgen wollen. Einer aber, Staatssekretär im Wirtschaftsministerium, durfte sogar bleiben, bis er das reguläre Rentenalter erreicht hatte.

Früh schon, bald nach seinem ersten Wahlsieg galt der Ministerpräsident im bevölkerungsreichsten Bundesland innerhalb seiner Partei als möglicher Kanzlerkandidat. Trotzdem sah es lange Zeit so aus, als wollte er das wirklich nicht wollen. Das schönste Amt, pflegte er zu sagen, sei das des Oberbürgermeisters von Wuppertal gewesen. Auf die Frage eines Journalisten, ob er Bonner Ambitionen habe, antwortete Rau vor fünf Jahren: »Rufen sie mich doch zu gegebener Zeit an, entweder in Düsseldorf oder in Bonn.« Und ein Jahr später sagte der damalige SPD-Fraktionsvorsitzende Josef Denzer: »Im Gegensatz zu anderen Parteien hält sich die SPD an das Wählervotum. Schon aus diesem Grund muß Johannes Rau im Land bleiben.« Zwar sei die von vielen Genossen an Rau herangetragene Bitte, die Kanzlerkandidatur anzunehmen, ehrenvoll, aber das größte Bundesland, der einzige Flächenstaat mit absoluter SPD-Mehrheit, brauche auch wegen seiner strukturellen Schwierigkeiten einen Spitzenmann wie Rau als Ministerpräsidenten.

An den strukturellen Schwierigkeiten hat sich nichts geändert, im Gegenteil. Regelmäßig hat der Regierungschef eine gerechtere Verteilung der Finanzmittel durch Bonn reklamiert. Durch die Bundesergänzungszuweisungen würden zufällig unionsgeführte Länder bevorzugt. Inzwischen klagt Nordrhein-Westfalen in Karlsruhe.

Manchmal muß es einen schon verwundern, wie dieser Johannes Rau trotz seiner Finanzprobleme und ohne sie zu lösen so unangefochten regiert, daß sogar, bei allen Vorbehalten gegen Meinungsumfragen, sein öffentliches Ansehen noch steigt. Dabei haben die Sozialdemokraten in Düsseldorf mit ihrer weiter ausgebauten Mehrheit Schwierigkeiten, überhaupt noch Politik zu machen. Die Gesamtverschuldung des Landes hat Raus Finanzminister für übernächstes Jahr bereits auf 88 Millionen Mark hochgerechnet, kurz: Das Land leidet unter einer, wie Diether Posser sagt, »unbeschreibbaren finanzpolitischen Enge«. Von Ende 1977, dem Jahr, bevor Johannes Rau Ministerpräsident wurde, bis Ende 1984, dem Jahr vor seinem höchsten Wahlsieg, hatte sich die Verschuldung vervierfacht. »Warum ist die Finanzlage des Landes so schlecht?« fragte der sozialdemokratische Fraktionsvorsitzende Friedhelm Farthmann, bis zur 85er Wahl selbst Regierungsmitglied, den Finanzminister, und der erklärte ihm auf fünf zunächst vertraulichen Seiten – wobei ihm in Paranthese sogar der Vergleich mit Mexiko und Polen einfiel –, daß die »derzeitige Verschuldenspolitik« aufhören müsse, weil anderenfalls die weiter steigenden Zinsen den Haushalt demnächst »geradezu erdrosseln würden«.

Was hat sich die Union in Düsseldorf abgemüht, dem Regierungschef eben diese Verschuldenspolitik anzulasten. »Schulden-Johannes« hat sie ihn verspottet, und ein Mann wie der frühere Oppositionsführer und CDU-Vorsitzende Kurt Biedenkopf, bei dessen Auftritten im

Hohen Haus Johannes Rau gelegentlich der Streß-Schweiß auf die Stirn trat, hat manch funkelnde Rede gehalten. Es half alles nichts, merkwürdigerweise war der Ruf des Mannes aus Wuppertal nicht anzukratzen, beim Wähler nicht und schon gar nicht innerhalb der SPD. Beim Parteitag in Duisburg vor drei Jahren wurde er mit fast 93 Prozent zum Vorsitzenden wiedergewählt, beim vorigen Mal in Oberhausen stimmten nur noch vier (von 310 Delegierten) gegen ihn. Da war es übrigens, lange vor seiner offiziellen Nominierung zum Kanzlerkandidaten, daß Johannes Rau öffentlich ein mögliches Scheitern bei der kommenden Bundestagswahl einkalkulierte. »Es kommt auch vor,« hatte er in Oberhausen gesagt, »daß man das Ziel nicht erreicht, daß die Meßlatte zu hoch liegt. Dann zeigen wir, wie man mit denen umgeht, die einmal verlieren und die nicht allein verloren haben.«

Johannes Rau hat in all den Jahren als Regierungschef nie eine gravierende Niederlage hinnehmen müssen. Als Hans-Otto Bäumer ihm die Brocken vor die Füße warf, hat ihn das getroffen. Auch die Rundumschläge des ausgeschiedenen Landwirtschaftsministers (Rau: »Es gibt eine Grenze«) sind ihm sehr auf die Nerven gegangen. Aber am Rande seiner Belastbarkeit war dieser Regierungschef eigentlich nur einmal, als sein Kultusminister Girgensohn resignierte. Das fiel nämlich in die Zeit, als der Chef nebenher noch das Landwirtschaftsministerium mitverwalten mußte und alle Welt immerzu nach dem neuen Landwirtschaftsminister fragte (und Rau den Namen Matthiesen aber noch nicht erwähnen durfte oder wollte). Als Girgensohn, nein, nicht zurücktrat, sondern ankündigte, er werde dies an einem bestimmten Tage tun, war Johannes Rau, der sich immer Zeit läßt mit Entscheidungen, die dann überfällig werden, in Zugzwang. Eine halbe Nacht lang mußte er seinen damaligen Wissenschaftsminister Hans Schwier beknien, das Schulressort zu übernehmen, weil er doch gelernter Lehrer sei, und hinterher – es sollte das größte Revirement während einer Legislaturperiode werden – mußte er gemeinsam mit ein paar Genossen fast den Rest der Nacht telefonieren, um eine neue Mannschaft zusammenzubekommen. Schwiers Platz wurde von Rolf Krumsiek eingenommen (»Das ist wohl ein Witz,« rief Hans-Otto Bäumer aus, als er hörte, daß der glücklose Chef der Staatskanzlei reüssieren sollte), auf Krumsieks Stuhl rutschte Klaus-Dieter Leister, bis dahin Innenstaatssekretär; der vakante Posten des Landwirtschaftsministers sollte an den auswärtigen Klaus Matthiesen fallen; Inge Donnepp schließlich, die Justizministerin, sollte von Dieter Haak ersetzt werden, dem wiederum ein altgedienter Parlamentarier ins Bundesratsministerium nachfolgte.

Die Partei war erstaunt, und die Frauen in der SPD waren verbittert, daß keine Frau mehr im Kabinett blieb (ein Zustand, der sich erst nach der vorigen Wahl wieder ändern sollte). Johannes Rau selbst wirkte am Morgen nach der Entscheidung angeschlagen, wie ihn jedenfalls Journalisten vorher noch nie gesehen hatten. So eine schmerzliche Kabinettsumbildung gehe nicht ohne Blessuren ab für die Betroffenen, und: »Ich zähle mich zu den Betroffenen.«

Ein anderer von den Betroffenen ist nicht lange geblieben. Dieter Haak, ohnehin ein Justizminister, der sich nicht in den Vordergrund spielte, mußte schon nach zwei Jahren wieder gehen, stolperte über anderer Leute Affären: ein früherer Anwaltspartner des Ministers war wegen undurchsichtiger Geschäfte in Schwierigkeiten mit der Justiz geraten, und der Justizminister hatte zu lange auf dessen Briefpapier firmiert. Eine Rolle spielte auch der Kauf von drei Eigentumswohnungen durch die Frau des Ministers, lauter Vorgänge, die juristisch nicht zu belangen sind. Immerhin war der Rücktritt des Ministers – der Chef selbst hatte Skrupel, ihn zu entlassen – seine wichtigste politische Tat. Die Union versuchte abermals vergeblich, politisches Kapital aus dem Vorgang zu schlagen.

Von solcher Qualität sind die bescheidenen Kabinettskrisen gewesen, die Johannes Rau durchzustehen hatte. Daß Arbeitslosigkeit und Verschuldung eigentlich eine permanente Krise des Landes bedeuten, wird von den Menschen kaum wahrgenommen, jedenfalls nicht in ihrer Eigenschaft als Wähler. Untersuchungsausschüsse hat es gegeben auf Veranlassung der Union, um Rau zu treffen. Der frühere Wissenschaftsminister wurde als Regierungschef zum Finanzskandal des Aachener Klinikums befragt, doch war ihm wieder nichts anzuhängen. Das Klinikum im Grenzland, zu dem sich Johannes Rau vielmehr mit einigem Stolz bekennt, hatte am Ende statt der einst veranschlagten 570 Millionen annähernd zweieinhalb Milliarden Mark gekostet. Knapp zwei Monate vor der Landtagswahl hat Johannes Rau den Bau feierlich eingeweiht. Selbst Vorhaben wie die Neugründung einer privaten Universität in Herdecke, gegen die sich der Regierungschef zunächst lange gesperrt hatte, stellt er, wenn es dann doch soweit ist, als Erfolg der ganzen Regierung dar – und keiner, nicht einmal sein Minister Hans Schwier, den er über Monate zur Verzweiflung gebracht hat, kann ihm am Ende vorhalten, daß der Chef tatsächlich gegen das Projekt gewesen ist.

Fast unmerklich hat Johannes Rau während der letzten Legislaturperiode damit begonnen, internationale Erfahrungen zu sammeln. Er reiste in die wichtigen Hauptstädte der Welt, aber auch nach nebenan, nach Holland. Da macht er allemal eine gute Figur, ohne prägnant politisch zu wirken. Nur einmal in Moskau, noch zu Breschnews Zeiten, zeigte er Wachheit, als es darauf ankam. Er verzichtete auf den Auftritt im sowjetischen Fernsehen, weil die Kameraleute von ARD und ZDF zur Begrüßung mit dem alternden Breschnew nicht akzeptiert worden waren. Und für ein Schlußkommuniqué ließ er sich auch nicht einspannen. Manche seiner Reisen scheinen freilich kaum mehr als die Funktion zu haben, ein paar schöne Bilder für den bevorstehenden Wahlkampf zu liefern.

Es hat sehr lange gedauert, bis Johannes Rau sich zu der Kandidatur gegen Helmut Kohl für die Bundestagswahlen im nächsten Januar bereitfand, obwohl eigentlich am Wahlabend des 12. Mai vorigen Jahres klar war, daß kein anderer als er überhaupt in Frage kommen würde. Als an jenem Wahlabend, schon gegen halb sieben, die Wählerentscheidung feststand und Raus Landesgeschäftsführer Bodo Hombach in die kleine Dienstwohnung in der Staatskanzlei hochstapfte, sagte Rau: »Mensch, Bodo, das hätten wir geschafft.« Die CDU, sagte der Sieger mit dem ihm eigenen Hohn, »ist eine Randgruppenpartei geworden« – darauf anspielend, daß die Union in den Zentren des Landes noch am meisten verloren hatte. Und seine Kandidatur für Bonn? »Er kann natürlich nein sagen,« sagte Wolfgang Clement, Sprecher der Bonner Parteizentrale, »dann bleibt er eben ein Provinzfürst.« Intern hatte Johannes Rau längst ja gesagt. Doch die Taktik, eine Art Restzweifel an seiner Kandidatur noch eine Weile aufrechtzuerhalten, war nicht durchzustehen. Am 15. September, nach einem Treffen von Willy Brandt, Hans-Jochen Vogel und Johannes Rau in Bonn, erklärte der noch immer nicht erklärte Kandidat, »der Kanzler aller Bürger der Bundesrepublik Deutschland würde ich wohl werden«. Das Wort Kanzlerkandidat hat er ohnehin aus seinem Wortschatz getilgt.

Bevor Johannes Rau jedoch kurz vor Weihnachten im westfälischen Ahlen erstmals als vom Parteivorstand vorgeschlagener Kandidat auftrat, mußte er noch zwei Fehler machen, wie sie ihm selten untergekommen sind. In einem Interview mit dem Kölner *Express* kündigt er an, als Bundeskanzler, wenn er es denn würde, werde er alle Gesetze rückgängig machen, mit der die Regierung Kohl das soziale Netz eingeschnitten habe. Vor dem Millionenpublikum des Fernsehens muß Rau sein nicht einlösbares Versprechen zwei Tage später revidieren. So zeigt sich gelegentlich, daß der Berufspolitiker Rau nicht immer professionell handelt.

Und dann Ibbenbüren: Das Gemeinschaftsprojekt von Preußag und Rheinisch-Westfälischem Elektrizitätswerk wurde plötzlich zum Synonym für eine Unglaubwürdigkeit in der Umweltpolitik, wurde gleich zur Einweihung mit dem niedersächsischen Buschhaus gleichgesetzt. Mehr noch – »den größten Stinker der Republik« hat Hans-Otto Bäumer das neue Kraftwerk genannt, das mehr Stickoxid in die Luft jagen wird als jedes andere auf der Welt: über 17 000 Tonnen im Jahr, so die Rechnung der Landesregierung, mehr als 25 000 Tonnen nach Meinung unabhängiger Experten. Gleichwohl hat Johannes Rau das Kraftwerk Ende 1985 selber eingeweiht, zur Verbitterung der Umweltschützer in und außerhalb der SPD. Trotzig und taktisch unklug schien der Kanzlerkandidat auch noch stolz darauf, »in seltener Einmütigkeit Greenpeace und Herrn Tandler« gegen sich zu haben. Mag sein, daß ihm das Argument Ibbenbüren im Wahlkampf noch zu schaffen machen wird.

Endgültig Kandidat geworden ist der Ministerpräsident von Nordrhein-Westfalen kurz vor Weihnachten. Im westfälischen Ahlen, dort, wo einst die Union vor vier Jahrzehnten im Hungerwinter 46/47 ihr vergleichsweise linkes Programm beschlossen hat, hielt er eine für seine Verhältnisse große Rede. Johannes Rau, sagte hinterher der Bundestagsabgeordnete Wilfried Penner, der mit Rau schon gemeinsam im Wuppertaler Stadtrat gesessen hat, der sei einer, der »Menschen fischen« könne. Dies wird sich zeigen.

Aber auch wenn Johannes Rau im ersten Anlauf Richtung Bonn scheitert, was noch immer wahrscheinlicher ist als ein Sieg, seine Anwartschaft auf den Parteivorsitz hat er in Ahlen bekräftigt. Eines Tages wird Willy Brandt die goldene Taschenuhr August Bebels an ihn weiterreichen.

Zeitzeugen

Kurt H. Biedenkopf
Menschen wollen gut sein

Als ich 1964 Professor in Bochum wurde und damit nach Nordrhein-Westfalen kam, war Johannes Rau schon sechs Jahre Mitglied des Landtages. Er war Vorsitzender der SPD-Fraktion, als ich in Bochum Rektor war. Aber damals war für uns eher die Landesregierung – Heinz Kühn vor allem und Kultusminister Holthoff – Gesprächspartner als die größte Regierungsfraktion. So sind wir uns, jedenfalls nach meiner Erinnerung, erst begegnet, als ich die Universität verließ, um in die Wirtschaft zu gehen, und der Wissenschaftsminister Rau mich verabschiedete. Es war, wie auch später öfter, ein freundschaftliches Gespräch. Mir fiel, bei aller Freude auf die neue Aufgabe, der Abschied von der Universität nicht leicht. Johannes Rau mag das gespürt haben. Jedenfalls versprach er mir, ich könne jederzeit zur Universität zurückkehren. In den folgenden Jahren hat er mich mehrfach daran erinnert.

Zehn Jahre später trafen wir als politische Konkurrenten aufeinander: er als Ministerpräsident des Landes, ich, in der Nachfolge des verstorbenen Heinrich Köppler, als Kandidat um dieses Amt. Johannes Rau war damals zwei Jahre im Amt. Viele maßen ihn noch immer an seinem Vorgänger Heinz Kühn. Viele waren, nicht nur in meiner Partei, der Meinung, ihm fehle die Sicherheit und die für das Amt notwendige Kraft und fachliche Autorität. So kam es, daß schon im damaligen Wahlkampf seine eigentliche Stärke unterschätzt wurde: dem Bedürfnis der Menschen nach Harmonie und Konsens zu entsprechen, Politik als eine Sache erscheinen zu lassen, die wenig mit Macht zu tun haben sollte, aber viel mit Zwischenmenschlichkeit, Zuwendung, Mitleidenschaft – wie er es in seiner Ahlener Rede vom Januar 1986 nannte. Er war in der Lage, all dies in glaubwürdiger, den Menschen – gerade im Revier – ansprechender Weise zu sagen und selbst davon überzeugt zu sein und sich gleichzeitig von einem Wahlkampf und Wahlkampfmethoden tragen zu lassen, die solchen Wertungen und Vorstellungen hohnsprachen. Als seine Partei ein Plakat mit zahlreichen Porträts von Frauen erscheinen ließ, die man in einem Altersheim fotografiert und zu dem Bekenntnis bewegt hatte, daß sie im Zweiten Weltkrieg ihren Mann, Bruder oder Sohn verloren hatten und nie wieder Krieg wollten – im Gegensatz, wie das Plakat glauben machen wollte, zu einer friedensgefährdenden Politik der CDU –, entzog sich Johannes Rau der Verantwortung für diesen ungeheuerlichen Vorgang mit einer persönlichen Entschuldigung und distanzierte sich von dem Plakat. Viele glaubten es ihm – und es ist tatsächlich schwer, sich Johannes Rau und der Wirkung seiner Persönlichkeit zu entziehen, wenn er sich entschuldigt oder eigene Schwächen und Fehler öffentlich eingesteht. Aber das Plakat, Höhepunkt der »Krieg-oder-Frieden-Kampagne«, mit der seine Partei die Landtagswahl stellvertretend für Bundeskanzler Schmidt und gegen Franz Josef Strauß bestritt, hatte seine Wirkung getan. Gräben waren aufgerissen worden. Der Angriff war in weiten Kreisen der Bevölkerung wirksam. Die Angst der Menschen war mobilisiert, zum Nutzen eines sozialdemokratischen Wahlsieges. Aber Johannes Rau versöhnte!

Und noch ein Ereignis ist mir in lebhafter Erinnerung, das mir den besonderen Charakter des Politikers Rau erschloß und das, was ihn von anderen unterscheidet: unsere Fernsehdebatte wenige Tage vor der Landtagswahl 1980. Obwohl auch Frau Funke für die FDP teilnahm, war es vor allem ein Streitgespräch zwischen den Spitzenkandidaten. Ich hatte mich auf eine Fülle von Sachthemen vorbereitet und auf eine Auseinandersetzung über das Kriegerwitwen-Plakat. Aber Johannes Rau nahm die Debatte nicht an. Er »kumpelte«. Meine Freunde waren anderentags der Überzeugung, die Runde sei an mich gegangen. Ich wußte es besser. Johannes Rau war es gelungen, die Politik aus der Politik zu nehmen, sich gewissermaßen mit den »kleinen Leuten« gegen diejenigen zu solidarisieren, die unter Politik die gestaltende Ausübung von Macht verstehen, welche auf Zeit und zu diesem Zweck gewährt wird. Es bleibe dabei, rief er knapp sechs Jahre später in Ahlen seiner Partei als Kanzlerkandidat zu: »Das Ideal meiner Politik ist es, das Leben der Menschen im Laufe der Jahre ein Stückchen menschlicher zu machen.«

Mit der Wahl des westfälischen Ahlen als Ort für seine erste programmatische Rede nach seiner Wahl zum Kanzlerkandidaten der

SPD kehrte Rau auch an die Quellen seines eigenen politischen Werdeganges zurück. Johannes Rau ist ein Schüler Gustav Heinemanns. Als sich die CDU der britischen Zone 1947 in Ahlen versammelte, um mit dem Ahlener Programm in der Zeit tiefster Nachkriegsnot nach neuen wirtschafts- und gesellschaftspolitischen Wegen zu suchen, war Gustav Heinemann Mitglied der CDU. Zwei Jahre später diente er der jungen Bundesrepublik als Minister im ersten Kabinett Adenauers. Die beiden trennten sich über der Frage der Wiederbewaffnung. Johannes Rau wurde mit 21 Jahren Mitglied der Gesamtdeutschen Volkspartei, die Heinemann gegründet hatte. Erst 1957 fand er – wie sein politischer Mentor – zur SPD.

Diese politische Biographie ist für Johannes Rau prägend geblieben. Sie erlaubt ihm eine gewisse Distanz zum ideologischen und theoretischen Kern seiner Partei und damit eine politische Selbständigkeit, die für die SPD nicht typisch ist. Als er sich in Ahlen auf diese Selbständigkeit berief, blieb der Beifall aus. Die Versammlung zollte ihn erst, als sie erfuhr, daß Rau seine Formulierungen von Willy Brandt übernommen hatte. Aber die Selbständigkeit, die Johannes Rau meint, wenn er nicht »Willensvollstrecker der Partei« sein möchte und sich damit »dem Verdacht aussetzt, er wolle sich von der Partei absetzen«, ist von anderer Art als jene, die Willy Brandt in Anspruch nahm. Brandt wollte den damit gewonnenen Raum politisch ausfüllen. Die Unabhängigkeit, die Johannes Rau meint, ist eine Unabhängigkeit von der Politik. Sein Ziel ist es eben nicht, mit den Mitteln staatlicher Macht politisch zu gestalten, Entwürfe zu entwickeln und umzusetzen. Er will zwar das Amt und weiß, daß es nicht ohne Mehrheiten zu haben ist. Aber er will aller Bürgerinnen und Bürger Kanzler sein – oder Ministerpräsident –, und es gelingt ihm, den Eindruck zu erwecken – wohl weil er es selbst so sieht –, daß er es ein wenig bedauere, dieses Amt nicht ohne Ringen um Mehrheiten gewinnen zu können. Eigentlich geht es ihm nicht um Politik, sondern um »Versöhnung«. Zwar weiß Johannes Rau, daß politische Mehrheiten ohne Auseinandersetzung und Kampf nicht gewonnen werden können. Aber im Grunde ist ihm dieser Kampf zuwider. Kampf sei für ihn »nicht das einzige Kriterium des Politischen«. Und dann folgt – in der Ahlener Rede – unmittelbar der Satz: »Der überkommenen Vorstellung, der Krieg sei der Vater aller Dinge, setze ich die Einsicht entgegen, daß die Menschen verkommen, wenn sie die Freundschaft, die Brüderlichkeit, die Geschwisterlichkeit vergessen.«

So verbindet Johannes Rau den Wunsch der Menschen nach Harmonie und ihre Abneigung gegen politischen Streit und Auseinandersetzung mit dem scheinbar unpolitischen Angebot, die Menschen zu versöhnen, statt zu spalten.

Es ist nicht sicher, wo für ihn das Freund-Feind-Denken beginnt, das nach seiner Überzeugung die Menschen spaltet, polarisiert und ausgrenzt. Nimmt man seine Beispiele in der Ahlener Rede als Maßstab, so ist ihm bereits die Diskussion um die gesetzliche Verwirklichung der Neutralität des Staates im Arbeitskampf Ausdruck eines Freund-Feind-Denkens. Die politische Auseinandersetzung um die Verwirklichung der Menschenrechte lehnt er ab. Sie seien »zu wertvoll, als daß sie zum Schlaginstrument im parteipolitischen Kampf verkommen dürften«. Die Vorstellung, daß Politiker der CDU »das Schicksal der Verfolgten als ein Objekt propagandistischer Ausbeutung betrachten«, ist Johannes Rau »einfach widerwärtig«.

So ist es nur schlüssig, daß er in politisch definierten Gruppierungen und Parteilichkeiten selbst einen Ausdruck der Spaltung sieht. Er wünscht sich Sozialdemokraten, »die zu Risiken für den Nächsten bereit sind und dabei nicht an Macht und Vorteil denken«. Für ihn ist die Welt »nicht in Rote, Schwarze, Grüne, Farblose« aufgeteilt. »Unsere Welt besteht aus Menschen, aus Gesunden und Kranken, aus Glücklichen und Unglücklichen, aus Jungen und Alten, aus Einsamen und Geselligen, aus Frauen und Männern.« Daß sich Mehrheiten nicht in diesen Kategorien, sondern nur in Kategorien der politischen Parteien bilden lassen, bleibt unerwähnt. Politik, so meint er, sei die wichtigste Sache der Welt – für die Zeitungen, aber eben nicht für Johannes Rau. Für ihn ist es wichtiger, den Menschen das Leben ein Stück menschlicher zu machen.

Ich bin nicht sicher, ob Johannes Rau weiß, daß er damit Politik gegen Menschlichkeit ausspielt und so auf gefährliche Weise diffamiert. Denn ich möchte nicht ausschließen, daß er es wirklich so sieht. Für das zweite spricht sein in fast allen deutschen Tageszeitungen veröffentlichter Aufruf »Den Anstand wahren«. Dieser Aufruf ist sicher ein einmaliger Vorgang. Die Selbstverständlichkeit, mit der Rau sich hier aus der Rolle des Kämpfers in die Rolle des Schiedsrichters begibt, spricht dafür, daß ihm der Unterschied nicht wirklich bewußt ist. Wer sich, so wie er, allen Menschen und dem Guten in ihnen verpflichtet fühlt, muß es schwer haben mit der Einsicht, daß Staat, Macht und Politik ihre Notwendigkeit der Unzulänglichkeit der Menschen verdanken.

Der christliche Glaube, dem er tief verbunden ist, gibt uns die Kraft, stets aufs neue den Versuch zu machen, unsere personale Unzulänglichkeit zu überwinden. Aber die Einsicht in die Dauerhaftigkeit dieser Unzulänglichkeit gebietet auch, sie anzuerkennen und die Welt entsprechend zu gestalten.

Johannes Rau verwischt diesen Unterschied. Er macht Politik damit, daß er ihre Notwendigkeit leugnet. Die Menschen wollen gut sein. Er sagt ihnen, daß sie es sind und jene, die vom Gegenteil ausgingen, die Gemeinschaft spalten. Als Brandt uns in anständige und unanständige Deutsche teilte, wußte er, was er tat. Bei Johannes Rau bin ich mir nicht sicher.

Hans Schwier

Der leise Moderator

Bis in die tiefe Nacht hatte es eine erbitterte und heftige Diskussion um die künftige Hochschulpolitik unseres Landes gegeben. Jeder Ressortminister diskutierte gleichberechtigt; der Ministerpräsident hatte zu meiner großen Verärgerung zugelassen, daß sich jeder einmischen konnte. Ich hatte den Eindruck, in einem Kabinett aus lauter Wissenschaftsministern arbeiten zu müssen. Alle waren von Johannes Rau aufgefordert worden, ihre Meinung zu äußern. Meine Verärgerung, jedes Element einer doch von mir konzipierten Politik begründen, verteidigen und zum Teil auch in Details verändern zu müssen, war groß. Am nächsten Morgen rief mich Rau noch vor dem Frühstück an, um dem Kabinettsneuling seine nach wenigen Stunden Schlaf abgeklärte Ansicht mitzuteilen und ihm Mut zu machen.

Kabinettssitzungen unter seiner Leitung dauern gelegentlich lange. Sie sind keine Verkündungstermine des Ministerpräsidenten, sondern gruppendynamische Prozesse. Der Ministerpräsident sagt das auch so.

Jeder ist als Diskussionspartner zu jedem Thema gefordert. Wenn es um Verantwortung geht, so kann sich kein Minister darauf beschränken, den »Zuständigen« zu finden. Ein Ressortegoist wäre in unserem Kabinett fehl am Platze. Die Diskussionen verlaufen scheinbar ungesteuert, aber ich spüre immer mehr, daß deren Ablauf vom Ministerpräsidenten vorher – vor allem bei wichtigen Fragen – sehr gut überlegt und durch eine teilweise listige Moderation so gestaltet wird, als ergäbe er sich von selbst; aber Gesprächsverlauf und mögliche Ergebnisse sind vorher geplant worden.

Nichts zu sagen gilt unausgesprochen als nichterfüllte Pflicht. Kommen wir am Ende einer Diskussion zu gemeinsamen Ergebnissen, die oftmals Kompromisse sind, so werden sie nicht zur Selbstdarstellung des Ministerpräsidenten genutzt; er verkündet sie nicht vor der Presse gleichsam zum eigenen Ruhme. Jedes Kabinettsmitglied vertritt eine von allen Kollegen beeinflußte Politik nach außen. Damit ist auch die für einen Minister (der ja um einen Wahlkreis kämpfen muß) notwendige Eigendarstellung gesichert, und er kann sich gegenüber politischen Gegnern profilieren. Das ändert nichts daran, daß die Eigendarstellung eines Ministers im Grunde genommen die Darstellung der Politik des gesamten Kabinetts ist. Wir wissen um unsere Kollegialität und spüren, daß Rau nur ungern von seiner Richtlinienkompetenz formalen Gebrauch macht. In Diskussionen äußert er sich kompetent, kenntnisreich und oft in Details versessen; trotzdem trennt er sich zu unserem Erstaunen manchmal während einer Beratung schwungvoll von den Vorlagen seiner Beamten.

Eine direkte Weisung – als Folge seiner Richtlinienkompetenz –, um ein von ihm gewolltes Ergebnis zu erzielen, wertet er wie einen persönlichen Mißerfolg. In einer der Tagesordnung vorgeschalteten allgemeinpolitischen Diskussion beschränkt er sich darauf, Entwicklungsmöglichkeiten, Fernziele anzudeuten. Die Nah- und Zwischenziele, die Wege zu angestrebten Ergebnissen, können so auf eine erfreulich undogmatische Weise gemeinsam erarbeitet und auch erstritten werden. Dabei zeigt sich eine herausragende Fähigkeit Raus – sich selbst mit seinen Meinungen in einer Diskussion wieder zurückzunehmen, ohne dies als Niederlage zu empfinden. Wer ihn länger kennt, merkt allerdings, wenn sein Gesprächsbeitrag schon seine abschließende Meinung ausdrückt.

Natürlich gibt es Konflikte, und Rau hat es oft schwer, in einem vernünftigen Diskurs eine Sache weiter voranzutreiben und dabei jeden der Streitenden – trotz zunehmender Verärgerung – dazu zu bringen, seine Motive immer weiter offenzulegen und zu begründen. Kommt es zu keiner Einigung, liegen vielleicht die wirklichen Motive noch nicht offen, so bemüht sich Johannes Rau um das Gespräch mit einzelnen. Einsame Entscheidungen einzelner Kabinettsmitglieder, die gegen alle anderen durchgeboxt werden, sind daher selten. Wer sich kompromißlos durchsetzen will, geht ein hohes Risiko ein, das ihm nicht vom Ministerpräsidenten aufgebürdet wird, sondern sich aus dem Stil des Kabinetts ergibt: Rücktritt und kompromißloser Sieg liegen dicht beieinander. Einmal trat ein Minister zurück, weil er sich diesem Kabinettsstil nicht mehr anpassen wollte.

Es war für mich oft nicht einfach, während einer Kabinettssitzung die Schwächen meiner eigenen Politik bloßlegen zu müssen, auf ihre Risiken hinzuweisen, auch wenn letztendlich meine Vorschläge von allen gebilligt wurden. So kannte jeder meiner Kollegen die Schwächen dieser Politik, aber er konnte sie gegenüber Dritten auch verteidigen.

Rau kann sehr unangenehm werden, wenn Entscheidungsprozesse, bevor sie im Kabinett beendet sind, durch Festlegungen eines Ministers in der Öffentlichkeit vorab in eine bestimmte Richtung gelenkt werden, wenn unter Umständen nur noch eine einzige Entscheidung nach Ansicht der Öffentlichkeit sinnvoll erscheint. Wenn anstelle der Diskussion von Ministern öffentlicher Druck erzeugt wird, dann tritt beim Ministerpräsidenten eine nachhaltige und auch nachwirkende Verärgerung ein; selbst dann, wenn er die vorab getroffene Entscheidung politisch billigt.

Johannes Rau mag kein Kabinett der Namenlosen. Die Schwierigkeit der Zusammenarbeit mit ihm besteht vor allem darin, daß man – wenn man zum Beispiel im Kabinett nur zur Hälfte erfolgreich war – sich gegenüber seinen Mitarbeitern nicht auf eine einsame Entscheidung berufen beziehungsweise den eigenen Mißerfolg auf den Ministerpräsidenten abschieben kann. Ein halber Erfolg zeigt oftmals, daß die eigenen Argumente eben nur halb so gut waren, wie man vorher dachte.

Rau gibt sich im Kabinett als leiser Moderator. Er ist der Chef, weil er sich nicht darum bemüht, es zu zeigen.

Bernhard Worms

Was ich an ihm schätze, was ich kritisiere

Die Stärken des Johannes Rau sind seine Schwächen – die Schwächen seine Stärken. Diese paradoxe Zuspitzung in der Person des Politikers Rau habe ich oft erleben können. Sie ist ein wesentlicher Grund für seine in der Tat ansehnlichen Wahlerfolge in der Vergangenheit. Sie wird allerdings auch – davon bin ich fest überzeugt – ganz entscheidend zu seinen allernächsten Niederlagen beitragen.

Wer häufiger die Gelegenheit zu einem persönlichen Gespräch mit Johannes Rau hat, wird in aller Regel einem durch Offenheit entwaffnend wirkenden Menschen begegnen. Mir zumindest erging es so, als ich es erstmals mit ihm zu tun bekam, um zusammen mit vier weiteren Politikern der CDU und SPD eine Lösung im damals schwelenden nordrhein-westfälischen Gesamtschulstreit zu suchen. Ich konnte nicht ahnen, daß mir die Eröffnungsformel, die der amtierende Ministerpräsident hier benutzte, bei anderen Gelegenheiten noch häufig begegnen sollte.

»Ich gestehe freimütig«, so Rau zum nicht geringen Erstaunen einiger Gesprächsteilnehmer, »daß ich in den Themen, die wir hier erörtern wollen (gegliedertes Schulwesen, Gesamtschule etc.), nicht zu Hause bin. Ich bin aber der Meinung, daß sich jeder völlig frei zur Sache äußern soll.« In der Tat: Die Offenheit, zu der er selbst fähig ist und die er von anderen einfordert, ist beeindruckend. Bedenklich aber, wie er Informationsdefizite (oder sollen wir ruhig sagen: schlichtes Nichtwissen?) durch offenes Ansprechen für die einen zu einem Tabu, für die anderen zu einem Kultwert erklärt – so als könne man hochkomplexe Dinge, wie sie hier zur Diskussion standen, so mir nichts, dir nichts frei diskutieren.

Zu dieser häufigen Praxis, gegen den Sachverstand »höchste Werte« zu setzen (in dem geschilderten Fall war es die Tugend der Offenheit), gesellt sich für den aufmerksamen Beobachter eine gewisse Janusköpfigkeit. So bedauert er – löblicherweise, muß man sagen – kritisierenswerte Vorgänge auf das entschiedenste. Die Verantwortung hierfür schiebt er jedoch häufig dem politischen Gegner in die Schuhe. Ein Beispiel: Er bedauert wortreich die Ausschreitungen gegen den Frankfurter Oberbürgermeister Walter Wallmann, formuliert aber sogleich einen Vorwurf, der aus dem zuvor bedauerten Opfer den eigentlich Schuldigen macht. So etwas ärgert mich. Leider ist dies kein Einzelfall.

Für sich selbst hingegen reklamiert Rau das Recht auf größtmögliche politische Schonung. Gerät er in eine harte politische Auseinandersetzung, darf man sich nicht wundern, wenn einem Menschliches, allzu Menschliches entgegengehalten wird: »Meine Mutter hat immer gesagt: Ich habe einen anständigen Sohn großgezogen. Was sage ich nun meiner Mutter?«

Sympathisch an Rau ist in jedem Falle seine Bereitschaft, Politik auch einmal Politik sein zu lassen, um menschlichen Angelegenheiten genügend Raum zu verschaffen. Manchmal hat man sogar den Eindruck, daß er den harten politischen Dissens als etwas grundsätzlich Böses ansieht. Dann scheint er nicht bereit zu sein, anzuerkennen, daß Demokratie vom Austausch auch sehr kontroverser Positionen lebt. Auf diese Weise neigt er sehr stark zur Entpolitisierung aller Vorgänge, wodurch er sicherlich das ausgeprägte Harmoniebedürfnis der Menschen anspricht. So bezeichnete er selbst in einem Weihnachtsgruß an Funktionsträger seiner Partei nicht die nordrhein-westfälische Landtagswahl oder seine Nominierung zum Kanzlerkandidaten der SPD als das wichtigste Ereignis des Jahres 1985, sondern – die Geburt seines Sohnes.

Klaus Matthiesen

Die kleinen Dinge des Lebens

Kaltschnäuzige Durchsetzungsfähigkeit und zwischenmenschlichen Rigorismus, strategisches Kalkül und taktisches Verhalten – hat ein Politiker das alles und manches auch noch im Übermaß, dann gilt er, jedenfalls in der Öffentlichkeit, als clever und gemeinhin als führungsstark, dann ist er geeignet für das »Geschäft der Politik« oder für das »Geschäft in der Politik«.

Der Bürger reibt sich die Augen und fragt: Ist es das wirklich, worauf es denn ankommt? Politik sollte doch zuallererst Dienst für ihn und Dienst an ihm, dem Bürger, sein. Kommt es dann nicht vielmehr auf Politiker an, die sich seiner Sorgen, seiner Bedürfnisse und seiner Interessen annehmen? Bedarf es dann nicht Politiker mit anderen Eigenschaften?

Jeder in der Politik weiß: Man kann fix ständig neue Ideen entwikkeln und Sprechblasen produzieren. Man kann sich aber auch zum Beispiel für einzelne Jugendliche einsetzen, damit sie eine Ausbildungschance erhalten. Das erstere ist häufig spektakulär und in unserer Medienwelt schlagzeilenträchtig, das letztere geschieht meistens und hoffentlich in gebotener Stille. Wenn über stilles Sicheinsetzen zu reden ist, dann weiß ich, wovon ich spreche. Von Johannes Rau. Er ist anders als viele andere Politiker. Ein Regierungschef, der nicht abgestumpft ist, der sich immer wieder und immer wieder neu durch an ihn gerichtete Briefe von Bürgern betroffen machen läßt. Der teilnimmt am Schicksal einzelner. Zum Beispiel, wenn eine verzweifelte Mutter über ihre Hoffnungslosigkeit und die ihres Sohnes berichtet, der einen Arbeitsplatz sucht, aber keinen findet.

Ich habe mehrfach in Kabinettssitzungen erlebt, daß die sogenannten großen Dinge der Politik warten mußten, weil Rau wollte, daß der Brief einer Mutter und damit die Sorge eines konkreten Menschen Vorrang erhält. Ihr Anliegen wurde ungeplant Tagesordnungspunkt Nummer eins und nicht der vorgesehene und vielleicht noch so wichtige Gesetzentwurf. Vier Wochen später kam von Rau die Rückfrage, ob denn dem Sohn geholfen werden konnte.

Einzelsorgen auf Wiedervorlage und viel Zeit für ein Einzelschicksal. Ist das notwendig und wichtig? werden viele fragen.

Gegenfrage: Was ist denn *wirklich* wichtig? Sind es nicht auch die sogenannten kleinen Dinge des Lebens – jedenfalls für die Betroffenen? Die Politik verkümmert ja ohnehin mehr und mehr zu einem Metier der globalen Regelungen, der eiskalten Berechnung, der klugen Strategien, der Durchblicker und Durchstecher.

Gut, daß es da noch den einen oder anderen gibt, der sich bemüht, bewußt anders zu sein und auch so zu bleiben. Rau gehört dazu. Wenn er etwa – entgegen landläufiger »politischer Klugheit« – Menschen nicht fallenläßt, eben nicht abstreift wie einen schmutzigen Kittel. Wenn er – trotz seiner Verpflichtungen und Termine und Begegnungen mit »großen Leuten« – die »kleinen« um ihn herum und deren persönliche Nöte nicht vergißt.

Das ist ein Ursprung, eine Quelle für seine Erfolge in der Politik, für sein hohes Ansehen bei vielen Menschen, die ansonsten mit der Politik nicht allzuviel »am Hut haben«. Es ist gerade diese Art seiner persönlichen Zuwendung, die diejenigen überzeugt, die der Politik mißtrauisch gegenüberstehen oder sie häufig als »Kuhhandel unter Eingeweihten« empfinden.

Für Johannes Rau – glaube ich – gilt noch die Maxime, daß es keinen Unterschied zwischen Schein und Sein in der Politik geben darf. Die Fürsorge, mit der er sich »kleinen Dingen« widmet, bleibt bei den »großen« nicht vor der Tür. Viele, die ihn begleiten und kennen, fragen sich: Woher nimmt er die Zeit für diese Art der Politik?

Ich glaube, er stiehlt sie sich in seiner Zeitnot, weil er davon überzeugt ist, daß tätige Hilfe und geleistete Brüderlichkeit im Alltag zu den wirklich großen Dingen des Lebens gehören. Das macht einen Teil seiner Faszination aus. Damit ist er anders als viele andere. Anders könnte er wohl auch gar nicht Politiker sein und sein »Geschäft« betreiben.

Für manche, die ihn kommentieren oder auf andere Weise öffentlich begleiten, wird er deshalb Gegenstand von Fehldeutungen bleiben. Das ehrt ihn. Denn es zeigt, daß er sich nicht in die Schablone des Klischees pressen läßt. Und das wiederum ermutigt jemanden wie mich, mit ihm und unter ihm für seine gute Sache zu streiten.

GERHARD RÖDDING

Seine Stärken und Schwächen

So einfach ist das Leben nicht, daß man Stärken und Schwächen säuberlich scheiden und sortieren könnte, die Stärken zur Rechten und die Schwächen zur Linken – oder umgekehrt, um Anzüglichkeit zu vermeiden. Leider ist's komplizierter; denn die Stärken sind gleichzeitig die Schwächen, und ohne die Schwächen hat man auch die Stärken nicht.

Nehmen wir zum Beispiel Johannes Rau! Man muß es doch als ausgesprochen stark empfinden, wenn sich ein Spitzenpolitiker im säkularisierten 20. Jahrhundert so in der Bibel auskennt, daß ihm in jeder Situation ein Spruch einfällt und er's nicht lassen kann, diesen auch mehr oder weniger korrekt zu zitieren. Das kann wahrlich nicht jeder, und wer's von Berufs wegen müßte, zollt ihm Respekt.

Doch wem das fromme Wort flott vom Munde fließt, der muß es noch nicht immer begriffen haben. Historischer Abstand und verwobene Zusammenhänge lassen den wahrhaft Kundigen eher stocken als leichthin reden. Nur wer es nicht kennt, sieht's einfach und spricht schnell. Aber ist solche Einfalt nun stark oder schwach? Wir enthalten uns hier besser des Urteils. Da ist's nun schon ernster mit dem neuerdings so leichthin ausgesprochenen Wort von der Versöhnung. Man überlegt sich's zweimal, ob man richtig gehört hat. Der Zentralbegriff des christlichen Glaubens im Slogan einer Partei! Rau läßt's mit sich machen, als ob er nicht wüßte, daß um der Versöhnung willen einer sterben mußte und es um dieses Ernstes willen doch wohl alle Grenzen überschreitet, wenn man sich selbst damit schmückt und als Versöhner aufbauen läßt. Nur wenn man den Glauben leicht und obenhin nimmt, kann man's passieren lassen.

Oder ein anderes Beispiel: Ein großer Wurf sollte es sein und eine neue Ära eingeläutet werden, als Rau – schon vorgesehen als Kandidat – der Republik verkündete, er wolle alle sozialen Einsparungen aufheben, alle, daran sollte kein Zweifel sein wie auch daran nicht, daß das nicht dahergeschwatzt war, wie es Politiker schon mal tun, sondern überlegt und korrigiert und genehmigt und dann gedruckt. Dennoch – es war ein garstiger Fehler; die Republik war gar nicht beglückt davon, sondern fragte, ob der Kandidat wohl rechnen könne.

Wenn man so in eine Sackgasse geraten ist, kann man mit barscher Rechthaberei reagieren, wie's menschlich ist, oder man kann sich herausreden und für sich selbst mildernde Umstände auflisten, wie das Politiker am liebsten tun. Aber so ist Johannes Rau nicht, daß er sich in eine solche Alternative bringen läßt, sondern er wählte den Weg, den Politiker selten gehen: Er bekannte seinen Fehler, nicht total und in allem, nicht ohne Wenn und Aber, aber eben doch im wesentlichen. Die eigenen Truppen legen so etwas oft als Schwäche aus, was aber nicht unbedingt stören muß, wenn man der einzige Kandidat ist. Aber gehört es nicht zur starken Seite eines Menschen, Fehler zugeben zu können, und wird man auf diese Weise das Problem nicht am ehesten los – trotz der maulenden Truppen?

Dennoch hat sich mancher hier gewundert; denn schon oft erlebte man solch schnelles Geständnis der eigenen Unvollkommenheit. Da war doch das starke Stück mit den angeblichen Kriegerwitwen, die in Wahrheit in einem Altenheim zusammengetrommelt waren, abgebildet auf Wahlplakaten im Jahre 1980. Sie warben für den Frieden und für Rau, und unterstellt wurde, die Politik des Gegners führe zum Kriege; denn Krieg oder Frieden war das Thema in Rhein und Ruhr in jenen Tagen, obwohl darüber weder im Landtag noch überhaupt in Nordrhein-Westfalen entschieden wird. Und Rau sollte als Friedensfreund aufgebaut werden und die kriegslüsterne Opposition schlagen. So war's gedacht und dargestellt, und erfolgreich war's für die Wahl, aber grenzenlos zynisch und geschmacklos auch. Da wunderte sich niemand, daß Rau im Landtag gestellt wurde. Aber welche verblüffende Überraschung! Er gab den Fehler einfach zu. Schließlich sei er nicht für jede Nuance im Wahlkampf und erst recht nicht für jedes Plakat verantwortlich. Aber er distanziere sich. Nein – so etwas dürfe man nicht machen, räumte er ein, nachdem er Erfolg damit gehabt hatte.

In den Zusammenhang des schnellen Gestehens gehört auch die schicke Floskel, daß man beim Aachener Klinikum manchmal in »fidele Resignation« habe fallen können; denn wer gibt schon gern zu, daß ihm das entglitten sei, was man als »Lebenswerk des Landes« an anderer Stelle bezeichnet hat? Jedoch an schnelle Sündenbekenntnisse kann man sich gewöhnen und dazu noch die Meinung haben, die Menschen würden einem die politischen Fehler schon verzeihen, wenn man sie nur rechtzeitig bekenne. Ist das nun Stärke oder Schwäche? – Wer es weiß, soll sich melden.

Man sagt, Rau sei ein Zauderer, Cunctator maximus. Lange lasse er diskutieren, ob's nun so oder so sein solle. Schließlich habe er 25 Jahre länger als andere Männer gebraucht, um sich für eine Frau zu entscheiden. Und die Kandidatur habe er monatelang diskutieren lassen, und zwischen persönlicher Neigung und Parteidisziplin habe er den Weg nicht finden können, weil es hier nur ein klares Entweder-Oder gebe. Überhaupt, das Sowohl-als-Auch liege ihm mehr, weil es die Entscheidung erspare. So wolle er sowohl den Schnellen Brüter in Kalkar haben, als ihn auch wieder nicht haben, je nachdem, ob er mit Helmut Schmidt oder Oskar Lafontaine geredet habe. Und Landeszuschüsse für eine Abtreibungsklinik in Essen? Herkunft und Überzeugung verbieten es, sich dafür zu entscheiden. Eigentlich war's eine der wenigen Gewissensfragen, die es in der Politik gibt und in denen man keine Kompromisse machen kann. Aber die Mehrheit der Partei sieht's anders und duldet die Abweichung nicht. Zwischen Mehrheit und Gewissen zu geraten – das ist das ärgste. Da gab's ein langes Hin und Her, und Johannes Rau war ein schwankendes Rohr, bis der Strom der Mehrheit ihn mitriß und das Gewissen in den Fluten verschwand.

Nun ist es sicher völlig verfehlt, Zaudern und Zögern lediglich als Schwäche abzutun. Nein, in großen Fragen muß überlegt und gewogen und erst dann entschieden werden. Man kann darüber nicht streiten, daß es auch in der Politik verhängnisvoll wäre, wenn es so zuginge: Problem auf dem Tisch, Entscheidung raus!

Die flinken Entscheider, die nichts überlegen und auch dann entscheiden, wenn es gar nichts zu entscheiden gibt und die Sachen noch anstehen können, geraten öfter als die Bedächtigen in die Irre – auch in der Politik. Und gute Nerven gehören gewiß dazu, abzuwarten, bis die Zeit reif ist. Und wie ist das bei Rau? Nein, ein blinder Eifriger ist er nicht, und je näher eine Entscheidung an seine Person selbst heranführt, um so vorsichtiger wird er. Sich selbst ins Geschäft zu bringen, ohne eine Hintertür offenzulassen, fällt ihm schwer. Möglicherweise fehlt ihm die innere Selbstgewißheit, die instinktiv den richtigen Weg findet, auch wenn es mit einem Risiko verbunden und gewagt ist. Wenn's aber so ist, dann ist Zögern doch wohl eher eine Schwäche.

Der erste Bürger unseres Landes, wie er sich gern nennt, ist zart besaitet. Sensibilität ist aber nun ohne Zweifel eine Stärke; denn der Politiker soll kein Eisblock sein, den man nicht rühren kann und dem zu nähern man sich nicht traut. Gespür für das, was die Leute gern haben, was sie hören wollen und womit sie verschont sein möchten, hat Rau in hohem Maße. Man könnte auch sonst seine Wahlerfolge nicht erklären. Wenn er Frieden und Harmonie beschwört und vor allem den bedeutungsschweren Satz formuliert: »Es geht um den Menschen«, dann merkt man, Rau steht beim Volk. Es ist ohne Zweifel eine Stärke, die allgemeine Wahrheit so zu formulieren, daß die Leute klatschen – und sie mit der konkreten zu verschonen, zum Beispiel, daß es mit Kohle und Stahl nicht gut steht in unserem Land. Damit kommt man vielen Bürgern entgegen, die vor allem mit Politik in Ruhe gelassen werden wollen. Darum sind die Wahlkämpfe im

Lande unpolitisch, und auf den Plakaten sieht man Frau und Kind anstelle von Parolen. Um Gottes willen nicht das Volk zur Entscheidung zwingen, wo man selbst so ungern entscheidet, lieber Regenbogenpresse bürgerlichen Stils, die die Menschen ins Träumen bringt! Das gefällt doch den Leuten besser als das harte politische Argument.

Ob das nun allerdings stark ist, entscheidet sich an der Frage, ob es der Demokratie guttut, die Leute unpolitisch zu halten. Aber auf diese Weise wird der erste Bürger zum Superbürger mit Denkmalcharakter. Und wehe dem, der daran rührt! Denn manchmal wird die Sensibilität zur Mimose, Kuriositäten eingeschlossen. Dazu gehört die merkwürdige Gewohnheit, aus dem Plenarsaal hinauszulaufen, wenn's hart wird und an die Nieren geht. Ja, dann ist alle Gravität dahin, dann rennt er. In einem Fall hat er geschworen, niemals mehr sitzen zu bleiben und zuzuhören, als wenn er's nicht dennoch hörte oder sich's sagen ließe. Der Redner freut sich, wenn er rennt. Es fördert die Publizität.

Aber seine Empfindlichkeit muß man studiert haben. Auge in Auge muß man ihn gesehen haben, wenn er attackiert wird. Zunächst versucht er, es mit Lachen abzuwehren. Aber wenn's unter die Haut geht, dann versteinern die Augen, wenn der Mund sich noch zum Lächeln verzieht. Und wenn auch das vorbei ist, dann rennt er. Als Johannes Rau zum Aachener Klinikum verhört wurde, da war ihm dies versperrt. Da konnte er nicht rennen, sondern mußte den unbarmherzigen Fragern Antwort geben. Und als das Reservoir der schicken Sprüche erschöpft war, da perlte es von der Stirn und durchfeuchtete Hemd und Kragen, so ungewöhnlich und auffallend, daß es viele verwundert hat. O ja, für diese bittere Stunde gibt es eine Menge Augenzeugen. Man sucht nach einer Erklärung; denn man versteht nicht. Das Aachener Klinikum war zwar ein Skandal, sofern es um den Umgang mit Geld ging, aber immerhin gibt es wichtigere Fragen im Land von Kohle und Stahl, bei denen man Rau noch nie hat schwitzen sehen. Aber hier ging's um die Denkmalfähigkeit des eigenen Tuns, und mit einem schnellen Bekenntnis, daß wir schließlich alle unsere Fehler haben, war die Sache nicht abzutun. Hier ging's ums Konkrete, um Zahl und Rechnung, und das war unangenehm konkret. Da hätte dann alle Welt sehen können, daß Johannes Rau leicht mit seinem Latein am Ende ist, wenn es konkret wird. Aber vielleicht ist's wichtiger zu bemerken, daß seine Empfindlichkeit es nicht zuließ, in einer vergleichsweise geringen Frage als Überführter dazustehen. Daß man dies wagte, brachte ihn ins Schwitzen.

Rau ist sich mit seinen Gegnern darin einig, daß es besser ist, »Lobt froh den Herrn« als die Internationale zu singen. Und daß man mit ihm gemeinsam aus voller Kehle singen kann, macht ihn auch wieder sympathisch. Das ist stark, und Schwächen kann hier niemand erkennen – auch der ärgste Widersacher nicht. Aber weil man singen kann, muß man nun doch nicht Kanzler werden.

GÜNTHER EINERT

Er wird sich nicht ändern

Rau und die Bonner politische Kunstwelt reden in zwei verschiedenen Sprachen. Wer den nordrhein-westfälischen Ministerpräsidenten wirklich kennt, der weiß, daß die Distanz zum offiziellen Bonn ihre Ursachen gewiß nicht in der räumlichen und ohnehin geringen Entfernung zwischen Bundes- und Landeshauptstadt hat.

Dem Kanzlerkandidaten der SPD sind vielmehr die hauptstädtischen Gebräuche zuwider. Er bemängelt Kälte im Umgang und Beziehungslosigkeit. Nach Raus Auffassung wird das Bonner Geschehen nicht den Ansprüchen der Menschen an die Politik auf Realitäts- und Bürgernähe gerecht. In einer Rede im Spätherbst 1985 hat er diese Reserve konkret formuliert: »Unter denjenigen, die in Bonn so gerne von den Menschen draußen im Lande reden, gibt es nicht wenige, die zur Erhaltung ihres Weltbildes den Kontakt mit den tatsächlichen Menschen tunlichst meiden müssen.« Für Außenstehende, so meint Rau, sei die Gettowelt des Regierungsviertels kaum mehr transparent und in ihrem Erscheinungsbild abstoßend. Ich habe während meiner mehrjährigen Tätigkeit in Bonn viele Erfahrungen machen müssen, die dieses Urteil durchaus bestätigen. Schließlich legt nahezu jede Bundestagsdebatte in schonungsloser Deutlichkeit offen, warum Politikverdrossenheit immer weiter um sich greift. In gespenstischer Weise wird dort aneinander vorbeigeredet, versucht, sich gegenseitig lächerlich zu machen oder nur einfach am Reden zu hindern. Vom sachlichen Austausch der Argumente kann häufig keine Rede sein, Polemik und

Leerformeln prägen die Auseinandersetzungen. Rau glaubt jedenfalls nicht, daß »Demokratie leben kann, wo kriegswissenschaftlich geführte Konfrontation an die Stelle des beharrlichen Streitens um den besten Weg tritt«. Wer wollte es ihm verdenken, daß er es vor diesem Hintergrund im Sinne der Vermittlung von Politikvorstellungen an die Bürger für wenig nützlich hält, vor dem Bundestag zu reden?

Rau kennt Bonn in allen Facetten, die nordrhein-westfälische Stadt und das Regierungsviertel. Schließlich ist er als Mitglied des Bundesrates und stellvertretender SPD-Bundesvorsitzender häufig genug in der Bundeshauptstadt und in die dortigen politischen Entscheidungsstrukturen eingebunden. Nur wird er niemals akzeptieren, daß Politikrituale schon Ausdruck von Professionalität sein sollen.

In Düsseldorf ist die politische Welt dagegen noch in Ordnung, jedenfalls nicht ohne persönliche Komponente im Umgang zwischen den Kontrahenten. Diese Kombination von Sachlichkeit und menschlicher Wärme mag der Ministerpräsident, er hat mit seinem Führungsstil entscheidend dazu beigetragen. Niemals, auch nicht während des Landtagswahlkampfes im Frühjahr 1985, hat er seine Gegner diffamiert. Im Gegenteil, einen vom Bundespräsidenten verliehenen Verdienstorden hat Rau dem Oppositionsführer persönlich überreicht. Er kennt die politischen Strukturen beider Städte, der Bundes- und der Landeshauptstadt. Seine Vorbehalte sind verständlich, weil er weiß, daß es anders, normaler gehen kann als in Bonn. Wer nur am Wahltag die Menschen nach ihrer Meinung fragt, kann auf Dauer kein echtes Interesse an der Politik erwarten. Mit Recht glaubt Rau daran, daß die Bonner Politikgewohnheiten nicht zwingend und vor allem nicht unabänderlich sind. Und in diesem Punkt ist er überaus hartnäckig.

Politik in der Bundeshauptstadt ist meist abstrakt und im Ergebnis nicht selten weit entfernt von den wirklichen Bedürfnissen der Bürger, sie wehrt sich auf ihre Weise vor dem Kontakt und der Auseinandersetzung mit den Problemen der Menschen. Dafür ein Beispiel, das auch Hinweise für das Politikverständnis von Rau gibt: In meinem ersten Bonner Amtsjahr, 1984, sorgte das Versprechen des Bundeskanzlers, jeder Ausbildungswillige könne eine Lehrstelle erhalten, für beträchtlichen Wirbel und erhebliches Aufsehen. Im Bundeskanzleramt gingen damals die Briefe der Lehrstellensuchenden waschkorbweise ein. Überrascht von der Flut der Anfragen, ließ der Bundeskanzler ein hektographiertes Antwortschreiben versenden, in dem die Bittsteller an die jeweiligen für den Wohnsitz zuständigen Arbeitsämter verwiesen wurden. Ein Teil der Briefe wurde sogar vom Bundeskanzleramt mit der Bitte um Erledigung an den nordrhein-westfälischen Ministerpräsidenten weitergeleitet. Mit dieser Aktion war die Zuwendungsfähigkeit des Kanzlers erschöpft. Rau hat darauf betroffen reagiert.

Er konnte und kann sich auch heute noch nicht vorstellen, an ihn gerichtete Bitten um Hilfe im Zuge einer geordneten Verwaltungsabwicklung bürokratisch zu erledigen. Wann immer es geht, kümmert sich der Ministerpräsident selbst um solche Einzelschicksale. Sicher, angesichts der enormen Arbeitsbelastung eines Spitzenpolitikers mag eine solche Vorstellung fast als liebenswerte Marotte anmuten, die einfach nicht in jeder Situation realisierbar sein kann. Hektographieren lassen würde er jedoch niemals. Auf den Einzelfall ausgerichtet müßte die Antwort allemal sein; auch wenn die Unterschrift von einem Beamten stammt.

Raus penible Arbeitsweise gibt Aufschluß über sein Verhältnis zur Politik und zu den Menschen. Er will helfen, möglichst unmittelbar und meßbar. Dies war und ist Motiv für ihn, überhaupt Politik zu betreiben. Zweifellos haben ihn gerade in dieser Hinsicht kommunalpolitische Erfahrungen beeinflußt. Ich kann dies nachempfinden, weil mein eigener Werdegang auch an der Basis begonnen hat. Vielleicht ist es gelegentlich nützlich, sich politische Binsenweisheiten ins Gedächtnis zurückzurufen: Die Kenntnis alltäglicher Probleme und Anliegen der Menschen ist eine entscheidende Voraussetzung für die Fähigkeit, übergreifende Linien der Politik erfassen und auch gestalten zu können. Rau will den Basisbezug auf keinen Fall verlieren. Dies Politikverständnis macht zugleich auch deutlich, wie er sich die Verhältnisse in Bonn wünscht. Für ihn geht die Faszination an der Politik nicht von glänzenden Staatsempfängen aus, dem damit verbundenen öffentlichen Ansehen oder der Chance, selbst ein Mächtiger zu sein. So ist er und wird sich auch nicht ändern.

Heinz-Werner Meyer

Politik im Umbruch

Als Rau im Jahre 1958 Abgeordneter des Landtages von Nordrhein-Westfalen wurde, begann gerade die strukturelle Krise im Steinkohlenbergbau. Am Ende dieses Jahres lagen 12,3 Millionen Tonnen Steinkohle, die nicht verkauft werden konnten, auf der Halde. Für die Bergleute bedeutete dies Feierschichten, und am Jahresende kam es bereits zu den ersten Entlassungen.

Über den Bergbau hinaus traf dies die Menschen in den Revieren damals wie ein Schock.

Die Kohle, die in den ersten Nachkriegsjahren die Energie für den Wiederaufbau der Volkswirtschaft lieferte, stand plötzlich einer Konkurrenz billigen Erdöls gegenüber, der sie bei aller Anstrengung aus eigener Kraft nicht standhalten konnte.

Die IG Bergbau und Energie, die dies damals allein in klarer Voraussicht erkannt hatte, war es auch, die mit ihren Vorschlägen für einen geordneten Anpassungsprozeß des Steinkohlenbergbaus, dessen Flankierung durch sozialpolitische Maßnahmen und die Ansiedlung neuer Betriebe in den Revieren sowie einer Neubestimmung der Rolle der Kohle im Rahmen der nationalen Energiepolitik die Initiative zur Überwindung der Strukturkrise ergriff.

Nur weil sie in den folgenden Jahren die Unterstützung der dabei notwendigen Partner in der Landes- und Bundespolitik gefunden hat, konnten schließlich die Stillegung von bis heute weit mehr als hundert Schachtanlagen und der Verlust von fast 400000 Arbeitsplätzen sozial- und regionalverträglich bewältigt werden.

Johannes Rau, der 1967 von Heinz Kühn den Vorsitz der SPD-Fraktion im nordrhein-westfälischen Landtag übernommen hatte, erwies sich schon damals als verantwortungsbewußter und zuverlässiger Gesprächspartner der IGBE. In jenen Jahren, als im nordrhein-westfälischen Landtag der Begriff der »Kohlefraktion« entstand, gehörte er zu den sozialdemokratischen Politikern, die sich gegenüber dem zunächst widerstrebenden sozialdemokratischen Wirtschaftsminister in Bonn, Karl Schiller, für die Schaffung der Einheitsgesellschaft einsetzten. Es ist auch sein Verdienst, daß mit der Gründung der Ruhrkohle

AG im Jahre 1968 und der damit verbundenen Übernahme staatlicher Garantien und der Zusage öffentlicher Hilfen die Grundlagen für die künftige Konsolidierung des Steinkohlenbergbaus geschaffen werden konnten.

Rau, der den seitdem wiederholt geäußerten Verdacht, die jeweilige Landesregierung und die IGBE steckten unter einer Decke, persönlich immer als ein Kompliment verstanden hat, stand auch danach als Minister und als Ministerpräsident stets zur Kohle – zur Steinkohle und zur Braunkohle.

Bestimmend für seine Solidarität mit dem Bergbau war seine große Sorge um das Schicksal der Bergleute und die Zukunft der Reviere. Hinzu kam die volkswirtschaftliche Erkenntnis, daß die Kohle der einzige nennenswerte heimische Energieträger ist, der längerfristig einen Beitrag zur Sicherung der nationalen Energieversorgung leisten kann.

Unmißverständlich hat er immer wieder erklärt: »Wir in Nordrhein-Westfalen, wir sitzen nicht nur auf der Kohle, wir setzen auch auf die Kohle.«

Wer die energiewirtschaftlichen Realitäten kennt, wird keinen Widerspruch daraus ableiten, daß sich auch Nordrhein-Westfalen zu einem großen Teil an der Entwicklung der Kernenergie beteiligt hat. Zu dieser Realität gehört, daß weder die Kohle noch die Kernenergie die gesamte Stromerzeugung übernehmen kann. Es kommt darauf an, daß beide in einem sorgfältig aufeinander abgestimmten Verhältnis zur Stromerzeugung beitragen. Mit dem Jahrhundertvertrag ist eine Grundlage dafür geschaffen, daß die Stromerzeugung aus heimischer Steinkohle eine faire Chance hat. Daran konnte es für Rau nie einen Zweifel geben: »Wir stehen zum Verbund von Kohle und Kernenergie.« Übersehen werden darf in diesem Zusammenhang nicht der besondere Einsatz des Landes, aber auch Raus persönliches Engagement für den Hochtemperaturreaktor, der neben seinem Einsatz im Rahmen der Stromerzeugung insbesondere über das Potential zur Erzeugung von Prozeßwärme verfügen wird und damit der Steinkohle eine neue technologische Zukunft erschließen kann.

Seinem Standpunkt ausgewogener Gesellschafts- und Wirtschaftspolitik ist Rau auch in der kontroversen Umweltdiskussion treu geblieben. Er gehört nicht zu denjenigen, die sich mit Reizvokabular und falschen Alternativsetzungen an dem tagespolitischen Wettbewerb um die Meinungsführung in der oftmals hitzig geführten Umweltdebatte beteiligt haben. Seine unzweifelhafte Überzeugung, daß die Besinnung auf die Wirkungen von Produktion und Verbrauch in ihrem Umgang mit unserer Umwelt umfassend und grundlegend wirksame politische Initiaven erfordern, verbanden sich immer mit der Einsicht, daß bei aller Anerkennung der Bedeutung umweltpolitischer Aufgaben die Sorge um die Sicherheit der Arbeitsplätze nicht verdrängt werden darf.

Die Ergebnisse der Umweltpolitik der von ihm geführten Landesregierung können sich nicht nur sehen lassen, sie haben auch dazu beigetragen, bei allen Beteiligten Vertrauen zu schaffen. Das sichtbarste Beispiel dafür ist der 1985 mit der Elektrizitätswirtschaft vereinbarte Emissionsminderungsplan. In zähen und ausdauernden Verhandlungen hat Rau erreicht, daß sich die Betreiber von insgesamt 71 Kraftwerken im Lande Nordrhein-Westfalen verpflichtet haben, die durch die Großfeuerungsanlagenverordnung gesteckten Ziele schneller zu erreichen.

Der Emissionsminderungsplan leistet aufgrund von erforderlichen Neu- und Umrüstungsinvestitionen in zigfacher Milliardenhöhe zugleich einen erheblichen Beitrag zur Bewältigung der arbeitsmarktpolitischen Probleme. Er ist damit ein überzeugendes Beispiel für das, was Rau mit der »ökologischen Modernisierung der Volkswirtschaft« erreichen will: die Sicherung und Schaffung von Arbeit in der Industriegesellschaft – aber umweltverträglicher und ressourcenbewußter als in der Vergangenheit.

Daß er nicht bereit ist, Umweltpolitik mit dem Rücken zur Wand zu machen, dies hat Rau am 29. November 1985 in eindrucksvoller Weise demonstriert. Das Steinkohlenkraftwerk Ibbenbüren sollte offiziell in Betrieb genommen werden, ein Kraftwerk, dessen Entschwefelungsanlagen vorbildlich sind, während die angestrebte Entstickung der Rauchgase zu diesem Zeitpunkt großtechnisch noch nicht möglich war. Rau hat selbst berichtet, daß ihm viele, auch viele seiner Freunde mit Blick auf das bundespolitische Meinungsbild davon abgeraten hatten, nach Ibbenbüren zu gehen. Weil für ihn allein Verläßlichkeit die Grundlage zur Versöhnung von Interessengegensätzen, auch zur Versöhnung von Arbeit und Umwelt sein kann, ist er den Opportunitätsüberlegungen nicht gefolgt. Er hat vielmehr die Gelegenheit genutzt, um zu verdeutlichen, worauf es bei einer verantwortungsbewußten und ehrlich gemeinten Umweltpolitik wirklich ankommt: auf die Beachtung tatsächlicher Zusammenhänge, auf die Schaffung von Vertrauen und vor allem auf Verläßlichkeit.

Er hat keinen Zweifel daran gelassen, daß sich auch in der Umweltpolitik die Bergleute und der Bergbau auf ihn verlassen können: »Wer zur Kohlevorrangpolitik ja sagt, der muß auch ja zu Ibbenbüren sagen.« Aber er hat auch klargestellt, daß das Kraftwerk Ibbenbüren alle im Rahmen des Emissionsminderungsplanes von Nordrhein-Westfalen vorgesehenen Fristen einhalten wird. Deshalb konnte er zu Recht hinzufügen: »Und wer praktische Fortschritte im Umweltschutz will, der kann auch ja zu Ibbenbüren sagen!«

Seine Haltung in der Kohle- und Energiepolitik hat über viele Jahre deutlich gemacht, daß für ihn Politik kein Medienrummel, sondern ein langfristiger ausgewogener Prozeß ist, in dem Sachargumentation in politische Argumentation umgesetzt wird. Sein gefestigter moralischer Hintergrund hat dabei verhindert, daß aus dieser Sachlichkeit ein bloßes Vortäuschen von Sachzwängen wird.

Ein Schlüssel zu diesem moralischen Selbstverständnis von Rau ist sicherlich sein Verhältnis zu den Menschen. Dies ist jedem klar, der ihn einmal auf einer Grubenfahrt erlebt hat. Die Technik unter Tage fasziniert ihn, aber mehr noch sucht er das Gespräch mit den Menschen. Und die offene und vor allem ehrliche Art von Rau zeigt auch hier Wirkung. Denn seine Gesprächspartner merken, daß er einer ist, der etwas von ihren Sorgen versteht, der wissen will, wie sich Energiepolitik gerade für sie auf ihrer Schachtanlage, in dem bestimmten Streb darstellt und auswirkt; daß er jemand ist, der zuhören kann, der sich viel Zeit nimmt.

Mit seiner Gesprächsbereitschaft, seiner Kompromißfähigkeit, seiner Beharrlichkeit und vor allem mit seiner Verläßlichkeit hat Rau in der Landespolitik das Vertrauen geschaffen, das für die verträgliche und erträgliche Bewältigung schwerwiegender Herausforderungen, vor denen nicht zuletzt die Kohle in den letzten zweieinhalb Jahrzehnten gestanden hat, notwendig war.

Er hat damit einen wesentlichen Beitrag dazu geleistet, daß bei der Lösung dieser Probleme alle Beteiligten zu einer gemeinsamen Verantwortung für das Land und seine Menschen gefunden haben.

Josef Krings

Impressionen – Gedanken

Wattenscheid, 3. Februar 1968

Ein kalter Tag im Ruhrgebiet. Samstag morgen. In der Stadthalle von Wattenscheid treffen Johannes Rau und Rudi Dutschke aufeinander. Johannes Rau ist der einzige Politiker, der sich bereit findet, mit Rudi Dutschke zu diskutieren. Er ist zu dieser Zeit Fraktionsvorsitzender der SPD-Landtagsfraktion, der jüngste Fraktionsvorsitzende, wie er vorher der jüngste Landtagsabgeordnete war und später der jüngste Ministerpräsident sein wird.

In Düsseldorf regierte die SPD zusammen mit der FDP, in Bonn war die SPD eine große Koalition mit der CDU eingegangen. Beide wurden etwa zur gleichen Zeit gebildet, Anfang Dezember 1968.

Rau hatte in den stürmischen Beratungen in der Düsseldorfer Landtagsfraktion für die Kleine Koalition plädiert, was die Stimmung der 99 direktgewählten SPD-Abgeordneten genau traf.

Doch die Bonner Große Koalition prägte die politische Atmosphäre. Neben den großen Blöcken von CDU und SPD blieb im Bundestag kein Raum für Opposition. Sie formierte sich außerparlamentarisch. Und Dutschke war Prophet.

Rau und Dutschke, beide kommen sie aus der Evangelischen Jugend, beide sind glänzende Debattierer. Die Diskussion wird zu einem rhetorischen Feuerwerk. Stürmischer Beifall der eigenen Gruppe nach jeder Argumentationskette. Drei Stunden dauert diese Veranstaltung in der überfüllten Stadthalle, und niemand verläßt den Saal.

Hier streiten zwei Menschen um Grundsatzpositionen. Rudi Dutschke steht für viele junge Menschen, Studenten vor allem. Sie waren enttäuscht, enttäuscht von der SPD, die in Bonn mit der ungeliebten CDU koalierte, den Notstandsgesetzen zustimmte, aber auch die Weichen für eine neue Politik stellte, ein Klima schuf, das sie vom Odium befreite, nicht regieren zu können. Dutschke malte die politische Utopie, den reinen Sozialismus, den reinen Faschismus. Zum Lieben den Sozialismus, zum Hassen den Faschismus und nichts dazwischen.

Rau zwang zur Konkretisierung und widersprach dem politischen, dem eigentlich religiösen Rigorismus Dutschkes. Nicht Freiheit an sich, sondern bescheidene Schritte auf dem Weg zur Freiheit, Schritte auf dem Weg zur Gerechtigkeit.

»Sind wir Demokraten?« hieß das simple Thema des Streitgesprächs. Durch die bestehenden Parteien kann die Gesellschaftsordnung nicht geändert werden, dies die Position Dutschkes. Ihm setzt Rau sein liberales Verständnis von Demokratie entgegen, das auch ihre Schwäche akzeptiert und ihre Chance zur Veränderung, zur Offenheit betont.

Castrop-Rauxel, 8. Mai 1979, Ruhrgebietskonferenz

Zur Vorgeschichte: Das Zechensterben ist seit Jahren verkraftet. Heinz Kühn hatte den zögernden Bundeskanzler Erhard mit seiner Rede vor Bergarbeitern auf dem Marktplatz von Hukarde zur Kohlenhilfe gezwungen. Die Ruhrkohle arbeitet – stark subventioniert – erfolgreich, nicht mehr die Eisenhütten an der Ruhr. Die Arbeitslosenzahlen steigen, die Steuereinnahmen sinken. Es bleibt den Gemeinden die Lohnsummensteuer, die unabhängig vom Gewinn zu zahlen ist, und ausgerechnet die soll abgeschafft werden. So verlangt es massiv die FDP vom Bundeskanzler Schmidt. Elf Ruhrgebietsoberbürgermeister schlagen Krach. Entgegen aller sonst praktizierter Parteidisziplin greifen sie in aller Öffentlichkeit vor surrenden Kameras den anwesenden Bundesfinanzminister Matthöfer an. Bundeskanzler Schmidt greift ein und lädt zum Gespräch nach Bonn. Ministerpräsident Rau hält zu seinen Freunden aus dem Revier, moderiert, ohne Schmidt anzugreifen. Die Lohnsummensteuer wird abgebaut, ratenweise, in drei Jahren. Die falsche Entscheidung eines großen Kanzlers, wie sich später erweist.

Aber das Selbstbewußtsein der Ruhrgebiets-Oberbürgermeister war erwacht. Sie drängen darauf, daß die Probleme der Städte politisch diskutiert und konkrete Lösungen praktiziert werden. Rau erkennt die politische Brisanz der Ruhrgebietskrise. Er denkt an Gespräche im kleinen Kreis. Aus dem kleinen Kreis werden die 150 Teilnehmer der Ruhrgebietskonferenz, ergänzt durch 150 Journalisten.

Der Erwartungsdruck ist groß. Das gesamte Landeskabinett nimmt auf der Bühne Platz. Rau spricht etwa 45 Minuten. Man merkt ihm die Müdigkeit an. Bis in die Nacht hinein verhandelte er mit SPD- und FDP-Ministern, danach noch einmal mit Helmut Schmidt alleine. Rau beschwört die Geschichte des Landes, den Wiederaufbau nach dem Krieg, und schließt ab mit einem Fünf-Milliarden-Programm für das Revier. Seine Minister folgen mit kurzen Statements. Alle warten abschließend auf den Bonner Finanzminister. Was steuert Bonn zur Behebung der Krise bei? Enttäuschung, Entsetzen, Wut breiten sich im Saal aus, je länger Hans Matthöfer spricht. Unbeweglich trägt Matthöfer seinen Text vor: keine Mark für Regionalförderung, keine Zahl in der Rede. Die Aufforderung, »sich auf die eigene Kraft zu besinnen«, wirkt wie eine Provokation. Als erste steigen die Oberbürgermeister »in die Bütt«. Ohne vorbereitete Texte, trainiert in freier Rede, blasen sie ihrem Bonner Genossen den Marsch. Die Abschaffung der Lohnsummensteuer war nicht vergessen. Auch die Landesregierung blieb nicht ungeschoren. Agil mischten die Handelskammern mit, mit großem Ernst die Kirchen; vor allem Ruhrbischof Hengsbach fand konzentrierte Zuhörer. Merkwürdig blaß und unbeteiligt die Abgeordneten aus Bundestag und Landtag.

Ungeschoren von jeglicher Kritik blieb Johannes Rau, der Einlader. Alle waren seiner Einladung gefolgt. Auf ihn verständigten sich alle Gruppen. Die Ruhrgebietskonferenz war sein persönlicher großer Erfolg.

Was blieb übrig? Der Bodenfonds beispielsweise. Mit Hilfe des Landes wurden stillgelegte Zechen und Stahlstraßen aufgekauft. Aus den Industrieminen entstanden Gewerbeparks, Grünflächen, Wohnsiedlungen.

Die Landesregierung setzte auf die neuen Gesamthochschulen in Duisburg, Essen, Dortmund, Hagen und auf die Ruhr-Universität in Bochum, förderte Institute in und an den Hochschulen.

Die Ruhrgebietskonferenz schuf Bewußtsein; Problembewußtsein und Solidaritätsbewußtsein, auch Selbstbewußtsein. Beispielsweise gegenüber den Fernsehmedien, die das Revier wie ein Exotenreservat besuchten. Rau vermittelte Hoffnung. Das Revier vergaß das nicht. Sechs Jahre später erzielte er bei der Landtagswahl den größten politischen Erfolg.

Duisburg, 26. April 1985

Landtagswahl, große Wahlparty in der Duisburger Mercatorhalle. »Rau ... aber herzlich« – so das Motto, ganz im Sinne des Ministerpräsidenten. Rau kommt etwas früher als geplant. Mit ihm ein Troß von Journalisten. Rau begrüßt seine Duisburger Freunde. Er kennt sie gut, denn es verging im letzten Jahr kaum eine Woche, in der er nicht Duisburg besuchte. »Hier habe ich ein Heimspiel«, scherzte er oft. Tatsächlich erzielt er in der Duisburger Mercatorhalle entscheidende politische Erfolge. Hier kandidierte er 1977 gegen Friedhelm Farthmann um das Amt des SPD-Landesvorsitzenden und gewann die Mehrheit des Parteitages für sich durch eine durchdachte und klug kalkulierte Rede. Das wiederholte sich ein Jahr später, als es um die Nachfolge des Ministerpräsidenten Kühn ging. Erneut setzt sich Johannes Rau durch, diesmal gegen den Kühn-Favoriten Posser.

Kein Wunder, daß ihn die Halle und das sozialdemokratische Umfeld jetzt im Landtagswahlkampf fröhlich stimmt.

Rau schlendert durch den Umgang der Halle. Die Duisburger Partei hat Informationsstände aufgebaut. Seit einer Stunde warten die Menschen auf Rau. Der große Saal ist voll, in den Gängen schieben sich die Menschen. Mitten unter ihnen Johannes Rau in bester Stimmung. Ein Schluck Bier mit alten Genossen, Händeschütteln und Beifall, wo man ihn sieht. Langsam dirigiert ihn die örtliche Parteileitung in den großen Saal. Der Beifall nimmt kein Ende.

Mitten im Saal sitzt eine Gruppe Jugendlicher und skandiert: »Wer hat uns verraten? Sozialdemokraten.« Ordner stürzen zu der Gruppe, Rau stoppt sie und geht freundlich energisch auf die Aufbauleistungen, auf soziale Leistungen und den sozialen Frieden nach dem Krieg ein. Die Gruppe verstummt und geht. Seine Ansprache wird nicht ernstprogrammatisch. Er bezieht die fünf örtlichen Landtagskandidaten ein und erläutert seine Politik am Beispiel der Kandidaten. Das verschafft ihm konkrete Bezüge, die jeder im Saal versteht. Stürmischer Schlußapplaus. Das Fest geht fröhlich weiter, und Rau fährt zum nächsten Termin.

Dies wiederholt sich noch oft in diesem Wahlkampf. Anlässe und Termine wechseln, die Atmosphäre bleibt. Rau liebt den Umgang mit Menschen, und die Menschen mögen ihn. Er stellt sich auf sie ein, reagiert geduldig, lacht gerne, überfordert sie nicht. Diesen optimistischen Zug behält er bei, auch wenn Zuhörer Härte wollen, Keulenschläge, wie auf der Duisburger DGB-Kundgebung »Das Revier muß leben« ein Jahr zuvor. Rau wurde zum ersten Male mit Pfiffen bedacht.

Doch Pfiffe sind die krasse Ausnahme, großer Beifall die Regel. Seine Botschaft ist menschlich, was ihm den Ruf eintrug, ein unpolitisches Programm zu haben. Die Menschen des Reviers sehen das wohl anders. In Duiburg erzielte er 67,4 Prozent der Stimmen für die SPD.

14. Januar 1986, Duisburg, Bismarckstraße 69

Fraunhofer-Institut für mikroelektronische Schaltungen und Systeme. In einem schmucklosen Seminarraum sitzen etwa dreißig Vertreter der Duisburger Wirtschaft und einige Hochschullehrer der Universität/Gesamthochschule Duisburg. Der »Technische Forschungskreis« der Universitätsgesellschaft hatte eingeladen, um das neue Institut ein Jahr nach seiner Gründung vorzustellen.

Der Vorsitzende, Dr. Spiller, Vorstandssprecher bei Krupp-Industrietechnik, begrüßt, der Konrektor stellt Institut und Forschungsschwerpunkte vor. Dann spricht Professor Zimmer und beschreibt sein Institut. Die Folie zeigt die Zahlen: vierzig Millionen D-Mark vom Lande Nordrhein-Westfalen. Bausummen, Termine, Architektur. Dann Chips in Großaufnahmen, ihre Anwendungsmöglichkeiten, ein Block Silicium zum Anfassen, Professor Zimmer spricht eine halbe Stunde und ist sichtlich bemüht, verständlich zu bleiben. Er zeigt zum Ende auf, welche Duisburger Firmen Kontakt aufnahmen, welche in Nordrhein-Westfalen, in Europa, in der Welt. Er beschreibt, wie Zusammenarbeit mit den Universitäten Bochum und Dortmund praktiziert wird. Ein fesselnder Abend, fesselnd für den Wissenschaftler und Wirtschaftler, weil hier ein Spitzenmann in neuen Dimensionen denkt.

Fesselnd auch für den Ruhrgebietspolitiker. Er erinnert sich an das verzweifelte Bemühen, für die Hochschule Raum zu schaffen. Bitter zu erfahren, wie mächtig unwillige Ministerien sein können, noch bitterer zu erfahren, daß Wissenschaftler Probleme lieber in problemlosen Landschaften studieren. Wieviel Überzeugungsarbeit war zu leisten, bis die Fraunhofer-Gesellschaft das Ruhrgebiet entdeckte, obwohl nicht wenige Forschungsmittel aus dem Revier kamen? Die Landesregierung unter Johannes Rau agierte offensiv und gelegentlich aggressiv. Schließlich fiel die Entscheidung der Fraunhofer-Gesellschaft: für Dortmund das Institut für Transporttechnik, für Duisburg das Institut für Meß- und Mikroelektronik. Es begann in Duisburg die Suche nach dem Leiter. Die Wahl erfolgte, und Ministerpräsident Späth warb ihn ab für Stuttgart.

Ein neuer Anlauf. Die Landesregierung stellte über vierzig Millionen D-Mark für den Bau zur Verfügung. Ein neuer Mann wurde gefunden, ein Mann des Reviers, der in Dortmund arbeitete. Duisburg und Dortmund verständigten sich und konkurrierten nicht. Es stellte sich ein Konsens ein, keine Ruhrgebietsstadt wirbt einer anderen ein Institut ab.

Eine Vision wird Realität. Die alte Industrielandschaft steigt in eine Zukunftstechnologie ein. Es wird noch lange dauern, bis die Altlasten überwunden sind, die Arbeitslosigkeit sinkt. Die Urkunde zur Grundsteinlegung des »Instituts für mikroelektronische Systeme« wird festhalten, daß zu dieser Zeit Johannes Rau Ministerpräsident ist; wie auch die Urkunde zur Gründung der Universität festhielt, daß Johannes Rau Wissenschaftsminister war.

FRIEDEL NEUBER

Offen nach allen Seiten

Als ich am 21. Juli 1962 – gerade 27 Jahre alt – in den Landtag von Nordrhein-Westfalen gewählt wurde, löste ich Rau als jüngsten Abgeordneten im Landtag ab.

Fünf Jahre später wurde Johannes Rau Vorsitzender der SPD-Landtagsfraktion von Nordrhein-Westfalen. Als ich ein halbes Jahr danach, im Mai 1968, zum finanzpolitischen Sprecher der SPD-Landtagsfraktion ernannt wurde, wurde die politische Zusammenarbeit noch enger.

Noch als Fraktionsvorsitzender hatte er richtig erkannt, daß die massiven Probleme an der Ruhr als Folge der Kohlenkrise nur durch weitsichtige und weitreichende Verbesserungen der Lebensbedingungen, der Verkehrsnetze, der Bildungseinrichtungen und der sozialen Dienste überwunden werden können.

Seine Kraft als Wissenschaftsminister galt vom Anfang der siebziger Jahre an dem Ausbau der Hochschullandschaft in Nordrhein-Westfalen, ein Schritt, den andere Bundesländer erst viel später gegangen sind. Rau hatte dabei nicht nur die Verbesserung der Ausbildungschancen für die Arbeiterkinder im Ruhrgebiet vor Augen, sondern auch die regional- und strukturpolitische Bedeutung dieser beispielhaften Konzentration von Wissenschaftlern im Revier sowie die Schaffung einer Vielzahl qualifizierter Arbeitsplätze. Wie anders hätte der Abbau von Arbeitsplätzen in einer Größenordnung von einer Million in den Branchen Kohle und Stahl sowie Textil ohne tiefe soziale Brüche bewältigt werden können? Die technologische Modernisierung der Industriestruktur in Nordrhein-Westfalen wäre ohne die dichte Hochschullandschaft überhaupt nicht denkbar. Wenn die heutige politische Diskussion angesichts der Finanznot des Landes aber nur darüber geführt wird, ob damals nicht »eine Hochschule zuviel« gegründet wurde, dann belegt dies zugleich, daß die weitsichtige Politik vor nahezu zwanzig Jahren heute anerkannt wird.

In den siebziger Jahren vollzog sich im Sparkassenbereich in Nordrhein-Westfalen ein erheblicher Strukturwandel: Die Neuorganisation als Folge kommunaler Neugliederung sowie die Einführung moderner Managementinstrumente mit Unterstützung der Datenverarbeitung brachten tiefe organisatorische und betriebswirtschaftliche Einschnitte in die Sparkassenlandschaft.

Rau hat bereits damals als Mitglied im Verbandsvorstand der Rheinischen Sparkassen – ich war zu dieser Zeit Präsident des Rheinischen Sparkassen- und Giroverbandes (RSGV) – den Beitrag der Banken und Sparkassen für den wirtschaftlichen Erneuerungsprozeß in Nordrhein-Westfalen gesehen und unterstützt. Vier Jahre später, im Mai 1985, war er es, der die effiziente Wirtschaftsförderung in Nordrhein-Westfalen über Banken gegen Angriffe von außen verteidigte und die Einschaltung der Landesbank in die Abwicklung der Wirtschaftsförderung als wichtiges Element einer wirksamen, wirtschaftsnahen und effizienten Wirtschaftspolitik in Nordrhein-Westfalen ausbaute. In der Regierungserklärung vom 10. Juni 1985 heißt es dazu: »Wir werden einen weiteren Akzent setzen, indem die Staatsbank noch stärker für die wirtschaftliche Entwicklung des Landes genutzt wird. Wir wollen eine effiziente, marktnahe Unterstützung der nordrhein-westfälischen Unternehmen.«

Ebenso wichtig war es für Rau, immer zu wissen, welche Wirkungen seine Politik für die Menschen hat. Am 26. Oktober 1985 sagte er zu den »Prinzipien einer verantwortlichen Politik für die Zukunft der industriellen Zivilisation«: »Anwendung von Wissenschaft und Technik, die uns Menschen und unsere Natur betrifft, ist die politische Grundsatzfrage ersten Ranges geworden ... Ich finde, am schädlichsten für uns alle ist die falsche Ideologisierung der damit verbundenen Fragen nach dem Muster, wer für die Freiheit ist, ist für den bedenkenlosen Ausbau und die unkontrollierte Entwicklung dieser Technologie (gemeint ist die Informationstechnologie, Anm. d. Verf.), und wer Anfragen, Bedenken, Zweifel oder gar Warnungen einbringt, ist ihr Gegner.«

Es war daher kein Zufall, daß Rau 1983 maßgeblich die Entwicklung einer Telekommunikationsstudie für Nordrhein-Westfalen forderte, um die Entwicklung bei den neuen Technologien in eine für die Wirtschaft in Nordrhein-Westfalen notwendige und damit für die Menschen in diesem Lande, für ihre Arbeits- und Lebenssituation nützliche Richtung zu lenken. Als Vorstandsvorsitzender der größten öffentlich-rechtlichen Bank der Bundesrepublik habe ich diesen Schritt begrüßt. Für alle Dienstleistungsunternehmen ist eine funktionierende Kommunikationsinfrastruktur, also die Vernetzung von Rechnern, Videokonferenzen, Bildtelefon und dergleichen, in naher Zukunft von existentieller Bedeutung.

Es ist wohl nur eine sehr vordergründige Betrachtung, wenn Rau mitunter fehlende Neigung zu wirtschaftspolitischen Fragestellungen nachgesagt wird. Wirtschaftspolitik ist heute Gestaltung der politischen Rahmenbedingungen für wirtschaftliches Wachstum, für die Entwicklungsmöglichkeiten der Unternehmen, für den Export, aber auch der Rahmenbedingungen für eine faire Sozialpartnerschaft und für eine funktionierende Tarifautonomie. Rau hat sich immer darum bemüht, Türen zu öffnen, Verständnis zu wecken und Konflikte zu beseitigen.

Neben diesen globalen Ansätzen sieht er seine Aufgabe zugleich darin, die Bedingungen der nordrhein-westfälischen Wirtschaft im

Ausland zu verbessern. Ein Botschafter, der Reisen machen muß, um sich »in Moskau für eine Müllverbrennungsanlage und für nordrhein-westfälische Firmen gegen italienische Konkurrenz einzusetzen«. Bereits 1983 sondierte Rau in China: Hartnäckig versuchte er, insbesondere der mittelständischen Industrie, Türen zu öffnen. Seine offene Art war dabei ein wichtiger Erfolgsfaktor. Denn die Chinesen lieben zwar Höflichkeit und Etikette, aber ebenso ein klares und offenes Wort. Rau zeigte sich hier als Diplomat.

Seine PR-Aktionen – Radtour morgens um sechs Uhr durch Peking – dienen alle dem gleichen Ziel: Sympathiewerbung für ein Land und seine Wirtschaft, die zu mehr als dreißig Prozent vom Export abhängig sind.

So auch im September 1985 in Moskau: Vom politischen, auch wirtschaftspolitischen Umfeld her konnte die Reise kaum günstiger liegen. Im Kreml hatte sich Michail Gorbatschow als neuer Generalsekretär der KPdSU gerade etabliert, ohne sich jedoch bis dahin einer breiteren ausländischen Öffentlichkeit allzu stark präsentiert zu haben. In der Bundesrepublik erhielt der Gedanke an einen Kanzlerkandidaten Rau für die Bundestagswahl 1987 gerade den letzten Schliff, ohne daß eine offizielle Festlegung der SPD-Spitze in diesem frühen Stadium bereits vorlag. Im Exportgeschäft mit der UdSSR standen einige russische Großprojekte unmittelbar vor der Vergabe, und auch nordrhein-westfälische Exporteure lagen im harten Wettbewerb mit ausländischen Konkurrenten. So lag es nahe, daß Rau die Gunst der Stunde nutzte und eine kleine Gruppe von Vertretern der nordrhein-westfälischen Exportwirtschaft zur Mitfahrt einlud. Auch der Chef »seiner Landesbank« sollte dabeisein. Rau selbst sprach vom Ministerpräsidenten als »Türöffner« der Exporteure seines Bundeslandes. Es war ihm ernst damit, und so nahmen die Wirtschaftsgespräche fast die Hälfte des dichtgedrängten Programms ein.

Wohin er auch reist, er lebt in seiner Delegation, ist für sie da; er läßt sich nicht begleiten, umranken. Die Kontakte in der Wirtschaftsdelegation sind ihm ebenso wichtig wie die Kontakte der Delegation mit den Gesprächspartnern in den Zielländern. Insbesondere das Zusammenbringen von Großunternehmen und mittelständischen Betrieben liegt ihm am Herzen. »Sprechen Sie Herrn X an«, ist eine seiner ständigen Redewendungen.

In der Delegation, aus ihr heraus, bereitet er seine Kontaktoffensive nach außen vor. Im Gespräch sucht er den Ton, mit dem er im Zielland anspricht. Unbemerkt lernt er aus den praktischen Erfahrungen der ihn begleitenden Geschäftsleute; er zitiert sie zuweilen vor seinen politischen Partnern, sozusagen als Garanten dafür, daß das, was er sagt, ebenso verläßlich und klar ist wie die Geschäftsangebote seiner Landsleute. Aber dennoch: Nie versucht Rau, Wirtschaft durch Politik zu ersetzen. Er mischt sich nicht ins Geschäft, vor allem nicht ins Einzelgeschäft.

Er stellt den Unternehmern und Managern, die ihn begleiten, seine Kontakte und speziellen Einstiegsmöglichkeiten zur Verfügung; er bringt Leute an den Tisch, er will, daß sie reden – aus dem Geschäft bleibt er raus.

Wo immer nach Politik gefragt wird, gibt er ehrliche Antwort oder schweigt. Er ist als Politiker ebenso zuverlässig, wie es die Leistungen sind, die seine Delegation dem Zielland anbieten kann. Schnörkel aus der Politik könnten der Klarheit, Beständigkeit, der Vertragstreue und Leistungsorientierung der Menschen zuwiderlaufen, deren Arbeitsplätze er sichern will.

Er will das Stück Deutschland, aus dem er kommt und für das er kommt, greifbar machen. Dafür zeigt er sich so, wie sein Land ist. Und er legt Wert darauf, daß die Delegation das widerspiegelt.

ROLF KRUMSIEK

Reiseeindrücke

Ziel der Auslandsreisen von Rau war und ist es, das Land Nordrhein-Westfalen mit seiner imponierenden Wirtschaftskraft, insbesondere seiner hohen Exportleistung, im Ausland darzustellen. Gerade in den Staatshandelsländern ist für die Geschäftsabschlüsse hiesiger Wirtschaftsunternehmen eine demonstrative regierungsamtliche Unterstützung von Vorteil. Mit dem Ministerpräsidenten reisen daher regelmäßig hochkarätige Männer der Wirtschaft. So sind Vorstandsmitglieder von Bayer, Krupp, Mannesmann, Thyssen, Hoesch, KWU oder anderen Großunternehmen oder aber auch mittelständische Unternehmer und Vorstandsmitglieder von Banken, insbesondere der Westdeutschen Landesbank, häufig in seiner Begleitung. Neben den Wirtschaftsfragen stehen Themen der Außenpolitik, verbunden mit einer aktiven Friedenspolitik und der Vertretung der Menschenrechte, im Mittelpunkt des diplomatischen Handelns.

Eine der herausragenden Reisen war der Moskaubesuch im Oktober 1981, das fast eineinhalbstündige Gespräch mit Generalsekretär Leonid Breschnew im Kreml, bei dem die NATO-Nachrüstung im Vordergrund stand und in dem Rau verbindlich, aber bestimmt die deutsche Position vertrat. Auch wenn heute die West-Ost-Politik durch die Gipfeltreffen sowie das Handeln des amerikanischen Präsidenten und des russischen Generalsekretärs geprägt wird, so ist es doch interessant, sich an den Herbst 1981 zu erinnern. Damals hatte die größte Friedensdemonstration in der Bundesrepublik stattgefunden. Bundeskanzler Schmidt lag im Krankenhaus, und der Besuch des Generalsekretärs Breschnew in Bonn sollte in wenigen Wochen stattfinden. Rau erläuterte im Kreml die Friedensdiskussion in der Bundesrepublik als eine Bewegung gegen alle Waffen, gegen Pershing wie SS-20, aber ebenso gegen konventionelle Waffensysteme. Trotz Nachrüstung müsse Abrüstung auf beiden Seiten das Ziel sein und bleiben.

Faszinierend ist bei solchen Begegnungen auf hoher politischer Ebene immer wieder, wie Rau gerade bei Tischreden versucht, seine Zuhörer für sich zu gewinnen. Hier kommen ihm seine Belesenheit, sein computerhaftes Gedächtnis und seine Fähigkeit, wortspielerisch und druckreif zu formulieren, sehr zustatten. Natürlich erinnerte er bei seiner Tischrede in Moskau an die geistige Geschichte des 19. Jahrhunderts, die ohne Tolstoi und Dostojewski, ohne Puschkin und Gogol unvollständig wäre. Er erinnerte aber auch an den schrecklichen Teil der Geschichte, der vor 45 Jahren begann und den das russische und das deutsche Volk nicht vergessen können, nicht vergessen dürfen. Er zitierte Gustav Heinemann, daß es jenseits des Friedens keine Existenz mehr gebe. Aber eigene Sicherheit könne nur der fordern, der die Sicherheitsbedürfnisse des anderen sehe und auch anerkenne. Gegenseitige Nachbarschaft bedeute Achtung voreinander, heiße sich die Hand reichen und nicht die Fäuste ballen.

Es beeindruckt, mit welchem Nachdruck Rau sich für die Ausreise von Familien oder andere humanitäre Fragen sowohl bei Generalsekretär Breschnew als auch anläßlich seines Besuchs in der ČSSR bei Generalsekretär Husák einsetzte. Sichtbarer Erfolg dieser Bemühung Raus in der ČSSR war die Freilassung von drei Personen in die Bundesrepublik unmittelbar nach den Gesprächen in Prag.

Raus Auslandsaufenthalte sind immer von der Staatskanzlei präzise geplant. Grundsätzlich findet eine Vielzahl vorbereitender Gespräche mit Botschaften und Unternehmen statt. Für touristische Attraktionen bleibt bei dem dichtgedrängten Besuchsprogramm meist nur wenig Zeit. So blieb die Bewunderung der Chinesischen Mauer bei Raus Chinareise seiner Ehefrau vorbehalten. Und die Fahrradfahrt durch Peking mit der Gattin des deutschen Botschafters fand so früh am Morgen statt, daß die Reisebegleitung noch ausschlief oder es vorzog, schattenboxende Chinesen vom Hotelfenster aus zu beobachten.

Auch bei dem Besuch in China standen Wirtschaftsfragen im Vordergrund: Deutsche Firmen haben insbesondere in das Stahlkombinat Wuhan vollständige Werksanlagen geliefert. Maschinen von Schloemann-Siemag oder Mannesmann-Demag enthalten Gebrauchs- und Sicherheitsanweisungen in deutscher und chinesischer Sprache. Anschlußaufträge sind inzwischen abgeschlossen. Die Stadt Wuhan pflegt partnerschaftliche Beziehungen zu Duisburg. Insgesamt wird China zunehmend ein wichtiger Markt für die nordrhein-westfälische Wirtschaft.

Doch Rau hatte auch die Gelegenheit, als erster westlicher Politiker die Parteihochschule der KP Chinas etwa 25 Kilometer außerhalb von Peking zu besuchen. Hier hielt er einen Vortrag: »Was ist demokratischer Sozialismus?« In seiner mit großem Beifall aufgenommenen Rede vor der Kaderschule ging er auf drei Fragen ein: »Wie kann der Frieden in der Welt erhalten werden? Wie können wir diese Welt gerechter gestalten? Wie können wir unsere Welt vor friedlichen Störungen – Umwelteinflüssen – schützen?« Es überraschte, daß bei etwa 170 zuhörenden Dozenten anschließend kaum eine Diskussion stattfand, während sein Auftritt vor dieser Parteischule in den westlichen Medien starke Beachtung fand.

In Brasilien steht die politische Situation in Latein- und Mittelamerika ebenso im Mittelpunkt der Gespräche wie die West-Ost-Beziehungen oder die Lage im Nahen und Mittleren Osten. Der Aufenthalt in Rio de Janeiro begann mit einem Besuch der deutschen Fußballnationalmannschaft, die im Maracana-Stadion für ein Länderspiel gegen Brasilien trainiert. Sodann folgte ein Vortrag vor brasilianischen Professoren über die Wissenschaftsförderung in der Bundesrepublik. Gespräche mit Parlamentariern und Gouverneurskandidaten schlossen sich an, von denen Brisola inzwischen Gouverneur von Rio de Janeiro geworden ist. Höhepunkt der Reise war ein Empfang beim Staatspräsidenten Figueiredo in Brasília. Dann widmete Rau sich wieder den Wirtschaftsinteressen. Er besuchte das größte Eisenerzvorkommen Carajas im Amazonasgebiet. Wirtschaftsfragen wurden auch bei einem Zusammentreffen mit deutschen Unternehmensvertretern bei einem von der Düsseldorfer Messegesellschaft NOWEA und der deutsch-brasilianischen Handelskammer veranstalteten Frühstück erörtert. Selbstverständlich wurde die Tochterniederlassung einer Wuppertaler mittelständischen Firma in São Paulo besucht. Rau ließ sich trotz des Termindrucks Zeit für seine Gespräche. Das galt insbesondere für eine Audienz bei einer so herausragenden Persönlichkeit wie Kardinal Evaristo Arns, in der eingehend die soziale Lage der südamerikanischen Bevölkerung erörtert wird.

Rau weiß, daß ein Land nicht nur durch seine Industrie, durch seine Wirtschaft geprägt wird. Das kulturelle Umfeld eines Raumes oder einer Stadt bleibt auf die Bürger nicht ohne Rückwirkung. So bestimmen bei Raus Auslandsbesuchen auch die wechselseitigen kulturellen Beziehungen zwischen den europäischen Ländern und Nordrhein-Westfalen den Themenkreis seiner Beratungen. In Jugoslawien und Griechenland wurde über die Besonderheiten dieser Ausländergruppen in Nordrhein-Westfalen beraten.

Trotz der großen Politik verliert er als Landesvater auch im Ausland niemals wichtige Detailfragen des Alltags aus den Augen. So geht es bei dem Besuch in den Niederlanden unter anderem um technische Fragen: zum Beispiel welche Schubschiffklassen zwischen Rotterdam und Duisburg den Rhein befahren dürfen. Der Aufenthalt im Nachbarland Holland war übrigens der erste offizielle Besuch eines nordrhein-westfälischen Ministerpräsidenten nach mehr als drei Jahrzehnten.

Alle Auslandsreisen Raus sind von der Zielsetzung geprägt, das Ansehen der Bundesrepublik und des Landes Nordrhein-Westfalen in der Welt zu festigen und die heimische Wirtschaftskraft zu stärken. Die Gabe, mit menschlicher Wärme auch Zugang zu schwierigen Partnern zu finden, kommt ihm bei seinen Verhandlungen zugute. Johannes Rau weiß, daß über politische Kontakte die Weichen für den wirtschaftlichen Erfolg der exportabhängigen Industrie an Rhein und Ruhr gestellt werden und daß auch auf diese Weise die Umstrukturierung des Landes von Kohle und Stahl unterstützt wird.

X. Kapitel

Seid nett zueinander

Werner Filmer / Heribert Schwan

Rau ist Rau

Er kennt die subtilen Formen der Macht. Autorität und Stärke demonstriert er über Geborgenheitsangebote. Immer wieder werden sein Einfühlungsvermögen, seine geistige Beweglichkeit und seine schnelle Auffassungsgabe geschildert. Besonders von Kabinettskollegen.

Rau versteht es, seine Machtkalküle mit menschlicher Zuwendung und Anteilnahme zu verpacken. Er verbindet sie mit Wärme, mit tatsächlicher und gespielter. Er kann zehn Umwege gehen, kann zehnmal neu ansetzen, weiß aber im Grunde genau, was er will. Selten sucht er die Konfrontation, meistens Einvernehmen. Er ist durchaus bereit, Konzessionen zu machen, die allerdings das Endergebnis nicht in Frage stellen.

Einer seiner engsten Mitarbeiter gefragt, wofür Rau in der SPD stehe, meinte: »In erster Linie für Rau und dann für seine Seid-nett-zueinander-Politik.«

Meister der Kunst zu regieren – wie Roosevelt oder Adenauer – bestachen durch ihre Fähigkeit, zuallererst in das Innere ihrer Regierung hineinzuregieren. Sie waren immer mit ihrer Macht beschäftigt, verwendeten darauf viel Zeit und Energie, um Macht und Machtapparat zu organisieren. Sie beherrschten viele jener Leute, die die »Regierung« bildeten. Daraus schöpften sie ihre personale Macht. Auch Rau kennt sich aus in dieser Kunst. Oft sucht er den springenden Punkt seiner Wirkung. Er kann auf andere zugehen, sich ihnen zuwenden, sie einwickeln. Er schafft es, durch Zuwendung seine Macht zu untermauern. »Wenn Sie sehen, wie er manchmal dem Heinemann in den Hintern kriecht, das ist eine wahre Pracht«, raunzte einer seiner Gefährten, »der murrt dann zwar hinter seinem Rücken, aber er macht alles, was Johannes sagt. Er verpflichtet sich die Leute durch Wärme, durch persönliche Anteilnahme, durch nette Anständigkeit, hier ein handgeschriebener Brief, dort ein überraschender Blumenstrauß, dann eine umwerfende Geste. Im anderen ruft er das Gefühl hervor: Für den lasse ich mich totschlagen!«

Seine Fähigkeit, Abläufe auch intuitiv zu erfassen und zu werten, fasziniert alle, die ihn beobachtet haben.

Manchmal zeigt er – auch im Kabinett – seine Mischung aus akribischem Schulmeister und Seelenfreund mit weitem Herzen, der versucht, alle im Griff zu halten. Er will stets beteiligt sein, ist äußerst empfindlich, wenn er nicht rechtzeitig informiert wird. Auf der einen Seite verhält er sich tolerant – »Er hat mir noch nie in meinen Kram hineinregiert!« –, auf der anderen Seite reagiert er bissig, wenn er etwas nicht erfährt. Rau ist engagierter als sein Vorgänger im Amt, Heinz Kühn, besitzt auch Liebe zum Detail, bemüht sich, der Landesregierung seinen Stempel aufzudrücken. Er will der neue Mann sein: bürgernah, bürgerfreundlich.

Ihn ärgert die Tatsache – oft gab es darüber stundenlange Debatten im Kabinett –, wenn Briefe nicht anständig oder ausführlich beantwortet, wenn Bürger abgewimmelt wurden. Er will »menschlich handeln«, menschlich behandeln. Darin kommen sowohl Gewissenhaftigkeit und Liebe zum Detail zum Ausdruck als auch Kleinlichkeit. Ob es ihm bis heute gelungen ist, seine politische Grundlinie, seine Mission, seine Botschaft zu formulieren, darüber streiten sich die Geister.

Es gibt Politiker, die in strittigen Fragen auf baldige Klarheit und Entscheidung drängen. Im Grunde können sie nur schwer ertragen, etwas mitzuschleppen, dazu noch Unangenehmes. Rau verhält sich anders. Meistens rät er anderen, abzuwarten, »Laß doch erst mal kommen!«. Doch er gehörte zu jenen, die auch im Kabinett Kühn die Landespolitik dominiert haben.

Bedeutend werden, Macht ausüben zu können – das hat bei Rau

natürlich eine Rolle gespielt. Seit seinen ersten politischen Schritten. Sicher betrieb er nie eine langfristige individuelle Karriereplanung. Vorhanden war der Wille, auch das zu tun, was Spaß macht. Fragte man ihn, was ihn erfolgreich gemacht hat, würde er zunächst abwinken, dann vielleicht sagen:

Menschlichkeit, eine ausgeprägte Persönlichkeit und die Fähigkeit, kalkulierte Risiken einzugehen und dann auch im Zweifelsfall bereit und in der Lage zu sein, den Kopf hinzuhalten.

Was ihn mit Stolz erfüllt, ist seine Überzeugung, er habe den Arbeiterkindern des Ruhrgebiets den Weg zur Hochschule geöffnet. Im Kern stimmt das. Jedenfalls hat er viel dazu beigetragen. Obwohl man auch sagen muß, daß der Rückfall der Sozialdemokraten nach den Erfolgen ihrer Bildungspolitik in den siebziger Jahren im wesentlichen auf die Enttäuschung der Bürger zurückzuführen ist, vor einer mißratenen Bildungspolitik zu stehen.

Rau ahnt, daß er die Bundestagswahl 1987 nur schwer gewinnen kann. Er wittert, daß er zum erstenmal eine Macke abkriegen könnte. Und davor hat er Angst. Aber er will es durchstehen, auch wenn er am liebsten Bundespräsident geworden wäre. Irgendwann mal! Rau weiß, wie gnadenlos das Bonner Scheinwerferlicht sein wird. Ein Rampenlicht, das auch den stabilen Pfälzer Kohl entzauberte. Wie Kohl liebt auch er vertraute Bezüge. Er braucht das Klüngeln im vertrauten Milieu, die Wärme Wuppertals.

Am liebsten hätte Rau, alles bliebe so, wie es ist. Er und auch die Welt. Große Lust, sie zu verändern, hat er nie verspürt. Das wird sein kritischer Punkt für die SPD bleiben. Nicht auszudenken, würde ihm einer vorschlagen: »Mensch, Johannes, du mußt mal darangehen, die Banken zu verstaatlichen.« Es wäre ein Grauen für ihn.

Rau besitzt eine große Begabung, eine Nase dafür, wer Meinungsführer in einem Kreis, in einer Partei oder sonstwo ist. Sie macht er sich durch liebevolle Annäherung gefügig. Er rückt ihnen nicht einfach auf den Pelz, sondern zieht alle Register liebenswürdiger Höflichkeit.

Raus mitteilende Menschlichkeit ist einnehmend. Sein Esprit, seine Schlagfertigkeit, doch auch seine einfachen Sprachbilder erklären die Faszinationskraft dieses Politikers. Als Ministerpräsident gelingt es ihm so zu repräsentieren, daß daraus eine lockere, flotte, menschlich überzeugende Show wird. »Nein, ist der aber nett!«

Ob im Kreml, im Elysée, in der Downing Street – die Zeremonien, Rituale und Gespräche sind anstrengender als in Barmen, Schwelm oder Gummersbach. Rau weiß, daß er bodenständiger ist, als seine Partei ihn haben möchte. Erst seit einigen Jahren gibt er deutlich zu erkennen, daß er Reisen in ferne Länder nicht scheut. Er tritt so auf, wie ihn seine Wuppertaler kennen: fröhlich, belesen, aufgeschlossen, randvoll mit Geschichten, Witzen und Schlagfertigkeit. Rau bleibt auch in Saudi-Arabien Rau.

Seine Partner, denen er auf Auslandsreisen begegnete, scheint er mit Auständigkeit, Vernunft und gutem Willen überzeugt zu haben. »What a nice guy.« Sein Stellenwert und sein spezifisches Gewicht wurde von Politikern wie Reagan oder Gorbatschow erkannt.

Zu Raus Stärke auf dem glatten außenpolitischen Parkett gehört seine Bescheidenheit. Anderen signalisiert er meistens, daß er als wißbegieriger Zuhörender gekommen ist. Mit unschuldiger Unerfahrenheit kokettierte er schon immer. Das ist seine Art, andere für sich einzunehmen, sie einzuwickeln. Dabei hält er eigene Einstellungen und Meinungen durchaus nicht zurück. Wer ihm auf den Zahn fühlt, bemerkt, daß er ein Mann mit Grundsätzen, mit moralischen Prinzipien ist. Anstand möchte er auch in der Außenpolitik wahren.

Rau gehört zu jenen Politikern, die Optimismus ausstrahlen können. Er ist eine Symbolfigur, die anderen zu verstehen geben kann, daß die Dinge und Sachen noch schlechter gehen könnten. Darin liegt seine Durchschlagskraft.

BERND KLEFFNER

Wahlkampfstrategie

Die Genossen trafen sich in sauerländischen Hotels oder fuhren, ab und an gar mit Ehefrauen, aber immer auf eigene Kosten, gemeinsam in Urlaub, mal auf eine französische Biskayainsel, mal nach Malta oder Venedig oder Israel. Die Zusammenkünfte der Gleichgesinnten dienten einer besonderen Form der Freizeitgestaltung: dem Wahlkampf. Initiator des Brainstorming-Zirkels war der nordrhein-westfälische SPD-Landesgeschäftsführer Bodo Hombach, der mit einem zwölfköpfigen Expertenteam von Hochschullehrern, Werbespezialisten und Parteimanagern die Wählermission für den 12. Mai 1985 einstudierte. Direkt nach der nordrhein-westfälischen Kommunalwahl im Herbst 1984 begannen Hombach und seine zwölf Apostel, den Katechismus zu entwerfen, mit dem ein halbes Jahr später bei der Landtagswahl 1985 die scharfen Bußakzente zur Abkehr der Wähler von der Bonner Wende gesetzt werden sollten. Und schon zu Beginn des Jahres 1984 hatten die sozialdemokratischen Gruppendynamiker in internen Diskussionen die Ansätze für ein Konzept zur tätigen Wählerreue für den 6. März 1983 ausgebrütet.

Gedankliche Sandkastenspiele über Agieren und Reagieren des politischen Hauptgegners CDU hatten die Agitationsplattform so breit wie möglich ausgelegt. Mal durften Teilnehmer der Planungsrunden als Bernhard Worms oder Redakteur der *Rheinischen Post* auftreten und provozierend daherreden. Besonders apart war schließlich der Auftritt eines Genossen als Coordt von Mannstein, dessen Werbeagentur nach einem fulminanten Erfolg für die Union in Berlin den CDU-Landtagswahlkampf als »Full service« betreute. Hombach und seine Freunde wollten hingegen auf derlei verzichten und ganz ohne teure Agentur der Politwerbebranche auskommen.

Dahinter steckte vor allem die Erkenntnis, daß eine Agentur schwerfälliger handelt, weil sie immer wieder erst die Rückkoppelung zur auftraggebenden Partei suchen muß. Die Partei aber, so Hombachs Überlegungen, könne aus dem Stand werbend umsetzen, was sie für richtig halte. Die Suche nach Übereinstimmungen mit der Parteibasis werde auf diese Weise überflüssig. So wird der Verzicht auf eine Werbeagentur plausibel: Sie ist zu weit weg, zu schwerfällig, zu wenig mit dem Denken der Partei vertraut. Ein Beispiel für das Gelingen dieses Konzepts: Als die Union mit dem Plakat »Aufschwung nur mit uns« herauskam, konnte Hombach postwendend mit der Parole »Aufschwung nur mit allen Bürgern« kontern. Die konsternierte CDU-Agentur von Mannstein reagierte darauf spät und matt mit »Aufschwung für alle«.

Hombach und sein Team entwarfen für den Landtagswahlkampf 1985 ein dreiteiliges, eng verzahntes Konzept, mit dem die SPD-Mehrheit in Düsseldorf zu sichern oder auszubauen sei. Die sozialwissenschaftlichen Helfer und auch die professionellen Wahlkämpfer wie

Volker Rigger aus dem Bonner Ollenhauerhaus rieten deshalb dazu, zunächst die Partei zu mobilisieren und zu motivieren. Um dieses Ziel zu erreichen, warf die SPD-Landeszentrale in der Düsseldorfer Elisabethstraße ein dickleibiges, stets aktualisiertes *Handbuch für Wahlkämpfer* an der Basis ab. Weit im Vorfeld der Wahl hatten Hombach und die vier Bezirksgeschäftsführer die »SPD von innen« untersucht und das Material in die Untergliederungen gegeben – eine besonders aufschlußreiche Fundgrube für Forscher nach Struktur und Mentalität der gut 280000 Mitglieder zählenden Partei.

In der Mobilisierungsphase, deren Ziel Geschlossenheit und Wahlkampfeslust der Genossen war, begann die Düsseldorfer Zentrale mit der Herausgabe von internen Informations- und Agitationsblättern wie den *Ortsvereins-Nachrichten* – Motivationshilfe für die Genossen vor Ort. Besonderes Augenmerk legte Hombach, gelernter Fernmeldemechaniker, auf eine Broschüre, in der das Telefon als einzigartiges Wahlkampfmittel nahegebracht wurde. Die Telefonaktion »Der direkte Draht zum Wähler« habe beim 52,1-Prozent-Sieg neben der *Zeitung am Sonntag* (ZaS) einen wesentlichen Erfolgsanteil gehabt, ahnen die meisten Genossen. Das Telefon soll deshalb sozusagen als »Instrument der Demokratie« auch im bevorstehenden Bundestagswahlkampf eingesetzt werden.

Gleichzeitig wurden »Zehn gute Gründe, SPD zu wählen«, unters Parteivolk gebracht – schlichte, aber überzeugende Argumentationshilfen. Die Jungsozialisten, lange unbeachtet, machten landesweit mit einer Musiktournee »Rock gegen rechts« aufmerksam. Zugleich war zur Abstützung nach außen ein »Politischer Club« gegründet worden, getragen vom eigens hierfür gegründeten »Verein der Freunde Nordrhein-Westfalens« – Vorsitzender: Johannes Rau. In der angemieteten teuren Suite nicht weit vom Landtag trafen sich wöchentlich Sozialdemokraten mit Journalisten, um über Politik zu reden, Schach zu spielen, Hintergrundgespräche zu führen – ein offenes Haus. Großveranstaltungen, schon im Bundestagswahlkampf 1983 und kurz danach erprobt, kamen als Stimulatoren hinzu, zum Beispiel ein vor allem für Jugendliche gedachtes Festival in der Essener Grugahalle unter dem Titel »Chile lebt – Nicaragua kämpft«. Letzten Motivationsschub gab schließlich vier Wochen vor der Wahl ein volksfestartiger »NRW-Tag« in der Dortmunder Westfalenhalle – mit über 150000 Teilnehmern. Die

CDU, die tags darauf in Bochum mit einer altbacken-herkömmlichen Auftaktveranstaltung die heiße Wahlkampfphase eröffnete, hatte alle Mühe, die knapp 3000 Gäste fassende Bochumer Ruhrlandhalle einigermaßen zu füllen.

Der zweite Teil der Hombachschen Strategie galt der »Stabilisierung unentschlossener SPD-Wähler«. Hier setzten die Sozialdemokraten ganz auf den »überragenden Spitzenkandidaten« Johannes Rau und seine außerordentlich hohe Popularität. Plakate – Hombach: »Das sind die Glocken, die zum Gottesdienst rufen, nicht aber der Gottesdienst« – zeigten den Regierungschef mal am Schreibtisch mit ungewohnter Brille, mal, ganz junges Glück, mit Frau und Töchterlein. Dazu der ohne parteipolitische Ansprache daherkommende Text: »Wir in NRW und unser Ministerpräsident.« Die Botschaft kam an. Während die Christdemokraten mit ihrem farblosen Kandidaten Bernhard Worms keinen Staat machen konnten, auch aus Sorgen um die Folgen für das Kanzlerimage auf einen massiven Wahlkampfeinsatz Kohls verzichteten, zugleich aber durch überzogene Kritik den Unwillen vieler Wähler weckten, die sich und das Land mies gemacht wähnten, schwammen Rau und seine Partei auf einer Woge des »Wir-Gefühls« zum Wahlsieg.

Von langer Hand vorbereitet war dies schon in dem Versuch, gegen die Grünen ein breites Bündnis von »Malochern und Waldläufern« (Hans-Otto Bäumer) herzustellen. Dieses »Bündnis der Vernunft«, das rote und grüne Linke zusammenbringen sollte, bestand am 12. Mai 1985 seinen bislang einzigen ernsthaften Test.

Dabei war dies bereits auch Teil der dritten Strategiephase. Hier ging es vor allem darum, Randwähler für die SPD zu gewinnen, unzufriedene Wähler der CDU und der Grünen vor allem. Auf sie war Rau angewiesen, wollte er allein die Wahl gewinnen. Denn die Stimmen der treuen Wähler der SPD hätten in NRW, das kein sozialdemokratisches Stammland ist, nicht für die absolute Mehrheit gereicht. Deshalb verfielen Raus Helfer auf einen, wenn auch riskanten, Trick. Sie suggerierten, die absolute Mehrheit sei möglich, ja sogar sicher. Melodramatisch tönte es im Stil eines Western auf nordrhein-westfälisch von den Litfaßsäulen: »Allein gegen alle – einer gegen drei.« Und ganz wie die Überlebenshilfe aus dem Ehrenkodex der Coltträger, wenn auch sanft und ganz ohne Kampf-Appeal, klang es: »Wer Johannes Rau will, der muß Johannes Rau und die SPD wählen.« Die Grünen wurden überhaupt nicht erwähnt.

Alle drei Ziele der Strategie wurden eindrucksvoll erreicht. In ihren Analysen des Ergebnisses vom 12. Mai 1985 bestätigten die Wahlforscher Hombach und seinem Team, ein Optimum herausgeholt zu haben. Infas stellte fest: »Bei nur mäßigem Interesse am Wahlkampf galt die SPD auf allen Ebenen der Wahlkampfaktivität als die Partei, die das größte Engagement zeigte, am meisten mobilisierte, die besten Werbemittel einsetzte, auch die meisten Kontakte im persönlichen Gespräch am Arbeitsplatz, auf der Straße bei Hausbesuchen oder auf Wahlveranstaltungen erzielte.« Der Politologe Ulrich von Alemann, der zu Hombachs »Aposteln« gehörte, hat in einem Beitrag für die NRW-Landeszentrale für politische Bildung indessen kritisch angemerkt, daß der Erfolg der SPD bei der Landtagswahl 1985 »sicher genausowenig der Wahlkampftechnik allein zu verdanken« sei wie bei der CDU der Mißerfolg. Alemann faßt das knapp zusammen: »Vielmehr waren sicher gerade auch politische Grundsatzentscheidungen im Wahlkampf für den überraschend hohen Erfolg mitentscheidend: mehr auf schwankende CDU-Wähler setzen, Auseinandersetzungen mit den Grünen vermeiden, die FDP ignorieren, keine Bündnis-Diskussion führen, allein die absolute Mehrheit anstreben, auf positive Identifikation mit dem Land setzen, mit Rau versuchen, die Themen Arbeit und Umwelt zu verklammern.« Das Hombach-Konzept wirft die Frage auf, ob die Sozialdemokraten einen entpolitisierten, inhaltslosen Wahlkampf geführt haben und dasselbe bei der im Januar 1987 anstehenden Bundestagswahl versuchen wollen. Für die Abstraktion von Inhalten, von Programmatik auf eine Person, die diese geradezu inkarniert, war der Landtagswahlkampf in der Tat ein herausragendes Beispiel. Dabei darf aber nicht übersehen werden, daß die nordrhein-westfälischen Sozialdemokraten ihre programmatisch-inhaltlichen Hausaufgaben auf Parteitagen in Duisburg (1983) und Aachen (Anfang 1984) schon lange vor Beginn des Wahlkampfs gemacht hatten.

Rau, der in seiner Rolle als SPD-Landeschef unumstritten ist (mit der Folge, daß die einst mächtigen Bezirke ohne Murren dem Düsseldorfer Zentralismus willfahren), kann Aussagen und Ziele seiner Partei brennglasartig bündeln. Das ist auch das Ziel der bevorstehenden Bundestagswahlkampagne. Hombach, der gemeinsam mit dem stellvertretenden SPD-Bundesgeschäftsführer Wolfgang Clement die Planung betreibt, will das dreistufige Konzept von NRW auf den Bund übertragen, wenn auch nicht schematisch. Aber die Schrittfolge werde dieselbe sein, sagt er. Rau selbst, der gegenüber dem »Amtsinhaber« (Strauß) Kohl einen erheblichen Popularitätsvorsprung hat, wird dabei wie auch schon in NRW die Spitze der Dreistufenrakete sein. Auch inhaltlich zeichnet sich eine Linie ab. Sie ist angelegt in Raus Ahlener Rede, die mit dem Anspruch »Versöhnen statt spalten« an das Harmoniegefühl der Wähler appelliert. Die Alternative zur Politik Kohls und seiner Koalition ist die mitleidvolle Hinwendung zu jenen, die in der als unveränderlich erscheinenden Zwei-Drittel-Gesellschaft Solidarität beanspruchen können. Hierher gehört auch die beabsichtigte Ausweitung jenes in NRW so erfolgreichen »Wir-Gefühls« auf die gesamte Republik, als deren erster Heimatverweser Rau nach dem Kanzleramt greifen will.

Auf dieser Linie liegt auch die für die konkurrierenden Parteien wie ein Überfall wirkende bundesweite Anzeigenkampagne des Kanzlerkandidaten Johannes Rau kurz nach der Jahreswende von 1985 auf 1986. Darin hatte Rau für gut eine Million Mark dazu aufgerufen, in laufenden und bevorstehenden politischen Auseinandersetzungen den »Anstand« zu wahren. Und natürlich waren es wieder keine professionellen Werbestrategen, die den wortreichen Appell unters Volk brachten. Die Anzeige war die Frucht eines gemeinsamen Israel-Weihnachtsurlaubs von Hombach, Clement und Co.

WERNER FILMER / HERIBERT SCHWAN

Das Komödiantische in ihm

Rau kennt die Irrträume der Vernunft, die Rückseite ihrer Beglükkungsversprechen. Er ist kein pessimistischer Pietist, der Gesellschaft als Krieg aller gegen alle begreift. Er möchte leben, etwas in Gang bringen, in Gang halten. Selten macht er sich quengelnd oder düster sinnierend über das Leben her, zerpflückt es hundertfach. Selten auch verschmäht er das Einverständnis mit dem komödiantisch verführbaren Publikum.

Sein Pointengebäude ist manchmal klamottig, meistens aber gekonnt auf den Effekt abgestellt. Boshafte Faszination geht nicht von ihm aus. Nie zeigt er sich in leiernder Verdrießlichkeit, als Spielverderber, bemüht sich jedoch auch nicht um welttheatralische Klimmzüge, begibt sich selten in die schwadronierende Unausstehlichkeit vieler Politiker.

Er beherrscht, wenn er auftritt, die lang und endlos sich ausbreitende Szene. Wer ihm zusieht, lange zugesehen hat, weiß, daß sein politisches Sortiment noch längst nicht erschöpft ist. Eine Grundfarbe hier, ein Kalauer dort, ein Bierglas, eine launige Rede, verbrämt mit den von vielen Zuschauern bewunderten Restposten christlichen Denkens. Seine Ware läßt sich gut an den Mann bringen.

Gigantische Monologe mag er nicht. Ein Hauch der Barmer Provinz steckt in seinem Anzug; etwas von schimmeligen Gemeindesälen und einer mit kargem Kreuz verzierten Saaldecke. Natürlich weiß er, daß die Kunst des handelnden Politikers meistens vor der Wirklichkeit kapitulieren muß, daß jeder Berufspolitiker aus einer Mischung von Machtgier und unschuldigem Donquichottismus besteht, aus Ekel vor den eigenen Sätzen und heimlicher Bewunderung für das selbstgedrechselte Politikerlatein.

Die Leichtgläubigkeit der Menschen ist sein Wirkungsfeld. Er kennt – wie andere Politiker auch – den Nutzen bestimmter Vorurteile. Doch mangelt es ihm nicht an Selbstkritik oder Selbstzweifel. Der alarmierende Charakter von Irrtümern beschäftigte bereits den jungen Bibelkreis-Mann.

Es wurmt ihn, daß Politikern Klischees verpaßt werden. Doch weiß er sie auch zu würdigen: »Bruder Johannes«. Tatsächlich lebt hinter den Klischees der eigentliche Rau: empfindungsreich, eitel, machtbetont, janusgesichtig, traditionsbewußt.

Rau beherrscht die Tempiwechsel ebenso wie die Prologe und Abschiedsworte; er nutzt geschickt und listenreich die ironischen Querverweise sowie das Augenzwinkern der Übertreibung; er kennt das stets wiederkehrende Amen, doch auch die Nützlichkeit vielfarbiger Kulissen und Szenenwechsel. Das gekonnte, effektvolle Durchschreiten des Raumes beherrscht er ebenso wie das schnelle Entfernen der Leichenschminke. Er kennt sich aus in der Unschuld des Glaubens und in der Schuld der Wissenden.

Theater gibt es nicht nur im Theater. Diese Binsenweisheit hat er früh beherzigt. Er war ein guter Laienschauspieler, durchdrang seine Rollen mit Leidenschaft und Hingabe, blieb dem Spiel verhaftet. Einige seiner besten Freunde sind Musensöhne. Er spricht nicht wie die Bonzen, die Politmarionetten. Er hat seine eigene Sprache gefunden, ist unverwechselbar geworden, einmalig. Das hebt ihn heraus.

Durch Rede und Gegenrede reißt er andere mit. »Daß Menschen sich anhören, sich zuhören, sich einander öffnen und dann einander wägend raten, das ist eine richtunggebende Erfahrung meines Lebens.«

Verbunden mit seinem überragenden Gedächtnis beherrscht er die Kunst, andere ins Gespräch zu ziehen. Diese Gespräche sind Fundgruben, die für ihn ebenso wichtig geworden sind wie seine direkten Berater. Rau ist sein eigenes Staatstheater. Seine Prologe erfindet er selbst, baut und inszeniert die aufzuführenden Stücke oft allein oder mit den Dramaturgen Bodo Hombach und Wolfgang Clement. Überzeugend bleibt er in Volksstücken, verblüfft seine Zuhörer und Zuschauer durch bemerkenswerte Charakterstudien.

Rau variiert und klönt, paßt sich geschickt jeder Situation, jedem Publikum an. Mit einem beneidenswerten Radarsystem stellt er sich auf sein Gegenüber ein. Dabei gelingt es ihm meistens, die eigene Botschaft über die Rampe zu bringen. Weil er es leicht sagt, halten ihn Kritiker für ein Leichtgewicht, für eine rheinische Plaudertasche. Sie unterschätzen oder übersehen die bergische Komponente seines Charakters – den »Dickkopp«, den »sturn Bock«, kurz: die Beharrlichkeit, Durchsetzungsfähigkeit sowie das taktische Geschick des Wuppertaler Edelgenossen.

Rau hat die Fähigkeit, sich humorvoll und volksnah darzustellen, schon als Junge gehabt. Wer mit Zeitzeugen spricht, hört dies immer wieder. Im Fernsehzeitalter unserer Demokratie könnte dieser Wesenszug wahlausschlaggebend werden. Und seine Berater und PR-Manager werden ihn so durch die Lande ziehen lassen, mal hier ein Bier zischend, mal dort ein Lied mitsingend. Immer fröhlich, zuversichtlich, verständnisvoll und kompetent. Sie setzen auf die simple Tatsache, daß Rau »Menschen mag« und seine Botschaft glaubwürdig ausstrahlt. Sie vertrauen seiner Wirkung, daß dort, wo Johannes Rau erscheint, sich bald eine Gruppe bildet, deren Mittelpunkt der Hoffnungsträger ist.

Raus Sprache ist einfach und unkompliziert: Subjekt, Prädikat und Objekt. Seine Mitarbeiter haben sich längst an Eigentümlichkeiten gewöhnt. Einige Worte stehen auf dem Index. »Sowie« gehört dazu. Er liebt gutes Deutsch, leidet an einer »Fremdwort-Phobie«, mäkeln Kritiker. Was er »eindeutschen« kann, deutscht er ein. Substantivisches Sprachverhalten mag er nicht. Was in Verben umgesetzt werden kann, wird umgesetzt. Darin zeigt sich der Lektor, der literarisch ambitionierte Verlagsbuchhändler. Ungern redet er in Kettensätzen, spricht oft den gedachten Doppelpunkt: »Und dazu sage ich euch: . . .« Dann kommen ein Hauptsatz, ein Nebensatz und ein Punkt. Darin schwingt die Diktion der Bibel.

Bei Regierungserklärungen – oder auch langfristig geplanten Parteitagsreden – ist Rau ein miserabler Vortragender. Abgelesenes wirkt fad. Seine besten Reden sind selten ausformuliert gewesen. Er selbst oder seine Helfer schreiben ausführliche Stichworte auf, gliedern übersichtlich. Diese liest er zwei- bis dreimal durch, macht sich Notizen und zusätzliche Stichworte. Seine Reden entstehen im Augenblick des Sprechens. Wenn es »herausfließt«, wenn er Gedanken »ausschwingen« läßt. Fachsprachen meidet er wie die Pest. Er läßt sich beflügeln. Deshalb sind Fachbeamte, Fachjournalisten und Experten oft enttäuscht. Rau spürt sofort, ob er ankommt oder nicht. Trägt eine aufgeschriebene Rede nicht, verläßt er den vorformulierten Text, schiebt das Manuskript zur Seite und verfügt über genügend Techniken, um über die Runden zu kommen.

Wie jeder Politiker spürt er die Tendenz zum überschnellen Veralten seiner Worte, seiner Ausstrahlungskraft. Das kennzeichnet die Kehrseite der Faszination. Deshalb versuchen alle, ohne Ausnahme, möglichst laut- und showstark mitzumischen und einander zu überbieten.

GERHARD LANGE

Richtig rhetorisch! Rhetorisch richtig?

Nomen est omen – sagt man. Und wenn es nach dem Sprichwort geht, dürfte Johannes Rau, der Predigersohn aus »dem schönsten Bundesland« (Originalton Rau), die Wahl schon gewonnen haben. Denn Rau, das klingt nach »rauh und herzlich«, wohingegen Kohl allemal nach Kappes klingt – jedenfalls im Rheinland –, und das zählt nicht nur zum schönsten, sondern – was machtpolitisch von ungleich schwerwiegenderer Konsequenz sein könnte – auch zum bevölkerungsreichsten Bundesland. Und da hat Rau immerhin schon die Mehrheit.

»Ein Siegertyp ohne Glanz und Glamour« sei er, schlicht »der gute Mensch aus Düsseldorf«. Ein »Selbsttorschütze«, belehrt uns der nächste und meint damit, daß niemand Reklame damit machen solle, daß er keine Reklame macht. Einen »unpolitischen Moderator aus Düsseldorf« nennt ihn der dritte und »festes Inventar der Politikerwelt«, und alle zusammen nennen ihn »Bruder Johannes«.

Womit wir wieder beim Predigen wären. Denn nicht nur der Vater Ewald, so hört man, sei ein »Prediger des Evangeliums« gewesen, sondern auch noch der Sohn predige mehr als er rede, und in der Tat: Das Motto des Ahlener Parteitages »Versöhnen statt Spalten« könnte glatt aus der Bibel abgeschrieben sein, und es wäre niemandem aufgefallen, wenn es als elftes Gebot auf den Gesetzestafeln gestanden hätte, die Moses dem israelitischen Volke vom Berge her mitgebracht hatte.

Zumindest ist es eher das Motto für einen *Kirchen*tag. Moses war sicherlich kein Taktierer, und sein Einfluß mag daran gelegen haben, daß er das, was er da mitbrachte, auch selber glaubte. Ja, wahrscheinlich war er gerade deshalb erwählt worden, weil *er* als Vermittler *den* Prinzipien entsprach, die da verkündet werden sollten. Rau weiß das. Psychotherapeuten nennen dies mitunter »Kongruenz«, Unbedarftere mögen sich mit »Wahrhaftigkeit« zufriedengeben. An der Sache ändert dies nichts, und die hat Konjunktur. Auch das weiß Rau. Auf einer Veranstaltung der Friedrich-Ebert-Stiftung spricht er – etwas holpriger, als Psychotherapeuten dies zu tun pflegen – davon, daß der Bürger einem sozialdemokratischen Politiker die vom Trend geforderte Übereinstimmung zwischen dem, was er sagt und tut, leichter abnehme als einem konservativen Politiker. Dies mag so falsch nicht sein, und konsequenterweise rät Rau, dieses »Stück Vertrauenskapital« auch zu nutzen.

»Betroffenheit« lautet das Stichwort, und die soll sich auch auf die eigene Unvollkommenheit beziehen. Originalton Rau: »Je aufrichtiger und einsichtiger der Politiker zur Mühsal und zum Unvollendbaren seines Geschäfts steht, desto glaubwürdiger wird er den von Politik

Betroffenen.« Insofern gleicht Rau dem Moses. Wie dieser wurde auch er erwählt, weil man meinte, in ihm am deutlichsten den Mann erkennen zu können, der nicht nur eine Sache vertritt und der nicht nur an eine Sache glaubt, sondern der darüber hinaus auch noch seinen Zuhörern vermitteln kann, daß er das, was er vertritt, auch wirklich glaubt. Spätestens hier enden die Parallelen zu Moses. Während dieser sich bei Nachfragen immer auf die Autorität Gottes berufen konnte, ist Rau dazu verurteilt, diese Standpunkte auch zu begründen – argumentativ.

Aber spätestens hier wird auch das Interesse des Rhetorikers wach, und mit Blick auf Rau fragt er sich: Kann er das denn überhaupt?

Wir wollten es genau wissen und uns bei unserer Urteilsbildung auch nicht auf die armselige eigene Meinung stützen. Also haben wir die Wissenschaft und 131 andere (junge und rhetorisch nicht unbeschlagene) Menschen gefragt. Verlassen wir also das Feld der Spekulationen und Plaudereien, und kommen wir zum »Ernstfall der Demokratie«, der ja – so belehrt uns Rau in der Talk-Show »Bonnfetti« aus der Bundeshauptstadt – nicht der »Ortsverein« ist, sondern eher der Kirchentag, der Kegelclub oder andere vermeintlich unpolitische Veranstaltungen. Vielleicht gehört der Hörsaal ja auch dazu.

Wir sind uns durchaus bewußt, daß Hörsäle nicht repräsentativ für die bundesrepublikanische Wählerlandschaft sind, und wir haben uns auch nicht bemüht, irgendeine Repräsentativität herzustellen oder etwa das ungleiche Verhältnis von Männern zu Frauen (etwa drei zu zwei) rechnerisch zu modifizieren. Auch haben wir auf Pretest und Vergleichsgruppe verzichtet.

Dennoch – so meinen wir – sind die Ergebnisse brauchbar, jedenfalls für die hier verfolgten Zwecke. Bitte machen Sie sich selbst ein Bild. Damit Sie dies können, hier die »Versuchsanordnung« (für Wissenschaftler und andere Berufsskeptiker):

131 Studenten (vorwiegend der Wirtschaftswissenschaften) im Alter zwischen 19 und 27 Jahren wurden zwei verschiedene Redeausschnitte auf Video vorgeführt. Es handelte sich um Auszüge aus der Ahlener Rede vom 16. Dezember 1985 (die gesamte Rede wäre entschieden zu lang gewesen: 105 Minuten) sowie Raus Auftritt in der Bonner Talk-Show »Bonnfetti« vom 16. Oktober 1985, also um zwei völlig verschiedene Redesituationen. Der vorformulierten, geschliffenen (und ern-

sten!) Rede stand also eine für Rau nicht planbare (»keine Absprachen«, so bestätigt der Talkmaster Geert Müller-Gerbes) und eine lockere, auf Unterhaltung hin angelegte Redesituation gegenüber.

Den Studierenden wurde vor der Präsentation ein polares Rednerprofil vorgelegt, das auf einer siebenteiligen Skala (von −3 bis +3) Zuordnungen zur Argumentation sowie zu Sprache und Körpersprache des Redners ermöglichte. Das Ende des Fragebogens markierten drei offene Fragen. Gleichzeitig zur Beurteilung jedes Items sollte eine persönliche Bewertung (in Schulnoten von 1 bis 6) des eigenen Eindrucks erfolgen. Dem Charakter eines Pilotprojektes entsprechend, wurde darauf verzichtet, Talk-Show und Rede getrennt auszuwerten. Uns kam es lediglich darauf an, einen allgemeinen Eindruck von der Wirkung des Redners Rau zu erhalten.

Im folgenden bedeutet *voll rational* (oder *voll weitschweifig*), daß die höchstmögliche Einordnung vergeben wurde, *noch* bezieht sich auf den mittleren Wert und *gering* oder *schwach* auf den niedrigsten. Wird von Tendenz (zum Beispiel rationaler Argumentation) gesprochen, so sind damit alle Werte jenseits oder diesseits der Null gemeint.

Dem Leser wird nicht entgehen, daß die nun folgenden Zeilen, der Trockenheit ihres Sujets gemäß, ein bestimmtes Maß an Sprödigkeit nicht verleugnen können. Wir hoffen jedoch, ihn mit einem gewissen Interessantheitsgrad der Daten entschädigen zu können. Demjenigen, der ihnen dennoch nicht den geringsten Reiz abzugewinnen vermag, empfehlen wir die hiermit versprochenen Zusammenfassungen.

Beginnen wir also mit dem Referat des ersten Komplexes. Gefragt war nach der Argumentationsweise Raus zwischen den Polen rational – emotional, weitschweifig – prägnant, persönlich – allgemein, überzeugend – nicht überzeugend, verständlich – nicht verständlich und anschaulich – abstrakt.

Beim ersten Kriterium fällt zumindest auf, daß keine einzige Versuchsperson Rau eine durch und durch rationale Argumentationsweise zuspricht, und auch die Stimmen für hohe und geringe rationale Argumentation nehmen sich dürftig aus (insgesamt nur 13,8 Prozent). Dagegen halten ihn 77,8 Prozent für eher emotional als rational argumentierend; noch 53,5 Prozent ordnen ihn sogar in die beiden höchsten Stufen ein, am häufigsten (34,4 Prozent) halten ihn die Zuschauer für gemäßigt emotional.

Interessant ist in diesem Zusammenhang, daß insgesamt 60,1 Prozent ihm die Noten 1 bis 3 geben, wobei 3 (27,5 Prozent) und 2 (26,7 Prozent) die meistgenannten Noten überhaupt sind. Auf gerade ausreichend kam Rau immerhin noch bei 22,1 Prozent der Zuhörer, während 17,6 Prozent ihn mit 5 und 6 bedachten, darunter kein einziger, der ihn für tendenziell rational argumentierend oder für indifferent in dieser Frage gehalten hatte.

Hier scheint eine Polarisierung innerhalb der Zuhörer eingetreten zu sein, die noch dadurch dokumentiert wird, daß keiner, der Rau für eher rational argumentierend hält, dies auch ablehnt, im Gegenteil: Die rationale Argumentation erhielt hohe Zustimmungswerte (immerhin geben 50 Prozent eine 2), die doppelt so hoch liegen wie die Zustimmungswerte für Emotionalität. Hieraus resultiert auch die Tatsache, daß *allgemein* 26,7 Prozent Rau eine 2 gegeben haben (siehe oben). Umgekehrt haben die meisten derjenigen, die Rau für eher emotional als rational argumentierend halten, dies mit 3 oder 4 bewertet (insgesamt 40,5 Prozent).

Bezüglich der nächsten Kategorie (weitschweifig gegen prägnant) läßt sich zeigen, daß Rau von den meisten Zuschauern eine Tendenz zur Weitschweifigkeit attestiert wird (45,4 zu 34,6 Prozent). Der meistgenannte Wert lag jedoch bei gering weitschweifig (26,2 Prozent). Ein relativ hoher Prozentsatz (20 Prozent) siedelt Rau allerdings in der Mitte an. Interessant ist hierbei besonders die Zustimmungsrate, die diese Wähler ihrer Beurteilung mitgeben: 46,2 Prozent derjenigen, die Rau in der Mitte sehen, bewerten dies mit 3. Unabhängig von ihrer Einschätzung geben 53 Prozent die Noten 1 bis 3. Die meisten Noten waren die 3 (mit 24,6 Prozent) und die 4 (mit 23,8Prozent).

Auch hier kommen hohe allgemeine Zustimmungswerte dadurch zustande, daß diejenigen, die Rau für eher prägnant als weitschweifig halten, dies auch hoch bewerten (zu 73,3 Prozent mit 1 und 2), während auf der anderen Seite 40 Prozent von denen, die Rau als eher weitschweifig oder indifferent sahen, dies noch mit 3 belohnten.

Der nächste Punkt beschäftigt sich mit der Frage, ob Rau mehr persönlich oder mehr allgemein argumentiert. Hierbei fallen die Antworten schon deutlicher aus. Mehr als doppelt so viele Zuschauer sehen in Rau eher den persönlich als den allgemein argumentierenden Redner (59 gegen 27,6 Prozent). Gleichzeitig wird diese Argumentationsweise von 74,7 Prozent *dieser* Zuschauer gutgeheißen. Aber auch unabhängig von der eigenen Einschätzung erhält Rau noch 70,8 Prozent gute Noten (1 bis 3) für seine Art der Argumentation (bezüglich der Pole allgemein – persönlich).

Die 2 war mit 36,2 Prozent sogar die meistverteilte Note. Hier zeigt sich, daß Rau anscheinend beide Weltanschauungen beziehungsweise Präferenzen anspricht, denn von denen, die Rau für eher allgemein argumentierend ansehen, erhält er noch von 54,3 Prozent die Noten 1 bis 3. Auf der anderen Seite kommt die volle Ablehnung des persönlichen Stils (Note 5 und 6) nur bei 6,3 Prozent der Zuschauer zum Tragen. 41,2 Prozent derjenigen, die Rau in der Mitte ansiedeln (insgesamt 13,4 Prozent), bewerten dies mit 2.

Bezüglich der Dimension »überzeugend – nicht überzeugend« kann gesagt werden, daß Raus Argumentation auf die meisten Zuhörer eher überzeugend wirkt (45,8 zu 35,9 Prozent), jedoch erreicht Rau den Wert »voll überzeugend« nur zu 3,8 Prozent, während der Wert »gering überzeugend« (also die niedrigste Stufe der Zustimmung) die häufigste Nennung verbucht (23,7 Prozent). Als »weder überzeugend noch nicht überzeugend« erscheint Rau immerhin für 18,3 Prozent, wobei hier interessant ist, daß diese Tatsache dann auch negativ gesehen wird (zu 58,3 Prozent, der Rest gab gerade noch eine 3).

Unabhängig von ihrer Beurteilung bewerten aber 57,3 Prozent der Zuschauer Raus Argumentation in diesem Punkte mit 1 bis 3, wobei sich 3 und 2 fast die Waage halten (25,2 zu 22,9 Prozent).

Die nächste Frage sollte die vorhergehende relativieren. Gefragt war nach der Verständlichkeit Raus. Dies scheint für den Kandidaten jedoch kein Problem zu sein. Insgesamt 83,9 Prozent tendierten zu einer Bejahung der Frage (gegenüber nur 9,9 Prozent, die sich für die Mitte entschieden). Genau besehen, handelt es sich hier auch um mehr als eine Tendenz, da immerhin noch 30,8 Prozent die höchste Stufe und 37,7 Prozent die mittlere wählten. Angesichts dieser Tatsache dürfte die Bewertung leicht vorherzusagen sein: Insgesamt 73,7 Prozent bewerteten Rau mit 1 und 2, insgesamt 88,5 Prozent eher positiv als negativ. Besonders ausgefallen ist die Zahl der Topergebnisse: 20 Prozent (!) der Zuschauer überhaupt gaben Rau eine 1 bei *gleichzeitigem* Zugeständnis *voller* Verständlichkeit. Die meistgewählte Kombination war »noch verständlich« bei Bewertung mit 2 (25,4 Prozent).

Fast ähnlich hohe Übereinstimmung gab es bei der Frage nach anschaulicher bzw. abstrakter Argumentation. Wenn auch hier der Alltagsverstand geneigt sein mag, »verständlich« sowieso mit »anschaulich« und »unverständlich« mit »abstrakt« zu identifizieren, so sind wir doch anderer Meinung. Es handelt sich konkret um eine Frage der Nuancierung. Dies wird besonders deutlich angesichts der Überlegung, daß für einen analytisch geschulten Geist eine abstrakte Darstellung sehr wohl ausgesprochen verständlich sein kann und auf der anderen Seite eine anschauliche Redeweise auf derart simplifizierende Weise einherstolzieren kann, daß jedem Zuhörer das Verständnis für den Zusammenhang der Dinge schlichtweg abhanden kommen muß. Die trotz aller Übereinstimmung auffallenden Differenzen der noch zu erläuternden Ergebnisse mit den vorausgegangenen Erkenntnissen unterstützen diese These. Doch zunächst das Gemeinsame:

87 Prozent der Zuschauer halten Rau für einen tendenziell anschaulich parlierenden Redner. Dieser Wert deckt sich in etwa mit den vorher aufgeführten Zahlen. Was sich jedoch nicht deckt, ist der Spitzenwert. Während nach den zitierten Ergebnissen 30,8 Prozent den Redner Rau für voll verständlich halten, halten ihn nur noch 19,8 Prozent auch für voll anschaulich. Auf der anderen Seite scheint dies den meisten aber auch nicht so wichtig zu sein wie die Verständlichkeit. Dort hatten wir ja gesehen, daß von den 30,8 Prozent, die Rau volle Verständlichkeit attestiert hatten, 65 Prozent dies mit »sehr gut« belegten, während jetzt nur noch 42,3 Prozent diese Note wählten.

Am gegenüberliegenden Pol fällt auf, daß die höchste Stufe für Abstraktheit *nie* gewählt wurde, während noch 3,8 Prozent aller Zuschauer für volle Unverständlichkeit plädierten.

Der Schwerpunkt der Nennungen liegt zweifellos auf der Stufe mäßiger Anschaulichkeit. Sie wurde von 46,6 Prozent aller Zuhörer attestiert, wovon wieder 68,9 Prozent eine 2 gaben (mit 32,1 Prozent war diese Kombination auch gleichzeitig die am häufigsten gewählte). Insgesamt wurde diese Note von 50,4 Prozent verteilt. Bei der Zusammenfassung der Noten 1 bis 3 kam Rau sogar auf stolze 91,6 Prozent.

Erstaunlich: Selbst diejenigen Zuschauer, die Rau eine Tendenz zur Abstraktheit attestierten (5,4 Prozent), verteilten noch die Noten 2 und 3 (bis auf eine Ausnahme). Die Note 1 wurde allerdings von der Position »schwach anschaulich« bis zum Gegenpol nicht vergeben.

Zusammenfassend kann man sagen: Bei aller Unterschiedlichkeit der Einschätzung gibt es keine einzige untersuchte Einheit, in der das Gesamturteil der Noten von 1 bis 3 nicht höher wäre als das der Noten von 4 bis 6. Nun ist es durchaus denkbar, daß Beurteiler aus hier nicht näher erklärbaren Gründen heraus eine gewisse Scheu gehabt haben, schlechte Noten zu geben, und deshalb im Zweifel zwischen 3 und 4 sich doch eher noch für 3 entschieden haben.

Um zu zeigen, daß selbst dann noch das Gesamtbild positiv zu Buche schlägt, seien hier die Prozentzahlen für die Wahl der Noten »sehr gut« und »gut« (wie gesagt, unabhängig von der Zuordnung) genannt (Zahlen für 3 in Klammern):

für rational – emotional:	32,8%	(27,5%)
für weitschweifig – prägnant:	28,4%	(24,6%)
für persönlich – allgemein:	40,9%	(29,9%)
für überzeugend – nicht überzeugend:	32,1%	(25,2%)
für verständlich – nicht verständlich:	73,1%	(15,4%)
für anschaulich – abstrakt:	64,9%	(26,7%)

Insgesamt wird die Argumentationsweise Raus empfunden als überwiegend *emotional* bestimmt, zur Weitschweifigkeit neigend, eher persönlich als allgemein, eher überzeugend als nicht überzeugend, wunderbar verständlich und in hohem Maße anschaulich.

Zieht man die Werte für Zustimmung oder Ablehnung zu Rate, so stellt man fest, daß die Tendenz zur Emotionalität größtenteils mit 3 bis 4 bewertet wird, auf der anderen Seite aber immer dann, wenn Rau rational eingeschätzt wird, dies zu hoher Zustimmung führt. Dies mag daran liegen, daß es sich um studentisches Publikum handelte.

Ähnlich verhielt es sich beim nächsten Item. *Prägnanz* wurde zwar seltener attestiert, dann aber hoch bewertet. Im allgemeinen wurde die attestierte Tendenz zur Weitschweifigkeit jedoch noch als befriedigend empfunden. Dies gilt auch für diejenigen, die Rau weder Weitschweifigkeit noch Prägnanz zuschreiben wollten. Es sieht hier also so aus, als bewege sich Rau ziemlich in der Mitte und erziele auch einen mittleren Befriedigungsgrad.

Die Tatsache, daß Rau in den Augen der Zuschauer mehr *persönlich* als allgemein argumentiert, wird von der großen Masse der Zuschauer zustimmend angenommen, abgelehnt wird dieser Stil kaum. Was sich für Rau als großes Plus auswirken kann, ist allerdings die Tatsache, daß er hohe Zustimmungswerte auch da noch erhält, wo er in der Mitte angesiedelt wird und selbst von denjenigen noch gute Noten erhält, die ihn eher für allgemein argumentierend halten.

Daß eine *überzeugende* Argumentation positiv bewertet wird, versteht sich von selbst. Hier kippt die Akzeptanz sogar dann schon in den negativen Bereich, wenn Rau die Mitte zugeschrieben wird, was immerhin bei 18,3 Prozent der Zuschauer der Fall war. Dies sollte Rau zum Nachdenken bringen, wenn auch eine kleine Mehrheit zur oberen Notenhälfte tendiert.

Als zusätzlicher Hinweis mag auch gelten, daß hier, abgesehen von der Kategorie weitschweifig – prägnant, die wenigsten Einsen und Zweien verteilt wurden. Es dürfte sich auch hier von selbst verstehen, daß einem verständlichen und sich anschaulich ausdrückenden Redner eine hohe Zustimmungsrate zuteil wird. Sie lag bei beiden Skalen um 90 Prozent, wobei der Verständlichkeit ein deutlicher Vorrang eingeräumt wurde.

Insgesamt kann also gesagt werden, daß Rau – was seine Argumentation angeht – sich recht gut aus der Affäre gezogen hat (sofern man diese aktivische Wendung für jemanden, der schließlich nichts dazugetan hat, benutzen kann). Zu bedenken ist jedoch die Tatsache, daß trotz aller Verständlichkeit der Argumentationsführung die Überzeugungskraft nicht so recht ihr rhetorisches Gewicht entfalten will.

Der Ehrlichkeit halber ist aber zuzugeben, daß es sich hierbei auch um politische Präferenzen und überzeugungslogische Starrheiten handeln kann, denn: Welcher eingeschworene CDU-Wähler (zum Beispiel!) – und auch solche dürften sich unter dem Publikum befunden haben – wird sich schon von noch so großer Verständlichkeit und Anschaulichkeit der behandelten Sachverhalte dazu durchringen können, dem Redner Überzeugungskraft zuzugestehen?

Auf der anderen Seite: Daß 57,3 Prozent aller Zuhörer die Noten 1 bis 3 verteilten, mag beruhigen; was aber ist, wenn die 22,9 Prozent, die in ihrer Einschätzung zwischen »indifferent« und »mittel überzeugend« liegen und *gleichzeitig* die Note 3 verteilt haben, zwar die Überzeugungskraft für befriedigend halten, aber gerade die Tatsache, *daß* sie befriedigend ist, *nicht* für befriedigend halten (vielleicht, weil sie von einem Kanzlerkandidaten mindestens eine *gute* Überzeugungskraft erwarten)? Ein abschließendes Urteil über diese Frage überlassen wir lieber dem Kandidaten und seinen Vor- und Nachdenkern.

Schauen wir uns statt dessen etwas genauer an, was den Rhetoriker über die Argumentationsweise hinaus noch interessiert.

Gemeint ist die Sprache selbst, und wir liegen meines Erachtens gar nicht so falsch, wenn wir vermuten, daß zwischen der reinen Sprache eines Redners und seiner Argumentation ein verborgener Zusammenhang besteht. »Verborgen« möchten wir ihn deshalb nennen, weil er nicht *logisch* deduzierbar ist, das heißt, er muß selbst analytisch exakt vorgehenden Subjekten noch verborgen *bleiben.* Seine Wirksamkeit entfaltet sich eher auf der emotionalen Ebene, und gerade dies macht – nach Freud – ja gerade seine Verborgenheit aus.

Wohlgemerkt: Wir sind hier immer noch beim *Zusammenhang* zwischen Sprache und Argumentation und haben nur behauptet, daß *dieser* verborgen bleibt, nicht die Sprache selber. Zu unserem Bedauern müssen wir gestehen, daß wir außerstande sind, dieses Rätsel zu lösen, weil wir weder gültige Korrelationen besitzen, die das Rätsel aufzudröseln in der Lage sind, noch tiefenpsychologische Interviews mit den Betroffenen veranstaltet haben. Womit wir dienen können, sind allerdings schlichte Daten darüber, wie die Sprache des Kandidaten nach der Wahrnehmung der 131 kritischen Beurteiler beschaffen ist.

Beginnen wir also mit der Explikation der uns zur Verfügung stehenden Daten zur Sprache. (Auch dieser Absatz kann zugunsten der Zusammenfassung übersprungen werden.)

Die Möglichkeit der sprachlichen Differenzierung im Test belief sich auf folgende Gegensatzpaare: Ist die Sprache Raus

- langweilig oder kurzweilig,
- anregend oder einschläfernd,
- gegliedert (mit rotem Faden) oder unübersichtlich,
- bürgernah oder bürokratisch?

Ferner: Erscheinen die Pausen, die Rau setzt, dem Publikum willkürlich gemacht oder an angemessener Stelle?

Um den Rahmen dieses Aufsatzes nicht zu sprengen, wollen wir hier nur die ersten beiden Positionen erörtern.

Es gibt einen eindeutigen Trend dahin, Rau Kurzweiligkeit zu bescheinigen (67,7 gegenüber 15,4 Prozent).

Auf der anderen Seite liegt aber die Zahl derer, die sich für die Mitte entschieden, noch 1,5 Prozentpunkte höher als alle »Langweilig«-Wähler zusammen. Die Wahl für »kurzweilig« fällt auch nicht so eindeutig aus wie bei der Frage der Verständlichkeit und Anschaulichkeit der Argumente. Dies läßt sich daraus ersehen, daß die höchste Stufe »nur« von 12,3 Prozent der Beurteilenden gewählt wurde, während sich die restlichen 55,4 Prozent gleichmäßig auf die beiden anderen Stufen verteilten. Ansonsten dürften die Zustimmungswerte nicht überraschen: Insgesamt vergaben 81,5 Prozent der Zuschauer die Noten 1 bis 3 mit Schwerpunkt auf 2 (41,5 Prozent). 11,5 Prozent gaben sogar eine 1.

Die Werte der nächsten Kategorie sind fast deckungsgleich, sowohl was die Einschätzung als auch was die Bewertung angeht. 68,4 Prozent halten Rau eher für anregend als einschläfernd (gegen 15,4 Prozent, die es umgekehrt sehen und 16,2 Prozent Indifferente). Es hat allerdings eine Verschiebung innerhalb der Einschätzungskategorien stattgefunden, und zwar in der Art, daß relativ mehr Zuhörer (37,3 gegenüber 27,7 Prozent) für die niedrigste Zustimmungsstufe votierten als bei der Frage nach Kurzweiligkeit.

Auch die Zustimmungsraten sind fast identisch (Note 1 bis 3 für 81,5 beziehungsweise 76,1 Prozent, wobei sich auch die Verteilung innerhalb dieses Notenspektrums ähnelt). Für uns blieb somit die Frage offen (wir sind ja schließlich nicht immun gegen Einwände), ob in zukünftigen Tests nicht eine der beiden Fragen ersatzlos gestrichen werden könnte oder, anders ausgedrückt, ob nicht von den Zuschauern die Kategorie »kurzweilig« *immer* mit »anregend« und die Kategorie »langweilig« *immer* mit »einschläfernd« identifiziert wird.

Diese Ergebnisse sollten einem aufklärerischen Ziel dienen; denn allzuoft werden journalistische Betrachtungen mehr den Hoffnungen und Wünschen ihrer Produzenten gerecht als der realen Lage des Betrachteten. Allerdings: Dies ist auch in einem Test, wie wir ihn durchgeführt haben, möglich – und kommt vor. Immer wieder zum Beispiel gibt es Teststrategen, die es sich anscheinend in den Kopf gesetzt haben, entweder den Test selber zu sabotieren (jeder Versuchsleiter kennt das) oder statt ihrer relativ objektiven Beurteilung genauso ihren eigenen Wunschtraum zu protokollieren, wie dies Journalisten tun. (Frei nach dem Motto: Der Redner ist ausgesprochen kurzweilig, aber das ist ja gerade das Schlimme. – Dies ist zum Beispiel tatsächlich vorgekommen.) Alles in allem jedenfalls kann man auf einer ganz allgemeinen Ebene (eingeschränkt natürlich durch die Wahl des Publikums) jetzt schon sagen: Rau als Redner kommt an.

Wenn auch schon jetzt Kritiker in allen Lagern das nicht unberechtigte Gefühl haben sollten, Rau zitiere zunehmend aus der Bibel, so besteht doch keine begründete Berechtigung zu glauben, gerade das könne Bruder Johannes schaden, im Gegenteil: Wie schon angedeutet, scheint Rau damit gerade im Trend zu liegen. Religion – oft auch im Gewande der Mystik einhergehend – ist in einem tiefen Sinne populär.

Das Bekenntnis zu ihr vermittelt das Flair eines Menschen, der die Zeichen der Zeit erkannt hat. Dies zeigt nicht zuletzt die hohe Zustimmungsrate bei vergleichsweise transzendentalen Begriffen wie »emotionale« oder »persönliche« Argumentation. Hier scheint Rau genau auf der Linie zu liegen, die Kohl in seiner Selbsteinschätzung gerne einnähme. Er ist – und seine Reden zeigen dies deutlich – ein populistischer Kandidat, einer, der von sich selbst sagt, seine Legitimierung zur Kanzlerschaft rühre daher, daß er »Spezialist für das Allgemeine« sei. Gab es da nicht auch den ehemaligen Kanzlerkandidaten Kohl, der so beharrlich behauptete, er sei »Generalist«?

Rau selbst hört von diesen Gemeinsamkeiten nicht gerne und lehnt es aufs entschiedenste ab, etwa als »Rot-Kohl« bezeichnet zu werden. »Ich komme aus einem anderen Denken«, sagt er, und man muß es ihm wohl glauben. Jedenfalls (Stichwort: »Wahrhaftigkeit«) glaubt dies auch »der Bürger«, wenn man den Demoskopen Glauben schenkt; denn ein Satz wie »Je näher ich bei den Menschen bin, desto mehr Spaß macht mir Politik« – ausgesprochen etwa von Helmut Kohl – würde zwangsläufig Lacher nach sich ziehen; bei Rau ist dies (noch?) nicht der Fall, obwohl sich dessen konkrete Aussagen zur sozialdemokratischen Marschrichtung allenfalls – wie Leyendecker es ausdrückt – auf Ideale wie »Freiheit, Gleichheit, Brüderlichkeit, übersetzt ins Bürgerliche«, reduzieren.

Die Verkörperung der genannten Ideale ist die breiteste Plattform *aller* Parteistrategen. Insofern dokumentiert der Schulterschluß mit ihnen weniger ein individuelles Profil als das Bekenntnis zu Selbstverständlichkeiten.

Als *Redner* (und nur dies soll hier bewertet werden) hat Rau viele Vorteile gegenüber seinem Konkurrenten Kohl. Sein umfangreiches Vokabular – verbunden mit einem großen Nuancenreichtum der Stimme – erlaubt Modulationen, von denen sein Gegner nur träumen kann. Man höre sich nur einmal den Satz aus der Ahlener Rede an, der da lautet: »In Wahrheit ist ihr (der Koalition) Begriff ›Sozialneid‹ ein Wort, das aus der gesellschaftlichen Kälte kommt.« Allein die Art und Weise, wie Rau diesen Satz spricht, ist geeignet, den Zuhörer des Redners Abscheu geradezu fröstelnd miterleben zu lassen. Bei alledem könnte man nun schnell der Meinung sein, das, was sich zeige, sei eine Art zielgehemmter Aggression. Dies ist jedoch nicht der Fall. Kaum vorstellbar, daß Rau etwa den Bundestag anherrschte wie Helmut Schmidt am Tage seiner Abwahl. Schon rein stimmlich wäre diese tiefe, rauhe Stimme, die derjenigen Brandts immer ähnlicher wird, dazu schon denkbar ungeeignet, und wenn sich doch mal Zornesfalten auf seiner Stirn zeigen sollten, so sind dies eher die Zornesfalten des Propheten als die harten Gesichtszüge des »klassischen« Machers.

Selten erhalten solche »Ausfälle« den Charakter plumper Agitation oder ebenso plumpen Drauflosgehens. Dieser Tatsache ist sich Rau in weiser Selbsterkenntnis bewußt. Schon mehrfach und *auch in Interviews* hat er dafür das Bild gebraucht, er ziehe das Florett dem schweren Säbel vor. Aus diesem Grunde sind ihm auch Verbalinjurien, wie wir sie von anderen Politikern kennen, fremd. Da ist Rau viel »feiner«, nuancierter und geistreicher. Seine wirkliche Waffe ist die Ironie, der sarkastische Ton. Mit ihr kann er vieles sagen, ohne Distanz zu verlieren – wie es der rheinische Regierungspräsident Antwerpes ausdrückt: »Er vermittelt Nähe, ohne daß man ihm richtig nahe kommt.«

Auch seine Sprache ist nie ganz die Sprache der »Genossen«, sondern geschliffener. Sie ist darüber hinaus bilderreich und geizt nicht mit Vergleichen. Gelungene und sprachlich reizvolle Belege sind hierfür zum Beispiel jene Aussagen, in denen er soziale Verhöhnung sozialer Versöhnung gegenüberstellt oder vom »Verliebtsein ins Gelingen« redet. Gerade diese Wendung wird man dem spät berufenen Familienvater leicht abnehmen, denn ein nicht geringer Teil seiner Wirkung beruht auf dem jungenhaften Charme, der von ihm ausgeht.

Rau verbreitet Jugendlichkeit und Frische – gepaart mit einem Spritzer Mythos nach Siegfried-Art. Hier hat auch seine Schlagfertigkeit ihre Heimat. Und die ist längst kein Produkt der Kanzlerkür, sondern begleitete ihn auf seinem ganzen politischen Weg.

Als ihn zum Beispiel 1971 der ehemalige Ministerpräsident Nordrhein-Westfalens, Heinz Kühn, wegen seiner damals recht langen Haartracht kritisch ansprach, antwortete Rau keck: »Das ist mein Beitrag zum Dürerjahr.« Und bei der Verleihung des Goldenen Mikrophons für 1983 (im Jahr 1984) meinte er, eigentlich müsse dies aber aus Silber sein, denn »wer sich in deutschen Sprichwörtern auskennt, der weiß, daß Reden Silber ist und Schweigen Gold«. Interessant ist in diesem Zusammenhang übrigens die Begründung für die Verleihung: Raus Sprache zeichne sich durch Glaubwürdigkeit und Verständlichkeit aus und sei gelegentlich sogar »ausgesprochen heiter«. Nach alldem, was wir bisher über Rau gesagt haben – auch bezüglich der studentischen Einschätzung –, lagen die Juroren da dicht bei der Sache.

Was aber ist das – eine heitere Sprache? Ist Kohls Sprache auch heiter? Anscheinend nicht – auch wenn sie vielleicht Heiterkeit auslöst. Dieser Unterschied darf hier nicht vergessen werden.

Raus Sprache ist – im Gegensatz zu der Kohls – nicht verstiegen, nicht »verquast« (wie sein ehemaliger Landschaftsminister sagt). Zu Heiterem gehört die Leichtigkeit, das Schweben-, das Fliegenkönnen, nicht die Bodenständigkeit, Schwere, Umständlichkeit, nicht das inhaltslos Bombastische, das Kohls Sprache angelastet wird.

Mozart mag er, »den ganzen Mozart«, wie aus einem Interview im soeben erschienenen Buch *Bruder Johannes* hervorgeht. Gerade das kann ein Hinweis darauf sein, warum er so lange zauderte, den Wechsel von Düsseldorf nach Bonn in Angriff zu nehmen. Höre er »Bonn«, so sagt Rau, fielen ihm bayerische Barockengel ein. Er denke dann mit Entsetzen an »klappernde Polemik«, »Kabinettsklüngel« und »Kampagnen-Planer« (*Zeit*).

Alles in allem, so meint er, herrsche eine Art »Sprechblasenpolitik«. Daher die Barockengel. Denn genau wie diese – so meint Rau – zeichneten sich auch viele der Bonner Kollegen dadurch aus, daß sie ständig Sprechblasen vorm Mund hertrügen. In denen sei jenes verwunderliche und erbauliche Vokabular festgeschrieben, mit dem dann palavert werde.

Aber, so fragt man sich, ist das Heitere, Beschwingte denn die wahre Causa ernsthafter Politik? Ist Politik nicht mehr als die Rau oft nachgesagte Fähigkeit, zur richtigen (manchmal auch falschen) Zeit ein Witzchen, eine Anekdote zu erzählen? Reicht dies schon aus, jenen hohen Grad an Glaubwürdigkeit zu erzielen, den Rau ja tatsächlich auszeichnet?

»Ich will, daß die Menschen sich wohl fühlen«, würde Rau sagen, »und dazu gehört das Gespräch« – mehr als die salbungsvolle Rede. In der Tat ist das Gespräch sein bevorzugtes Führungsmittel, und ein Gespräch, das nicht leicht ist, ist eigentlich schon gar keins mehr. Aber das Gespräch braucht nicht in Mündlichkeit zu bestehen. Rau schreibt – so hört man – mehr Briefe als andere Politiker: hier ein paar aufmunternde Zeilen, dort ein kurzer Kommentar. »Ich tue das, weil ich es für wichtig halte, weil mir die Leute wichtig sind und die Kontakte zu ihnen«, sagt er dazu (*Bruder Johannes*).

Aber – und das ist es, was manche verdrießt und ihm den Titel des Moderators eingetragen hat – das Anekdotische, das leichte Gespräch, ist kein Medium, in dem Programmatisches geäußert werden könnte. Man kann in ihm keine Resolution verabschieden. Immer wirkt es eher unverbindlich. So überrascht es nicht, daß Hans-Otto Bäumer sich darüber wundert, »daß er auf seine nicht laue, aber doch leise Tour ganz nach oben kommen« konnte. Dabei ist Rau durchaus nicht gefühlsduselig. Gunter Hofmann sieht ihn eher als Kopfmenschen, der seine Gefühle sprechen lassen kann, der zwar nicht Euphorie erweckt, aber ein angenehmes Klima verbreitet. Und Bäumer sagt: »Rau ist glücklich, wenn Tante Hedwig und Onkel Karl beim Ausrufen seines Namens einen verklärten Blick bekommen.« Das könnte auch anderen so gefallen, aber denen würde man wahrscheinlich schnell unterstellen, es gehöre ins Kalkül. Nicht so bei Rau. Sein großer Anspruch auf »Versöhnung« wird durchaus als Anspruch auch jenseits der politischen Welt erfahren. Dies kommt nicht von ungefähr. Rau macht immer dann den zufriedensten Eindruck, wenn er politische Überzeugungen mit moralischen Positionen begründen kann.

»Versöhnen statt Spalten« klingt anders als »Seid nett zueinander«. Es geht tiefer, will »das Herz treffen« und trifft es. Und so sieht er auch die Aufgabe des Regierungschefs darin, »zusammenzuführen, wo es not tut«. Die Entscheidungen, die ein Regierungschef darüber zu treffen habe, seien dann am besten, »wenn sie aus sich heraus überzeugen«, das heißt, wenn sie von den Entscheidenden nicht mehr begründet werden müssen. So gewendet, erhält das »Heitere« plötzlich eine neue Dimension. Es ist nicht mehr identisch mit Belanglosem, sondern spricht »aus sich heraus«. Obwohl Rau sehr oft mit Bibelzitaten aufwartet, lehnt er es ab, die Sätze der Bibel naiv in politisches Handeln zu übertragen, ohne ihr politische Relevanz abzusprechen.

So gesehen ist seine Sprache nur die ins Wort gegossene Überzeugung, und die ist – dies mögen unsere Schlußgedanken gezeigt haben – christlich geprägt; genauer gesagt: pietistisch (vom Vater her) mit einem Schuß Kalvinismus (nach eigener Einschätzung). Die Kraft der Sprache Raus stammt aus dem Religiösen – zumindest rein rhetorisch.

Werner Filmer / Heribert Schwan

Gefühle imprägnierten ihn

Als Christ hat Rau seine Identität gefunden, als einer, der sich über Ratlosigkeit mit Hoffnung hinwegtröstet. Diese Tatsache hat dem Sozialdemokraten in den sechziger Jahren manche Anfeindung gebracht. Er besaß weder den richtigen Stallgeruch, noch galt er als sozialistische Kämpfernatur. Was ihn kennzeichnete, und zwar ungewöhnlich auffällig, war die Gabe der Beredsamkeit.

Früh hatte er seine Sprachantennen ausgefahren, sich geschult, sich neuen Ansprüchen ausgeliefert, anderen Sätzen, Ideen und Bildern. Er begriff, daß Sprache Terraingewinn bedeutet. Er lernte, andere durch seine Sätze zu berühren, durch die Erotik des Wortes. Er brach Routinesprache auf, verbesserte seinen Wortschatz, probierte Rhetorik vor dem Spiegel, deklamierte, rezitierte. Und erkannte langsam, daß kein Medium den Politiker mehr bestimmt als die Sprache.

Im jungen Rau wucherte üppig rhetorische Begabung, die ihm offensichtlich der Vater vererbt hatte. Er verstand es, anderen durch das Wort das Wasser abzugraben. Durch bildhafte Wortgewalt wuchs er über sich hinaus. Diese Fähigkeit verlieh ihm Rang und Wertschätzung.

Sehen und Fühlen wurden für ihn mindestens ebenso wichtig wie das Hören. Er vermittelte anderen den Eindruck, daß das Gemeinte und Gesagte übereinstimmen. Langsam wuchs sein Gefühl für den eigenen Wert. Irgendwo schien er gelesen zu haben: »Ich muß immer perfekt sein, sonst werde ich nicht geliebt!« Schon der junge Rau brachte Intuition und Imagination mit, Einfühlungs- und Vorstellungskraft. Darin wurde er anderen überlegen. Seine Sinnlichkeit und Kreativität wuchsen jenseits der Regeln, jenseits des Schulunterrichts, den er aufgegeben hatte. Eine Zeitlang erlebte er sich als Versager, baute neue Fähigkeiten auf, neue Willensregungen. Er verwirklichte sich. Der einmal empfundene Mißerfolg und die drohende Verarmung mobilisierten im Jugendlichen viele Kräfte. Wesentliche Triebfedern spannten sich. Er wollte das Versäumte wettmachen, als er sich darüber klargeworden war.

Das Erlebnis des Schocks – der Schulabgang – hinterließ in ihm tiefe Spuren, Lähmungserscheinungen. Zum erstenmal erlebte er die Bedrohung seines Selbstseins. Der junge Verlagsbuchhändler registrierte, daß andere besser qualifiziert waren als er: mit Abitur, mit Studium. Erschrecken darüber veränderte seinen Antrieb. Er wollte weiter, höher hinaus, genoß das Umfeld bekannter Namen. Rau suchte nach Mitteln und Wegen, sich einer gefahrdrohenden Lebenslage zu entziehen, aktivierte Kräfte, trainierte seinen Willen, fixierte seine Zielvorstellungen. Er wollte aus der Sackgasse raus, in die er sich durch Schulapathie gesteuert hatte. Er versammelte gestaute Energien, zeigte erhöhte Bereitschaft, ein anderer zu werden. Geltungsdrang und Machtstreben steuerte er durch rationale Kontrolle. Er schaufelte Wissen in sich hinein, konzentrierte sich auf alles, was ihm versagt bleiben könnte. Er baute seine Fähigkeiten aus. Auch seine Gefühle, seine Wahrnehmungen. Er hatte gelernt, daß er ihnen vertrauen konnte.

Natürlich blieb er nicht frei von Neid. Der junge kalvinistisch geprägte Verlagsbuchhändler lernte das nagende Gefühl beim Anblick dessen kennen, was andere an Werten des Besitzes haben. Er spürte das eigene Habenwollen, entschärfte es durch puritanische Innerlichkeit, durch christliche Askese, durch Verzicht, durch Hoffnung. Je mehr er eigene Talente und Eigenschaften aktivierte – seine rhetorische Begabung und die Anschaulichkeit des Denkens –, um so deutlicher erlebte er Befriedigung. Er fühlte sich geschmeichelt, daß er von anderen umworben wurde, daß er »an Boden gewann«. Rau wuchs über sich hinaus, warf sich in Positur. Zu lange hatte er ein unbestimmbares »Minderwertigkeitsgefühl« erlebt, eine Einbuße an Ansehen und Geltung, wenn er wahrnehmen mußte, wie andere auf die Tatsache reagierten – hinter seinem Rücken –, daß er »ohne Studium« war. Es quälte ihn, das eigene Wertbild im Spiegel seiner Umwelt wahrzunehmen. Gefühle des Verletztseins kennzeichnen ihn noch heute. Unzulänglichkeit hatte sich der ausgeschiedene Gymnasiast vorgehalten. Das prägte sein Eigenwertstreben, doch auch die Gesten und Gebärden des Sichverhüllens. Immer wieder sagen engste Mitarbeiter und Freunde von Rau, bei aller Öffnung gäbe es etwas, was sich dem Blick entziehe, wo er sich verschlösse.

Wenn es eine Gefahr in seinem Denken gegeben hat, blieb sie ihm selten unbekannt. Er hatte Freunde, enge Freunde, die ihn warnten, ihn aufmerksam machten. Immer fand er Menschen, die ihm die Welt entzifferten, deuteten, auslegten. Das Glück neuer Einsichten bestimmte seinen Lebensweg. Rau machte Freunde. Begierig saugte er auf, was andere dachten, sagten, wie sie sich verhielten. In den Zustand geistiger Müdigkeit oder Ermattung geriet er kaum. Das Behagen am Aufnehmen blieb ihm erhalten.

Ihn bestimmt eine fragile Ruhelosigkeit, etwas Umtriebiges, das rätselhaft erscheint. In seinem Wesen ist etwas, das auf Verletzung, auf Nadelstiche, auf Verborgenes hinweist. Er sucht den Erfolg, weil Mißerfolg als Ausdruck persönlicher Minderwertigkeit gelten könnte.

Man möchte eindringen in seine inneren Bilder, in seine Versuche, eigenes Wesen zu verbergen; man möchte seine Lust spüren, andere einzuwickeln mit dieser Mixtur von einfühlsamer Begegnung und täglichem Einerlei, von erfahrbarer und simulierter Wirklichkeit; gerade bei ihm möchte man hinter manchen täuschenden Schleier seines Seins gelangen. Seine Form der Kontaktnahme, die körperliche Berührung, das direkte Ansehen, die volle, herzliche Konzentration auf das Gegenüber ist Methode, eine Methode allerdings, die ohne wirkliche Anteilnahme nicht funktioniert.

Rau erträgt das Bohren der anderen, verweigert sich nicht, überspielt Schwächen. Nichts als die Wahrheit sagen, die reine Wahrheit, das kann niemand. Auch nicht Rau, der Begehrte, den seine Freunde »Menschenfischer« nennen. Er selbst bleibt peinlich darauf bedacht, daß sein Realitätssinn nie den Boden unter den Füßen verliert. Heute besitzt er eine verblüffende Weise, seine Erkenntnisse an den Mann zu bringen. Was er macht, rechtfertigt sich durch seine Eigenart.

Raus seelische Substanz und personale Struktur lassen erkennen, daß Gefühle ihren Stempel hinterlassen haben, daß Gefühle ihn »getönt« und »imprägniert« haben. Sein Einfühlungsvermögen ist so etwas wie ein sechster Sinn geworden. Vor allem seine Gefühle informieren ihn – neben rationaler Analyse – in seinem Verhältnis zur Umwelt. Gefühle haben für ihn eine differenzierte, umfassende Signalfunktion. Er »wittert« besser als viele andere.

Im Laufe seines Lebens eignete er sich Gefühlsregeln an, die ihm unentbehrlich geworden sind. Sie bestimmten ihn in seinem Fragen und Suchen, prägten den jungen Rau – seinen früheren Schriften ist dies zu entnehmen – in der ganzen Blickrichtung. Die Frömmigkeit seines Elternhauses trug dazu ebenso bei wie das eigene Schulversagen. Rau erlebte sich einfach anders.

Überall, wo etwas unklar bleibt, stellt sich »ein Gefühl davon« ein. Wer denkendes Erfassen weniger trainiert – beispielsweise in der Schule –, wird stärker seinen Gefühlserlebnissen und Wahrnehmungen vertrauen. Und diese werden als selbständige Erfahrungen des seelischen Lebens untermauert. Später auch durch erfahrbares Wissen! Gefühle verfestigen sich langsam im Grad ihrer Tiefe. Sie erhalten eine seismographische Qualität. Für Rau gilt das in hohem Maße.

Bodo Hombach

Das »Phänomen«

Viele – auch Politikprofis, vor allem Journalisten – sprechen im Zusammenhang mit Johannes Rau verdächtig oft von einem »Phänomen«. Das Phänomen Rau – was heißen soll: Eigentlich ist nicht zu erklären, warum Rau so populär, warum er so erfolgreich und beliebt ist. Bei manchem äußert sich das in der Form einer gewissen beleidigten Empörung darüber, daß nicht so ist, was doch eigentlich sein müßte. Immerhin hatte man doch seine raschen Vorurteile über Johannes Rau lange mit vermeintlichen Belegen gestützt. Doch jetzt kommt man nicht darum herum, daß der so eilig Klassifizierte und

Abgetane von Wahl zu Wahl erfolgreicher wird und an Ansehen und öffentlicher Zustimmung gewinnt.

Da geht denn das Etikett »Phänomen« gefällig zur Hand. Man erinnert sich: Als in den späten sechziger Jahren die CDU sich widerstrebend der Einsicht näherte, daß die DDR durch keine Hallsteindoktrin zum Verschwinden zu bringen war, nannte sie der CDU-Kanzler Kiesinger ein Phänomen. Da aber waren seine Tage im Amt schon gezählt, und Sozialdemokraten bereiteten ihre historische Leistung der neuen Ostpolitik vor.

Einige machen es sich nun einfach und beschimpfen schlicht die Wähler als gefühlsduselig und manipulierbar. Andere machen die professionellen Wahlkampfplaner verantwortlich – als würden Wahlen neuerdings durch Plakate entschieden. Gegenwärtig sind einige auf dem Weg, das Phänomen ergründen zu wollen. Sie loten die Persönlichkeit von Rau aus und beschreiben ihn detaillierter. Dies zumindest kann uns nur recht sein, denn das macht Rau auch außerhalb nordrhein-westfälischer Landesgrenzen nur bekannter. Und das ist gut, denn dort weiß man noch viel zuwenig über die Realität des Phänomens Rau.

Und wir müssen auch noch genauer erfahren, ob nicht der unmittelbare Kontakt, die direkte Erfahrung von und mit Rau das Geheimnis ist, auf das sich die starke Sympathie und Zustimmung, die ihm entgegengebracht werden, gründen und vertrauensvolle Bindungen an ihn auslösen. In Nordrhein-Westfalen war er auf unzähligen Veranstaltungen unterschiedlichster Art, war bereits mehrfach in jeder Stadt, in fast jedem Dorf. Er hat als Ministerpräsident bisher Abertausende von Briefen erhalten und beantwortet, unzählige Gespräche geführt. Die Nordrhein-Westfalen kennen »ihren« Johannes Rau, und wer im letzten Wahlkampf mit ihm selber sprechen wollte, hätte diese Möglichkeit tatsächlich gehabt, denn in einer strapaziösen Tour hat er schon Monate vor dem Wahltermin einige hundert Stationen eingelegt, die ihn für die Bürgerinnen und Bürger erreichbar machten. Zwar waren seine Veranstaltungen im Süden und im Norden der Republik überfüllt, merkte er Sympathie und Aufmerksamkeit, aber noch fehlen Erfahrungen damit, ob sich das »Phänomen Rau« auch indirekt, also fast ausschließlich über Medien, erleben und vermitteln läßt.

Auch unter den politischen Beobachtern, die beschreiben und kommentieren, kennen nur sehr wenige die politischen Akteure so genau, daß die Rigorosität des Urteils, das sie sich allenthalben zubilligen, auf tatsächlichen Informationen oder unmittelbaren Eindrücken basieren kann. Darin liegt der tiefere Grund, weshalb viele Politiker wie auch ihre Kritiker die Erarbeitung und Pflege eines »Images« so beherrschen. Die Vermittler wollen und brauchen es so. Wenige Politiker kämpfen noch darum, daß ihr »Image« ihnen ähnlich bleibt. Rau hat diesen Kampf gewonnen.

Er hat damit einer Kategorie bei der Beurteilung politischer Akteure wieder Geltung und Leben verschafft, die viele schon so weit aufgegeben hatten, daß sie sie für unvereinbar mit Politik in einer hochdifferenzierten und pluralistischen Demokratie erklärt haben. Ich meine die Glaubwürdigkeit. Als glaubwürdig gilt nach dem Urteil vieler derjenige, dessen Worte und Taten in makelloser Übereinstimmung stehen und beide Ausdruck erkennbarer und nachvollziehbarer Wertentscheidungen sind.

Es liegt auf der Hand, daß diese Beschreibung – allein und rigoristisch ins Extrem übertrieben – zur Übersteigerung personaler Wertentscheidungen führt und in der Regel zur Verächtlichmachung und Ablehnung von demokratischen Tugenden wie Lernbereitschaft und Befähigung zum Kompromiß, wie Offenheit zum Dialog und Neigung zum Zuhören eher denn zum Totreden gelangt. Verloren geht in dieser Deutung die Kategorie der politischen Vernunft. Werte und angeblich einzig richtige Lösungen werden absolut gesetzt; die individuelle und das heißt eben die eigene Meinung wird diktatorisch. Wer sich im Hinhören und Überzeugen auf die mühselige Suche nach dem mehrheitsfähigen und deshalb demokratisch praktikablen Entschluß macht, der gilt als fauler Kompromißler, wenn nicht gar als ethisch minderwertig.

Kein Wunder, daß sich Politiker die Attitüde der Allwissenheit und der Omnipotenz als Image verordnen. Und daß die Wähler mit dem feinen Gespür für die Verlogenheit solchen Rollenspiels Politik insgesamt für ein unehrliches und womöglich verlogenes Geschäft ansehen. Die politische Kultur verkommt durch den mitunter sehr groben Zynismus des: »Die Welt will betrogen sein, also laßt sie uns betrügen!«

Im Fall Rau versagt das Klischee. Unlängst hat der *Spiegel* in einer sehr hellsichtigen Deutung entdeckt – wohl durchaus auch zur eigenen

Überraschung –, daß sich hinter einem vermeintlichen Indiz für das eilige Etikett »politisches Leichtgewicht«, das man Rau anhängt, vielmehr eine politische Potenz verbirgt, die Presse und politischer Gegner zu leichtgenommen haben. Gemeint ist die Neigung von Rau, an die Stelle der ewig gleichen und bis zur Bewußtlosigkeit wiederholten leeren Allgemeinheiten konkrete Erfahrungen zu setzen; Geschichten zu erzählen, wo andere mit Sprechblasen jonglieren; gemeint ist Raus Liebe zur Anekdote, zur funkelnden Einzelheit anstelle der wabernden Abstraktion.

Die Anekdote aber, so erläutert der *Spiegel*-Autor zu Recht, beschreibt eine Situation, »in der alles – das einzelne und die übergeordnete Tatsächlichkeit – an einer Stelle zusammenwächst, das heißt konkret wird und damit glaubwürdig«.

In der Tat: Mit solcher Antwort auf politische Fragen wird Glaubwürdigkeit erzielt, weil diese Antwort gerade durch ihre Besonderheit und Konkretion von jedem nachvollziehbar wird. Lebenswirklichkeit wird kenntlich, Identifizierung möglich. An Allgemeinheiten muß man glauben; nur das Konkrete ist glaubwürdig. »Man soll ihn nicht unterschätzen«, soll der bayerische Ministerpräsident über den Anekdotenerzähler Rau gesagt haben. Wie recht er hat!

Denn hier wird noch eine andere Kraftquelle des Politikers Rau deutlich: Wenn Politik ihre Herausforderungen definiert aus der konkreten Lage von Menschen und ihre Antworten in einer Weise gibt, die für Menschen aus eigener Erfahrung nachvollziehbar wird, dann gewinnt Menschlichkeit in der Politik auch wieder Inhalt. Die große französische Schriftstellerin Marguerite Yourcenar hat einmal gesagt, wer die Menschen nicht liebe, habe weder das Recht noch einen Grund, sie regieren zu wollen. Auch in dieser Hinsicht kann der Herausforderer Rau seinen Anspruch auf das höchste Regierungsamt erfahrbar untermauern: »Daß er Menschen mag«, so noch einmal der *Spiegel*, »behauptet er nicht nur, er strahlt es aus.«

Nun mag dieses alles noch als zwar persönlich interessant, aber als politisch-strukturell unzureichend angesehen werden, jedenfalls als nicht hinreichend zur Erklärung des Phänomens Rau. Aber die beschriebenen Eigenschaften zusammen mit der Tatsache, daß sie nicht Elemente eines sorgfältig »gestylten« Images, sondern Charaktereigenschaften sind, die Rau auch gegen herablassende Ungläubigkeit und verständnislose Häme durchgehalten hat, diese Eigenschaften entsprechen – so scheint mir – den Hoffnungen und Sehnsüchten einer großen Wählermehrheit, um nicht zu sagen: dem historischen Augenblick.

So mangelhaft die Aufklärung auch gewesen sein mag, die historischen, ökonomischen und weltpolitischen Veränderungen der Welt seit Anfang der siebziger Jahre sind am Bewußtsein der deutschen Wähler nicht spurlos vorübergegangen. Sie haben erfahren, daß es für die Probleme einer zusammenwachsenden und voneinander abhängigen Welt keine flotten Wunderheilungen gibt. Sicher sind das Bedürfnis und die Sehnsucht nach Führung unverändert, aber das Mißtrauen gegenüber den glatten Formeln und den tönenden Phrasen ist gewachsen und wächst weiter.

Diese Einsichten sind noch schwankend und nicht gefeit gegen den Rückfall in den alten Wunderglauben. Vielleicht wird die Wahl Kohls von 1983 einmal historisch gewertet als der letzte Versuch, die anbrandende neue Wirklichkeit und ihre Herausforderungen mit den verstaubten Versatzstücken aus angeblich guter alter Zeit zu bewältigen, als ein retardierendes Zwischenspiel, das den Problemstau erhöhte und damit zugleich die Kräfte für eine neue Ära anspannte.

Die politische Führung in dieser neuen Ära aber wird sich nicht durch dröhnende Selbstsicherheit legitimieren, sondern durch dialogisierende Überzeugungskraft, durch Hinhören und Verstehen eher als durch Übertönen und Besserwissen, durch Zusammenführen eher als durch Aufspalten. Nur wenige glauben noch, daß es einen nationalen Königsweg aus den internationalen Verwerfungen der Gegenwart gibt. Und diese Mehrheit spürt zugleich, daß die Herausforderungen so gewaltig sind, daß nur eine gemeinsame und das heißt eben solidarische Lösung behutsam errungen werden kann. So ist es kein Wunder, daß in diesen Wochen der »soziale Frieden« wieder als der große gesellschaftliche Wert empfunden wird.

Diesen neuen Führungstypus verkörpert Rau, und deshalb hat er bei Bürgerinnen und Bürgern den Ruf, den er verdient. Ginge es schon heute nach der Mehrheit der Bundesbürger, so wäre Johannes Rau, gemessen an den Qualitätsansprüchen und der Beliebtheit, der nächste Bundeskanzler. Das ergeben alle demoskopischen Untersuchungen in einer Deutlichkeit, die keinen Zweifel zuläßt. Er vermag nicht nur die Stammwählerpotentiale zu mobilisieren, sondern ist darüber hinaus in der Lage, durch neue Themen und Zugangsformen verlorene Wähler zurückzuholen und neue zu gewinnen.

(Der Text ist ein Auszug aus weithin frei vorgetragenen Reden des Autors vor SPD-Funktionären in Duisburg am 24. Januar und in Berlin am 31. Januar 1986.)

WALTER TACKE

Mit weichem Profil

Rau? Das ist für viele eine Glaubensfrage, auch heute noch. Für die einen ist er der Wählermagnet. Dies, und zwar für viele Bürger, insbesondere für die in Nordrhein-Westfalen. Ein Mann, der kultiviert spricht, der bibelfest ist und der trotz seiner politischen Angestrengtheiten Familiensinn zeigt.

Für die anderen ist er ein schauspielerisch begabter Mensch, der auch als Ministerpräsident politischen Problemen ständig aus dem Wege geht. Ein Politiker voller Widersprüche. Diese weit auseinanderklaffenden Meinungen über einen und denselben Mann und diese Widersprüche sind nicht das Ergebnis demoskopischer Umfragen, sondern anekdotische Bemerkungen, die man hier und dort hört.

Bislang ist es das Schicksal von Landespolitikern gewesen, nicht allzu häufig zum Befragungsgegenstand demoskopischer Erhebungen zu werden. Und wenn es geschieht, dann sind solche Befragungsergebnisse meistens in den Schubladen der Auftraggeber verschwunden und konnten auf diese Weise nie das Licht der Öffentlichkeit erblicken.

Als Johannes Rau 1978 Ministerpräsident von Nordrhein-Westfalen wurde und in der nachfolgenden Landtagswahl 1980 seine Position sichern konnte, war er einer unter vielen Ministerpräsidenten in den deutschen Bundesländern.

Dies änderte sich schlagartig, als er mit einem spektakulären Wahlsieg bei den Landtagswahlen in Nordrhein-Westfalen am 12. Mai 1985 die Mehrheit der Stimmen erhielt. Von nun an war er im Gespräch – nicht nur als möglicher Nachfolger von Willy Brandt im Parteivorsitz der SPD, sondern auch als Kronprinz seiner Partei für die Kanzlerkandidatur im Jahre 1987.

Und diese ihm sich bietenden Möglichkeiten machten ihn auch für die politische Meinungsforschung auf Bundesebene interessant, wenngleich auch seine offizielle Wahl als Bundeskanzlerkandidat noch nicht stattgefunden hatte.

Bereits im Vorraum der nordrhein-westfälischen Landtagswahlen im Jahre 1980 zeigte sich, daß Johannes Rau schon damals eine große Anziehungskraft auf die Wähler ausübte, obwohl auf der Gegenseite immerhin zwei CDU-Kandidaten standen, nämlich Köppler und Biedenkopf, die damals ebenfalls über ein großes Sympathiepotential verfügten.

Obgleich es schon seit langer Zeit ein »ehernes Gesetz« gibt, wonach Landtagswahlen vorrangiger für die Partei oder die Parteien ausfielen, die in Bonn nicht in der Regierung waren, bestätigte sich diese Erfahrung anläßlich der Landtagswahlen in Nordrhein-Westfalen im Jahre 1980 nicht.

Abermals holte er 48,8 Prozent für seine Partei. Spätestens zu diesem Zeitpunkt wurde man auf ihn aufmerksam, und damit begann auch sein Aufstieg in der SPD-Bundeshierarchie.

Ob er nun das Zeug für einen künftigen Bundeskanzler hat, wird sich faktisch erst im Januar 1987 – am Abend der Bundestagswahl – zeigen.

Messen muß er sich aber schon heutzutage daran, wie die Bundesbürger sich einen zukünftigen Bundeskanzler – von seinen Eigenschaften her gesehen – wünschen. Schaut man sich diese empirisch erhobenen gewünschten Eigenschaften einmal an, dann treffen eigentlich wenige davon auf Rau zu.

So soll ein zukünftiger Bundeskanzler folgende – am häufigsten genannte – Eigenschaften haben:

entschlußkräftig	64%
verständigungsbereit	60%
erfahren	58%
sparsam	57%
umweltbewußt	49%
fortschrittlich	49%
mutig	45%.

Nun kann man von Johannes Rau nicht sagen, daß er sparsam, entschlußkräftig, erfahren, mutig und umweltbewußt ist. Hingegen ist er eher fortschrittlich, verständigungs- und vielleicht auch noch kompromißbereit.

Vielleicht zeichnet sich hier schon eine erste Barriere ab, die dem Kandidaten der SPD bei der nächsten Bundestagswahl Schwierigkeiten bereiten könnte.

Im Vorfeld der Landtagswahlen am 12. Mai 1985 zeigte sich aber bereits, daß auch diesmal gegen Rau keine Wahl zu gewinnen war. Und vielleicht ist sein grandioser Wahlsieg, die SPD erhielt die absolute Mehrheit der Stimmen, der mögliche Beginn seines politischen Risikos.

Selten sprachen sich die Wahlberechtigten kurz vor einer Landtagswahl so eindeutig für einen Ministerpräsidentenkandidaten aus, wie dies wenige Tage vor der Landtagswahl 1985 in Nordrhein-Westfalen der Fall war.

So wurden in der Woche vor der Landtagswahl am 12. Mai 1985 sechshundert repräsentativ ausgewählte Wahlberechtigte in NRW gefragt, wen sie lieber als Ministerpräsidenten hätten: Bernhard Worms oder Johannes Rau?

57 Prozent sprachen sich für Johannes Rau und nur 20 Prozent für Bernhard Worms aus. Damit war der Wahlsieg schon vorprogrammiert.

Aber man darf das politische Umfeld dieses eindeutigen Wahlsieges von Johannes Rau nicht übersehen. Im Mai/Juni 1985 befand sich die CDU/CSU/FDP in einem Meinungstief. Davon hat Rau sicherlich profitiert.

Es läßt sich schon jetzt sagen, daß Johannes Rau den Wahlsieg nur zu einem geringen Teil auf sein Konto hat buchen können. Es gab zu viele unglückliche Begleitumstände, die zwar den Sieger in gleißendem Licht erscheinen ließen, aber in Wahrheit waren es außengeleitete Kräfte, die zu diesem Wahlsieg geführt hatten. Um nur einige davon anzuführen:

- ein vermeintlich schwacher CDU-Gegenkandidat;
- Unlust der Bevölkerung in NRW, mit Sachproblemen behelligt zu werden;
- hohe Wahlenthaltung der CDU-Wähler und

– eine ungewöhnlich umfangreiche Protesthaltung gegenüber der Bundesregierung.

Die bundesdeutsche Bevölkerung aber feierte ihn als den großen Wahlsieger. Waren ihm die entgegengebrachten Sympathien schon vor der Wahl in NRW sicher, so weiteten sie sich nunmehr über die Grenzen dieses Landes bis nach Schleswig-Holstein und nach Bayern aus.

Eine wenige Wochen nach dieser Landtagswahl durchgeführte Umfrage mit dem Ziel, herauszufinden, von welchen der vorgegebenen Politiker die Bundesbürger gern sähen, daß sie im Laufe der kommenden Jahre eine wichtige Rolle im politischen Leben der Bundesregierung Deutschlands spielen würden, ergab, daß Johannes Rau im Juni 1985 als der Zukunftspolitiker mit Erfolg gesehen wurde.

Damals sprachen sich 64 Prozent dafür aus, daß er in Zukunft eine wichtige Rolle im politischen Leben der Bundesregierung Deutschlands spielen würde.

Lediglich Bundesfinanzminister Stoltenberg konnte es noch mit ihm aufnehmen. Aber so gestandene Politiker wie Willy Brandt (40 Prozent), Hans-Dietrich Genscher (45 Prozent) oder Lothar Späth (54 Prozent) und Franz Josef Strauß (42 Prozent) konnten es mit ihm nicht mehr aufnehmen.

Auch nicht Bundeskanzler Helmut Kohl. Er fiel bei seiner Einschätzung als zukünftiger erfolgreicher Politiker weit hinter Johannes Rau zurück. Damals sprachen sich für Helmut Kohl nur 43 Prozent aus.

Und der noch zu dieser Zeit am stärksten mit Johannes Rau in Konkurrenz stehende Hans-Jochen Vogel brachte es nur auf ganze 37 Prozent.

Rau hatte es damit nach seiner Wahl zum Ministerpräsidenten fertiggebracht, nicht nur eine große Binnenwirkung auf seine Wähler auszuüben, sondern auch auf die Wähler der Koalitionsparteien (CDU/CSU, FDP) auszustrahlen.

Aus dieser Juli-Umfrage ging zum Beispiel hervor, daß 43 Prozent aller CDU/CSU-Sympathisanten damals dem SPD-Ministerpräsidenten von Nordrhein-Westfalen eine zukünftige wichtige Rolle im politischen Leben der Bundesrepublik Deutschland zubilligten. Bei der FDP waren es damals immerhin auch noch 49 Prozent. Der Kanzlerbonus von Helmut Kohl wurde völlig von dem Wahlsiegbonus des Johannes

Rau überdeckt. Und Mitte 1985 – also im weiten Vorfeld der Bundestagswahl – begann man in den Reihen der SPD auch mit Überlegungen über ihren nächsten Kanzlerkandidaten.

Um die Meinungen und Vorstellungen der Bundesbürger abermals zu testen, wurde vom EMNID-Institut an deren repräsentativen Querschnitt folgende Frage gestellt: »Welche der nachfolgenden SPD-Politiker wurden Ihrer Meinung nach als Kanzlerkandidat von der SPD in das Gespräch gebracht?« Auf der Antwortliste standen bekannte SPD-Politiker, und zwar folgende: Rau / Vogel / Brandt / Koschnick / Lafontaine / von Dohnanyi und Börner.

Diese im August 1985 durchgeführte Umfrage brachte an den Tag, daß 78 Prozent aller Befragten der Meinung waren, daß Johannes Rau in erster Linie als Kanzlerkandidat ins Gespräch gebracht worden wäre. Dieser hohe Prozentsatz der Nennungen bezeugt, welcher Wertschätzung er sich damals bereits erfreute. Dies wird zudem noch dadurch bestätigt, daß es auch in den Reihen der CDU/CSU und der FDP kaum Abweichungen gegenüber den Vorstellungen der SPD-Sympathisanten gab. Johannes Rau war damals der bekannteste Politiker, dem man jede zukünftig wichtige Rolle zutraute.

Aber es sollte bald anders kommen. Kaum hatte er als Kandidat das ihm wohlbekannte nordrhein-westfälische Landesparkett verlassen und als designierter SPD-Bundeskanzler den glitschigeren Boden der Bundespolitik betreten, passierten ihm einige Mißgeschicke.

Er sprach sich damals vorbehaltlos für eine Rücknahme der von der CDU/CSU/FDP beschlossenen Sozialgesetze aus, er setzte das von vielen Bundesbürgern als nicht umweltfreundlich ausgestattete Kraftwerk in Ibbenbüren in Betrieb, er debattierte im Fernsehen glück- und einfallslos gegen die Bundesministerin Rita Süßmuth, und er ließ sich als großer Versöhner mit Anzeigen in Tageszeitungen feiern.

Schon reagierte die Bevölkerung – sicherlich nicht entsprechend seinen Erwartungen. Eher war das Gegenteil der Fall.

Als im August 1985 die Bevölkerung gefragt wurde, wen sie wählen würde, »wenn man den Bundeskanzler direkt bestimmen könnte und hätte die Wahl zwischen Herrn Kohl – als dem Kandidaten der CDU/CSU – und Johannes Rau – als dem Kandidaten der SPD«, so entschied sie sich damals noch zu 55 Prozent für Rau und zu 42 Prozent für Helmut Kohl.

Im August vorigen Jahres stand Johannes Rau im Zenit seines Erfolges. Man muß immerhin bedenken, daß der sicherlich nicht immer wohlgelittene Helmut Kohl weit hinter Johannes Rau als möglicher zukünftiger Bundeskanzler zurückfiel. Entscheidend beeinflußt hat dieses Ergebnis, daß damals 16 Prozent der CDU/CSU-Sympathisanten und 40 Prozent der FDP-Anhänger für Rau als zukünftigen Bundeskanzler votierten.

Auch noch im November 1985, also wenige Monate später, konnte sich Rau in der Sympathiesonne der Bundesbürger wärmen. In der Zeit vom 11. bis 26. November 1985 wurde noch einmal die gleiche Frage wie zuvor gestellt. Und wiederum lag Johannes Rau mit 51 Prozent an der Spitze, und Bundeskanzler Helmut Kohl hing mit 43 Prozent weit hinter ihm zurück.

Aber es gab schon einen genannten Sympathieauflösungsprozeß bei den nur wenige Monate zuvor noch in nicht unerheblichem Umfang für Johannes Rau sich erwärmenden CDU/CSU-Wählern. Und nur 14 Tage später sah dieses Bild ganz anders aus. Helmut Kohl wurde nun von 46 Prozent der Bundesbürger als möglicher zukünftiger Bundeskanzler vorgezogen, während dies nur noch 47 Prozent bei Rau taten.

Und wiederum war dieses eine weitere Folge des Abschmelzens von Sympathien innerhalb der CDU/CSU und der FDP gegenüber dem noch wenige Monate vorher wohlwollend beurteilten Ministerpräsidenten von Nordrhein-Westfalen.

Dieser Negativierungsprozeß scheint noch nicht zu Ende zu sein. Doch nun, um den *Spiegel* im Januar 1986 mit den Ergebnissen einer EMNID-Umfrage zu zitieren, »haben sich die Aussichten für Rau und seine Partei verdüstert«.

Erinnern wir uns zurück. Als im Mai 1985 Rau in seinem Amt als Ministerpräsident von Nordrhein-Westfalen unerwartet deutlich bestätigt wurde, votierten damals für die CDU/CSU 42 Prozent. Im Januar 1986 liegt die CDU/CSU »deutlich vor der SPD (45 Prozent gegenüber 40 Prozent), zusammen mit der FDP erreicht sie eine Mehrheit von 52 Prozent«.[1]

[1] ›DER SPIEGEL‹ Nr. 5 vom 27. Januar 1986, S. 36ff.

Nach dem gleichen Magazin hat auch die Kanzlerfrage ein anderes Ergebnis als im vorigen Sommer. »Rau büßte nicht nur seinen Vorsprung gegenüber Kohl ein, er ist sogar knapp hinter ihn zurückgefallen. 48 Prozent würden für den CDU-Kanzler, 47 Prozent für den SPD-Kandidaten gezählt.«[1] Dies ist für die Meinungsforschung ein dramatischer Meinungsverfall, sowohl was die Kürze der Zeit dieses Geschehnisses angeht als auch was die prozentuale Schrumpfung betrifft.

War es nur ein Sturm im Wasserglas, den Johannes Rau den Bürgern bescherte, oder war dies der Vorgeschmack noch kommender Ereignisse? Vieles spricht für die erste Version.

[1] ›DER SPIEGEL‹ Nr. 5 vom 27. Januar 1986, S. 36ff.

XI. Kapitel

Der Hoffnungsträger

WERNER FILMER / HERIBERT SCHWAN

Kapital für die SPD

Mit Rau verbindet sich politische Hoffnung. »Hoffnung, schließlich und vor allem im Hinblick auf die Erwägung, daß Moral, in der Zusammenarbeit von Intellektuellen und einer in der Opposition befindlichen SPD, wiederum, wie 1970, zu einer Konstituente von Realpolitik wird, einer, ja der Konstituente, die allein eine neue Identifizierung der Jugend mit diesem Staat ermöglicht, der für viele längst den Charakter eines Gemeinwesens verloren hat.« Diese Sätze schrieb Walter Jens 1982 nach dem Sturz der Regierung Schmidt in seinem Nachruf in der *Zeit*.

Seit 1985 schickt sich Rau an, durch seine Person die sozialdemokratische Stimmungskonjunktur in der Bundesrepublik anzukurbeln. Er versucht, für eine halbwegs gereinigte SPD durch eigene Glaubwürdigkeit und Moral jene Wähler zu suchen, die vorzeitig die Lust an dieser Partei verloren hatten, als sie sich im kleinlichen politischen Alltagsgeschäft verbrauchte, nachdem die neue Ostpolitik in Gang gebracht worden war.

Mit Rau – und das ist sein Kapital für die SPD – verbindet sich die Erwartung, daß öffentliche Moral erneuert und eine aufgeklärte Rechtspolitik wieder aufgenommen und weitergeführt wird. Es geht um neue Verhaltensmuster, neue Begriffe, um Unwahrhaftigkeit und Starre in der öffentlichen Form von Politik. Mit dem Hoffnungsträger Rau möchte die SPD zu den Maßstäben vernunftorientierten sozialen Verhaltens zurückfinden. Letztlich kämpft Rau um die mühsam mit dem Godesberger Programm errungene Offenheit sozialdemokratischer Tradition.

Ob mit ihm eine erfrischte, ihre Positionen und Zielrichtung neu anpeilende Partei antritt, darf mit Fug und Recht bezweifelt werden. Daß ihr neuer Hoffnungsträger Anziehungskraft ausströmt, auch wenn sich erste Korrosionsstellen gezeigt haben, davon geht die SPD aus.

Zu Raus Selbsterhaltung und Entfaltung wird gehören, daß er politische Chancen nutzt, um politische Entwürfe seiner Partei öffentlich zu machen: von weitreichenden umweltpolitischen Vorstellungen und Handlungsmustern bis zur mutigen Ostpolitik. Er muß die wiederkehrenden Reflexe des Leidens an der SPD überwinden. Wird er ihre und eigene Schwächezustände vergessen machen können?

In seiner Person muß glaubhaft werden, was die SPD als Partei des sozialen Fortschritts im Innern ausmacht und zusammenhält. Er wird sich fragen lassen müssen, ob nicht in seiner Person der Vorwurf des sozialdemokratischen Theoriedefizits manifest wird. Es könnte sein, daß er die SPD als Partei der kleinen Gewissensbisse deutlicher verkörpert als die einer immerfort kämpfenden, sich erneuernden Organisation!

Rau ist kein paternaler Politikertyp. Er besitzt eine Variante puritanischer Innerlichkeit, eine Neigung zur unentwegten Selbstbeobachtung, Selbstkontrolle und Prüfung der inneren Regungen auf Echtheit.

Seine Legitimationsdecke für private Autoritätsformen ist dünn; er hat sie für sich freigelegt. Seine natürliche Autorität besteht nicht aus Horrorbildern juristisch-politischer Manifestationen. Jedem vermittelt er das Gefühl, gut mit ihm umgehen zu können. Man möchte auf ihn zugehen, mit ihm sprechen. In diesem Wesenszug liegt ein für andere Politiker seiner Partei scheinbar unerreichbarer Effekt.

Seine Autorität als Politiker entspricht einem aufgeklärten Erscheinungsbild. Er tritt demonstrativ nicht-autoritär auf. Gibt sich locker, ungezwungen, selbstsicher. In seinen Gegenübern ruft er nie das Gefühl der Beschämung hervor. Das charakterisiert auch Raus jovialen Charme. Er vermittelt das Gefühl, daß jeder seines Glückes Schmied ist. Seine beruhigende, einigende, zuversichtliche Ausstrahlung hat sich die SPD zunutze gemacht. Vor allem deshalb wurde der Siegertyp Rau gedrängt, Kanzlerkandidat zu werden. Ein populärer, aber in der Außenpolitik noch unerfahrener Mann, der innenpolitisch bislang ohne scharfe programmatische Kontur blieb.

»Ich begrüße, daß Johannes Rau seine Bereitschaft erklärt hat«, sagte Hans-Jochen Vogel im September 1985, »sein politisches Profil ist – auch auf Bundesebene – klar, seine Erfahrungen sind umfassend. Wie attraktiv er für Wählerinnen und Wähler ist, hat er in zwei Landtagswahlen eindrucksvoll unter Beweis gestellt. Seine Bereitschaft bedeutet, daß die SPD für 1987 auf Sieg setzt.«

Was Vogel wußte, aber nicht sagte, ist die Vermutung, daß die erste Wahl, die Rau gewann, eine reine Anti-Strauß-Wahl war. Sie fand zu einem Zeitpunkt statt, als kaum jemand im Land Rau kannte. Bei der zweiten Landtagswahl – im Mai 1985 – war die Anti-Bonn-und-Kohl-Stimmung auf dem Höhepunkt. Außerdem hatte er in Worms einen Gegner, der einfach zu blaß blieb.

Je mehr Raus Gegner über ihn streiten, über Person, Leistung und Perspektiven, über seine Vergangenheit und Zukunft – mal ärgerlich-entflammt, mal geifernd-diffamierend –, um so deutlicher scheint Raus Selbstverständnis zu leuchten, sein Naturell.

Rau redet, ohne zu verletzen. Er weiß, daß es an der Zeit ist, die Beziehungen zwischen Europa und den Vereinigten Staaten neu zu durchdenken, gründlich zu überprüfen. In ihm enthüllt sich das Denken und Fühlen einer anderen Generation. Ohne nennenswerte Gefühlsbindungen zu jenen Personen, die Ende des Krieges das Bündnis der freien westlichen Staaten schufen und feilten. Und insgeheim den Kommunismus verteufelten.

Wer ihn länger beobachtet hat, gewinnt den Eindruck, daß Rau weiß, daß von heute auf morgen nicht viel entsteht; daß es ungefähr 4,5 Milliarden Jahre dauerte, bis ein Stern entstand. Er weiß, daß die Furcht in den achtziger Jahren einen neuen moralischen Wert gewonnen hat. In allen Zweifelsfällen wird die bedrohlichere von zwei Möglichkeiten als die wahrscheinlichere gelten. Sie zu kultivieren, scheint für ihn zur ethischen Pflicht geworden zu sein.

Rau weiß aus seiner christlichen Herkunft, daß die Furcht, die Besorgnis, die Skepsis auch Ausdrucksformen der Vernunft sind. Und Vernunft bedarf der ständigen Erneuerung. Deshalb auch gilt für den

Hoffnungsträger seiner Partei die Tugend der Mäßigung und Selbstbeschränkung als sichtbarer Beweis für das von ihm propagierte Prinzip der Verantwortung. Weil er die ungehemmte Libertinage kapitalistischen Denkens verabscheute, ist er letztendlich Sozialdemokrat geworden.

Rau weiß, daß fundamentale gesellschaftliche und wirtschaftliche Probleme sich nicht einfach durch technologische oder staatliche Organisationsformen bewältigen lassen. Fragen wie der Hunger in der Welt oder das Verhältnis der reichen Industrieländer zu den armen Ländern der Dritten Welt prägten schon den jungen Rau. Er weiß, daß Friedenssicherung, Umweltschutz und eine bessere Verteilung der Arbeit solche Dimensionen erreicht haben, daß sie eine neue Qualität im Verantwortungsbewußtsein, in der Orientierung menschlichen, aber auch politischen Handelns verlangen.

Durch die Dynamik technologischer Vorgänge stehen die Bürger immer häufiger vor neuen, unerwarteten Anforderungen. Der rasante Fortschritt verunsichert die Menschen. Viele fürchten sich vor den negativen Folgen der Automation ebenso wie vor neuen Gentechnologien. Die Auswirkungen sind ihnen oft beschrieben worden. Was Bürger von Politikern erwarten ist die Tatsache, daß Regierende imstande sind, die wichtigsten gesellschaftlichen Aufgaben zu erkennen und nach Wegen und Möglichkeiten zu suchen, beispielsweise für jeden Arbeit zu beschaffen, zumal dies zu den menschlichen Grundbedürfnissen gehört: etwas leisten zu können, was sich lohnt.

Menschen zu führen, heißt ihnen Verhaltenssicherheit zu bieten. Diese Regel gilt auch in der Politik. Bürger dürsten nach Sicherheit. Niemand vermag ein Leben lang nur auf Erwartungen zu setzen.

Zur politischen Führung an der Schwelle des 20. Jahrhunderts wird gehören, die Angst vor der Zukunft in maßvollen Grenzen zu halten. Politik und Wirtschaft müssen Vorstellungen entwickeln, wie Technik optimal gesellschaftlich verwendet werden kann. Es kommt darauf an, den Bürgern reelle Chancen aufzuzeigen und ihnen zu helfen, diese wahrzunehmen. Politische Führung heißt auch, den Menschen ihre Ratlosigkeit zu nehmen, und zwar durch Aufmerksamkeit für die Zukunft. Rau weiß, daß politische Führung letztendlich nur heißen kann, jeden in dieser Gesellschaft dazu zu befähigen, mit Unsicherheit zu leben, ohne in der Unsicherheit zu verkümmern.

Ihm erscheint seine Gegenwart nicht gar so öde, so ohne Glanz, so grau in grau, wie manche Zeitgenossen festgestellt haben wollen. Für ihn ist jede Zeit reich an Aufbruch, reich an Phantasie, reich an Ideen, Zielen und Erwartungen. Seine Zuversicht ist ansteckend. Er verbreitet Hoffnung. Überall *nur* Rückschritte vermag er nicht zu sehen, *nur* vergangene Peinlichkeiten, *nur* Flickarbeit.

Rau weiß, daß vielen Politikern vorgeworfen wird – nicht nur außerhalb der SPD –, sie besäßen keine Utopien, kaum Ideale, seien eingefroren in früh errungenen Ämtern, im Streben nach Sicherheit, Stellung und Geld. Ohne Konzeption, ohne Funken! Rau weiß, daß von ihm Botschaften erwartet werden, neue Einstellungen und Positionen.

Doch auch dieser Hoffnungsträger wird sich schwer mit der Normalität tun, mit der ökonomischen und ökologischen Alltäglichkeit, mit den so einfach erscheinenden sozialen und militärischen Fragen, mit den »richtigen« Lösungen. Er weiß aus eigener Erfahrung, wie schwer es ist, den Frieden in der eigenen Gemeinde zu erhalten, in der eigenen Familie, geschweige denn in der Welt. Auch seine Träume sind ferner gerückt, wurden von der Realität in kürzester Zeit eingeholt.

Als ehemaliger Wissenschaftsminister hat er mitansehen müssen, wie trotz vieler gescheiter Theorien der Fortschritt durch Bildung ausgeblieben ist; wie sehr sich manche Ziele ins Gegenteil verkehrt haben.

Er weiß, daß die geistig-sittliche Kultur einer Zivilisation nur schwer und langsam höhere Stufen erreicht. Falls überhaupt! Er erlebte oft, wie weh Ernüchterung tut. Je älter er wurde, desto mehr schätzte er die Perioden normaler Alltäglichkeit. Und er weiß auch, daß Normalität selten auffällt.

Treffen in Ahlen

»Rau ist sich selbst in vieler Hinsicht treu«, meint einer seiner Freunde. »Er würde nie hinter bestimmte Maximen, die er öffentlich gesetzt hat, zurücktreten. Er würde beispielsweise nie, wenn er das einmal gesagt hat, mit den Grünen eine Koalition eingehen. Er würde es sich nicht erlauben.«

Wer Menschen nicht kennt, lernt sie durch erbitterte Gegner und nahe Freunde kennen. In den Tagen vor Ahlen erleben wir den Hoffnungsträger seiner Partei aus nächster Nähe. Er bastelt an seiner Rede, hetzt von Termin zu Termin, ist einstimmig als Kanzlerkandidat nominiert worden.

Rau ist nicht zufallsfeindlich. Er hat immer wieder erleben müssen, daß der Zufall zum »kreativen und innovativen Paradigma« (Stanislaw Lem) wurde. Rau schätzt Gedankenspiele, wartet – oft sehr lang – zu seinem Nutz und Frommen, sucht nicht um jeden Preis den tödlichen Ernst politischer Entscheidungen. Er hat nicht verlernt, sich immer wieder »wundern« zu können. Für ihn blieb der Zufall das »Gewürz im verborgenen« (Lem). Was sich als Neuheit gebärdet, ist in Wahrheit oft genug die ungewohnte Melange aus Altbekanntem. Hinter vorgehaltener Hand flüstern Genossen: Ist er nun ein Schmidt-Verschnitt, oder was ist er?

Am dritten Advent 1985 hat ihn der versammelte Parteivorstand der SPD in Düsseldorf förmlich gefragt, und Rau hat förmlich geantwortet. Nun gibt es kein Zurück. Einen Tag später, am 16. Dezember, will der frischgebackene Kandidat im westfälischen Ahlen über die »Soziale und ökologische Erneuerung in Frieden« sprechen. In einer Stadt, die eng mit der CDU verbunden ist mit einem Programm, von dem sie längst abgerückt ist.

Die SPD-Prominenz gibt sich optimistisch, als der Sonderzug nach Ahlen rollt. In Düsseldorf ist Willy Brandt zugestiegen. Hans-Jochen Vogel lacht, als der Zug in den roten Hochburgen hält, in Duisburg, Essen, Dortmund. Er sagt etwas von bayerischen Verhältnissen, als er die vielen Genossen wahrnimmt, die winken. In Dortmund steigt Johannes Rau zu. Er hat schwere Tage hinter sich, quälende Tage. Voller Skepsis und schlechter Nachrichten. Die Bergmannskapellen schmettern: »Glück auf, Glück auf.«

Rau weiß bereits, daß Helmut Schmidt nicht nach Ahlen kommen wird. Hanseatisch knapp hat er sich wegen »Terminschwierigkeiten« entschuldigen lassen. Als *Zeit*-Verleger will er sich nicht in den Wahlkampf ziehen lassen.

Ahnungen und Vermutungen durchziehen den Saal, als Vogel es den anwesenden Genossen mitteilt. Verräterisch wird Rau in seiner Rede sagen, er ziehe ohne »irgendeinen Anflug von Resignation« in den

Wahlkampf. Tatsächlich hat er in den Wochen vor Ahlen mehr als einmal mit dem Gedanken gespielt, den Krempel hinzuschmeißen. In Ahlen strahlt er kultivierte Zuversicht aus, gibt sich kämpferisch, zeigt den offensiven Verzicht auf jegliche Illusionen. Ein einfühlsamer Redner wird spürbar. Ohne es auszusprechen, verlangt auch Rau nach einer Rückkehr zur Quelle westlicher geistiger Traditionen und Werte. Zerrissenheit spürte er zeit seines Lebens. Als Landesvater mußte er wiederholt erleben, daß die technischen Innovationen mit viel schnellerem Tempo auf Bürger zukamen, als Politiker in der Lage waren, darauf durch eine Anpassung der staatlichen Institutionen zu reagieren. Auch er erlebte, wie – beispielsweise die Großtechnik – Freiheit durch sogenannte Sachzwänge einschränkte.

Er setzte Meilensteine in die hochschulpolitische Landschaft der siebziger Jahre, und doch würde es keinem einfallen, ihn als einen der großen Bildungspolitiker zu erwähnen. Das wurmt ihn, auch wenn ihm die Düsseldorfer Universität 1985 den Ehrendoktor verlieh – nach heftigem Hin und Her.

Rau hat oft die Erfahrung gemacht, daß der ersehnte Zustand von Sicherheit und Ruhe nicht zu gewinnen ist. Viele umkämpfte Erfahrungen verkehrten sich ins Gegenteil. Gerade in den Wintertagen 1985 spürte er jene Kälte, die im Leben eines jeden Menschen eines Tages ganz simpel aus dem Vergehen der Tage aufzusteigen beginnt. Binsenwahrheiten sowohl einer schönen Erinnerung als auch von Gegenwart und Zukunft. Er hat manches in Frage gestellt. Seine Freunde, doch auch die eigene Existenz.

Johannes Rau

Ahlener Kernsätze

»*Vierzig Jahre nach dem Zweiten Weltkrieg* gibt es für uns Deutsche eine Verpflichtung, die alles andere überragt: Von deutschem Boden darf nie wieder Krieg ausgehen. Mehr noch: Von deutschem Boden muß Friede ausgehen.

Ich will die Politisierung, und zwar sowohl gegen einen Pazifismus des Gefühls als auch gegen die Technokratie des Raketen-Schachs. Ich will die zweite Phase der Entspannungspolitik.

Die Idee gemeinsamer Sicherheit ist Grundlage sozialdemokratischer Außenpolitik und der zweiten Phase einer im Westen abgesicherten, umfassenden Entspannungspolitik.

Wir sind uns einig: Wir gehören zum westlichen Bündnis. Wir können und wollen uns nicht aus unserem Bündnis lösen. Sonst wären wir schnell isoliert, ohne Einfluß auf die Weltmächte und in einer Situation, in der unsere Freiheit ungesicherter wäre als heute. Niemand brauchte mehr auf unsere deutschen Interessen Rücksicht zu nehmen.

Die Pershings und die Cruise Missiles müssen genauso wie die sowjetischen Gegenstücke wegverhandelt werden. Ich werde als Bundeskanzler sofort Initiativen in unserem Bündnis und gegenüber der Sowjetunion ergreifen, um den Teufelskreis von Nachrüstung und Nach-Nachrüstung in Europa zu durchbrechen.

Gemeinsam mit vielen, ganz unterschiedlichen Kräften in Europa fordern wir, daß ein weiterer Rüstungswettlauf, auch und gerade im Weltall, verhindert wird. Ich sage auch meinen amerikanischen Freunden: Das wollen wir nicht. Wir haben auf unserer Erde genügend Probleme zu lösen, für die sich hohe Aufwendungen für Forschung und Entwicklung lohnen.

Die zweite Phase der Entspannungs-Politik muß drei konkrete Elemente umfassen:

1. Abrüstung eurostrategischer Waffen-Systeme,
2. Intensivierung der Wirtschaftsbeziehungen zwischen West-

europa und Osteuropa, und zwar einschließlich des Technologie-Transfers, und

3. Verstärkung des Kulturaustauschs in Ost und West mit dem Ziel der Wahrung der kulturellen Identität Europas.

Europa muß endlich als fester Pfeiler einer atlantischen Brücke sein außen- und sicherheitspolitisches Gewicht in das westliche Bündnis und in die Bündnis-Politik einbringen.

Beim Rüstungsexport bin ich für äußerste Zurückhaltung.

Die Menschenrechte will die CDU, wie man hört, zum Gegenstand einer Kampagne machen. Ich finde, die Menschenrechte sind zu wertvoll, als daß sie zum Schlaginstrument im parteipolitischen Kampf verkommen dürften. Die Vorstellung, daß Politiker im sicheren Westen das Schicksal der Verfolgten als ein Objekt propagandistischer Ausbeutung betrachten, ist mir einfach widerwärtig.

Solidarität. Daß alle Menschen zu essen haben, gehört auch zu den Menschenrechten. Das nimmt uns alle in die Pflicht, den Staat als Ganzes und jeden einzelnen von uns. Wir brauchen die Hinwendung

- des Stärkeren zum Schwachen,
- des Glücklichen zum Unglücklichen,
- des Erfolgreichen zum Notleidenden.

Die Bereitschaft zum Helfen, zum Helfen ohne Anweisungen von oben. Auch Hilfe aus eigener Initiative, eigenem Antrieb.

Steuern. Eine Regierung unter meiner Führung wird alles tun, um zu erreichen, daß die ganz kleinen Verdiener mit dem Finanzamt überhaupt nichts mehr zu tun haben müssen. Wir wollen, daß das Existenzminimum steuerfrei gestellt wird. Wir werden Entlastungen für die unteren und mittleren Einkommen schaffen, also mindestens bis zu 80000 D-Mark Jahreseinkommen.

Gewinne, die wieder in Unternehmen investiert werden, sollen steuerlich besser behandelt werden als entnommene Gewinne, die lediglich auf Bankkonten ruhen.

Eine Veränderung des Spitzensteuersatzes steht für mich nicht auf der Tagesordnung. Ich empfinde es als unglaublich, daß konservative Politiker in einer Periode der Massenarbeitslosigkeit und der neuen Armut sich den Kopf darüber zerbrechen, wie Bürger mit zu versteuerndem Einkommen von 260000 D-Mark und mehr im Jahr steuerlich besonders entlastet werden können.

Arbeitslosigkeit. Wir müssen im Interesse aller mehr Geld zur Bekämpfung der Massenarbeitslosigkeit einsetzen als bisher. Wenn wir den sozialen Frieden (der eine große Produktivkraft ist) bewahren wollen, dann müssen jetzt alle, die sehr gut oder gut leben, einen Solidarbeitrag für diejenigen leisten, die arm sind.

Wir werden steuerpflichtige Einkommen über 60000 D-Mark beziehungsweise 120000 D-Mark im Jahr zeitlich befristet etwas höher belasten müssen, als dies bislang der Fall war. Ich verspreche: Diese zeitlich befristete Ergänzungsabgabe wird ausschließlich genutzt, um mehr Menschen in Arbeit und Verdienst zu bringen.

Wenn eine der reichsten Gesellschaften der Welt es zuläßt, daß die Qualifikation einer Million Menschen verfällt, darunter Hunderttausende junger Menschen, dann verspielt diese Gesellschaft die moralische Substanz ihrer Politik und ihrer Zukunft.

Der technologische Fortschritt muß sozial beherrscht und ökologisch gesteuert werden. Wer mehr technische Innovation will (wir wollen sie, vor allem dort, wo Produktionen ersetzt werden, die Menschen und Umwelt belasten), der muß auch mehr Mitbestimmung der Arbeitnehmer und ihrer Gewerkschaften wollen.

Ich stehe dafür, daß Arbeit und Umwelt nicht gegeneinander ausgespielt werden dürfen.

Niemand darf sich aber täuschen, die ökologische Erneuerung unserer Industriegesellschaft ist keine Sache von heute auf morgen, ist keine Sache eines ruckartigen Umbaus. Die Wahrheit ist: Es wird Jahre dauern.«

Ein wilder Sozi war er nie

Der Versuch, Johannes Rau ins Klischee zu pressen, muß immer wieder mißlingen. Er hat sich nicht vereinnahmen lassen, kann nicht so oder so gedeutet werden. Rau ist sowohl trickreich als auch harmlos, scharfzüngig, doch auch undeutlich. Wer aus seiner leutseligen Art herauszulesen versucht, er sei ein Populist, schiele nur nach dem Volke, irrt sich. Rau kann hart und durchsetzungsstark sein, versteckt sich oft hinter gewinnender Verbindlichkeit.

Jeder Mensch – auch Rau – ist nicht fixierbar, nicht festzuhalten auf diese oder jene Weise. Jedes Leben ist Wachstum, das so oder so interpretiert werden kann.

So fröhlich gestimmt, wie er sich oft gibt, ist Rau nicht. Auch er lebt mit Widersprüchen und Verweigerungen, mit seinem Nein und mit seinem Ja. Er hat sich darum bemüht, bei sich selbst zu bleiben, ohne überhandnehmende Resignation. Er gehört zu den Dünnhäutern.

Nach der Kommunalwahl in Schleswig-Holstein, die seiner Partei deutliche Zuwächse bringt, fühlt sich Rau Mitte März 1986 in die Ecke gedrängt. Vor der Düsseldorfer SPD-Landtagsfraktion kritisiert er scharf die eigene Partei. Er habe »keine Lust« mehr, als Spitzenkandidat allein in der Arena herumzuturnen, »und die Partei sitzt auf den Rängen und guckt sich das mal so an«. Entweder finde die SPD endlich zum Mannschaftsspiel »oder wir lassen das Ganze«, sagt Rau.

Ende Februar 1986 suchen wir ihn während seiner Krankheit auf, sind Zeuge, als ihm sanft und schonungslos die Nachricht überbracht wird, Wehner habe zugeschlagen. Rau – vergrippt, verschnupft, vergrätzt – hört sich an, was Herbert Wehner in einem Interview vom Januar 1985 gesagt haben soll. Kopfschütteln beim Kanzlerkandidaten. Ein wissendes, abgekämpftes Lächeln. Unsere Anwesenheit verbietet heftigere Reaktionen. Seinen Ärger schüttet er zwei Wochen später auf den Fraktionstisch. Das Schlimme während seiner Krankheit sei nicht das Fieber, sondern seien die Nachrichten über die SPD. »Erst schafft jemand das Wiedervereinigungsgebot ab, am nächsten Tag führt Knut Terjung alte Hirsche zum frischen Wasser mit Interviews von Herbert Wehner vom Januar 1985. Am dritten Tag entdecken einige Juristen, daß die Grünen ja auch mal Kindersex für möglich gehalten haben und damit politisch großen Erfolg hatten, und legen uns Dokumente vor unter Führung eines Landtagsmitgliedes unseres Landtags, mit dem sie die Belastbarkeit von Jugendlichen etwas prüfen wollten. Dann haben wir noch Untersuchungsausschüsse, vor denen Sozialdemokraten sich pointiert äußern, also und dann gibt's – entschuldigt, wenn ich das mal loswerden will, und dann liege ich da und hab' mehr Fieber als die CDU Prozente und höre im Radio, daß der Juso-Bundesvorsitzende fordert, daß der Spitzenkandidat endlich dahin geht, wo die Konflikte sind. Also da faßt man sich an den Kopf.«

Rau verlangt mehr Disziplin von der SPD. Der Wahlkampf sei für ihn und diejenigen, die ihn unterstützten, »überhaupt nur zumutbar, wenn es kein Kampf gegen die eigene Partei ist«.

Er hat die Lektionen seines Lebens begriffen, die handfesten, oft irritierenden Erfahrungen. In den Folterkammern der Ausschüsse lernte er, seine Worte wirkungsvoll zu setzen, seine Synthese aus Sentiment und Verstandeskühle zu bewahren. »Sie glauben gar nicht, wieviel im Parlament gelogen wird«, hat die italienische Abgeordnete und Schriftstellerin Natalia Ginzburg gesagt. Der Satz könnte auch von Rau stammen. Er muß mit dem Verdacht leben, nur die attraktive Galionsfigur einer etwas aufpolierten SPD zu sein.

Noch hat sich die SPD nach dem Bonner Regierungswechsel nicht wirklich verändert und geöffnet. Beispielsweise für die »neue Mitte«. Wer sich mit Genossen im Land unterhält, spürt ihre Vorbehalte. Zu bemerken ist, wie wenig sich tatsächlich in der Partei verschoben hat. Gerade bei ökologischen Themen – siehe Ibbenbüren – wird das deutlich. Wenn es um andere soziale Haltungen geht, um Verhaltensänderungen, ist auch den Parteioberen anzusehen, wie schwer sie sich »in der Verantwortung« tun. Rau unterscheidet sich da kaum von Lafontaine.

Gerade in der Umweltpolitik ist die SPD hin und her gerissen zwischen alten Vorstellungen und neuen Erkenntnissen, entscheidet sich im Zweifelsfall meistens für den arbeitenden Menschen. Seltener für die Natur. So gut wie nie – auch nicht in der Regierungsverantwortung – wagten Sozialdemokraten in Umweltfragen mächtigen Interessengruppen oder ihrer eigenen Wählerschaft ernstlich weh zu tun. Auch Raus Landespolitik zeigt das. Er hat oft gespürt, daß Hoffnungen schnell zu Alpträumen werden können. Die Versöhnung von Ökonomie und Ökologie – ein richtiger Grundsatz – läßt sich leichter fordern als realisieren.

Rau wird stets nur kleine, oft kaum sichtbare Schritte gehen, nie etwas überstürzen. Gesellschaftliche Handstreiche bleiben ihm zuwider. Ein Macher will er nicht sein. Er will dem Bürger verbunden bleiben. Und von dem weiß er, daß Konflikte gescheut werden. Rau ist kein machthungriger, schriller, den Gegner diffamierender Politiker. Oft zögert er bis zur Bewegungsunfähigkeit, zeigt sich kompromißbereit bis zur Gesichtslosigkeit. Er versteht zu warten, verliert selten Ziele aus den Augen. Seine Erfolge holte er oft aus einer Position der Unterschätzung.

Raus Schwäche besteht darin, daß niemand so recht an der SPD ausmachen kann, was man von ihr zu erwarten hat. Sie driftet mit Rau sachte zur Mitte, scheint langweilig geworden zu sein, ohne Biß und Knuff. Er bekennt sich klar zur Marktwirtschaft, zum Wettbewerb, hat das stets getan. Er will »unsere Wirtschaftsordnung« weiterentwikkeln, auch wenn er weiß, daß manche in seiner Partei anders denken.

Parteiprogramme – auf Parteitagen beschlossen – gelten als festgeschriebene Endpunkte von Veränderungsvorgängen. Das weiß Rau. Aber er weiß auch, daß sie für das praktische politische Handeln meistens belanglos sind. Deshalb hat er 1985 im westfälischen Ahlen gesagt: »Ich bin der Kandidat dieser Partei für ein Amt, dessen Inhaber die Richtlinien der Politik bestimmt und dem ganzen Parlament und damit dem Volk verantwortlich ist. Es ist vielleicht nicht populär, wenn ich hier erkläre, daß ich nicht einfach nur Willensvollstrecker der Partei sein kann ...«

Rau hat am eigenen Leibe erlebt, wie groß der Machtopportunismus jeder demokratischen Partei sein kann, die inhaltliche Defizite mitschleppt. Ein »wilder Sozi« ist er nie gewesen und wird es auch nicht werden. Als Hoffnungsträger muß er die nachdenklichen Minderheiten und die disponierenden technischen Eliten in der »Mitte« ansprechen. Wenn es ihm gelingt, sie mit den Gewerkschaften zu verbünden, hat er eine Chance, die Bundestagswahl zu gewinnen.

Er weiß, daß die kapitalintensive Hochrüstung die Kriegsgefahr steigert; daß die Illusion der Supermächte, der »Sicherheit durch Rüstung« nachzujagen, eine immense Verschwendung darstellt; daß die Diskrepanz zwischen den ständig steigenden Rüstungsausgaben und dem Massenelend der Dritten Welt »wahnsinnig« ist. Er weiß, daß es nicht um Wohltätigkeit geht, sondern um eine durchdachte Politik, die vernünftige und langfristige Interessen – auch der Industriestaaten – berücksichtigt. Und sicher wird er für einen weltweiten entwicklungspolitischen Impuls eintreten.

Rau möchte mehr Aufmerksamkeit für die neue Armut mobilisieren, möchte soziale Reformen anstreben. Er weiß, daß er sich als christlicher Demokrat mit dem millionenfachen Schicksal der Arbeitslosen nicht abfinden darf; daß die Randbereiche der Gesellschaft immer »bedrohlicher« werden. Wirtschaftswachstum sichert Arbeitsplätze. Das weiß er auch ohne Kohl und Stoltenberg. Doch er hat auch begriffen, daß Arbeitslosigkeit und belastete, gefährdete Natur eine Vergewaltigung des Menschen sind. Und daß der Mensch diese Erde nicht gewalttätig kaputtmachen darf, hat der Sohn des Predigers früh zu hören bekommen.

Im März 1986 hat er gesagt, er werde sich auch in Zukunft mehr dafür interessieren, »ob die Menschen unsere Politik annehmen als festzustellen, ob das auch mit allen Programmen seit Gotha und Erfurt und auch mit dem des Jahres 1988 völlig übereinstimmt. Also Bürgernähe ist immer noch wichtiger als Programmgenauigkeit.« Wer genau hinhört, entdeckt in solchen Sätzen Raus Credo.

Gunter Hofmann

Aus Bonner Sicht

Eine Ausnahme in der Geschichte der Kanzlerkandidaturen ist Rau gewiß – er hat lange gezögert, bevor er sich dazu durchrang, sein Traum ist nicht das Palais Schaumburg! Und er kann sich wirklich, das ist kein hohles Wort, Schöneres vorstellen als Politik. Das verhielt sich, mit Unterschieden in Nuancen, anders bei Kanzlern wie Adenauer, auch Erhard und Kiesinger oder Brandt, ganz gewiß anders bei Helmut Schmidt und Helmut Kohl, die sich das Amt nicht nur zutrauten, sondern es auch wollten. Aber solches Zögern spricht nicht gegen Rau, eher schon gegen die Maßstäbe, die in der herrschenden Politik gelten und mit denen er ja auch nicht zufällig so schwer zurechtkommt.

Der Weg nach Bonn und ins Kanzleramt ist ohnehin nicht einfach, schon gar nicht für Johannes Rau. Zum Beispiel, weil es schlichte Wachablösungen und Machtwechsel am Wahltag, an denen wie im Lehrbuch der Demokratie der Kandidat der Opposition den amtierenden Kanzler ablöst, bisher nicht gegeben hat. Selbst Willy Brandt mußte den Umweg über eine Große Koalition einschlagen, bevor er zum ersten sozialdemokratischen Bundeskanzler gewählt wurde.

In Bonn gelten besondere Gesetze: Kanzler können sich überleben, Opfer ihrer Schwächen, ihrer Koalitionspartner und der eigenen Parteien oder meinethalben auch von Spionen werden. Sowohl das Scheitern oder das Ende der Kanzler seit Adenauer als auch die Entscheidung, wer ihre Nachfolger sein sollen – auf eine merkwürdige Weise genau haben sich darin allemal gesellschaftliche Kräfteverhältnisse und Zeitgeist ausgedrückt. Sind diese Bedingungen auf Rau, ist er auf sie zugeschnitten?

Rau hat sich ja sogar noch Ungewöhnlicheres vorgenommen: Er möchte Kanzler werden mit absoluter Mehrheit, ohne Koalitionspartner, nach Düsseldorfer Muster. Ohne die Grünen, ohne die FDP. Er muß schon deshalb, will er nicht von vornherein in ein aussichtsloses Rennen gehen, der Kandidat für ein breitgefächertes Publikum sein, der viele anbindet und wenige abstößt. Und er müßte eben den Amtsinhaber Helmut Kohl aus dem Sattel kippen.

Das ist alles schwierig, fast mehr, als einer schaffen kann. Und es ist besonders schwierig, wenn man nicht tickt wie Helmut Kohl, dessen Obsession, Kanzler werden zu wollen, ihn blind gemacht hat für Zweifel und Selbstzweifel.

Gewiß, auch Rau ist längst Berufspolitiker geworden. Er gehört zum festen Inventar jener Politikwelt, deren Kategorien er bespöttelt und mit Mißbehagen betrachtet. Und Politik heißt nun mal: auf Erfolg ausgerichtet sein, Karriere machen statt Stehenbleiben, Rückhalt sichern, Boden behaupten, Schwächen nicht zeigen, auf die Mehrheit und die Graswurzeln lauschen, Wirkung erzielen. Das alles kostet einen Preis, auch Rau hat viel gezahlt, er wäre sonst nicht geschätzter Regierungschef im mächtigen Nordrhein-Westfalen.

Auf der anderen Seite: Rau hat eben buchstäblich bis zur letzten Sekunde, bis zu seiner Kandidatenrede in Ahlen, mit sich gehadert. Mehr noch, eine Serie von Pannen, die den Nominierungsfeierlichkeiten vorausging, verlangt fast nach einer psychologischen Erklärung: ob er sich den Weg nicht selber verbauen wollte? Das alles wird ihn noch lange als Vorwurf begleiten. Aber wenn das eine »Schwäche« ist, dann spricht sie nicht gegen ihn. Oder?

Düsseldorf, Rau weiß es, ist eben ein anderes Pflaster. Es spielt für ihn eine Rolle, daß er seine politische Karriere bisher ausschließlich in Nordrhein-Westfalen gemacht hat. So sehr hat Rau die Rahmenbedingungen, die Denkweise, das politisch fein austarierte Machtgleichgewicht mit geprägt und verinnerlicht, daß er dazu neigt, das »Düsseldorfer Modell« auf die Republik insgesamt zu übertragen. Das geht bis hin zur Verwechslungsgefahr. Aber Düsseldorf ist nicht Bonn.

Düsseldorf – nicht einmal als Chef einer sozialdemokratischen Alleinregierung hat er den Grundkonsens im schwierigen, auch krisengestörten Industrieland an der Ruhr aufs Spiel gesetzt. Ja, Rau drückt vermutlich auf genaue Weise das Politikverständnis und die spezifische Form der Ruhrgebietsdemokratie aus, die von den Betrieben über die Kommunen bis ins Kabinett reicht. Da werden möglichst alle mit einbezogen, vielleicht nicht gerade die Grünen. Läßt sich all dieses Besondere, das hier nur angedeutet ist, nach Bonn übertragen?

Kanzler werden wollen für die Sozialdemokraten in Bonn, aber dennoch zu der Zentrale in einem so ambivalenten Verhältnis stehen, wie paßt das zusammen? Und was macht Bonn für Rau so schwierig? Er ist ja ein Politiker von der zuversichtlichen Sorte, nicht fortgetragen vom Aufschwung der Wirtschaft, des Selbstbewußtseins und der Gefühle wie Kohl, aber doch auch keiner, der sich ins Bockshorn jagen läßt. Wenig erschreckt Rau. Nur eines erschreckt ihn wirklich: Bonn.

Sein Erfolg an der Spitze der Landesregierung in Düsseldorf, gewiß auch Temperament und Fähigkeiten, wie Sozialdemokraten sie schätzen, haben längst Folgen: Rau ist gemeinsam mit Hans-Jochen Vogel einer der Stellvertreter des SPD-Vorsitzenden Willy Brandt. Seit Jahren sitzt er im Präsidium seiner Partei. Nachfolger Brandts würde er wohl ganz gerne. Er gehört vielen Gremien an. In der evangelischen Kirche gilt sein Wort was. Aber man kann nicht behaupten, sein Profil in Bonn und im Bund sei im Laufe der Jahre besonders deutlich geworden. Wofür er steht, ist vergleichsweise schwer zu erkennen – außer für »seine« Landespolitik eben, für die er stolze 52,1 Prozent der Stimmen erhielt.

Aber auch im kleinen Bonner Kreis, das hat sich herumgesprochen, glänzt Rau eher als Moderator, der immer auf dem Teppich bleibt und andere, die ausbüchsen wollen, dorthin zurückholt; nicht als Anreger, der mit der Machete in der Hand Schneisen schlägt und anderen voraneilt: *Follow me!* Darin übrigens ähnelt er dem Ministerpräsidenten Kohl aus Mainz, der den Ruf eines »Landesvaters« genoß, der weiß, was er will, der aber in die Bundespolitik verflixt wenig Eigenes einbrachte. Von Stehvermögen und Durchsetzungswillen mal abgesehen. Rau wie Kohl neigen dazu, sich und ihre Politik einzubetten in den Strom herrschender Verhältnisse. Bei Kohl heißt das noch viel ausgeprägter als bei Rau, stets und ständig mit dem *Mainstream* der eigenen Partei zu schwimmen, fast egal, wohin.

Auf eine gewisse, öffentliche Abneigung gegen »Bonn« als Codewort für die Welt kalter Macher und reiner Technokraten hat auch Helmut Kohl gesetzt, als er gegen den Kanzler Helmut Schmidt konkurrierte. Ein Populist in diesem Sinne, der die Nase im Wind hat, der Instinkt hat für öffentliche Urteile und mehr noch für Vorurteile und dafür, wann man die Ressentiments, Ängste, Neurosen bestätigen muß, um erfolgreich zu bleiben – ein solcher Populist war und ist Kohl.

Sosehr ihm das Wort mißfällt, weil es nach Opportunismus und Sichverbiegen klingt, populistische Talente hat Rau ganz sicher auch. Seine Reserven gegenüber Bonn treffen Zeitstimmungen. Er liegt damit im Trend, um es modisch zu sagen. Aber die Motive nehmen sich anders aus und führen auch über das normale Selbstwertgefühl nordrhein-westfälischer Politiker hinaus: Vor allem die abstrakte Politikwelt ist Rau fremd. Ja, wenn Politik zu Formeln und Ritualen gerinnt, aber auch wenn sie intellektuell aufgemotzt wird, plagen ihn schier Berührungsängste.

Bonn – das ist ja tatsächlich vor allem ein anderes Wort für einen hochaggregierten Zustand von Politik oder Politik-Ersatz. Es ist ein winziger Schritt von der notwendigen Allgemeinverbindlichkeit hin zu Allgemeinplätzen. Bonn ist der Ort der Rentenformeln, nicht der Rentner; in der Bonner Rhetorik tauchen Arbeitslose tatsächlich als statistische Größen auf, und selbst die möchte man wegdefinieren, damit sie nicht stören; nicht zufällig brüsten sich Bonner Politiker, der Kanzler voran, keiner spreche so oft und so gern mit wirklichen, leibhaftigen Jugendlichen.

Einerseits muß es eine Politikarena geben, die gesellschaftliche Konflikte reguliert, Interessen vertritt, Politik organisiert, eben auch allgemeine Formeln und Regeln findet. Andererseits wächst damit die Neigung, Bonn mit der Gesellschaft, Medienereignisse mit den Ereignissen, sich selbst mit dem Staat zu verwechseln. Wenn es Rau darum geht, sich anzulegen mit der politischen Klasse, die so entstanden ist – viel Glück! Nur liegen die Affekte gegen Politik überhaupt, mit ihrem antidemokratischen Grundton, in Deutschland stets dicht unter der Oberfläche, ein kleiner Stups genügt. Das verhält sich derzeit nicht anders.

An dieser Nahtstelle zwischen Kritik und populistischem Vorurteil kann auch Rau Talent zeigen, ein Jahr hat er Zeit. Jetzt ist es noch die Philippika gegen die »klappernde Bonner Polemik«, gegen die »bürgerferne Sprache«, die »Sprechblasenpolitik«, die Kampagnenplaner mit ihrem »ständigen Gebrauch großer, böser Worte«. Die Zuschauer, so Rau in Ahlen, nähmen das inzwischen hin »wie das weiße Rauschen im Fernseher«. Sollen die Bonner ruhig über »Parteienkoalitionen« reden, predigt Rau ähnlich, er spricht lieber von einer »Koalition der Bürger«. Aber mit alledem, scheint mir, kommt man den Problemen, die das Codewort »Bonn« ausdrückt, noch nicht wirklich bei. Rau kann sich nicht naiv stellen wie der Erdnußfarmer Carter aus Plains, er gehört selber zur politischen Klasse.

Ob er wirklich »er selbst« bleiben kann und sich nicht verbiegen muß, weiß der Himmel. Das Dilemma ist einprogrammiert: Der Kandidat Rau, populärer als Kohl, kommt gar nicht umhin, seinen Stil als Markenzeichen zu zeigen. Seht her, so wenig lasse ich mich deformieren! Der Kandidat muß auch schnelle Antworten in Mikrophone am Flughafen geben – ohne Sprechblasen? Und der Kandidat muß klarmachen können, was ihn unterscheidet von den Bonzen im schwarzen Mercedes, die gar nicht mehr die wirkliche Welt kennen. Aber Rad fahren nur die Grünen, nicht Rau.

Rau-Originalton gegenüber *Spiegel*-Redakteuren, die dem »Bruder Johannes« ein Buch gewidmet haben: »Ich habe nichts gegen Bonn, das ist eine reizvolle Stadt. Aber es gibt ein politisches Klima in Bonn, von dem ich glaube, daß es nicht viel zu tun hat mit der Lebenswirklichkeit der Bürger ... Unter denjenigen, die in Bonn so gerne von den Menschen draußen im Lande reden, gibt es nicht wenige, die zur Erhaltung ihres Weltbildes den Kontakt mit ebendiesen Menschen tunlichst meiden müssen ... Über die Sprechblasen hinaus, die in Bonn vor sich hin blubbern, gibt es einen politischen Kreisverkehr zwischen Experten, der an den Bürgern total vorbeigeht.«

Noch einmal: Gegen Bonn zu sein ist »in«. Es gibt, richtig bedacht, auch eine Menge Gründe und Anlässe. Drei Kreuze möchte man manchmal machen in Anbetracht der Politik, wie sie sich feilbietet: wortreich, aber begründungsarm; opportunistisch, aber nicht lernbereit; umarmend, aber nicht offen.

Eine Mode, für die es benennbare Gründe gibt, ist es auch geworden, gegen die Politik der arroganten Zentrale – der »Moloch Washington«, hieß es in den USA – eine Politik für die »Betroffenen« anzubieten, die sich mehr »um die Menschen kümmert« und von »glaubwürdigen« Politikern garantiert wird. In einer merkwürdigen Gleichzeitigkeit, die kein Zufall ist, haben der Konservative Helmut Kohl und die bunten Grünen seit einigen Jahren auf diesen Zeitgeist vertraut: Kohl mit der Botschaft auf den Lippen, in Bonn werde zu viel Politik gemacht von verbiesterten, doktrinären Technokraten, die nie fünf gerade sein lassen wollen und mit denen man auch kein Gläschen trinken kann – von Kumpel zu Kumpel, es »menschelt« eben, wenn er spricht; die sozialen Bewegungen mit dem Versprechen, gegen die falsche Politik der Zentrale eine bessere von unten zu setzen (und zugleich, widersprüchlich genug, nach Bonn zu drängen) und mit »authentischen« Personen die schrecklichen Jahre der Stellvertreterpolitik vergessen zu machen. Ein zu hoher Anspruch, wie man längst weiß.

Dieser neue Mythos, für den Authentizität, Glaubwürdigkeit, Betroffenheit oder Menschlichkeit Schlüssel- und Schlagworte sind, mündet nicht nur bei Konservativen und nicht allein in der Union oft und leicht in einer antiaufklärerischen Haltung. »Aufklärung« ist, wie es gelegentlich scheint, für manche ein schreckliches Wort geworden. Das sind die Zeiten, in denen es wieder zum Markenzeichen wird, als Politiker »wie du und ich« am Tresen mit dem Nachbarn von nebenan ein Gläschen zu heben. Zeiten, in denen Politiker sich als Harun Al Raschid verkleiden: Sie sollen doch nur kommen, die Mühsamen und Beladenen, wir werden alle ihre Sorgen lösen. Abrakadabra. Auch die Populisten von anderem Schlage, der Schwabe Späth und der Bayer Strauß, verstehen sich darauf.

Johannes Rau, der ein »Kopfmensch« ist mit frotzelnd-ehrlichem Respekt vor »Intellektuellen«, der Gustav-Heinemann-Zögling Rau will gewiß nicht antipolitische, antiaufklärerische Gefühle schüren. Dazu ist er zu klug. Ein Kanzler mit anderem Anspruch als Helmut Kohl würde er gleichwohl erst dann, wenn er zeigt, wo er sich nicht nur tragen läßt vom Strom der Verhältnisse; wenn deutlicher wird, ob die sozialdemokratische Politik unter seiner Regie veränderungswillig und -offen ist; und wenn er gegen den apolitischen Zeitgeist und mächtigen Druck der Verhältnisse ein Stück Aufklärung für die Politik rettet.

Alles andere besorgt ja schon, konservativ grundiert, Helmut Kohl: eine Art öffentliches Mahnmal für ein Politikverständnis, das in den fünfziger Jahren ähnlich vorherrschte. Politik ist Sache der Politiker, die das Publikum von dieser unangenehmen Aufgabe entlasten. Nach den aufgeladenen, oft dramatischen Jahren in der Folge der APO- und Aufbruchsstimmung kommt dieser Umschwung – hin zu Normalzeiten? – nicht zufällig. Kohl steht für die »neue alte« Rollenverteilung: Politik und Gesellschaft, Bonn und die Republik klaffen weit auseinander. Man liebt sich nicht, man haßt sich nicht. Es reicht schon aus, sich wechselseitig nicht zu behelligen.

»Politik ist die wichtigste Sache der Welt – für die Zeitungen«, klingt auch bei Rau die Melodie. Verstehen kann man's wirklich. Stimmt ja. Aber fast kommt man dennoch in Versuchung, zur Ehrenrettung einer

Politik anzutreten, die derzeit so in Verruf gerät und sich selbst mit Affären, Geschäften und Dilettantismus um den letzten Kredit bringt.

Das alles heißt nicht, Rau kleiner zu machen, als er ist. Dazu neigt er, nebenbei, eher selber. Die Motive, die Rau umtreiben, sind überlegenswert. Es wird gleichwohl nicht immer einfach sein, den Kandidaten vom Kanzler hinreichend zu unterscheiden.

Was sollte man denn einwenden gegen die Lust am Konkreten und das Mißtrauen gegenüber leerer Abstraktion? Davon fehlt nun mal tatsächlich viel in Bonn. Die Politik schaut – nicht erst seit 1986 – stur auf Mehrheiten und ignoriert Minderheiten. Wer nicht stark genug ist, gilt auch nicht viel. Wenn einer wie Rau dagegenhält, er habe es »am liebsten konkret«, und auch noch zu erklären vermag, was das heißt, wäre das schon viel.

Fünf Gesamthochschulen und eine Fernuniversität, trumpft Rau dann auf, habe er als Wissenschaftsminister gegründet. Die Zahl der Arbeiterkinder an den Hochschulen habe sich vervierfacht. Für das Revier als industrielle Krisenzone, in Großstädten mit bis zu siebzehn Prozent Arbeitslosen, bedeutet derlei in der Tat eine soziale Revolution. Politik konkret.

Die Lust am Konkreten hängt mit dem Temperament Raus zusammen. Jürgen Leinemann hat in einem Aufsatz über das »Anekdotische als politischer Stil des Johannes Rau« bis in Sprache, Witzelei und Erzählhaltung hinein erkundet, wie das klingt und was es bedeutet. Politik besteht für Rau eben aus Personen, Geschichten, Anekdoten, Leben. Er ist, anders als Kohl, nicht der Mann, der seine Macht – Macht? – aufbaut auf ein Netz persönlicher Freundschaften und sich mit Mißtrauen abschirmt vor Widersachern. Rau umarmt. Er spinnt nicht ein, er grenzt nicht aus, er macht plaudernd Politik.

Von solchen Temperamenten und dieser Denkungsart gibt es nicht viele in Bonn. Zugegeben, das alles erschwert noch einmal, den politischen Kern des Politikers Rau zu erkennen, der nachgewiesen hat, daß er kein unpolitischer Kopf ist. Aber es hebt ihn ab. Mich erinnert das an eine der denkwürdigen *Notizen* des verstorbenen Schweizer Schriftstellers Ludwig Hohl, die er überschrieb: »Das Original«. Beschrieben wird das Original von Hohl so: »Jedesmal, wenn er im Wald gewesen war, oder in den Straßen oder im Schlaf oder sonstwo gewesen war, wußte er eine Geschichte, Geschichten zu erzählen. ›Was der alles sah!‹

sagten sie. Aber ihn verwundert's mehr, was die anderen alles nicht sahen.«

Was ihren fröhlichen Optimismus angeht, stehen sich das Original Johannes Rau und Helmut Kohl kaum nach. Im Zeitalter der Sekundärtugenden, in dem es als entscheidender politischer Makel gilt, wenn einer eine ernste Miene zu ernsten Problemen macht, liegen beide gut vor dem Wind. Das ist halt so, wenn zuerst danach gefragt wird, ob einer ein Kind von Traurigkeit ist oder, noch schlimmer, ein Oberlehrer.

Raus Populismus ist aber von anderer Art als der Helmut Kohls. Ohnehin kann man das, was Populismus heißt, so lange auseinanderdifferenzieren, daß das Etikett am Ende auf keinen mehr paßt. Kohl möchte gelegentlich eine moderatere Politik verfolgen, als es ihm die Falken, Stahlhelmträger und Dogmatiker seiner Partei erlauben – aber er möchte sich aus der Mitte seiner Partei nicht fortbewegen. Rau will zwar von seiner Partei respektiert, geschätzt, getragen werden – aber wenn er von »Versöhnen statt Spalten« spricht, geht das weit darüber hinaus. In dem Wort von der »Versöhnung« steckt vermutlich doch der Kern von Raus Selbstverständnis und die Erklärung für seinen Erfolg. Das ist auch die Basis seines Populismus.

Die unterschiedlichen Biographien verraten bei näherem Hinsehen viel davon, was Rau und Kohl bindet und trennt und inwiefern sich ihr populistisches Rollenverständnis ähnelt und unterscheidet. Eines dieser besonderen Merkmale ist, daß Kohl, sobald es als Möglichkeit am fernen Horizont auftauchte, Kanzler werden wollte. Er wisse »um die Einsamkeit der Macht«, hat er manchmal vorbeugend geseufzt, aber es muß eine rätselhaft große Verlockung für ihn darin gesteckt haben. Kohl wollte von Mainz aus immer nach Bonn. Bonn hieß Macht, für ihn jedenfalls. Er wollte Kanzler werden. Warum eigentlich, die Antwort würde sich später finden, wenn überhaupt.

Rau dagegen ist von seinen Erfolgen in diese Rolle getragen worden. Er hat das Risiko von Niederlagen nicht gescheut, aber auch nicht den Eindruck erweckt, Politik sei für ihn ein einziger Clinch, in dem man Schläge wegstecken, sich noch härter panzern und bei Gelegenheit zum Gegenschlag ausholen muß. Er hat sich durchgesetzt bei Wahlen und im Konflikt, zuerst als Parteivorsitzender, dann als Ministerpräsident; gleichwohl ist ihm das Kunststück geglückt, sich sogar mit denen gut zu verstehen, die dabei unterlagen. Am Abend, nachdem er gerade seinen Überraschungserfolg gegen Friedhelm Farthmann (1977) beim Wettlauf um den Parteivorsitz errungen hatte, tauchte Rau bei dem Verlierer zu Hause auf. Als Tröster, der es so meint, wie er's sagt: versöhnlich.

Helmut Kohl hat in Bonn viel von seiner Offenheit verloren, Niederlagen vergißt er nie; wer wie Bernhard Worms zu seinen Favoriten zählt, aber erfolglos bleibt, wird auch von ihm mit Vergessen bestraft. Kohl strahlt Selbstsicherheit aus – und bleibt mißtrauisch. Machtmensch, der er ist, teilt er die Welt in Freund und Feind (nicht so sehr danach, welche Politik sie verfolgen). Rau wirkt weniger auftrumpfend selbstbewußt – aber innerlich souveräner.

Bonn hat viele Metamorphosen durchlaufen. Mal Zentrale, welche die Aufbruchsstimmung zu nutzen und zu kanalisieren versucht; mal Festung, die von einer bunten, widerspruchsvollen Gesellschaft belagert wird – da bunkerten sich die Politikexperten gegen den Ansturm der Laienschar ein. In den Kohl-Jahren hat die Hauptstadt dann das Banner der Mehrheitspolitik aufgezogen: Widerspruch ist erlaubt, solange er nicht stört. Dieses Bonn hat viel von seiner diskursiven Rolle verloren – von dem wenigen, das es noch gab.

Rau ist ein diskursiver Politiker. Kohl sitzt aus, Rau diskutiert aus. Im Kabinett in Düsseldorf, ein vergleichsweise glänzendes Kabinett übrigens, werden so lange Argumente, Worte und Witze getauscht, bis keiner mehr pieps sagen kann. Oft jedenfalls sei es so, wird berichtet.

Kohl ist ein Regierungschef, der Politik schwer erklären kann, vor allem einer, bei dem nicht recht kenntlich wird, ob er etwas »gestalten« will. Vergleichsweise wirken die Durchwurstelkanzler früherer Jahre, über die er gern spottete, wie ein Muster an Ziel- und Gedankenklarheit. Daran gemessen, muß Rau sich nicht verstecken. In Bonn wird man nicht verwöhnt, was diesen Aspekt betrifft. Aber gemessen wird Rau nicht an Kohl, sondern an den traditionellen Politikvorstellungen seiner eigenen Anhängerschaft; an den Maßstäben eines oft kritischen, liberalen, widerspenstigen, bunten Publikums. Seine Klientel sieht anders aus. Und die Erwartungen sind größer. Schon deshalb kann Rau sich nicht darüber wundern, wenn immer wieder danach gefragt wird, wie »politisch« er ist.

In einem Gespräch im größeren Kreis, wo solche Fragen wieder auftauchen, reagiert er pikiert. In meinen Notizen steht: »... wissen Sie, ich hab' ja nicht pausenlos Briefe versandt, in denen steht, daß ich Kanzler werden will ... Ich könnte ja auch was Besseres machen, meine Kinder sehen mich viel zu selten ...«

Rau dreht nicht Däumchen als Regierungschef, er versteht sein Geschäft, klar. Aber der politische Kern, die Antriebskraft für den Politiker Rau, das ferne Ziel am Horizont, wird so schwer sichtbar, weil er gerne vorsichtig abwägt, dreimal hinschaut, lieber schweigt, am liebsten harmonisiert. Auf eine merkwürdige Weise verschmelzen so Stil- mit Substanzfragen. Nicht zufällig hat der frischgebackene Kandidat sich zunächst mit den Worten »Versöhnen« und »Anstand wahren« ins öffentliche Bewußtsein eingraviert.

Rau, der Kandidat, benutzt durchaus die Formeln, auf die sich seine Partei verständigt hat. Die »zweite Phase der Entspannungs- und Ostpolitik«, die »Gefahr einer Zweidrittelgesellschaft« – an solcher Politik und Politikrhetorik fehlt es ja nicht. Was sich so schwer ausmachen läßt, ist, ob es dahinter *Eigenes* und ob es einen *kritischen Impuls* bei ihm gibt. Bei dem jüngeren Rau, der noch die Karriere vor sich hatte, ließ sich das leichter erkennen.

Notizen aus einem Gespräch mit Rau, dem Kandidaten: Er möchte Unionswähler, schwankende Wähler aus der »Mitte«, was immer das ist; er präsentiert eine eher konservative, vorsichtige, offene, jedenfalls »anständige« SPD; die kritischen Wähler, die er braucht, müssen sich – scheint mir – gefälligst von alleine einstellen. »Was bleibt den Linken denn sonst übrig?« lautet das Motto; oft schleicht sich ein Unterton ein, der so klingt wie: Wenn ihr mich nicht wollt, wie ich bin, müßt ihr euch einen backen. Viel Wählerarithmetik, zuwenig Politik, um die es doch geht.

Was das »Politische« so schwer faßbar macht, läßt sich auch anders erklären: Die »Mitte«, von der Rau spricht, ist ja selber als sozialer oder politischer Ort nicht zu definieren. Hört man Rau öfter zu, klingt aber durch, was er meint: starke Gewerkschaften; eine moderne Industriepolitik, soziale Gerechtigkeit, Mitbestimmung, nicht zuletzt eine SPD, die im Kern Arbeiter- oder Gewerkschaftspartei ist. Gebündelt heißt das alles: In Ton und Stil hört man Willy Brandt heraus, in der Sache eher Helmut Schmidt.

Das macht ihn unterscheidbar von Helmut Kohl, aber es macht

auch klar, wie schwierig es ist, die tausend kleinen Unterschiede auf plakative Formeln zu bringen. Ganz bei sich und auch ganz leicht unterscheidbar ist Rau, der Kandidat, dort, wo es um deutsche Geschichte, Moral und Verantwortung geht. Rau denkt nicht einfach in Moralbegriffen, wo Kohl seinem Machtsinn folgt. Aber er wird als »Ich«, als unverbogener Politiker, am überzeugendsten dort sichtbar, wo er politische Positionen moralisch begründet.

Das reicht von der Entspannungspolitik über die Menschenrechte bis zum Waffenexport, es berührt auch Fragen nach den Beziehungen zu Warschau, Prag, Moskau. Oder: Nach Israel sieht man Rau ohne bange Gefühle fahren. Da ist er, von Kopf bis Fuß, einer vom Schlag Gustav Heinemanns.

Auf den ersten Blick also mag Rau Kohl in mancher Hinsicht ähneln. In Bonn trifft der Düsseldorfer mit Kohl, Jahrgang 1930, auf einen Politiker, dessen Kompetenzprofil sich mit seinem eigenen weitgehend überlappt. Einen Vorsprung hat Kohl, wie die Demoskopen meinen, wo es um die Beziehungen zu den USA geht, um Wachstum und Staatsfinanzen, auch noch, wenn nach äußerer Sicherheit und nationalen Interessen gefragt wird.

Raus Vorsprung wächst, wenn nach der menschlichen Gestaltung technischen Fortschritts, nach Friedenssicherung, Bekämpfung der Arbeitslosigkeit, einer gesicherten Zukunft für die Jugend, Gleichstellung für Frauen, nach sozialen Leistungen und sozialem Frieden gefragt wird. Da, an dieser Stelle, könnte Kohls Risiko und Raus größte Chance stecken.

Für Kohl sind, trotz seines Harmoniebedürfnisses, Minderheiten eben etwas ganz anderes als für Rau. Nützlich, solange sie nicht zu stark werden, gelegentlich ein Demonstrationsobjekt, an dem man beweisen kann, wer der Stärkere ist. Dann dröhnt Kohl, er werde »dem Druck der Straße« nicht weichen. Die Straße – das sind die Gewerkschaften, es war die Friedensbewegung. So wird man Rau, den Kandidaten, kaum je hören.

Näher betrachtet, würde sich zeigen, daß Johannes Rau und Lothar Späth sich in mancher Hinsicht näher sind als Späth und Helmut Kohl. Aber das ist ein anderes Kapitel. Jedenfalls, der Weg zum aufgeklärten Konservativismus des Stuttgarters Späth ist für Rau vermutlich kürzer als der zwischen seiner SPD und den Grünen. Rau und Späth beschwören mit ähnlicher Inbrunst die »versöhnte« Gesellschaft. Bei dem Stuttgarter mit seinen Technopolis-Träumen hört man so etwas wie »formierte Gesellschaft« heraus, wenn er davon spricht; eine Do-it-yourself-Gesellschaft, in der prinzipielle Widersprüche aufgelöst sind und jeder sein eigenes Dienstleistungsunternehmen ist. Bei dem Düsseldorfer löst sich die Formel von der Versöhnung, die nicht unpolitisch gemeint ist, oft in ein politisches Irgendwo auf, ein Ziel jenseits des banalen politischen Alltags.

Zwischen »Staatsmann«, »Demagoge« und »Amtsinhaber« haben die Autoren Guy Kirsch und Klaus Mackscheidt in einem kleinen, hübschen Büchlein unterschieden. Das liest sich anregend, ja es liest sich spannend, wenn man hinzudenkt, an wen sie beim Schreiben gedacht haben mögen. Wie da der Politikertypus des »Amtsinhabers« charakterisiert wird – das kann doch nur Kohl sein? Für einen Vergleich mit Rau und bei der Suche nach einer Antwort auf die Frage, wie Kandidat und Kanzler in die politische Landschaft passen, läßt sich da eine Menge lernen. Der Amtsinhaber, meinen Kirsch und Mackscheidt, »sorgt dafür, daß jene das Ich der Wähler bedrohenden Teile der Wirklichkeit, also auch der Gesellschaft, aus dem politischen Diskurs ausgeklammert werden ... Seine neurotische Struktur ist solider als die ihre, seine Abwehrmechanismen sind funktionstüchtiger als die ihren ... Er steht wie ein Fels im Meer; er ist so unbeweglicher als jene, die befürchten müssen, von den Wellen dorthin getragen zu werden, wo sie nicht hinwollen dürfen und können. Dies gibt ihm in den Augen seiner Wähler den Anschein von Kraft, während er in Wirklichkeit lediglich von einer neurotischen Borniertheit ist, die unanfechtbarer ist als die des gemeinen Bürgers ... In aphoristischer Kürze: Der politische Erfolg des Amtsinhabers gründet auf seiner überdurchschnittlichen Durchschnittlichkeit.«

Es lohnt sich durchaus, sich für einen Moment auf diesen psychologischen Annäherungsversuch an Politikertypen und Karriereverläufe einzulassen. Wie der Populismus Kohls verankert ist und wohin er führen kann, davon läßt sich bei Kirsch und Mackscheidt einiges lernen. Ihre Erklärung erfaßt aber nicht nur viel von Kohl (sowenig man sie auch platt anwenden kann), man versteht vielmehr besser manches von den Konstellationen und Verhältnissen, die der Politik zugrunde liegen und unter denen Politiker reüssieren.

Ist Rau also auch ein solcher »Amtsinhaber«? Es geht nicht darum, einen zum »Staatsmann« zu stilisieren, bevor er zeigen kann, wer er ist – wenn man mit dem Etikett überhaupt etwas anfangen kann. Aber als »Amtsinhaber« ist der Düsseldorfer Regierungschef eben auch nicht treffend beschrieben. Viele der Kriterien aus diesem Typologieversuch gehen an ihm vorbei: Er klammert nicht Teile der Wirklichkeit und der Gesellschaft aus dem Diskurs aus. Er steht nicht wie ein Fels im Meer. Er gaukelt nicht den Anschein von Kraft vor, die er nicht hat. Er hat keine solidere neurotische Struktur.

Aber Raus Erfolg und seine Kandidatur kommen nicht von ungefähr: Auch er ist ein Kind der Verhältnisse und des Zeitgeistes; auch er reflektiert und repräsentiert Ängste, Sehnsüchte und Ressentiments einer breiten Öffentlichkeit. Er hat sein privates Eckchen, in dem ehrliche Skepsis gegenüber dem Allmachtsanspruch der Politik blüht. Ausgleich, Versöhnung, Anstand – und nicht Konflikt – sind sein Lebenselixier. Harmoniebedürftig, wie er ist, möchte er nicht aus dem *Mainstream* treiben; und er will dafür gestreichelt werden, daß er drin bleibt im Strom.

Nur, Raus Erfolg gründet nicht auf einer »überdurchschnittlichen Durchschnittlichkeit«, die andere in ihren Schwächen bestätigt. Auf seiner Ebene hat er Kompetenz nachgewiesen. Keine schlechte Voraussetzung, aber auch keine Garantie für das, was in Bonn aus ihm würde. Rau ist klug genug, um sich auf »Durchschnittlichkeit« einlassen zu können. Er nennt es »Mitte«.

Aber Rau reflektiert zu sehr, um zu übersehen, daß ihm Chuzpe und die verblüffende Selbstsicherheit des überdurchschnittlich Durchschnittlichen abgehen. Er hat Schwächen und Defizite, und er sieht sie. Oder er ahnt sie mindestens. Nach den robusten Bonner Kategorien in der Welt der kühlen Realpolitik und des kritikimmunen Kanzlers gilt das nicht immer als Stärke. Man möchte fast sagen: leider.

Zeitzeugen

PETER GLOTZ

Rau und die Linke

Monate vor der Bundestagswahl 1987 muß man sich klarmachen, wie es steht im Land der Dichter und Denker: Es ist nicht mehr das Land der Richter und Henker, es ist eine funktionierende Demokratie – aber eine, in der die Rechte eine strukturelle Mehrheit hat. Wobei der Begriff der »Rechten« nicht für rechtsextreme Finsterlinge steht, sondern für wirtschaftsliberale, nationalliberale, konservative und (immer mehr verschwindende) christlich-soziale Strömungen. Diese Rechte trägt in Frankreich die Namen Chirac, Barre und Giscard, in Deutschland die Namen Strauß, Genscher und Kohl. Nur: Die französische Rechte strebte wieder an die Macht zurück, die deutsche hat sie schon seit vier Jahren.

Sie hat sie so sehr, daß der Anspruch von Johannes Rau, eine eigene Mehrheit zu erkämpfen, nicht nur von der Rechten (selbstverständlich) bestritten wird, sondern auch in der Linken auf Zweifel stößt. Geht das überhaupt? – so fragen sich die Leute. Noch nie seit 1949 hat die Linke in Deutschland eine absolute Mehrheit gehabt, sagen kopfschüttelnd und manchmal auch kopfwackelnd die Angehörigen der politischen Klasse von rechts bis links. Schon daß einer den Anspruch erhebt, eine Mehrheit für die Linke zustande zu bringen, gilt als Hybris, feiner gesagt: als Illusion. Ein Wunder ist das nicht.

Denn in Deutschland schleppt die Linke eine historische Last mit sich herum: Die »kulturelle Hegemonie« (in Helmut Kohls geborgt-großbürgerlicher Terminologie: die »geistig-politische Führung«) lag hier allemal bei der Rechten. Es gab eine einzige Chance, dies zu ändern: von 1969 bis 1974. 1970 waren wir so weit, daß selbst die christdemokratischen Kultusminister die Gesamtschule forderten; aber schon 1972 blies die rechte Intelligenzija zur »Tendenzwende«. Wir waren nicht stark genug, einen »linken Block« zu formen; das Bündnis von Arbeiterschaft und linkem Bürgertum blieb eine mechanische, lose

Aggregation. Seitdem versucht die Linke, aus der Defensive herauszukommen. Und sie sollte sich nicht über die Tatsache hinweglügen: Die großen, bestimmenden Lebensmächte (die Gramsci respektlos »Hegemonialapparate« nannte) sind konservativ bestimmt. Machen wir uns klar: Der herrschende Block ist vielfältig und »universell« organisiert; nicht nur durch drei politische Parteien (CDU, CSU, FDP), die nur schwer auseinanderzunehmen sind, sondern durch ein flächendeckendes Netz schlagkräftiger, finanzstarker und tief in die Verästelungen unserer Gesellschaft hinunterreichender Organisationen, die sich vielfach neutral geben, aber eindeutig Partei sind: Kammern, Industrieverbände, Handels- und Handwerksorganisationen, Rotary- und Lions-Clubs usw. Wer kämpft um die Mehrheit in diesen »Apparaten«?

Das ist die Frage, die Rau der deutschen Linken stellt. Er irritiert sie damit; denn er redet mit Leuten, mit denen man eigentlich als Linker gar nicht reden sollte. Ganz instinktiv versucht er, die »Meinungsführer«, die »Laienpäpste«, in den wichtigen Hegemonialapparaten zu erreichen und setzt sich so dem Vorwurf aus, eine Art Tausendsassa, ein Allerweltsbeglücker, ein Entertainer zu sein. Aber ist es nicht richtig, daß eine Linke, die wirklich mehrheitsfähig werden will, sich nicht nur diejenigen Apparate heraussuchen darf, die ihr sympathisch sind; daß sie sich vielmehr um alle kümmern muß, über die »Hegemonie« ausgeübt wird: Betriebe, Verwaltungen, Schulen, Universitäten, Medien, aber auch die Armee, Freizeitorganisationen, das vielfältige Geflecht der deutschen »Vereine«, kulturelle Organisationen, berufsständische Organisationen und all die Zirkel und Gruppen, die wir so gerne vergessen?

Wann hat die deutsche Linke das letztemal systematisch die »Laienpäpste« der Rechten unter die Lupe genommen? Wann hat sie über die fortdauernde Wirkung der toten Päpste Gehlen, Schelsky und Carl Schmitt nachgedacht und die der lebenden – von Lübbe bis Hans Maier, von Rohrmoser bis Michael Stürmer – intelligent durchkreuzt? Wann hat sie – ich meine: wieder systematisch – um die »Neutralen«, um Carl Friedrich von Weizsäcker, um die Gräfin Dönhoff, um Christian Graf von Krockow oder Alfred Grosser geworben? Wann hat sie versucht, aus den Feuilletons der überregionalen in die Unterhaltungsseiten der regionalen Zeitungen vorzudringen? Wann hat sie sich um die Leitbilder der Schwarzwaldklinik und wann um die

Publizistik der Ingenieure gekümmert? Wann um die Cirkulare des Handwerks oder der Reservistenverbände? Die Linke, so lautet die bittere Wahrheit, köchelt allzuoft im eigenen Saft. Teils ist sie anpasserisch, teils esoterisch. Und manchmal traut sie sich an wichtige Truppenteile des politischen Gegners gar nicht heran; Rau ist da anders.

Natürlich – das Wort »Hegemonie« würde er nie verwenden. Er gehört auch nicht zu den regelmäßigen Lesern der *Kerkerhefte* des italienischen Kommunisten Antonio Gramsci; eher fragt er spitz (und durchaus didaktisch), wer denn eigentlich Gramsci sei; und dabei trennt er ironisch das s von dem c. Er hat es, weiß Gott, mit den Klassikern weniger als unsereiner; aber manche ihrer Maximen sind ihm in Fleisch und Blut übergegangen, ohne daß er sie studiert und zergliedert hätte.

Was ihn bewegt, ist der ethische Ansatz in der Politik. Die Idee, daß das eigentlich Politische der Gegensatz von Feind und Freund sei, ist ihm nicht nur fremd; er versteht sie gar nicht. Seine Grunderfahrung ist, daß politischer Stoff auch aus der Tatsache von Freundschaft entsteht. Das Geheimnis von Johannes Rau ist, daß er keine Feinde braucht, um die eigene Identität zu finden, zu bestätigen und anderen verständlich zu machen.

Er hat die Auseinandersetzung um die Führung in der deutschen Politik mit dem Credo »Versöhnen statt Spalten« begonnen. Ein Teil der Linken wird sagen: Bruder Johannes, wir vermissen den Klassenkampf. Aber nach einer Zeit werden sie merken, daß er keineswegs konfliktfeindlich ist. Der Mann ist ein streitbarer Protestant; und schon heute kann jeder, der es wissen will, aus seiner Morgenzeitung entnehmen, daß Johannes Rau gegen eine Veränderung des Streikparagraphen 116 des Arbeitsförderungsgesetzes und für systematische Arbeitsbeschaffungsmaßnahmen ist; daß er die Pershings in der Bundesrepublik für gefährlich hält und die Zahl der Arbeiterkinder auf deutschen Universitäten für allzu gering. Er sagt all dies allerdings in einer merkwürdig pazifistischen Sprache; die Zuhörer seiner Reden müssen – auf der vergeblichen Suche nach den bekannten Reizwörtern – geduldig das Satzende abwarten, bis sie wissen, was gemeint ist; sie müssen Differenzierungen über sich ergehen lassen und wundersame Höflichkeiten entziffern. Das wundert sie; das ärgert sie aber auch.

Kurz, Johannes Rau ist das Gegenbild eines Polarisierers. Kein

Wunder, daß er deshalb auch im eigenen Laden seine Gegner hat. Schließlich sind die Zyniker nicht nur in der Rechten zu Hause; schließlich ist die Idee, daß Politik immer die Zuspitzung auf das Verhältnis von Feind und Freund sei, nicht auf die Rechte beschränkt. Daß die Masse »weibisch«, korrupt, blöd sei, daß man sie manipulieren müsse und daß man sie manipulieren könne, das denken auch Technokraten der Linken. Mit Johannes Rau werden sie nicht rechnen können.

Der ist auf seine Weise ein Außenseiter; sehr erfahren, aber kein Profi, sehr praktisch, aber kein Macher. Die klassische Linke reibt sich verwundert die Augen, daß ein sozialer Protestant, ein Mann ohne marxistische Bildung, ein autodidaktischer Buchhändler, eben eine Figur aus der metaphysischen und geographischen Mitte Deutschlands, die Führung der Linken beansprucht. Nur eines spüren sie schon: daß dieser Mann die Wertkonservativen in unserem Land anzieht wie kaum ein anderer. Die Frage wird sein, ob sie es schaffen, aufeinander zu vertrauen: Rau und die Linke.

HANS-JOCHEN VOGEL

Was uns verbindet

Ich bin ihm nach meiner Erinnerung das erstemal im Jahre 1967 in Wuppertal begegnet. Er war damals Vorsitzender der SPD-Fraktion im nordrhein-westfälischen Landtag. Ich war Oberbürgermeister von München und in Sachen Olympia-Vorbereitung unterwegs. Worüber wir sprachen, weiß ich nicht mehr genau. Wahrscheinlich über die Lage unserer Partei im ersten Jahr der Großen Koalition. In meinem Gedächtnis ist jedenfalls der Eindruck eines Mannes haftengeblieben, der sich deutlich von dem landläufigen Typus des Politikers unterschied und anstelle des nicht selten anzutreffenden aufgesetzten Politikerhumors eine ganz natürliche Heiterkeit erkennen ließ.

Unsere Wege haben sich seitdem immer wieder gekreuzt. Über lange Strecken sind sie auch parallel gelaufen. So gehören wir beide seit über fünfzehn Jahren dem SPD-Parteivorstand und seit 1978 auch beide dem Parteipräsidium an. Seit 1984, dem Jahr, in dem ich Helmut

Schmidt in diesem Amt nachfolgte, sind wir auch beide stellvertretende Parteivorsitzende.

Auf diesem Hintergrund läßt sich mit einiger Sicherheit beurteilen, was uns verbindet und was uns unterscheidet. Uns verbindet der gemeinsame kommunalpolitische Ausgangspunkt. Beide haben wir in der Kommunalpolitik begonnen; beide waren wir Oberbürgermeister unserer Städte. Die übereinstimmende Neigung, die Praxis und den einzelnen Menschen nicht aus den Augen zu verlieren, immer so konkret wie möglich zu bleiben, hat sicherlich hier ihre Wurzel.

Wir sind beide praktizierende Christen. Er mit dem spezifischen Hintergrund des bergischen Protestantismus, ich mit dem des süddeutschen Katholizismus. Das hat manchmal zu interessanten Nuancierungen geführt. Unserer ökumenischen Grundübereinstimmung hat es aber nie Abbruch getan. Von daher ist es nicht verwunderlich, daß für uns beide die ethischen Aspekte des demokratischen Sozialismus stets besonders wichtig waren und sind. Gerade deshalb gehörten wir beide mit zu denen, die das Postulat, die Lebensqualität und ihre Verbesserung müsse zum entscheidenden Kriterium der Politik werden, von Anfang an unterstützten.

Natürlich gibt es auch Unterschiede. Zum Beispiel, daß ich den Zweiten Weltkrieg noch zwei Jahre lang als Soldat und als Kriegsgefangener miterlebt habe. Insofern repräsentiert Johannes Rau schon die Nachkriegsgeneration. Weiter gehöre ich als Jurist einem Berufsstand an, den er wahrscheinlich eher für ein notwendiges Übel als für eine für ihn persönlich vorstellbare Profession hält.

Aber das sind mehr wechselseitige Ergänzungen als Gegensätze. Jedenfalls haben wir uns nie als Konkurrenten oder Rivalen empfunden. Wenn wir beide für Aufgaben oder Funktionen im Gespräch waren, haben wir uns jeweils sehr rasch verständigt. Als es 1982 um die Nachfolge Hans-Jürgen Wischnewskis in dessen Eigenschaft als stellvertretender Parteivorsitzender ging, hat das eine knappe halbe Stunde gedauert. Und im Oktober 1982, als Helmut Schmidt aus verständlichen Gründen als Spitzenkandidat für die von ihm zu Recht geforderten Neuwahlen nicht mehr zur Verfügung stand, haben wir nicht viel länger gebraucht. Bei der Spitzenkandidatur für die Bundestagswahl 1987 hat es scheinbar etwas länger gedauert. Aber das war nur der äußere Eindruck. Unter uns waren wir uns auch hier schon lange einig.

Annemarie Renger

Der Menschenfischer

Im April 1945 machte Kurt Schumacher eine der wichtigsten Aussagen, die später im Godesberger Programm ihren Niederschlag gefunden haben: »Wir müssen als Deutsche erkennen, daß man Sozialdemokrat sein kann, sowohl aus den Methoden der ökonomischen Analyse als auch aus Erkenntnissen einer rationalen Philosophie, aus ethischen Gründen oder aus dem Geist der Bergpredigt. Jeder muß das Recht haben, seinen Willen und seine Motivierung des Sozialismus und der Demokratie innerhalb und außerhalb seiner Partei zu verkünden.«

Erst durch die Öffnung der Sozialdemokratischen Partei zum geistigen und fortschrittlichen Bürgertum war es Menschen wie Johannes Rau möglich, sich aus Überzeugung zu dieser Partei zu bekennen. Rau ist sozusagen die Personifizierung sozialdemokratischer gegenseitiger Toleranz in einer traditionsreichen Partei.

Er sagte einmal, er sei »kein gelernter Sozialdemokrat«, sondern erst nach langer Prüfung zu dieser Partei gekommen. Bis heute spricht er nicht die Sprache des politischen Agitators, schon gar nicht die des Demagogen, sondern seine Rhetorik und sein Stil gehen davon aus, zu überzeugen, den politischen Gegner nicht herabzusetzen, aber ihn mit dem Florett zu besiegen.

Seine ethischen Grundsätze und seine Glaubenskraft überzeugen. Daraus bezieht er selbst seine Kraft und eine Gewißheit, daß die Menschen selbst Elend und Entrechtung, Hunger und Furcht bewältigen können; er sieht im Mitmenschen den Bruder und – wie er in Ahlen hinzufügte – die Schwester. Die liebenswürdige Bezeichnung »Bruder Johannes« ist nicht nur die Anerkennung seiner Bibelfestigkeit, sondern ein Ausdruck der Zuneigung.

Wer nun aber glaubt, Rau sei so eine Art »Politsoftie«, der um jeden Preis einen Kompromiß sucht, begeht einen schweren Irrtum. Wenn es erforderlich ist, ist er ein politischer Kämpfer von hohen Graden, ein Fighter, ein Steher. Das erstemal habe ich das erlebt, als 1977 ein neuer SPD-Landesvorsitzender in Nordrhein-Westfalen gewählt werden sollte und die Wetten klar auf Friedhelm Farthmann und nicht auf Johannes Rau standen. Ihm gelang das, was im Plenum des Bundestages kaum noch denkbar ist: Er krempelte den Parteitag um und gewann. Genauso klar hat er auch Nachfolger von Heinz Kühn als Ministerpräsident werden wollen; das Amt des Landesvorsitzenden war ein sicher geplanter notwendiger Schritt. Es war nicht unbekannt, daß sein alter politischer Weggenosse aus GVP-Tagen, Diether Posser, auch Ambitionen auf das Amt des Ministerpräsidenten hatte. Und hier zeigt sich wieder, wie wichtig es nicht nur ist, daß man gewinnt, sondern wie man mit denen umgeht, die die Unterlegenen sind. Farthmann wie auch Posser hat er uneingeschränkt für sich gewinnen können; sie arbeiten im Kabinett in großer Solidarität und Loyalität.

In der Politik trifft man häufig auf die Auffassung, daß ein Kompromiß eigentlich keine gute Sache sei. Sicher, ein Kompromiß am Anfang ist eine schlechte Ausgangsposition. Aber gegensätzliche Meinungen und unterschiedliche Menschen zusammenzuführen, einen Kompromiß zu schließen, bei dem niemand seine Prinzipien aufgeben muß, ist eine positive Sache. Solche Kompromisse zustande zu bringen, darin ist Rau Meister.

Meine lange bestehende persönliche Wertschätzung von Rau erhielt eine besondere Note durch unsere übereinstimmende Auffassung zum jüdischen Volk und dem Staat Israel. Mit ihm teile ich die Meinung, daß wir Deutschen »Schuld und Verantwortung niemals loswerden, die unser Volk gegenüber seinen jüdischen Mitbürgern und der jüdischen Bevölkerung unserer Nachbarn auf sich geladen hat«. Auch wenn wir persönlich schuldlos sind, so »dürfen wir doch die Verantwortung vor der Geschichte nicht abschütteln«.

Hier ist wieder der moralische Anspruch, den Rau zuerst an sich selbst stellt. Das gleiche gilt für die Menschenrechte, die unteilbar sind überall in der Welt.

Rau hat das Motto »Versöhnen statt Spalten« zu seiner Richtschnur gewählt. Dieses ist nicht die Formel, zu den Intoleranten tolerant zu sein. Aber wo es möglich ist, will er nicht polarisieren und auseinandertreiben. Er hat in die Menschen hineingehört und gefunden, daß sie kein Politgezänk hören wollen, sondern Tatsachen und Lösungen für sie betroffen machende Probleme. Und da steht die Sicherung des Friedens an oberster Stelle.

Ja, Johannes Rau ist ein »Menschenfischer«, dieser biblische Vergleich scheint mir durchaus angebracht. Aber er wird mit dieser Eigenschaft keinen Mißbrauch treiben, er wird sie für uns alle nutzen. Er möchte der Bundeskanzler aller Bürger werden. Er hat alle Chancen, das zu werden, wenn er so bleibt, wie er ist, und sich nicht von Imagestylisten ummodeln läßt. Und die SPD muß geschlossen hinter ihm stehen. Solidarität ist nämlich keine Einbahnstraße.

HELMUT SCHMIDT

Schlüsselwort

Ein Mann findet seine Zeit, und die Zeiten finden ihren Mann. Die Bundestagswahl 1987 findet zu einem Zeitpunkt statt, an dem weltweit auf vielen Feldern des Zusammenlebens der Völker Weichen gestellt werden für die künftige wirtschaftliche Basis, für den Charakter des Friedens und für die Formen des gesellschaftlichen Miteinanders – sei es bewußt und gesteuert, sei es ungewollt und unkontrolliert. Es liegt auf der Hand, daß ein Land, eine Nation, die auch in Zukunft ihre Stellung im internationalen Zusammenhang behaupten will, die vor allem beim Entstehen dieser gewandelten Welt eine positive Rolle spielen will, diese Herausforderung bewußt annehmen und gestalten muß.

Was ist gemeint, wenn ich von einem umbruchhaften Wandel spreche? Zunächst auf dem Gebiet der Wirtschaft: Seit dem Zusammenbruch des Bretton-Woods-Systems fester Wechselkurse an der Wende zu den 70er Jahren und in der Dekade danach durch zwei Ölpreisschocks ist das bis dahin vertraute Geflecht der monetären und wirtschaftlichen Beziehungen zwischen den Nationen zerrissen. Riesige Zahlungsbilanzdefizite auf der einen, gewaltige Überschüsse auf der anderen Seite haben diese Beziehungen durcheinandergewirbelt. Durch die Geschäftsbanken kanalisiert, sind Öldollars in Milliardenhöhe in solche Länder geflossen, die als Sicherheit bestenfalls die Hoffnung auf künftiges Wachstum zu bieten hatten. Als diese Hoffnungen sich im Zeichen weltweiter Stagnation zerschlugen, wurde die Wohltat von gestern zur erdrückenden Schuldenlast von heute und – ja, wer weiß, wie lange noch.

Zugleich hat die Haushaltspolitik der stärksten Wirtschaftsnation der Welt, der USA, über Jahre die Ersparnisse der anderen westlichen Industrienationen abgesogen durch eine investitionslähmende Hochzinspolitik. Massenarbeitslosigkeit von bisher nur einmal erlebtem Ausmaß – in der Weltwirtschaftskrise der frühen 30er Jahre – war das Ergebnis –, verschärft durch den Durchbruch einer rasanten Veränderung der Produktionstechnologien, die mit immer weniger Menschenkraft immer mehr Güter herzustellen vermögen.

Zugleich hat die Verzerrung der Wechselkurse zwischen den führenden Weltwährungen den Welthandel reduziert, die Preise fast aller Rohstoffe in ihrem Verhältnis zum Preis der Industriegüter auf den Stand der fünfziger Jahre zurückgeworfen – mit neuerlichen katastrophalen Ergebnissen für viele jener Länder, deren Beitrag zur Weltwirtschaft wesentlich im Export solcher Rohstoffe besteht.

Aktuelle Entspannungen der Lage – etwa durch die Kostenentlastung wegen des Ölpreis-Zusammenbruchs oder die bislang erfolgreiche Dämpfung des Schuldenproblems – dürfen nicht darüber hinwegtäuschen, daß die anstehenden Probleme der weltwirtschaftlichen Beziehungen in einem umfassenden und stabilitätsverheißenden Sinn noch nicht wirklich angefaßt, geschweige denn gelöst sind.

Auf der Tagesordnung bleiben die Fragen: Wie modernisieren wir überkommene veraltete Industrien? Wie verhelfen wir den Entwicklungsländern zu einem gerechten Anteil? Wie lösen wir die Schuldenkrise so erfolgreich, daß weder das System der Geschäftsbanken gefährdet wird, noch die Schuldenländer zu Finanziers des Wohlstandes der ohnehin schon Wohlhabenderen werden?

Es bleibt jedenfalls die Frage ungelöst: Wie werden wir mit der Arbeitslosigkeit fertig, die trotz sich erholender Volkswirtschaften weiterhin sich nicht fühlbar verringert?

In den allgemein- und sicherheitspolitischen Beziehungen ist durch die Neuanknüpfung des Dialogs zwischen den beiden Supermächten – nach einer längeren Phase der Hochrüstung und der ungenutzten Telefone und Konferenztische – so etwas wie ein Hauch von Hoffnung zu spüren. Doch noch ist ungesichert, ob das Treffen in Genf wirklich den Beginn gewandelter Beziehungen bedeutet hat oder ob es nur ein laues Zwischenspiel bei andauernder Eiszeit war. Bringt der Westen gemeinsam die Kraft auf, zusammen mit der westlichen Führungsmacht ein Konzept zu erarbeiten? Können wir durchsetzen, daß auch die europäischen Interessen berücksichtigt werden? Wird westliche Geschlossenheit und Angemessenheit ausreichenden Eindruck auf die östliche Supermacht machen?

Aber nicht nur in diesem Zusammenhang erhebt sich die Frage für Westeuropa, ob es durch fortbestehende Zerteilung in einen Flickenteppich von eifersüchtig gepflegten Souveränitäten in der Wirtschafts-, der Finanz- und Geldpolitik, schließlich auch in der Sicherheitspolitik und der Vertretung außenpolitischer Interessen die Gefahr riskieren will, zu einem Bündel von Klientelstaaten herabzusinken. Oder ob Europa sich behauptet – gegenüber den riesigen Wirtschaftsräumen der USA und der Sowjetunion, gegenüber Japan und gegenüber dem zukünftigen Milliarden-Markt China.

Wenn es zu diesen Fragen zu Antworten und Entscheidungen kommt, so wird dies Folgen auch für die Innenseite der Staaten haben. Bildung und Ausbildung werden nicht unberührt bleiben. Kommunikationstechnologien werden Wirkung auf das Leben der einzelnen und der Gesellschaft haben; aber welche Folgen sind erwünscht – und welche anderen Folgen sind unerwünscht und deshalb zu vermeiden? Hier gilt es, Gedanken zu erarbeiten und Ziele zu bestimmen. Der soziale Frieden hat in der Geschichte der Bundesrepublik eine entscheidende Rolle gespielt – nicht zuletzt im Hinblick auf die Wettbewerbsfähigkeit der deutschen Industrie. Wollen wir ihn aufs Spiel setzen? In welcher Gestalt wird er den veränderten Herausforderungen entsprechen?

Der Katalog solcher und ähnlicher Fragen ließe sich ohne Mühe beträchtlich verlängern. Alle machen sie deutlich, daß die Bundesrepublik Deutschland in einer Ära gegenseitiger Abhängigkeiten Entscheidungen treffen muß, wenn wir in der schon heute anbrechenden Welt von morgen unseren Platz behaupten wollen.

Solche Überlegungen geben der Wahl im Frühjahr 1987 ihr besonderes Gewicht. Die Sozialdemokratische Partei hat Johannes Rau für das höchste Regierungsamt zu ihrem Kandidaten bestellt. Ihm will sie die Führung unseres Staates in dieser Lage anvertrauen. Sie tut dies mit guten Gründen.

Beinahe ein Jahrzehnt hat Rau das Amt des Ministerpräsidenten des größten Bundeslandes inne, das nach Bevölkerungszahl und Wirtschaftskraft viele souveräne Staaten Europas überflügelt. Nordrhein-

Westfalen ist durch seine besondere Industriegeschichte und durch seine Struktur von den weltwirtschaftlichen und technischen Veränderungen der letzten Jahre besonders betroffen. Alle Probleme, die im nationalen Maßstab anstehen, sind Rau aus seiner nordrhein-westfälischen Erfahrung unmittelbar vertraut. Die Zustimmung, der Respekt und die Sympathie, die er genießt, zeigen das allgemeine Vertrauen an, er habe nicht nur bisher die Probleme seines Bundeslandes richtig angegangen, sondern er habe auch die Fähigkeit, das gleiche für die ganze Republik zu tun. Seine Art ist: einbinden, nicht ausschließen; Gemeinsamkeiten finden und nicht auf Partikulärem beharren; Glaubwürdigkeit im besonderen dadurch finden, daß keiner den Eindruck haben muß, er werde außer acht gelassen.

Glaubwürdigkeit – dies ist ein Schlüsselwort für den Politiker Johannes Rau. Würde und Glaubwürdigkeit sind für Politiker oft das schwerste – aber Rau hat dieses Schwerste immer wieder geleistet!

Ein Mann findet seine Zeit, und die Zeiten finden ihren Mann. In den Demokratien haben die Wähler die Möglichkeit, ihrer Zeit zu dem richtigen Mann zu verhelfen. Im nächsten Frühjahr haben sie den Kandidaten Johannes Rau.

XII. Kapitel

Teile und herrsche

Werner Filmer / Heribert Schwan

Sein Arbeitsstil

Es vergeht kaum ein Tag, an dem Johannes Rau nicht mindestens sechzehn Stunden auf den Beinen ist. Meistens steht er gegen 6.30 Uhr auf. Der leidenschaftliche Radiohörer schaltet den Deutschlandfunk ein, hört die halbstündigen Nachrichten, die Morgenandacht, Interviews und vor allem die zehnminütige Presseschau um 7.05 Uhr. Die Ost-Berliner Presseschau des DLF um 7.35 Uhr schaltet er aus. Er mag die Häme und Arroganz der Kommentatoren nicht. Zwischendurch frühstückt er. Dann kommt der Kurier, nimmt Akten mit, bringt neue, die Presseschau, die Zeitungen. Die *Frankfurter Allgemeine Zeitung* und Wuppertaler Regionalblätter sind bereits »verarbeitet«. Um 8.00 Uhr telefoniert Rau – tagtäglich – mit seinem Büro, mit seiner langjährigen Sekretärin Juliane Bermel. Gegen 8.30 Uhr – wenn die Verkehrsstaus auf der A 46 zwischen Wuppertal und Düsseldorf sich aufgelöst haben – fährt er in die Staatskanzlei.

Dort stürzt er sich gewöhnlich auf die Post. Achtzig bis hundert Briefe gehen täglich ein. Wenn es zeitlich möglich ist, liest er jeden Brief, korrigiert sogar Eingangspost. Versuche seiner Mitarbeiter, ihm unwichtigere Schreiben vorzuenthalten, sind fehlgeschlagen. Er will alles sehen, lesen und beantworten.

Rau liest eingehende Briefe und Antwortentwürfe mit einem Rotstift in der Hand. Er kann gar nicht anders, setzt Kommata ein, verbessert die Rechtschreibung. Wenn er unter Zeitdruck steht, übersieht er zuweilen Fehler. Für die engsten Mitarbeiter ist das ein Signal, daß sie ihn mit zuviel Arbeit eingedeckt haben, daß »er zu viele Termine am Hals hat«. Auch Bücher liest er in der Regel mit dem Rotstift in der Hand, ärgert sich, wenn ein Buch schlecht lektoriert wurde und der Korrektor »geschlampt« hat. Bürgerbriefe sind für ihn Seismographen. Aus ihnen ergründet er, wo der Schuh drückt, was Menschen bewegt. Bürgerbriefen entnimmt er wichtige Hinweise. Manche seiner Reden basieren auf Bitten und Fragen der Bürger. Einige seiner Kabinettskollegen halten es für einen »Tick«.

In der Regel versieht er Briefe mit einem roten Kreuz. Ein Mitarbeiter aus der Staatskanzlei muß dann einen Antwortentwurf formulieren. Manchmal zwei oder drei. Hin und wieder schreibt er Entwürfe auch selbst um. Verläßt ein Antwortbrief mit seiner Unterschrift – endlich – die Staatskanzlei, beklagen manche Mitarbeiter den beträchtlichen Aufwand. Was einige für lästig und kleinkariert halten, ist für Rau unentbehrlich. In vielen Einzelfällen konnte er helfen. Kritik, er kuriere nur an Symptomen, wischt er vom Tisch. Vor Einzelfällen, die ihm auf den Schreibtisch kommen, will er sich nicht drücken. Für ihn sind sie die Nagelprobe der Politik. Oft bringt er Bürgerbriefe mit in die Kabinettssitzungen, trägt Einzelheiten vor, reicht sie weiter, erwartet von zuständigen Ministern Reaktion und Hilfe, kümmert sich um Erfolge, um Vollzug. Über kritische, schwierige Fälle, die er in den Griff bekommen hat, spricht er so gut wie nie, läßt nichts nach draußen dringen. Rau verbraucht viel Zeit für die Beantwortung von Bürgeranliegen, häufig bis zu drei Stunden täglich. Vierzigtausend sollen seit 1980 die Staatskanzlei verlassen haben. »Persönliche« Briefe zu schreiben gehört zu seinen Leidenschaften. In seine Handschrift scheint er verliebt zu sein. Zu Geburtstagen und Familienanlässen erhalten Rau-Freunde und Bekannte handgeschriebene Briefe. Niemals fehlt die persönliche Ansprache, selten wird Privates ausgespart.

Sein Sekretariat verwendet viel Mühe darauf, das Verzeichnis von rund 2000 Freunden und Bekannten aus allen gesellschaftlichen Schichten der Bundesrepublik auf dem neuesten Stand zu halten. Adressen und Telefonnummern werden ständig aktualisiert. Achtzig Prozent von ihnen umfassen Privatpersonen. Jeder Landtags- und Bundestagsabgeordnete der SPD erhält von Rau Glückwünsche zum Geburtstag. Minister, Gewerkschafter, alte Mitstreiter und Freunde aus der Jugendzeit befinden sich ebenso in dem umfangreichen Verzeichnis wie Kirchenleute. Sie alle werden mit Briefen bedacht. Einige haben die Rau-Schreiben über Jahre gesammelt und besitzen wertvolle Stapel.

Wann immer er Zeit hat, schreibt Rau Briefe. Während Plenarsitzungen, zwischen Außenterminen, morgens, abends, nachts. Sorgfältig achtet er darauf, niemanden zu vergessen. Wer seinen Geburtstag vergißt, verletzt ihn. Einige wurden deshalb »gestrichen«.

Seinem Arbeits- und Regierungsstil außerordentlich dienlich ist sein phänomenales, ja fotografisches Gedächtnis. Nichts entgleitet ihm, auch wenn es Jahre zurückliegt. Rau speichert wie eine Datenbank Zahlen, Namen und Informationen. Das hilft ihm aus mancher Klemme, versetzt Kritiker und politische Gegner immer wieder in Staunen.

Wie alle Spitzenpolitiker wird auch Rau völlig verplant. Seit er Ministerpräsident ist, bereiste er das ganze Land. Es gibt kaum eine Gemeinde in Nordrhein-Westfalen, die er noch nicht kennt. Nicht nur in Wahlkampfzeiten taucht er in SPD-Ortsverbänden auf und sucht das Gespräch, den Kontakt mit dem Bürger. Er nimmt »jede Menge Termine wahr«, oft bis zu zehn pro Tag.

Sein Kabinettsstil ist geprägt vom beharrlichen und langen Ringen um Konsens, ohne daß förmlich Abstimmungen stattfinden. Rau versucht, so lange mit allen zu reden, bis zum Schluß keiner mehr mit massivem Widerstand drohen muß. Jedem Kabinettsmitglied möchte er das Gefühl vermitteln, nicht überrumpelt, verletzt oder benachteiligt worden zu sein. Bis zur Unerträglichkeit ziehen sich manchmal Kabinettssitzungen hin. Selten gibt dabei der Regierungschef vorzeitig zu erkennen, wo er in Einzelfragen steht, »wohin er will«, was ihm vorschwebt. »Damit kann ich leben« ist sein Schlüsselsatz. Im Kabinett, im SPD-Landes- oder -Bundesvorstand setzt er sich immer so für eine Sache ein, daß er »damit leben« kann.

Rau ist harmoniesüchtig. Sein Bedürfnis, auszugleichen, zusammenzuführen, zusammenzuhalten und zu integrieren, ist beispiellos. Er ist im klassischen Sinn ein »Zentrist«. »Er fühlt sich nur wohl«, sagte ein enger Mitarbeiter, »wenn er weiß: Da bricht niemand aus, da kippen keine wichtigen Teile weg. Darin kann man ihn nicht mehr ändern, nicht einen Millimeter!« Mitunter geht das auf Kosten inhaltlicher Aussagen. Registriert Rau Widerstände personeller oder sachlicher Art, schreckt er schon mal zurück, ficht selten eine Sache mit »Hurra« durch. Er kann warten, zurückstellen, überlegen, neu bedenken, vertagen. Dabei weiß er längst, was er will, wann er es will. Doch lieber erträgt er den Ruf des »Zögerers« oder »Zauderers«, als daß jemand »unterwegs« verletzt wird. Wer einmal genau analysiert, was Rau am Anfang eines wichtigen politischen Entscheidungsprozesses gewollt hat und was am Ende schließlich herauskam, stellt voller Verblüffung fest, wie groß die Übereinstimmung zwischen Raus – nicht öffentlich geäußerter – Absicht und dem tatsächlichen Ergebnis war.

Rau ist Humanist. Dazu gehört auch, sich keine Feinde zu schaffen und keine erbitterten Gegner hochkommen zu lassen.

In Herrschaftsallüren und Gesten der Macht ist Rau sparsam und zurückhaltend. Sein kalvinistischer Leistungswille treibt ihn, verantwortlich »etwas gestalten« zu wollen. Politisches Grundmotiv ist sein Interesse an Menschen, denen er sich zuwendet. Politik hat für ihn nur *eine* wesentliche Funktion: das Leben ein Stück menschlicher zu machen. Er will mitwirken, die Lebensbedingungen zu verbessern, das tägliche Zusammenleben erträglicher zu machen, ohne weitreichende Visionen. Stückweise Verbesserung zu bewirken ist sein politisches Credo. Tag für Tag etwas für Menschen zu bewegen, das hat Vorrang vor langfristigen politischen Optionen. Zu seiner Grundüberzeugung gehört jede Absage an Radikalismus. Er steht in der Mitte. Für den Ausgleich zwischen Personen und Gruppen, für die Lösung von Konflikten innerhalb der Gesellschaft! Versöhnen, aussöhnen: die Umwelt mit der Wirtschaft beispielsweise. Das zählt zu seinen Zielvorstellungen. Dabei spielt er am liebsten die Rolle des Moderators.

Ohne Zweifel besitzt Rau ein enormes Maß an Strategie und Taktik. Weniger beim Entwickeln langfristiger politischer Inhalte, mehr jedoch beim Durchsetzen politischer Fragen und Vorgänge: lautlos, kaum sichtbar, aber gut durchdacht.

Rau versteht es, ein riesiges Bild aus Mosaiksteinen – ein Puzzle – zusammenzusetzen. Ungewöhnlich rasch entdeckt er Zusammenhänge. Niemand weiß, woher er sie hat! »Mit wem hast du darüber gesprochen?« ist eine Schlüsselfrage, die ihm diffizile Zusammenhänge erklärt. Gute Personenkenntnisse und seine politische »Witterung«

vermitteln ihm intuitiv Sachverhalte. Wer sich wie durchgesetzt hat, das riecht er förmlich. Für ihn ist es wichtig, wen er »zusammenspannt«, welche komplizierten politischen Prozesse von welchen Personen erarbeitet werden.

»Teile und herrsche« – dieser Grundsatz gehört zu den wichtigen Handlungsmaximen Raus. Längst nicht alle Mit- und Zuarbeiter informiert er über einen Sachverhalt ausführlich. Herrschaftswissen »verteilt« er mit Bedacht. Weiß bis ins Detail häufiger mehr, als er zu erkennen gibt; läßt sich nie etwas vormachen, ist sparsam mit voreiligen Äußerungen. Selten zeigt er sich als Meinungsführer. Er wartet ab, läßt Diskussionen entstehen, Meinungen auf sich zukommen: »Viele, viele Meinungen«, verriet ein Freund. Irgendwann schält sich eine Entscheidung heraus.

Rau frißt Akten, liest Vorlagen, konsumiert Redeunterlagen, verschlingt Bücher, liest, liest und liest. Seine Fähigkeit, in kürzester Zeit Informationen durch Lesen aufzunehmen, sie zu speichern, auch langfristig, ist phänomenal. Natürlich »schöpft« er auch aus der politischen Beratung seiner Beamten und Parteistrategen. Doch seine wichtigsten Quellen sind Gespräche mit Menschen außerhalb des Düsseldorfer Apparates. Einige Gesprächskreise innerhalb der beiden großen Kirchen pflegt er sorgfältig. Gespräche mit Gewerkschafts- und Arbeitgebervertretern, mit Unternehmern, Bankern, Wissenschaftlern, Künstlern und vielen anderen braucht er, nimmt diese äußerst ernst.

Seit er verheiratet ist, schätzt Rau Gesprächskontakte mit seinem Schwiegervater. »Der in der nordrhein-westfälischen Verfassung nicht vorgesehene Unternehmer aus dem ostwestfälischen Bielefeld«, sagte ein politischer Berater, »spielt in wirtschaftspolitischen Fragen eine nicht zu unterschätzende Rolle.« Wenn Rau von einem Wochenendtreffen mit seinem Schwiegervater aus Bielefeld zurückkehrt, hat er aufgetankt, bringt praxisbezogene Beispiele mit, die er den Theoretikern rechts und links um die Ohren schlägt.

Auch Rau will geliebt werden. Von den Bürgern, von den engsten Mitarbeitern. Ihn zu kritisieren ist schwierig. Direkte Kritik erträgt er nur in kleinen Dosen und auch nur von engsten Vertrauten. »Dabei möchte man ihm dringend empfehlen«, meinte ein Minister, »daß er seine politische Schwerpunktsetzung stärker betonen muß, denn seine Aussagen sind oft zu allgemein und mißverständlich. Er hat auf einigen politischen Feldern Defizite.« Niemand scheint den Mund aufzumachen und Rau zu raten, seine sieben Aktenkoffer einmal unbearbeitet zu lassen oder fünfzig Bürgerbriefe zu delegieren, sich einfach vom Tagesgeschäft zu befreien. Zehn Termine wahrzunehmen, um »bürgernah« zu bleiben, könnte auch als Flucht vor konzeptionellem Wirken mißverstanden werden. Minister klagen: »Warum fehlt manchmal die Zeit, ausgiebig über Perspektivpapiere der Staatskanzlei oder der Bundespartei zu diskutieren? Warum wirkt der Düsseldorfer Regierungschef nicht bereits in der Frühphase politischer Überlegungen mit?« Es gibt einige qualifizierte Mitarbeiter in Raus Umgebung, die danach lechzen, daß »er politische Führung übernimmt«. »Machen Sie erst mal einen Entwurf«, rät Rau. »Warum pflückt er politische Ideen erst, wenn er nicht nur inhaltlich von ihnen überzeugt ist, sondern auch ihre Durchsetzbarkeit gesichert hat?« seufzte einer seiner Vertrauten. Rau erstickt zeitweilig »im Alltäglichen«, stöhnt dann angesichts der Last seiner Termine und entschuldigt sich damit, kaum Zeit für die Aufarbeitung inhaltlicher Defizite zu finden, sich endlich mit richtungweisenden Fragen zu beschäftigen. »Er kneift, verhält sich aktionistisch, verzettelt sich in Briefen und zweitrangigen Repräsentationsaufgaben«, klagte ein langjähriger Gefährte. »Schreibt er doch beispielsweise seine neue Telefonnummer auf der Postkarte ›Ruf doch mal an‹ fast zweihundertmal eigenhändig!«

Rau gefällt sich in der Rolle des Landesvaters. Er will für alle der Ministerpräsident sein, nicht nur für die Sozialdemokraten oder die, die ihn gewählt haben.

Seine Achillesferse

Rau ist weich, doch nicht aus Liebe zum Nächsten, sondern weil er Rücksicht nimmt auf seine Umwelt. Seine Triebfeder ist der kalvinistisch-pietistische Aktionsdrang: noch mehr zu tun, als man bisher getan hat. Mehr zu entwickeln, mehr zu zeigen, mehr zu wollen, als man bisher gewollt hat. Rau ist ein politischer Aktivist. Ohne nennenswertes Machtbewußtsein! Und falls er eins hat, wird er meistens dazu genötigt. Machtgierig, machtbesessen, machtlüstern ist er in keinem Fall, auch wenn er als Amtsautorität versucht, Macht »menschlich umzusetzen«, niemals zu diktieren oder anmaßend zu sein. Weder kann er richtig brüllen noch aus der Haut fahren. Weder vermag er richtig wütend noch diabolisch-böse zu sein. Ausbrüche, durchtriebene Entgleisungen, aber auch Protesthaltungen liegen ihm nicht. Er kann *für* etwas reden, sprechen oder stehen, aber *gegen* etwas zu stehen ist ihm eigentlich zuwider. Freunde, die ihn gut kennen, halten das für seine Achillesferse: seine Unfähigkeit zum Protest. »Ihm mangelt es an radikaler, analytischer Trennschärfe«, interpretierte einer seiner Gefährten. »Rau hat Angst, Anstoß zu erregen, irgendwie wird er davon peinlich berührt.« Er hat in seinem Leben Brüche hingenommen, nie aber verursachte er Brüche. Rau ist einer, der einen faulen Frieden stets einem Krieg vorzieht. Deshalb auch versucht er, aus Konfliktsituationen das Beste zu machen. Nimmt in Kauf, arglos, harmlos und zögerlich zu erscheinen.

Sein Mangel an Ecken und Kanten ist auffällig. Er weiß jedoch, daß Ketzer stets die Motoren einer Gesellschaft waren. Gelernt hat er im Laufe seines Lebens, »ein wenig garstig« zu sein. Es gibt viele, die zu spüren bekamen, wie widerborstig und pingelig Bruder Johannes sein kann, wenn man ihm auf die Füße tritt. Dann wird er empfindsam wie der Lieblingsjünger des Herrn. Er weiß noch nach Jahren, wer ihm ein Beinchen stellte, und vermag es einfach nicht zu vergessen. Es sei denn, einer kriecht zu Kreuze. Denn Rau schätzt Stille und Stillhalten. Wem er etwas Negatives vermitteln möchte, dem deutet er es an. Oft in Nebensächlichkeiten, verfährt nach dem Motto: Von dir weiß ich noch mehr!

Rau weiß inzwischen – diese Erfahrung wuchs ihm langsam zu –, daß ohne Machtausübung keine Gesellschaft funktionieren kann. Er würde nie sagen: Es gibt immer Lämmer und Leithammel. Doch er hat früh die Macht am eigenen Leibe gespürt – durch Ehlers und andere –, hat List und kalkulierte »Macht durch Sprache« für sich ausgebaut. Allzu rücksichtslose Methoden sind nicht sein Bier, dafür entschuldigt er sich oder versucht, sie zu umgehen. Er trägt die Bürde der Macht. Lustgefühle haben seinen Machtgewinn begleitet. Doch schimmert Unsicherheit durch, die Angst vor Überforderung. Den frühen Politiker kennzeichnet dieser Schimmer auffälliger als den heutigen. Daß Macht auch süchtig machen kann – immer im Mittelpunkt zu stehen, meistens gestreichelt und bedient zu werden –, diese Erfahrung strukturierte ihn. Er wehrt sich gegen die Steigerung der Dosis, kennt Suchtverhalten. Wehrt sich auf seine Weise: durch Toleranz, Harmonie und Vernunft, durch die Fähigkeit zum Kompromiß. Das ist das sichtbare Programm des Politikers Rau. Sosehr auch andere darüber lächeln mögen. Heiner Geißler beispielsweise: »Innerhalb der SPD mit ihren vielen gegensätzlichen Gruppen führt Johannes Rau jene, die ihre Fahne nach dem Wind hängt. Es gibt die Neutralisten wie Lafontaine, Eppler und Bahr. Es gibt die ›alten Godesberger‹, sie werden immer seltener. Es gibt die Opportunisten, zu ihnen gehören Vogel und Rau. Rau ist die Leitfigur der Wischiwaschi-Opportunisten, deshalb wurde er auch der Kandidat.«

Geißler muß provozieren. Und will es auch. Eine Eigenschaft der Mächtigen ist Rücksichtslosigkeit. Rau besitzt sie weniger als andere. Selten redet er eine scharfkantige, deutliche Sprache. »Je näher ich den Menschen bin, desto mehr Spaß macht mir die Politik.« Wer Rau in seinen Regierungsgeschäften erlebt, findet die Selbstbeschreibung richtig. Ein Hansdampf in allen Gassen! Die Leute draußen möchten ihn gern anfassen.

Auch hier ist sein Repertoire gewaltig. Spricht er mit SPD-Senioren aus dem westfälischen Greven, die Bruder-Johannes-Waffeln gebacken und verteilt haben, erkundigt er sich nach dem Rezept. Gibt jedem das Gefühl, nur für sie dazusein. Trifft er auf dem Bonner Marktplatz Menschen aus Gummersbach, zieht er sie in ein kurzes Gespräch über ihre und seine Heimat. Dabei kommt ihm sein akribisches Gedächtnis zugute. Eine Begebenheit aus seinen GVP-Tagen erläutert das:

> »Kurz bevor mein Vater starb, rief mich ein Parteifreund an, ich müsse am nächsten Tag nach Mettmann und eine politische Rede halten. Das hatte ich noch nie gemacht. Ich sollte einen Redner vertreten, der krank geworden war.
>
> Das war Anfang 1953. Die Verkehrsverbindungen waren schlecht, und ich kam schon drei Stunden vor der Veranstaltung in Mettmann an. Da habe ich im Wartesaal die anliegende Zeitung gelesen, von hinten nach vorne und von vorne nach hinten, hatte immer noch eine Stunde Zeit. Und da habe ich, nur um zu überprüfen, wie gut mein Gedächtnis ist, die Notierungen des Schlachtviehmarktes auswendig gelernt: die Gemüsepreise, die Ernteaussichten und Preise

landwirtschaftlicher Grundstücke. Immer ein paar Zeilen gelesen, dann zugehalten und memoriert.

Am Abend bei der Veranstaltung habe ich dann gewissenhaft die Thesen der GVP zum Weltfrieden und zur Auflösung der Blöcke vorgetragen. Alles in allem ging's so gut, daß einer sogar sagte, das könnte seine Partei werden. Da war ich ganz stolz. Dann sagte einer: ›Ja, aber nur, wenn die sich auch um unsere Angelegenheiten als Bauern kümmern.‹ Da habe ich geantwortet: ›Das ist auch wahr. Wenn man bedenkt, wie die Schweinepreise gesunken sind, und das bei dieser schlechten Getreideernte und bei dieser Preisentwicklung für bäuerliche Grundstücke‹, und alles belegt mit Zahlen. Denen blieb die Spucke weg. Es war ein Riesenerfolg.«

Wer Politiker wie Rau nach der politischen Identität der SPD fragt, erhält – wie bei anderen Funktionsträgern der Partei auch – oft ausweichende und verneinende Antworten. Rau kennt die zerstrittenen Flügel und Positionen der SPD und denkt häufig machttaktisch. Selten definiert er politische Konzepte oder Zielvorstellungen.

Von Denkverboten hat er nie etwas gehalten. Als Wissenschaftsminister – spätestens – begriff er elementar, daß wissenschaftliche Neugierde die Triebkraft neuer Erkenntnisse ist; daß sich vieles weder einfach planen noch steuern läßt. Ihm geht es um ein waches Bewußtsein gegenüber den Strömungen der Zeit. Die Tücken des Objekts hat er oft genug zu spüren bekommen. Als Christ weiß er, daß die Gültigkeit ethischer Argumente in einer Gesellschaft immer wieder neu und argumentativ gefunden werden muß; daß Gründe und Gegengründe vorurteilsfrei zu prüfen sind. Seine Offenheit stellt für die Partei ein außergewöhnliches Kapital dar.

»Ich kenne keine Klassen mehr. Ich kenne nur Menschen.« Er hat die Sätze im Kopf. Das Reich der Freiheit beginnt in der Tat erst da, wo das Arbeiten, das durch Not und äußere Zweckmäßigkeit bestimmt ist, aufhört. Auch dieses Zitat beschäftigt ihn. Wo aber beginnt das Reich der Freiheit? Rau kennt seinen Marx, doch er kennt auch Lukas und Johannes. Und Engels kommt aus Wuppertal, wo Menschen oft versuchten, den beschränkten Untertanenverstand loszuwerden.

In seiner Kritik des Gothaer Programms hatte Marx geschrieben: »Unsere Welt ist pluralistisch. Ideen, Prinzipien, politische Überzeugungen, künstlerische Ismen können nicht länger universale Geltung beanspruchen.«

Auch das hat Rau beherzigt. Unterschiedliche kulturelle Erscheinungsformen lassen sich nicht aneinander messen. Sie stehen nebeneinander. Es gibt keine höhere oder niedrigere Kultur. Er gibt nur unterschiedliche Wege. Diese Einsicht bestimmt Rau.

»Natürlich müssen in der Politik die Konturen deutlich werden«, betont Rau, »und dazu werde ich meinen Beitrag leisten. Aber ich bin immer der Meinung gewesen, daß der Wettbewerb der Parteien in den Sachaussagen stattfinden sollte und nicht in der persönlichen Auseinandersetzung.« Irgendwie hat er Politik und Religion zu einer koordinierten Suchbewegung vereint. Er möchte die Bedingungen des Lebens und Überlebens in Würde gestalten, fühlt sich von Demütigungen zentral betroffen.

Rau gefällt sich als Mensch und Politiker. Seine Eitelkeit versteckt er gekonnt. Er glänzt nicht so sehr als Mann des Wissens, dafür als Mann des Könnens. In der Wuppertaler Atmosphäre gedeihen solche Leute. »Rau verfügt über eine hohe Intelligenz, nicht aber über hochfliegende Intellektualität«, umriß ein politischer Ziehvater seine Fähigkeiten, »doch er kann seinen Intellekt weitaus intelligenter praktizieren als ein Intellektueller.« Dafür sei seine Sensibilität um so ausgeprägter. Beispielsweise bedeute Literatur ihm mehr als dem durchschnittlichen Politiker.

Wer Rau tatsächlich kennt, kann sich nicht vorstellen, daß dieser unter einer gewissen Perspektive einmal Goethe, Schiller oder Tolstoi gelesen hätte. »Sein Horizont wird allgemein überschätzt«, meinte ein früherer Freund. »Er ist kein Mensch mit ausgeweiteter europäischer Dimension, sondern ein Autodidakt, der außer gutem Deutsch, etwas Englisch und bergischer Mundart keine Sprache spricht.« Früher hat er die eigene Aufnahmefähigkeit überschätzt, »fraß« alles, kaufte sich Gesamtausgaben, quälte sich hindurch, schwitzte, speicherte. Er habe damals »bedrückend viel gelesen«, sagt er heute.

»Gründliche, systematische, wissenschaftliche Denkvorgänge sind ihm fremd«, interpretierte ihn ein Kollege, »das hat er nie gelernt. Er hat bei jeder sich bietenden Gelegenheit Wissen aufgesaugt, hat es mühsam aufgestockt.« Wendete es an, praktizierte und koordinierte es. Er blieb scheu und demütig, wurde selten eingebildet. Auch deshalb sagt er oft nicht: »*Ich* werde es tun«, sondern: » *Wir* werden es tun«, nimmt sich wissend zurück.

»Rau ist kein Politiker im eigentlichen Sinne«, kritisierte ein ehemaliger Förderer, »er ist im Tiefsten seines Herzens eine unpolitische Persönlichkeit. Er hat kein politisches Profil und wird nie, nie eins gewinnen.« Was die anderen an ihm bewundern und schätzen, sind politische Tugenden wie Toleranz, Wahrhaftigkeit, Menschlichkeit und Redlichkeit.

»Geißler hat gefährliche Ideen, aber er hat welche; Strauß hat verrückte Ideen, aber er hat sie; Rau entwickelt kaum Ideen«, sagte ein Kampfgefährte, »nicht einmal schlechte. Ihm fehlen politische Härte und Beißkraft. Er hat einfach keinen Biß.« Feindschaften brauchen nicht zu sein, müssen nicht sein. Er kann beinahe aus jedem Menschen wenn nicht einen Freund, dann aber doch einen Neutralisten machen. Irgendwie wird er von Rau »angezogen«, befriedet, indem ihm nicht mit gleicher Münze heimgezahlt wird. Rau entläßt so schnell keinen aus seiner Sympathiezone. Auch das gehört zum Erfolgsrezept dieses Politikers.

Er imponiert, weil er zum Beispiel in seinen Wahlreden weder flucht noch verleumdet, äußerst selten »sich gehenläßt« und aggressiv wird. Er redet für »seine« Welt, wie er sie sieht und erlebt, zeigt »Mangel an Feindschaft«. Darin ist er ein populistischer Politiker. Vielen Wählern redet er »aus tiefstem Herzen« – nicht aber bedingungslos nach dem Mund – und findet Bestätigung, Resonanz, Widerhall.

Rau ist empfindsam, nicht aber empfindlich. Er kann einstecken, ertragen, ist aber verletzbar, sehr verletzlich, wenn es an die Substanz geht. Wenn Gegner ihn der Lüge bezichtigen oder ihm korruptes Verhalten vorwerfen, dann zeigt er seine Dünnhäutigkeit, sein schwaches Nervenkostüm. Ihm fehlt Dickfelligkeit, also die Fähigkeit, etwas gleichmütig, ja gleichgültig hinzunehmen. Seine Widersacher können ihn leicht irritieren. Wer seine Integrität in Zweifel zieht, trifft ihn. Er hingegen zügelt sich, verhält sich moralisch, moralistisch. Sein christliches Engagement als Heuchelei oder Masche abzutun, seine Nähe zu Menschen als Schaueffekt hinzustellen, ihm Glaubwürdigkeit abzusprechen, das verletzt ihn bis ins Mark.

Weh tut es ihm, wenn einer seine Gefolgschaft aufkündigt. Illoyalität schmerzt ihn. Rau haßt Verlogenheit, falsches Spiel, Menschenverachtung. Intellektuelle Überheblichkeit ist ihm zuwider. Das ist die eine Seite, zur anderen gehört, daß überragende Köpfe »ihm angst machen«. Ein Vertrauter umriß es so: »Er hat Probleme mit Menschen, die geistige Überflieger sind und andere das auch noch spüren lassen. Dann macht er einen Bogen um Personen, geht Fragen aus dem Weg, die er nicht kapiert oder einfach nicht hören will. Bogen macht er gern! Auch um den Bundestag, auch um die Bundespressekonferenz.«

Aus dem Weg geht er auch der Arbeitsgemeinschaft sozialdemokratischer Frauen. Er kann Frauen nicht ausstehen, die ihn mit schriller Stimme bedrängen, ihm »auf den Leib rücken«. Er macht Bogen um Menschen, die alles schon wissen und ständig mit Patentrezepten rumfummeln. Er umgeht ganz linke und ganz rechte Zirkel seiner Partei. Sich von ihnen vereinnahmen zu lassen widerspräche Raus Stil. Menschlichen Konfrontationen, die geifernd verlaufen, geht er ebenfalls aus dem Weg. Das ist ihm peinlich. Er könnte niemanden aus seinem Umkreis »versetzen« oder ihm kündigen oder – schlimmer noch – gar einen Prozeß gegen ihn anstrengen.

Keiner seiner Genossen erwartet von ihm, daß er die SPD reformiert. Sein programmatisches Verlangen hält sich in Grenzen. Reformen sind möglich, Solidarität ist nötig, soziale Gerechtigkeit unabdingbar, das gehört zu Rau. So lieben ihn die Wähler, deshalb mißtrauen ihm die Linken. Sozialismus als Gemeinschaft, wenig konturiert und profiliert, das verbinden parteiinterne Gegner mit seiner Person. Sie argwöhnen: »Als Sozialdemokrat hat er ein Programm, das er immer vorlegen wird und mit sich in Einklang bringt. Immer wieder versteht er es, mit seiner liebenswürdigen Art Menschen zu fischen. Was aber bleibt letztendlich von sozialdemokratischer Politik?«

Raus auffallendste Fähigkeiten »sind im Bauch begründet«, sagen linke Parteigenossen, »in seinem Gespür, seinem Einfühlungsvermögen, seiner Intuition! Sein Harmoniebedürfnis resultiert auch aus der Angst, nicht mehr geliebt zu werden, enthält auch ein Stück Angst vor der Welt, vor scharfen Auseinandersetzungen. Streit heißt für ihn Liebesentzug. Das aber bedeutet Einsamkeit, heißt, allein zu bleiben. Und das mag er am allerwenigsten.«

Rau interessiert sich für Persönliches, für Privates. Er kennt die Familienverhältnisse seiner Mitarbeiter, Freunde und Vertrauten, er kennt die Irrungen und Wirrungen, Beziehungskisten und Verhältnisse. »Der kann neugierig sein wie ein altes Waschweib«, mäkelte ein ehemaliger Vertrauter. »Alles weiß er bis in kleinste Verästelungen und Details. Er sammelt Herrschaftswissen auf allen Ebenen.« Rau kommt selten in Situationen, denen er nicht gewachsen ist oder die er nicht kontrollieren kann. Er speichert viel, besitzt genügend Daten im »System Rau«, um andere Menschen einzuschätzen, sie mit sanftem Druck zu steuern. Er dosiert genau, wem er etwas wann sagt, was er mitteilt, welche Informationen er weitergibt. Niemand darf so viel wissen wie er. Dahinter läßt sich Mißtrauen entdecken. Rau will alles wissen und weiß es auch. Selten könnte es passieren, daß irgend jemand – sei es im Kabinett oder in anderen Gremien – so viel von sich geben kann wie er.

Rau kommt aus der Provinz, lebt gern in der Provinz, braucht das Milieu. Aus dem Bergischen kommen auch einige Mitarbeiter, betreiben mit ihm Politik. Wuppertaler Politik. Mit Herz, Verstand und Gemüt, mitunter auch provinziell. Für Rau ergibt sich die Gefahr, Weltgeschehen eingeengt zu betrachten oder werten zu lassen. Rau läuft Gefahr, zu verschmoren, im provinziellen Mief zu ersticken, wenn er sich nicht öffnet. Erste Schritte hat er getan.

Ein schwerwiegender Fehler war es, seine Aufgaben als stellvertretender SPD-Bundesvorsitzender nicht intensiver wahrgenommen zu haben. »Er hätte sich viel stärker einmischen müssen«, sagt man hinter vorgehaltener Hand, »er verzichtete auf Einflußnahme, versäumte es, die Richtung der Partei in seinem Sinne mitzubestimmen. Er darf sich nicht auf Repräsentationsaufgaben abdrängen lassen.«

Es gibt Menschen, die ihn gekränkt haben, und solche, von denen er glaubt, gekränkt worden zu sein. Meistens versucht er, es auszuräumen. Er meint, »wenn etwas ausgeräumt wurde, dann ist es ausgeräumt«.

Wer ihn auf den Satz des CSU-Bundestagsabgeordneten Fellner anspricht: »... daß die Juden sich schnell zu Wort melden, wenn irgendwo in deutschen Kassen Geld klimpert«, dem antwortet er: »Was der Mann gesagt hat, hat mich tief empört. Nur – dann hat er sich vor dem Bundestag entschuldigt. Ich fände es schofel, wenn den jetzt jemand auf den Satz ansprechen würde.« Rau reagiert unwirsch, wenn guter Wille in Zweifel gezogen wird, auch der eigene. Ist es nicht zu einfach, fragen wir, wenn einer etwas behauptet und anschließend

April, April sagt? »Nein, er hat nicht April, April gesagt, sondern er hat eine Erklärung abgegeben, daß er jedes der gesprochenen Worte bedauert und sich davon distanziert. Und ich finde um der Substanz des Menschen willen, daß es möglich sein muß, etwas in Ordnung zu bringen!« Rau redet mit Nachdruck. Der Vorfall beschäftigt ihn. Er denkt an seine »Rücknahme«. Daß er selber sich entschuldigt hat, unterstreicht sein Verlangen nach Glaubwürdigkeit und »Anstand«.

Ob er meint, damit besser fahren zu können? »Dieser Stil entspricht nicht irgendeinem Kalkül, sondern hat mit meiner politischen Biographie zu tun. Ich könnte gar nicht anders. Ich denke, die Sozialdemokraten haben sich das mit mir gut überlegt«, sagt er, »die wissen, daß sie in mir keinen haben, der mit dem schweren Säbel kämpft.« Und weiter: »Ich will nicht Harmonie um jeden Preis, wer das meint, schätzt mich falsch ein. Ich will zusammenführen, wo andere spalten und ausgrenzen. Beim Paragraphen 116 etwa oder bei der ungerechtfertigten Kürzung sozialer Leistungen. Nichts gegen die scharfe Darstellung demokratischer Konflikte.«

Rau kann ein Erbsenzähler sein. Pingelig bis zur Unerträglichkeit. Gern streitet er mit Mitarbeitern über Rechtschreibung und Interpunktion, will recht behalten, auch wenn er vom Duden korrigiert wird. »Hier irrt der Duden«, spöttelt er dann oberlehrerhaft.

Gerät Rau unter starken Druck, gar unter politischen Beschuß, befreit er sich, indem er ein Ventil öffnet. Er kritzelt dann in Vorlagen und Entwürfen herum. Anstatt in Streßsituationen das Gespräch zu suchen, vergräbt er sich in Akten und schreibt sich Zorn und Wut vom Leib. Er erwartet, daß seine Leistungen gewürdigt werden, dürstet nach Streicheleinheiten.

Rau ist ein Morgenmuffel, doch auch ein »guter Nachbar«, der gern über seine Wehwehchen plaudert. Die Kneipe ist ihm fast so wichtig wie der Gemeindesaal. Er ist ein origineller Typ, der keine Anleihen macht. Auch wenn er sich und andere gelegentlich strapaziert und erschrocken feststellt, wie weit er es gebracht hat, bleibt er »der Johannes«. Doch das war nicht nur *seine* Leistung, nicht nur sein Glück. Er wurde auch »erwählt«, und viele haben mitgeholfen. Er konnte von Erfolg zu Erfolg springen, wurde vom Schicksal verwöhnt, mußte selten etwas riskieren. Mit der Kanzlerkandidatur wird das anders sein. Er muß viel riskieren, um seine Reputation nicht einzubüßen.

Rau macht einen weiten Bogen um die Grünen. Auf Landes- und Bundesebene lehnt er, nicht nur aus programmatischen und taktischen Gründen, ein Zusammengehen ab. Er hat innere Widerstände ihnen gegenüber. Ästhetische und psychische Barrieren. Grüne sind ihm fremd und unerklärlich, erscheinen ihm »durchweg unordentlich«. Ihre »schmuddelige« Selbstdarstellung kann er nicht ausstehen. Rau legt Wert auf Äußerlichkeiten, auf Erscheinungsformen. Bärte mag er beispielsweise nicht sonderlich, obwohl er in den fünfziger Jahren vorübergehend selbst einen trug. Rollkragenpullover mag er auch nicht. Und seine Mitarbeiter sind immer wie aus dem Ei gepellt.

Bei Rau »läuft Politik so richtig nur über Vertraute«, meinte ein Minister, »über enge Mitarbeiter, Mitstreiter, über Freunde«. Die Zahl derer, denen er vertraut, ist nicht allzugroß. Manchmal übergeht er »kluge Köpfe«, weil er ihnen kein Vertrauen schenkt.

Die Rau-Crew

Auf den ersten Blick scheint es so, als habe der harmoniesüchtige Rau nur Leute um sich versammelt, die ihm zuliefern, zutragen, zuarbeiten, Protokolle formulieren. Der Staatskanzlei haftet der kleinlich-liebenswerte Duft eines Tante-Emma-Ladens an. Man freut sich darauf, ein Glas mit Bonbons auf der Theke zu entdecken.

Doch der gleiche Rau, der seinen Apparat auf seine »ehrliche Arbeit« zugeschnitten hat, scharte auch querdenkende, hochspezialisierte Menschen um sich, entwickelte dabei einen treffsicheren Instinkt für eigene Gemütslagen, Kontroversen und Schwierigkeiten. Es zeichnet sein politisches Talent aus, diese beiden Ebenen von Zuarbeitern und herausragenden Beratern zu verbinden.

Rau trennt zwischen seinem Beamten- und Angestelltenapparat – also den Mitarbeitern im öffentlichen Dienst, mit denen er intensiv kooperiert, die seine Regierungspraxis koordinieren – und seinen politischen Beratern aus der Partei. Ihre unterschiedlichen Arbeitsweisen, ihre verschiedenen Formen der Wahrnehmung, Kommunikation und Offenheit, ihre politischen Wertungen und Deutungen hält Rau mit sicherem Gespür auseinander.

Klaus Dieter Leister ist seit Ende Oktober 1983 Chef der Staatskanzlei. Der 1937 in Berlin geborene promovierte Jurist koordiniert die gesamte Arbeit der Landesregierung. Er steuert und kontrolliert sie. Als Vorgesetzter von knapp 300 Mitarbeitern beherrscht er Personalführung und Verwaltungsarbeit ebenso wie die Außenvertretung seines Amtes. Er gilt als umsichtiger, dem Ministerpräsidenten verbundener Spitzenmann.

Seine Kindheit verbrachte er in Berlin und Chemnitz, wurde nach dem Krieg nach Wuppertal verschlagen und legte 1958 an jenem Gymnasium sein Abitur ab, das Rau zehn Jahre zuvor als Obertertianer verlassen hatte. Der Leutnant der Reserve studierte in Berlin und Bonn, machte seine beiden juristischen Examen mit Bravour und wurde mit einer Arbeit im öffentlichen Recht promoviert. 1969 kam er ins Bundeswirtschaftsministerium. Nach Karl Schillers Rücktritt 1972 lernte er im gleichen Jahr Helmut Schmidt kennen, der damals Doppelminister war. Nach der Bundestagswahl wurde Leister Schmidts Büroleiter und zog mit ihm 1974 in gleicher Funktion ins Bundeskanzleramt. Nach fünfjähriger Knochenarbeit für den Kanzler wechselte er ins Entwicklungshilfeministerium. 1981 berief ihn Verteidigungsminister Hans Apel als Staatssekretär auf die Hardthöhe. Nach dem Sturz der Regierung Schmidt 1982 trat Leister in den einstweiligen Ruhestand und kam nach kurzem Zwischenspiel beim nordrhein-westfälischen Innenminister Herbert Schnoor in Raus Staatskanzlei.

Leister hat bei Schmidt viel gelernt, wurde auf politische Generalstabsarbeit vorbereitet. Er beherrscht die Administration perfekt, macht bei schwierigen Entscheidungen Vorschläge, operiert meistens mit fünf Möglichkeiten, fünf Chancen und fünf Risiken. Das hört sich Rau dann an und wartet erst mal ab. Kritiker lasten Leister einen gewissen Mangel an politischer Weitsicht und Entscheidungsfreude an. Rau brauche Leute, monieren sie, die ihren Kopf für Lösungen auch hinhalten, die sie ihm empfehlen. Ihm Lösungen nahezulegen und sich zurückzuziehen sei der falsche Weg. Leister ist seit 1967 mit einer Diplomhandelslehrerin verheiratet. 1966 wurde Leister Mitglied der SPD. Bei mancher Kritik an Leister, die hinter vorgehaltener Hand geäußert wird, gilt er für Rau als unentbehrlich. Seine Loyalität ist unbestritten.

Niemand kommt an Rau heran ohne die Einwilligung seiner Sekretärin. *Juliane Bermel* arbeitet seit vierzehn Jahren für den Wuppertaler, kennt ihn in- und auswendig. Verschwiegen, ergeben und aufopferungsbereit ist sie bis zur physischen Erschöpfung. Als einfühlsame Mitarbeiterin besitzt sie das absolute Vertrauen des Regierungschefs. Sie war die einzige in Raus Umgebung, die vorzeitig von der Heirat ihres Chefs wußte und ihm half, die Festlichkeiten zu organisieren. Juliane Bermel verantwortet das persönliche Management, erledigt Privates, schickt den Chef zum Friseur, kaufte früher sogar Schuhe und Anzüge für ihn ein.

Rau entdeckte seine Vertraute 1972 im Bauministerium, warb sie ab und holte sie ins damalige Wissenschaftsministerium. Juliane Bermel, 1938 in Neuss geboren, wollte eigentlich Landwirtin werden, schaffte nach der siebten Volksschulklasse eine Sonderprüfung und besuchte eine zweijährige Handelsschule. Mit der kaufmännischen mittleren Reife und ihren besonderen Interessen für Englisch, Deutsch und Geschichte ging sie 1954 in die Buchhaltung des Niederrheinischen Stahlkontors in Neuss. 1958 wechselte sie in die Behörde. »Man muß ein Rau-Fan sein, um ihm vierzehn Jahre zu dienen«, meint die Neusserin, deren Stärken Menschenkenntnis und Einfühlungsvermögen sind. Sie weiß, mit ihm umzugehen, ist »Mädchen für alles«, die »Minna fürs Grobe«.

Beim täglichen Morgentelefonat läßt Rau bei ihr schon oft Dampf ab. Sie erkennt an seinen Augen die Stimmungslage. Im Büro geht es familiär zu. Beide mögen sich. Juliane Bermel arbeitet gern in der zweiten Reihe, kritisiert auch den Chef. Die praktizierende Katholikin, die seit 1960 SPD-Mitglied und seit 1964 mit einem Modellbauer verheiratet ist, wurde mit den Wahlerfolgen ihres Chefs auch selbstbewußter. Heute kann sie sich wehren, wenn sie glaubt, daß ihre Überbelastung kein Ende nimmt.

Zur Crew in der Staatskanzlei gehört auch Raus Büroleiter *Fritz Behrens,* der seit August 1983 für den Ministerpräsidenten arbeitet. Über seinen Schreibtisch geht alles, was den Regierungschef erreichen soll, doch auch alles, was aus dessen Büro wieder herauskommt. Das Nadelöhr möglichst weit offenzuhalten ist seine vornehmste Pflicht. Er plant die Termine für den Ministerpräsidenten, eine schwierige Puzzlearbeit, die dem Büroleiter viel Kopfzerbrechen bereitet, denn Rau sagt ungern Einladungen ab, schon gar nicht in den Orts- und Bezirksverbänden der Partei. Behrens macht Vorschläge oder empfiehlt, anzunehmen oder abzulehnen. Das letzte Wort aber hat Rau. Besuche vor Ort, auch an Wochenenden, sind ihm wichtiger als Großempfänge in Wirtschaft und Politik. Obwohl auch hier gilt: keine Schau ohne Rau. Der Wuppertaler will nichts versäumen. Behrens ist gewieft genug, auf Raus Präferenzen einzugehen. Er findet immer noch Nischen im täglichen Zeitplan: Rau will gehetzt werden.

Behrens ist der Benjamin in der Rau-Crew. 1948 in Göttingen geboren, studierte der Reserveoffizier in seiner Heimatstadt Jura und promovierte über »Rechtsgrundlagen der Umweltpolitik der Europäischen Gemeinschaft«. Der Einser-Jurist kam über eine *FAZ*-Stellenanzeige im Dezember 1977 in die Düsseldorfer Staatskanzlei, wurde 1979 persönlicher Referent von Herbert Schnoor, dem damaligen Chef der Staatskanzlei, und ging 1980 mit ihm ins Innenministerium. 1983 wurde er in die Staatskanzlei zurückberufen. Von Schnoor übernahm Rau immer wieder qualifizierte Mitarbeiter. Seinem Urteil vertraut er auch in Personalfragen.

Fritz Behrens, seit 1972 Sozialdemokrat, heiratete im gleichen Jahr eine Lehrerin und hat zwei Kinder. Er gilt als einer der besten Beamten in Raus Umgebung. Der Spitzenverwalter des Büros zeichnet sich durch eigenständige politische Meinungen aus.

Ein wichtiger Mann in Raus Staatskanzlei-Crew ist *Karlheinz Bentele,* seit November 1983 in Düsseldorf. Bentele verfügt über reichliche Bonner Erfahrung. Er war zuletzt Büroleiter des SPD-Fraktionschefs Hans-Jochen Vogel, arbeitete vorher für Ehmke und Hauff, beteiligte sich in der SPD-Baracke intensiv an der Formulierung sozialdemokratischer Parteiprogramme und kennt sich in Wahlkampfstrategien gut aus. Heute ist Bentele, der gelernte und promovierte Verwaltungswissenschaftler, das Scharnier zwischen der Düsseldorfer Administration und der Partei. Er fördert die Kommunikation zwischen »beiden Welten«. Er arbeitet an einer für Rau wichtigen Nahtstelle. Der kompetente Sachbearbeiter gilt als Helfertyp. Er versteht viel von Wirtschafts- und Sozialpolitik, schreibt für Rau, regelt für ihn manche Bonner Beziehungen.

Bentele wurde 1947 in Konstanz geboren. Er studierte nach der Bundeswehrzeit an der neugegründeten Universität seiner Heimatstadt. 1967 trat er der SPD bei und wurde Stadtrat und Kreisverordneter. Nach glänzendem Examen und erfolgreicher Promotion diente er ab 1973 Bonner SPD-Spitzenpolitikern. Der Konstanzer kennt seine Partei wie kaum ein anderer. Für seinen Chef räumt er Minen und Bonner Stolperdrähte weg, pflegt Kontakte zur SPD-Bundestagsfraktion, kümmert sich um die Arbeit der SPD-Grundsatzkommission, hält Rau stets auf dem neuesten Stand der Programmarbeit. Seit 1979 ist er verheiratet und hat einen Sohn. Bentele, ein quirliger, offener und begabter Experte, hält sich bescheiden im Hintergrund, doch er weiß, was er für seinen Chef leistet.

Für ökonomische Fragen im weitesten Sinne ist auch *Hartmut Krebs* zuständig, Leiter der Planungsgruppe in der Staatskanzlei. Er schrieb einige Jahre lang Reden für Rau. Heute berät er seinen Chef in Wirtschafts- und Finanzproblemen.

Reinhard Linsel, ein Kölner, der nach dem Abitur das Fremdenverkehrsamt der Domstadt mit aufbaute und dort bis 1964 blieb, ist fünf Jahre älter als Rau und gehört zur Flakhelfer-Generation. Er wechselte als Chef des Presse- und Werbeamtes nach Wuppertal. Hier lernte er den Kommunalpolitiker und Landtagsabgeordneten Rau kennen, mit dem er seit dieser Zeit freundschaftlich verbunden ist. Bevor Linsel, der mit einer Journalistin verheiratet ist, 1980 in die Dienste des nordrhein-westfälichen Ministerpräsidenten trat, leitete er neun Jahre lang das städtische Werbeamt in Düsseldorf. Wäre es nach dem Willen und Wunsch Raus gegangen, hätte Linsel viel früher den Referentenstuhl in der Staatskanzlei besetzt.

Linsel ist ein »Feingeist«, der Raus »Denke« am nachhaltigsten verinnerlicht hat und feinfühlig mit Sprache umgehen kann. Er versteht fast nichts von Parteipolitik, um so mehr jedoch von Literatur, Kunst, Kirchen, Geschichte. Offen ist bis heute, ob Linsel Raus Schreib- und Sprechdiktion übernommen hat oder umgekehrt. Seine Persönlichkeitsstruktur ähnelt der von Rau. Den Neigungen und Interessen seines Freundes kommt er sehr entgegen. Wie kaum ein anderer versteht er, Raus Intentionen sprachlich umzusetzen. Der außerordentlich wichtige Mann in der Rau-Crew gilt als kaum ersetzbar.

Bevor sie im Dezember 1985 als Staatssekretärin in die nordrhein-westfälische Landesvertretung nach Bonn ging, gehörte *Heide Dörrhöfer-Tucholsky* zu Raus engsten Vertrauten. Als stellvertretende Pressesprecherin der Landesregierung übte sie in wichtigen politischen Fragen großen Einfluß auf Rau aus. Die 1944 geborene Rheinhessin war nach dem Abitur zur Deutschen Presse-Agentur nach Düsseldorf gegangen. Dort lernte sie den Beruf des Journalisten von der Pike auf und wechselte 1970 ins Düsseldorfer *Spiegel*-Büro. 1977 holte Rau sie als Leiterin der Pressestelle ins Wissenschaftsministerium. Heide Dörrhöfer-Tucholsky schrieb ihm Reden, verkaufte seine Politik den Journalisten. Eine dominante Rolle spielte sie in Raus Seilschaft, als es um die Wahlen zum SPD-Landesvorsitzenden und Ministerpräsidenten ging. Die Alzeyerin, ausgestattet mit politischem Fingerspitzengefühl und analytischen Fähigkeiten, arbeitete eng mit Regierungssprecher Helmut Müller-Reinig zusammen.

Helmut Müller-Reinig ist Raus Regierungssprecher seit dessen Wahl zum Ministerpräsidenten. Mit dem gelernten Journalisten verbindet Rau eine langjährige enge Freundschaft.

Müller-Reinig, gebürtiger Hesse, 1927 in Frankenberg an der Eder geboren, war Luftwaffenhelfer, ging zum Reichsarbeitsdienst, wurde Fallschirmspringer, kam in amerikanische und französische Gefangenschaft. Wegen Unterernährung wurde er 1946 entlassen und machte später sein Abitur nach. Anschließend besuchte er die Journalistenschule in München, volontierte bei Münchener Blättern, ging zu den *Hessischen Nachrichten* und kam über das Kölner dpa-Büro 1959 zur Deutschen Presse-Agentur nach Düsseldorf. Hier arbeitete er als Chef vom Dienst bis 1972 und wurde dann Pressechef des nordrhein-westfälischen Landtages.

Schon früh gehörte Müller-Reinig zu Raus Ratgebern, zu seinen Freunden und Förderern. Der gelernte Journalist entwickelte ein Politikverständnis, das auf Rau abgestimmt ist. Er und Heide Dörrhöfer-Tucholsky sind die einzigen in der Staatskanzlei-Crew, die den Ministerpräsidenten duzen.

Rau macht sich von keinem Mitarbeiter abhängig. Bewußt hält er – bei aller Wertschätzung – Distanz zu seiner Crew. Zu seinen Grundsätzen gehört, daß er sich niemals auf den Rat eines einzelnen stützt oder verläßt. Es gibt unterschiedliche Intensivphasen für verschiedene Mitarbeiter. Eine »beständige Nähe« zu denen, die häufig »sein Ohr haben«, existiert nicht. Rau fordert in einer Sache stets den Rat mehrerer. Überprüft somit ständig die Stabilität erbetener oder gegebener Ratschläge.

Rau zu beraten ist überhaupt schwer. »Nee, dat will ich nicht« ist ein vielzitierter Satz. Beratung steht jeden Tag neu auf dem Prüfstein. »Man darf ihn nicht zu arg bedrängen, ihm nichts abtrotzen«, verriet einer. »Rau muß selber darauf kommen, daß Ratschläge sinnvoll und richtig sind.« Wer ihn zu seinem Instrument machen möchte, gerät auf den Holzweg. Rau reagiert dann unangenehm. Seine Crew behandelt er wohltemperiert. Niemand hat das Gefühl, der Wichtigste, der Beste, der Einflußreichste zu sein. Rau achtet darauf, daß solche Eindrücke erst gar nicht entstehen.

Brüllen kann Rau nicht. An seinen Augen erkennen erfahrene Mitarbeiter Ärger und Zorn, die er meistens in sich hineinfrißt. Wenn er von einem nichts mehr will, läßt er es ihn auch spüren. Wen er abgelehnt hat, der kann liefern, was er will. Er nimmt ihn nicht mehr zur Kenntnis, selbst wenn in seiner Vorlage das Gescheiteste steht. Rau kann nachtragend sein, wenn er meint, daß einer es sich zu leicht macht. Von Mitarbeitern verlangt er, daß sie sich seine Sorgen zu eigen machen.

Enge Berater

Innerhalb des Rau-Kabinetts spielen einige Minister eine besondere Rolle für den Kabinettschef. *Diether Posser* ist nicht nur als Finanzminister ein gewichtiger Mann. Als Kampfgefährte aus der GVP-Zeit ist er für Rau ein väterlicher Freund geworden, dessen Urteil zählt. Raus Beziehung zu Posser speist sich auch aus Bewunderung, Anerkennung und Verehrung. Ihm zu widersprechen fällt Rau schwer. Auch Innenminister *Herbert Schnoor* wird vom Kabinettschef sehr ernst genommen. Von ihm fordert Rau mehr als nur den Rat eines Kabinettsmitgliedes.

Zunehmend wurde auch *Klaus Matthiesen* für Rau unentbehrlich. Von ihm erwartet er nicht nur erfolgreiche Umweltpolitik. Im Gegensatz zu anderen am Kabinettstisch hat Matthiesen die Rolle eines Spitzenkandidaten durchlebt und durchlitten. Er kennt auch die gegenwärtigen Probleme, die Rau bedrücken: Partei konsolidieren, Konsens schaffen, Arbeit und Umwelt in Einklang bringen, Entwicklungen steuern, Programme für den Wahlkampf formulieren. Matthiesen, der einen ähnlichen beruflichen und weltanschaulichen Hintergrund hat, ist sowohl für den Regierungschef als auch für den SPD-Kanzlerkandidaten unentbehrlich geworden. Sein Rat zählt, seine Meinung wiegt, sein Einfluß ist erheblich gewachsen.

Der eigenwillige und robust wirkende SPD-Landesgeschäftsführer von Nordrhein-Westfalen, *Bodo Hombach*, Jahrgang 1952, hat sich nur widerwillig damit abgefunden, als der prägendste und durchsetzungsstärkste Vertraute von Johannes Rau öffentlichem Interesse ausgesetzt zu sein. Gegenüber Journalisten beschreibt er mit Vorliebe, was er von Johannes Rau gelernt hat, etwa, daß sich unter dessen Einfluß sein Sprachverhalten völlig änderte. Seine eigentliche Rolle verschleiernd, bezeichnet er sich als »Helfer, Wasserträger und Diener« von Johannes Rau.

Der vielseitig interessierte und begabte Hombach sieht sich als »Kind des Ruhrgebietes« und »typisches Produkt sozialdemokratischer Bildungsreform«. Der gelernte Fernmeldetechniker hat auf der Ochsentour des zweiten Bildungsweges zunächst Sozialarbeit und später Sozialwissenschaft studiert. Nach seinem Examen blieb er immatrikuliert. Er hat sich wissenschaftlich auch mit historischen, ökonomischen und sozialpsychologischen Problemen auseinandergesetzt. Eine Promotionsarbeit über sozial- und massenpsychologische Phänomene wollte er in der »ruhigeren Zeit nach der Landtagswahl« fertigstellen. Wie viele Absolventen des zweiten Bildungsweges sammelt er geradezu Zertifikate und Abschlüsse, und seien es auch nur Ausbildungsbescheinigungen beim Segeln oder Fliegen.

Schon während seiner Lehrzeit, die er 1970 – in diesem Jahr wurde er auch Mitglied der SPD – beendete, ist er durch extremen Fleiß und Arbeitseffizienz und blitzschnelle Auffassungsgabe aufgefallen. Seine alten Zeugnisse betonen außerdem sein Organisationstalent und seine analytischen Fähigkeiten. Parallel zu seinen Ausbildungsschritten war er berufstätig und zudem politisch höchst aktiv. Vom Sprecher der Jugendvertretung über den »Vorzeigelehrling in der Studentenrevolte« bis zum SPD-Landesgeschäftsführer liegen unzählige Etappen. Sein Satz »Wozu brauche ich Freizeit, die Arbeit macht doch Riesenspaß« erklärt, weshalb er selbst noch in seiner arbeitsreichen Managerposition regelmäßig Zeit findet, viel zu lesen, aufmerksam am künstlerischen und kulturellen Zeitgeschehen teilzuhaben und recht häufig selber Wissenschaftliches oder Politisches zu publizieren. Hombach hat 1972/73 Zivildienst geleistet, stuft sich aber nicht als Pazifist ein. Nach hauptberuflicher Funktionärstätigkeit bei der Postgewerkschaft und beim DGB-Landesbezirk NRW ist Bodo Hombach 1976 zur Gewerkschaft Erziehung und Wisenschaft gegangen, die ihn im Oktober 1977 zu ihrem NRW-Landesgeschäftsführer wählte. Johannes Rau, damals noch Wissenschaftsminister, »erlitt« Hombach mehrfach als gewerkschaftlichen Kontrahenten. Im August 1979 hat er Hombach – der zögerte, Parteifunktionär zu werden – als stellvertretenden Landesgeschäftsführer und Planer für die 80er Landtagswahl zum SPD-Landesverband geholt. Im darauffolgenden Jahr wurde der damals 28jährige auf Vorschlag von Johannes Rau vom SPD-Landesvorstand einstimmig zum Landesgeschäftsführer gewählt.

Er schaffte die Reform des bis dahin einflußlosen SPD-Landesverbandes im Schulterschluß mit seinen mächtigen Bezirksverbänden. Hombach gilt als Glücksfall für Rau und für die SPD. Kurt Biedenkopf sieht in ihm sogar den eigentlichen Kopf der nordrhein-westfälischen Sozialdemokraten. Heiner Geißler kennzeichnet ihn in Bonner Hintergrundgesprächen immer wieder als den gefährlichsten Gegner. Hombachs Reaktion: »Der übertreibt schwer und wird noch schnell merken, daß der Clement ihm mindestens so gefährlich werden wird.«

Hombach sammelt die nötigen Kenntnisse und Erfahrungen für seine professionelle Arbeit als Wahlkampfmanager, wo immer es geht. Er scheut nicht vor Seminaren in den Managerschulen der deutschen Wirtschaft zurück und beobachtet die Wahlkämpfe mit Vorliebe in Schweden, Österreich und in den USA. Mittlerweile ist er selber innerhalb eines kleinen Kreises internationaler Experten gefragter Ratgeber.

Bei der Landtagswahl 1985 war er Raus Wahlkampfleiter. Seine schon häufig beschriebenen Verdienste wiegen um so schwerer, da er seine strategische Konzeption zunächst mit hohem persönlichen Einsatz gegen vielfältige Widerstände durchsetzen und realisieren mußte. Demoskopen behaupten, die SPD habe in Nordrhein-Westfalen innerhalb eines Jahres den Sprung von möglichen 43 Prozent auf tatsächliche 52,1 Prozent geschafft. Seine vertraulichen Beziehungen zu Rau hindern den zähen und kompetenten, manchmal auch schlitzohrigen Experten nicht, Auseinandersetzungen mit ihm zu führen. Hombach erspart ihm selten Belastungen. Der intellektuelle Querdenker und scharfsinnige Analytiker hat zu jeder Zeit formlosen Zugang zu seinem Chef. Er sagt ja, wenn er ja meint, und nein, wenn er nein meint, und steht dazu. Hombach inspiriert Rau und richtet ihn, wenn es nötig ist, wieder auf.

Er lebt seit dem achtzehnten Lebensjahr mit seiner Frau Ruth – sie heirateten 1977 – zusammen. Die gleichaltrige, selbstbewußte Akademikerin, die auch den zweiten Bildungsweg ging und sich wie er ständig fort- und weiterbildet, ist wichtig bei seiner Meinungsbildung. So kritisiert sie seine »manchmal zu soziologische Wahrnehmung der Realität« und korrigiert ihn auch mit ihren täglichen Eindrücken. Diese gründen auf psychotherapeutischen Gesprächen und auf Erfahrungen aus Ehe- und Schwangerschaftskonfliktberatungen, die sie täglich in einer städtischen Beratungsstelle in einem Duisburger Arbeiterviertel macht.

Wolfgang Clement kennt Rau seit Jahren. Er holte dessen Rat, bevor er Wischnewskis Angebot annahm, SPD-Sprecher zu werden. Für Rau war er früher schon gelegentlich tätig. Auch an Vorarbeiten. Er arbeitete an der Regierungserklärung 1980 mit. Aus der Zusammenarbeit wurde eine umfassende und gewichtige Beratertätigkeit. Der gelernte Jurist und Journalist spielte eine nicht zu unterschätzende Rolle beim NRW-Wahlkampf 1985. Hombach und Clement, zwei unterschiedliche Temperamente, pflegen ihr kooperatives und solidarisches Miteinander. Sie beweisen, daß sie erfolgreich an einem Strickende ziehen können. Die beiden Intellektuellen in Raus engstem Beraterkreis haben – jeder auf seine Weise – nachhaltigen Einfluß auf den Kanzlerkandidaten. Rau würde Clement nicht fragen: »Mit welchen Themen und Schritten machen wir den Menschen klar, daß es für sie besser ist, uns zu wählen? Weshalb bin ich besser für sie als Kohl?«. Über Konzeptionen und Strategien würde er vorrangig mit Hombach sprechen. Dieser denkt mit ihm – manchmal fast wie ein Sparringspartner. Er ist Organisator und Raus Chefstratege. Doch läuft bei Rau nichts ohne Clement in Sachen Öffentlichkeitsarbeit. Clement ist Raus Chefverkäufer, Raus tatsächliches Sprachrohr. Immer wieder fordert dieser in heiklen politischen Fragen die Meinungen beider an. »Hast du schon mit Bodo darüber gesprochen?« fragt er oft. Oder: »Was sagt der Wolfgang dazu?« Beiden vertraut er, beide braucht er, beide stehen in freundschaftlicher Beziehung zueinander und zu ihm. Und beide sind keine unkritischen Jasager. Ihre gediegene und fundierte Kritik findet bei Rau Gehör. Hombach und Clement im Verbund haben das entscheidende Gewicht, den größten Einfluß auf Rau. Auch die gravierendste Kompetenz.

Clement, der ebenfalls zu Willy Brandt eine ausgeprägte Loyalität hat, sieht in seiner Rollenverteilung keine Probleme. Seine Nähe zum SPD-Bundesvorsitzenden garantiert viele Vorteile für Rau, sichert die wahlkampfwichtige Achse Bonn–Düsseldorf.

Clement wurde 1940 in Bochum geboren, katholisch erzogen, war Meßdiener und Pfadfinder. Nach dem Abitur 1960 studierte er Rechtswissenschaften an der Universität Münster und legte 1965 sein erstes juristisches Staatsexamen ab. Parallel zum Studium arbeitete er als freier Mitarbeiter und als Semestervolontär in der Bochumer Lokalredaktion der *Westfälischen Rundschau.* Nach der Referendarzeit ging Clement als wissenschaftlicher Assistent an das Institut für Prozeßrecht der Universität Marburg. 1968 kehrte er zur *Westfälischen Rundschau* zurück, wurde politischer Redakteur, Ressortleiter Politik, später stellvertretender Chefredakteur. In diesen Jahren fand er noch Zeit zur Mitarbeit am Lehrstuhl für Staats- und Verfassungsrechte an der Universität Bochum. Bei Ingo von Münch übernahm er eine Doktorarbeit über »Die Zustimmungsbedürftigkeit von Gesetzen durch den Bundesrat«. Dieses Thema liegt zur Fertigstellung auf seinem privaten Schreibtisch. Clement vermutet, daß er nach seiner Pension die Zeit dafür finden wird.

Lange zögerte er, den formalen Schritt in die SPD zu gehen, obwohl seine Entscheidung für die Sozialdemokratie bereits in der Pennälerzeit gefallen war. Auch er besaß zunächst die bei Journalisten häufig anzutreffende Haltung, Parteimitgliedschaft und Anspruch auf journalistische Unabhängigkeit seien nicht miteinander vereinbar. 1970 wurde er Sozialdemokrat. Clement ist seit 1966 verheiratet und hat fünf Töchter. Der oft zurückhaltend wirkende potentielle Bundesgeschäftsführer der SPD zählt zu den offenen, nachdenklichen sozialdemokratischen Parteisoldaten, die den Marschallstab im Tornister tragen. Er kann gewaltig austeilen und zeigt Standhaftigkeit und Härte.

XIII. Kapitel

Familienskizzen

Werner Filmer / Heribert Schwan

Der Softie-Macho

Der eingefleischte Junggeselle Rau konnte neidisch werden, wenn Freunde und Bekannte heirateten. Wie kein anderer verstand er es, mit Kindern umzugehen, kann das heute noch. Auf »Onkel Han« fliegen sie. Da ist nichts aufgesetzt. Er versteht ihre Sprache, »verzaubert sie«, nimmt sie ernst.

Rau kannte schon in der Jugendzeit »nette Wesen« aus der »Jungen Gemeinde« in Gemarke. Auch er durchlebte Auseinandersetzungen, Enttäuschungen, Versöhnungen und Trennungen. Liebesgeschichten. Rau wurde umschwärmt, war mehr von Frauen als von Männern umgeben. Viele machten sich Hoffnungen. Er schätzte gute Gespräche mehr als feste Bindungen. »Wahrscheinlich findest du eine Diakonisse aus Kaiserswerth, die dich noch heiratet«, meinte Anfang der achtziger Jahre ein Freund.

Sein Verhältnis zu Frauen scheint manchmal verklemmt zu sein, besonders zu jenen Frauen, die mit emanzipatorischem Anspruch auftreten. Wenn es um Frauenthemen geht, wirkt er schüchtern, zurückhaltend. Seine Körpersprache verkrampft sich. Vielleicht arbeitete und lebte Rau auch zu lange in den Männerbünden der evangelischen Kirche. Jedenfalls tut er sich schwer mit Frauen in der Politik. Skeptisch begegnet er der Arbeitsgemeinschaft sozialdemokratischer Frauen

(ASF). Bei Frauen in politischer Verantwortung wendet er höhere Maßstäbe an als bei Männern. »Softie-Macho«, sagen sie. Schrille Stimmen, aggressives Gehabe und Auftreten stören ihn. Er schätzt gebildete und erfolgreiche Frauen, denkt konservativ. Daß Frauen an den Herd gehören, Kinder erziehen sollen und dafür zu sorgen haben, daß es dem gestreßten Hausherrn gutgeht, paßt in sein Weltbild.

Schwer tat er sich bei Personalentscheidungen, ging es um Frauen. Seine Berater bekamen Zustände, wenn darüber nachgedacht wurde, welche ins Kabinett geholt werden sollte. Er glaubt einfach nicht, daß Frauen ihre Zustimmung zu Parteien auch davon abhängig machen könnten, ob Geschlechtsgenossinnen in verantwortlichen Positionen sind oder nicht. In dieser Frage scheint er unnachgiebig zu bleiben.

Verheiratet

Vertraute und Freunde hätten ihre Häuser verwettet, daß der Junggeselle nicht mehr heiraten würde. Verwundert rieben sie sich die Augen, als sie aus der Presse erfuhren: »Johannes Rau heiratete Christina Delius – August 1982.« Heimlich, still und leise ließen sich beide am 9. August 1982 in London standesamtlich trauen. Zwei Wochen lang konnten sie ihre Hochzeit geheimhalten. Erst die kirchliche Trauung auf Spiekeroog am 22. August 1982 wurde öffentlich. Die Nachrichtenagenturen überschlugen sich, die Regenbogenpresse hatte ihr Thema.

Christina Rau, geborene Delius, wurde am 30. Oktober 1956 in Bielefeld als viertes von fünf Kindern geboren. Ihre Mutter Christa ist die zweite Tochter von Gustav Heinemann, die Rau seit GVP-Zeiten gut kennt.

Wegen anhaltender Bronchitis kam Christina mit elf Jahren auf ein Internat in die Schweiz. Im Hochgebirge des Engadin – vermutete der Hausarzt – werde ihre Krankheit ausheilen. Nach zwei Jahren gelang es. Doch die Eltern wollten kein Risiko eingehen und schickten sie mit vierzehn Jahren an die Südküste von England. Drei Jahre verbrachte sie in Bexhill-on-Sea, zwischen Eastbourne und Hastings gelegen. Nachdem sie ihre *Ordinary-Level* (mittlere Reife) gemacht hatte, wechselte sie nach Gordonstoun in Schottland. Mit achtzehn Jahren machte sie ihr Abitur. Ihre Lieblingsfächer waren Geschichte, Englisch und Französisch. Das Internat in Gordonstoun ist wie Salem von Kurt Hahn gegründet worden. Charakterbildung und sportliche Betätigung wurden besonders gepflegt. Christina, die von Jahr zu Jahr ihre schulischen Leistungen steigern konnte, mußte Tagebuch führen über das, was täglich geschah, ob man fleißig oder faul, pünktlich oder unpünktlich war. Im Gordonstoun lernte sie Bergsteigen, gehörte der Bergwacht an und lernte, Verunglückte zu retten. Sie spielte in der Hockey-Schulmannschaft. Sport war und blieb ihr Hobby.

Nach dem Abitur blieb sie in England und begann in Aberystwyth (Wales) ein dreijähriges Studium der politischen Wissenschaften (International Politics). Sie machte ihr erstes Staatsexamen (*Bachelor's Degree*), schrieb anschließend ihre Diplomarbeit (*Master*) über ein sicherheitspolitisches Problem (zivile Verteidigung). Elf Jahre hatte sie in England gelebt, als sie sich entscheiden mußte, dort oder in der Bundesrepublik einen Beruf zu ergreifen. Heimweh kannte sie nicht, fühlte sich in Großbritannien zu Hause. Dennoch entschied sie sich, zurückzukehren. Nach anfänglichen Schwierigkeiten und Orientierungsproblemen begann sie an der Bonner Universität bei Professor Hans-Adolf Jacobsen ihre Dissertation über »Die deutsche Frage aus britischer Sicht«. Zwei Jahre lang wälzte sie Literatur, sammelte Quellen und wollte sich ans Schreiben begeben, als sie am 16. Januar 1981 – Raus fünfzigstem Geburtstag – den Mann ihres Lebens fand.

Christina kommt aus einer konservativen Unternehmerfamilie. Vater Eduard, ein erfolgreicher Textilkaufmann, erzog seine Kinder vor allem zur Leistungsstärke und Sparsamkeit. Politisch hält sich die Unternehmertochter für *issue orientated* (sachorientiert). Sie hat vor allem musische Interessen.

Ihre beiden Kinder – Anna Christina wurde am 19. Dezember 1983 und Philip Immanuel am 28. Juni 1985 geboren – erzieht sie so, wie sie selbst erzogen wurde.

Christina Rau ist eine zurückhaltende, eher verschlossene Frau, die nicht gern von sich erzählt. Die gescheite, keineswegs unpolitische First Lady würde selber niemals Politik machen. Sie besitzt kein Parteibuch, verhält sich eigenständig. Sie entscheidet darüber, ob sie ihren Mann begleitet oder daheim bleibt.

Durch seine Ehe hat sich Raus Leben tiefgreifend verändert. Der Familienvater lebt anders, denkt anders. Oft schaut er auf die Uhr, fragt sich, ob Anna und Philip schon schlafen, wann sie wach werden, wann er sie sehen kann. Er arbeitet nicht weniger, verbringt aber seine Zeit zu Hause »kindorientierter«. Frau und Kinder sind oft um ihn herum, auch wenn er Akten liest, Briefe schreibt.

Elmau: Auch ein Teil seines Lebens

Wir blättern in einem Exemplar des Verlags der Grünen Blätter: Schloß Elmau. »Leben ist mehr als Wert und Arbeit und das Sein wichtiger als das Tun«, hat Johannes Müller geschrieben, der Kulturphilosoph. Er baute Elmau als Stätte der Erholung und Begegnung aus – von 1912 bis 1916. Johannes Rau fährt seit knapp dreißig Jahren hin, um sich zu erholen, um Ferien zu machen. Auch im Dezember 1985.

Auch Johannes Müller, Jahrgang 1864, stammte aus einer kinderreichen, streng pietistischen Familie. Auch er hatte eine schwere, entbehrungsreiche Kindheit und Jugend, war drei Jahre krank gewesen und zwei weitere völlig gelähmt. An der Schwelle des Todes kehrte unerwartet die Bewegungsfähigkeit allmählich zurück. Seine schicksalbejahende Lebenshaltung befähigte ihn, durch Schauen, Horchen und Fühlen Eindrücke tief aufzunehmen. Lehren heißt Erlebenlassen, und Erlebenlassen ist nur »möglich, nachdem die notwendigen Voraussetzungen für die Empfänglichkeit des Schülers geschaffen worden sind«.

Johannes Rau hat in Elmau oft seine Ferien verbracht. Seit er Ministerpräsident ist, wohnt er im Alpengut Elmau, im historischen Gasthof, der wenige Minuten vom Schloß entfernt liegt. Zirbelholz und Schmiedeeisen geben den anheimelnden Räumen auch heute noch bäuerliche Atmosphäre. Rau hat seine Familie mitgenommen. Ahlen hat ihn beflügelt. Seine Rede kam bei den Genossen an. Er fühlt sich aufgehoben, angenommen, von der Mehrheit – nicht nur seiner Partei – getragen. Die erkundeten Meinungen klingen positiv. Die Mehrheit der Wähler mag ihn. Er möchte siegen, auch wenn er immer noch nicht genau zu wissen scheint, ob er wirklich Kanzler werden will.

Das Elmauer Hochtal – zwischen Zugspitzmassiv, Wetterstein- und Karwendelgebirge – in 1050 Meter Höhe, umgeben von Naturschutzgebieten, ist eine Oase der Unberührtheit und Stille geblieben. Kein Wind, kein Nebel, reine, würzige Luft, viel Sonne.

Johannes Müller, der Gründer von Elmau, der sich sein Theologie- und Philosophiestudium ab 1884 in Leipzig und Erlangen selbst verdienen und erhungern mußte, hatte versucht, »die Herrschaft überlieferter Vorstellungen loszuwerden«. Die Schriften von Nietzsche und Kierkegaard hatten ihm dabei geholfen. In die damalige Zeit fiel sein »Tiefenerlebnis«: »Wir brauchen eine neue Unmittelbarkeit«, schrieb er. Und Unmittelbarkeit wurde zur Triebkraft seines Lebens. In Elmau sollte sie Gestalt werden. »Unmittelbarkeit ist die Voraussetzung dafür, daß wir wesentlich werden, weil dann das, was man tut und sagt, aus dem Unbewußten, aus der Tiefe unseres Wesens, ganz von selbst hervorgeht. Ob wir es empfangen haben oder ob es aus uns entsprungen ist, bleibt gleichgültig« (Johannes Müller).

Diese Zeilen erinnern an die Umarmung Raus durch Wehner in Ahlen. Selten sind Gesichter – auch von fotografierten Personen – identisch mit ihrem Selbstbewußtsein. Jeder weiß, daß er sich irgendwie anders gefühlt hat, anders verhielt oder posierte, als er es Sekunden später vielleicht getan hätte. Doch da sind die Augenblicke der Posenlosigkeit, der Ausdruck von Hilflosigkeit, der Moment, in dem einem die Maske entzogen wird. Jene zwei, drei, vier Sekunden, in denen Wehner den gekürten Rau an sich zog, werden dazugehören, weil Parteigeschichte entstand. Das Noch-nicht-Gesehene wurde bewußt, verstärkte eigene Erfahrung.

Fotos helfen, das Wesen einer bislang nicht dagewesenen, die Geschichte deutenden Erscheinnung zu begreifen: all das, um dessentwillen es sich lohnt . . . Unmittelbarkeit spürte Rau in diesem Augenblick, als er von Wehner umarmt wurde. Er begriff – jenseits aller betrüblichen Erwägungen – sein Ziel. Vergessen waren Ermüdungserscheinungen, Enttäuschungen und Verluste. Sein Platz war ihm zugewiesen worden. Er brauchte sich keiner Bewährung mehr zu unterziehen, hatte das sozialdemokratische Adelsprädikat erhalten. Entstanden war ein Symbolbild, erreichte die Funktionsträger, die Partei, die Wähler. Verbundenheit durch Unmittelbarkeit. In Elmau liegt Schnee. Und Johannes Rau will auftanken im Kreis seiner Familie.

Es hat geschneit. In der Programmvorschau steht: »Aus den täglichen kreativen Kursen können Sie wählen, was Ihnen am meisten zusagt . . . Meditation – Übung der Stille unter Anleitung . . .«

Wann bleibt Politikern eigentlich Zeit, über Zukunft nachzudenken?

Raus Terminplan und Übersichten verraten Zumutungen, Zwänge, Hetze, Streß. Wie schlecht schlafen Politiker? Welche Rolle spielen ihre verlorenen oder brüchig gewordenen Hoffnungen, ihre verdrängte Resignation? Väter sind Statisten bei der Kindererziehung, die Mütter werden blaß, schauen angestrengt, Kinder sind die Opfer auf dem Altar der Karriere. Die Rau-Kinder fahren mit den Eltern Schlitten. Ein Kameramann schießt Bilder, dann können die Ferien beginnen.

Im vorigen Jahrhundert war die Elmau noch eine Einöde. Drei Bauernhöfe und ein Gasthaus bestimmten das Bild. König Ludwig pflegte dort Rast zu halten, wenn er auf sein Schloß am Schachen fuhr. Wer Sinn für Schönheit besitzt, wird hierherfinden. Am 28. Dezember 1985 heißt es im Wetterbericht: »In Südostbayern zeitweise heiter mit freien Bergen, sonst veränderliche Bewölkung.«

20.30 Uhr, Elmauer Tanzabend mit Ötte. Ein Hauch jugendbewegter Andersartigkeit und Gediegenheit – abends Spinatsuppe und Cannelloni alla carne – liegt in der Luft. »Was die Gäste auf der Elmau finden, hängt allerdings auch davon ab, was sie suchen und was sie selbst geben und empfangen können.«

Technischer Fortschritt allein kann keinen Sinn stiften. Das entnahm der junge Rau vielen Diskussionen. Theologen prägten vor allem sein Bewußtsein, seine Verpflichtungen und Verantwortungen. Die SPD-Spitze bastelt an einer Anzeigenkampagne. Anfang 1986 wird sie gestartet. »Anstand« soll ein Schlüsselwort werden, gefeilt von Johannes Rau. Die Zentrale gibt sich Mühe, das Ereignis Rau medien- und publikumswirksam zu halten. Seine Popularität soll nicht untergraben oder angekratzt werden.

Die grundsätzliche Weigerung Raus, für eine Koalition mit den Grünen zur Verfügung zu stehen, ist von Teilen der SPD öffentlich kritisiert worden. Die Jungsozialisten fordern eine »differenzierte Zusammenarbeit mit den Grünen«. Sie lehnen Koalitionen mit der CDU und der FDP strikt ab. Die Festlegung auf jenes »Bündnis«, das in Hessen praktiziert wird sowie in Raus Heimatstadt Wuppertal, widerspricht der von Rau beabsichtigten Auseinandersetzung mit der CDU um die politische Mitte.

Noch macht er Urlaub in Elmau, genießt großzügige, geschmackvolle Räumlichkeiten, durchstreift mit der Familie die »Tankstelle für Lebensessenz«, sucht Atempausen. Im Prospekt liest man: »Der Tanz gehört in Elmau zu den wichtigsten Erholungsfaktoren für Leib und Seele. Er dient nicht nur der Unterhaltung und Entspannung, er ist auch mehr als Vergnügen und Steigerung des Lebensgefühls, er ist hier ›die beglückendste aller Künste, ein Bekenntnis zur Freude, ein Vermittler von Glückseligkeit‹. Jeder kann teilnehmen, auch wenn er noch nie getanzt hat.« Der Film- und Romanautor Erich Ebermayer schrieb: »Erst in Elmau weiß ich, was der Tanz in uns zu lösen vermag. Er ist wirklich der große, wundersame Heiler und Befreier.«

Ein Jungsozialist würde in dieser Atmosphäre eine Gänsehaut bekommen, sich bereits nach der ersten Minute unwohl fühlen, vermutlich weglaufen. Zuviel Atem- und Gymnastiktherapie, Konzerte, Vorträge, Dichterlesungen, Reduktionskost. Doch Jungsozialisten verirren sich selten hierher. Was also findet Rau an diesem Ort so faszinierend?

»Ich fahre seit Ende der fünfziger Jahre nach Elmau. Wenn man das über die drei Jahrzehnte zusammenrechnet, dann könnte ich mir denken, daß ich dort drei Lebensjahre verbracht habe, zumal ich manchmal zwei- bis dreimal im Jahr hingefahren bin.« Rau lehnt sich zurück. Allein das Wort »Elmau« scheint ihn zu entspannen. »Entscheidend ist, daß man sich dort zurückziehen, aber auch gesellig sein kann. Man hat dort viele Kontakte, viele Gesprächsmöglichkeiten, viel Unterhaltung, viele Freunde. Ich schreibe in Elmau gern, höre Musik. Jeden Abend gibt es Veranstaltungen, Konzerte, man begegnet Künstlern, redet mit denen ...«

Und was ist das Geheimnis von Elmau?

»Wenn einer hier am Tisch jetzt nach Elmau fahren würde, ich bin überzeugt, er käme erholt zurück mit einer Fülle von Kontakten, Ideen, Interessen und Hinweisen. Nicht zuletzt mit einem Zettel guter Empfehlungen, was man unbedingt lesen sollte. Elmau heißt für mich neue Impulse kriegen.«

XIV. Kapitel

Ersehntes und Erkanntes

Hans-Ulrich Klose

Lieber Johannes

Lieber Johannes,
ich soll einen »kurzen Aufsatz« über Dich schreiben. Vorgeschlagener Titel: »Was er nicht vergessen sollte«. Zusatz: »Großen Wert legen wir auf die Beschreibung ganz persönlicher Erfahrungen – so subjektiv es geht...«

Ich habe da meine Bedenken. Politiker sind in einer massenkommunikativen Welt praktisch ungeschütztes Objekt öffentlichen Interesses, teils gepflegter, teils räudiger Indiskretion. Sich dagegen zu wehren ist möglich, aber gefährlich. Denn am längeren Hebel sitzen allemal die Meinungsmacher: Sie können trommeln oder totschweigen, hochjubeln oder vernichten und sind niemandem Rechenschaft schuldig, solange die Rechnung stimmt.

Noch gefährlicher, als sich zu wehren, ist es jedoch, sich auf dieses öffentliche Spiel mit der eigenen Person einzulassen, sich preiszugeben, sich selbst (und die eigene Familie) zu verkaufen. Das geht gut, solange es ein »mitbestimmtes« Spiel bleibt, dessen Regeln man beherrscht, das man beliebig fortsetzen, aber nach freier Entscheidung auch beenden kann.

Du meinst, das sei selbstverständlich? Keineswegs. Du weißt es besser. Tatsache ist doch, daß aus dem Spieler in der Politik allzuleicht eine Spielfigur werden kann, auf die gesetzt und die (wenig) später von anderen nach deren Regeln verschoben wird.

Wenn Du diese Veränderung bemerkst, hast Du Glück gehabt. Wahrscheinlicher und viel häufiger ist, daß Du es nicht merkst, denn was da stattfindet, ist ein schleichender Prozeß. Du denkst und sagst: Ich will mich nicht verbiegen lassen, und es ist schon geschehen.

Vielleicht hast Du Freunde, die mit Dir reden können, die die Barrieren der Selbstgefälligkeit und des Mißtrauens – beides geht zusammen – durchbrechen, die (noch) zu Dir durchdringen, auf die Du (noch) hörst.

Du selber bist mir in einer bestimmten Situation Anfang 1981 ein solcher Freund gewesen, hast mit mir so geredet. Ich erinnere mich gut daran, wie auch an den Brief, den Du mir später nach meinem Rücktritt geschrieben hast (übrigens einer von zwei Briefen, die ich dazu von »führenden« Sozialdemokraten erhalten habe). Du hast damals die Frage gestellt, ob ein in die Verantwortung gestellter Politiker sich durch eigene Entscheidung der Verantwortung entziehen dürfe, und ich habe Dir (sinngemäß) geantwortet, er dürfe es nicht nur, in bestimmten Fällen müsse er es sogar, um Schaden abzuwenden von anderen und von sich.

Du hast auf meinen Brief nicht mehr geantwortet, war auch nicht nötig, weder damals noch heute, denn ich glaube, Du weißt um die Gefährdungen, und Du wirst es – hoffe ich – nicht vergessen: daß es wichtigere Dinge gibt als das Amt, den Erfolg und die Partei.

Werde also Kanzler; aber mach's auf eine Weise, die Dich nicht zerstört, die Dir einen Teil jenes »unveräußerlichen Rechtes auf Glück« beläßt, ohne den Du nicht leben kannst.

Ich grüße Dich herzlich,
Dein Hans-Ulrich Klose

Alf Hammelrath

Seine Gewerkschaft

Zum erstenmal bin ich Johannes Rau im Jahr 1960 begegnet; damals war er gerade in seiner ersten Legislaturperiode im Landtag, einer der jüngsten Abgeordneten. Ich sprach mit ihm im kleinen Kreis der AStA-Vorsitzenden der damaligen Pädagogischen Akademien. Wir alle waren fasziniert von diesem Parlamentarier, der erst wenige Jahre zuvor, zusammen mit Gustav Heinemann und Diether Posser, die Gesamtdeutsche Volkspartei verlassen hatte und in die SPD eingetreten war. Wir sprachen mit ihm über die Notwendigkeit eines Lehrerausbildungsgesetzes, und Rau entwickelte uns, im gemütlichen Gespräch, seine Vorstellung von der Zukunft der Lehrerausbildung. Er fragte, hörte zu, warf ein – und dabei wurde sein Herkommen deutlich. Ja, er verstehe nicht viel davon, er habe noch nicht einmal Abitur; als ob er schon damals das spätere Wort des Bayern gekannt hätte: »Sie, Sie, haben Sie überhaupt Abitur?«

Schon damals wurde deutlich, daß dieser Mann es nicht beim gemütlichen Reden bewenden lassen würde. Aber auch, daß diese Gespräche für ihn von hoher Bedeutung sind, daß er sie politisch einsetzt, nutzt. Daß er Politik über seine Person befördert – eben jene Eigenschaft, die ihn bis heute kennzeichnet.

Rau ist Mitglied der GEW seit 1962. Die GEW ist nach Fachgruppen organisiert, und so stand er vor der Frage, in welche er sich melden solle. Lehrer war er nicht, Hochschullehrer noch weniger. Also begriff er seine politische Tätigkeit als pädagogische Tätigkeit und befand sich in der Fachgruppe »Sozialpädagogen«. Politisches Handeln als sozialpädagogisches Tun, als erziehendes Eingreifen – das mag er vielleicht nicht überlegt haben, aber es charakterisiert ihn. Denn als Dienststelle gab er damals, obwohl die Abgeordnetentätigkeit noch nicht durch Spruch der Verfassungsgerichte zum Full-time-Job geworden war, den Landtag an. Dies war der Mittelpunkt seines Tuns – unbeschadet sonstigen beruflichen Engagements.

1973 wechselte Rau die Fachgruppe: Er kam zur »Hochschule und Forschung« – als Wissenschaftsminister. Ich begegnete ihm zum zweitenmal, diesmal auf einer Vertreterversammlung der GEW. Er stellte sich den Gesprächen, in der Phase des Aufbaus der Gesamthochschulen, die er so grundgelegt hatte, daß sie noch heute Bestand haben. Das Grußwort brachte keine politische Festlegung, keine Versprechung, aber die Botschaft: Mit Johannes Rau wird die soziale Öffnung der Hochschulen gesichert, die Demokratisierung fortgesetzt. Uns erschien er nicht als der Minister, der die noch nicht fern zurückliegenden Hoffnungen des Jahres 1968 erfüllen würde; eher als einer, der viel Rücksicht nimmt auf die Traditionen und Bereitschaften der herkömmlichen Universitäten.

Das Motto, unter das Rau seinen Wahlkampf 1986/87 als Kanzlerkandidat der SPD gestellt hat, gilt für sein Handeln insgesamt. »Versöhnen statt Spalten«, das ausgleichende Gespräch suchen, moderierend wirken.

Freilich, da es verschiedene, vielfältige Ansprüche gibt, ist es nicht möglich, das gewerkschaftliche Engagement in speziellen Fragen mit Erfolg einzufordern. Rau hört zu und fragt nach, das »Aber« steht, ausgesprochen oder nicht, stets zwischen den Gesprächspartnern. Es wird erträglich durch das Klima in Gesprächsrunden.

In einer Rede am 17. Januar 1986 vor der Friedrich-Ebert-Stiftung hat Rau zum Thema »Von der Möglichkeit und den Schwierigkeiten, politische Grundsätze glaubwürdig im Alltagshandeln zu verkörpern« gesagt: »Was mich beunruhigt, ist der ›Mangel an Reibung‹. Es scheint oft so, als rufe Politik mit starken Worten in einen dunklen Wald, aus dem kein Echo zurückkommt. Die Worte versickern in der Stille.« Mit dieser Beunruhigung ist ein Anspruch formuliert, ein Anspruch auf Echo, ein Anspruch auf Widerspruch, darauf, seine Politik einer argumentativen Bewährung auszusetzen. Diesen Anspruch erheben auch Gewerkschafter. Daraus aber ergibt sich eine Spannung mit jenem Rau'schen Wahlkampfmotto. Wir brauchen Reibung, öffentliche Diskussion. Wir brauchen Positionen, die sich der Angreifbarkeit aussetzen.

Johannes Rau hat generelle Positionen, die wir teilen; und er hat spezielle Positionen, die wir häufig nicht kennen. An zwei aktuellen Beispielen sei dies erläutert. Für Rau ist, wie er stets betont, Arbeitszeitverkürzung vor allem aus arbeitsmarktpolitischen Gründen notwendig. Er nennt sie nicht dumm und töricht, im Gegenteil. Aber die Arbeitszeitverkürzungen seit 1974 sind bei durchschnittlich 150000 Beschäftigten des Landes Nordrhein-Westfalen, nämlich den Lehrerinnen und Lehrern, nicht angekommen. Nach weit mehr als einem Jahr ist der Tarifvertrag des Jahres 1984 noch nicht eingelöst. Hierzu gibt es öffentliche Äußerungen von zuständigen und unzuständigen Ministern und Politikern, von Johannes Rau fehlen sie. Sie sind, so scheint es, auch nicht zu bekommen.

Ein zweites Beispiel: Der Ministerpräsident des Saarlandes, Oskar Lafontaine, hat sehr bald nach seiner Amtsübernahme einen deutlichen Schlußstrich gezogen unter den »Radikalenerlaß«; der Ministerpräsident von Nordrhein-Westfalen hat die Praxis modifiziert, er ersetzt den klaren politischen Schlußpunkt durch »sanftes Handeln«, das ihn nicht der Notwendigkeit der streitbaren Verteidigung seiner Politik aussetzt, das aber in Kauf nimmt, daß weiterhin Unklarheiten bestehen, daß weiterhin die Konflikte auf der unteren Ebene ausgetragen werden müssen.

Da ist es, das »Rufen in die Stille des dunklen Waldes«.

Jenes erste Gespräch aus dem Jahr 1960 charakterisiert die Begegnungen mit dem GEW-Kollegen Rau. Die Botschaft ist die Begegnung selbst, ist das Auftreten dieses Mannes. Der Wortwitz, die Schlagfertigkeit gehören dazu wie die Lust am Witz und am Lachen, die Selbstironie, über die man nachdenkt, weil man längst dessen innegeworden ist, daß sie politisch eingesetzt ist. Die Verknüpfung von alltäglicher Begegnung und politischem Gespräch ist das Markenzeichen dieses Politikers. Nähe und Distanz, zwischen Personen, aber auch Institutionen.

Seit 24 Jahren ist Rau Mitglied der GEW, aber er läßt sich in Anspruch nehmen nur für die organisierte Arbeitnehmerschaft. (Dies ist klug in einem Land, in dem Gewerkschaften nicht nur Lohnmaschinen sind; aber opportunistisch ist dieses Bekenntnis erkennbar nicht.) Als er über seine Zugehörigkeit zur GEW einmal öffentlich nachdenken ließ, war einziges Kriterium die Integration der GEW in den DGB. Dies macht ihn gesprächsfähig, aber auch distanziert; Nähe ohne Anbiederung, Distanz ohne Kälte: dies habe ich oft erlebt im persönlichen Gespräch wie als Zuhörer in politischen Veranstaltungen.

Klaus Schütz

Empfindsam für den Schmerz

Es ist ein schöner Frühlingsmorgen, und wir sind auf dem Weg durch das Wadi el-Kelt. Wir beginnen an einem Punkt halbwegs zwischen Jerusalem und Jericho. Wir, meine Frau und ich, sind zusammen mit Christina und Johannes.

Der Weg ist noch lang bis Jericho; dort wollen wir zu Mittag essen. Es ist warm. Alle scheinen den Fußmarsch zu genießen. Nur Johannes klagt: Er ist – wir merken es für später vor – nicht so gut zu Fuß, wie es ein so langer Marsch durch das langgezogene Wadi bei gnadenloser Sonne fordert.

Ausgangspunkt unserer Tour ist ein öder, menschenleerer Platz: Chan Hadrur. Es ist erklärlich, daß die Legende hierhin die Erzählung vom »barmherzigen Samariter« verlegt. Wir müssen durch Sand und Geröll klettern, bis wir den ummauerten Bach erreichen. An seinem Rand entlang läuft unsere Wegstrecke.

Als wir kurz vor dem Bach sind, höre ich hinter mir, wie Johannes Rau die Teile des Lukasevangeliums spricht, die von dem Schicksal jenes Menschen berichten, der von Jerusalem hinab nach Jericho ging und unter die Räuber fiel. Wie ihm weder der Priester noch der Levit half. Aber dann kam der Samariter: »... und da er ihn sah, jammerte ihn sein, ging zu ihm und hob ihn auf sein Tier und führte ihn in eine Herberge und pflegte sein.«

Johannes sagt den Text frei stehend, unvorbereitet: offenbar wortgetreu. Er kennt ihn nicht nur, er kann ihn auch.

In dieser Landschaft und an diesem Morgen ist es aber nicht nur der Text und nicht allein die Botschaft. Es ist die Art, wie Johannes Rau – hier am Ort des Geschehens – mit dem Wort umgeht: nicht devot, sondern überlegt, nicht frömmelnd, sondern fromm. Und mit all der Freude, die das Evangelium und die Landschaft und dieser Frühlingstag um sich versammeln.

Einen Tag später sind wir bei Menachem Begin. Das ist schwergewichtig. Der Ministerpräsident Israels gilt als unbequem und unnachgiebig. Und das nicht nur in Deutschland. Dort gilt er wohl auch noch zusätzlich als unversöhnlich, wenn nicht gar als ein Feind der Deutschen.

Das Gespräch ist in der Form – wie erwartet – höflich, ja sogar freundlich. Johannes Rau argumentiert einfach und ohne Finessen, und gerade das überzeugt. So wird aus dem Gespräch ein Meinungsaustausch – in wechselseitigem Respekt und in Würde.

Es zeigt Menachem Begin als das, was er – allem Image zum Trotz – wirklich ist: ein Staatsmann von Format. Schließlich ist es sein Name, der unter dem Friedensvertrag mit Ägypten steht. Und das einzige

Abkommen, das auch in Zukunft noch Frieden und die Selbstverwirklichung für alle Völker in der Region bedeuten kann, nennt, neben Carter und Sadat, auch seinen Namen: die Übereinkunft von Camp David.

Menachem Begin ist stolz, Jude zu sein. Wie andere Juden auch, ist er sehr geschichtsbewußt: Er steht bewußt in der Geschichte seines Volkes. Zwischen ihm und Rau wird darüber gesprochen, was Juden in ihrer Geschichte erduldet haben und warum der Staat Israel für die Zukunft des jüdischen Volkes so essentiell ist. Sie sprechen über die Vergangenheit und über das heutige Deutschland.

Wenn ich das Gespräch Begin/Rau überdenke, erinnere ich mich an den Versuch Willy Brandts, den Begriff *compassion* aus dem amerikanischen Sprachgebrauch in die politische Debatte der Bundesrepublik einzuführen. Das war damals vergeblich. Aber an der Art, wie Johannes Rau mit dem Ministerpräsidenten des jüdischen Staates spricht, wird deutlich, daß *compassion* die Empfindsamkeit meint für die Nöte anderer. Und mein Fazit ist, und auch das verdient, vermerkt zu werden, daß Rau – wie wenige sonst – die Fähigkeit besitzt, für den Schmerz anderer wirklich empfindsam zu sein.

Am Abend sind wir dann bei Freunden in Tel Aviv. Es sind alte und gute Freunde. Bis spät in die Nacht sprechen wir über Deutschland und darüber, wie es weitergeht in Europa. Und wir diskutieren über die Zukunft Israels in seinem Verhältnis zu den Arabern – in Israel, in den besetzten Gebieten und in den Nachbarstaaten. Bei mir bleibt – freimütig gesagt – wenig Erinnerung vom Inhalt des Gesagten. Ich erinnere mich nur daran, wie Johannes in dieser Debatte selbst schwierige Fragen behandelt und wie behutsam er mit ihnen umgeht: nicht aggressiv, aber auch nicht in falscher Zurückhaltung.

Ich sehe auf den Gesichtern unserer Freunde, daß sie beeindruckt sind. Vielleicht nicht einmal davon, was er ihnen im Detail da erläutert. Mehr noch als das einzelne Argument überzeugen die Kraft, die durch seine Worte hindurch deutlich wird, und der Geist, den sie ausstrahlen. Und wir freuen uns alle zusammen immer wieder darüber, wie wir miteinander lachen können – frei und geradeheraus.

Es wird überhaupt viel gelacht mit Johannes Rau; das muß ebenfalls vermerkt werden. So lachen wir also an diesem Abend über Geschichten, über Anekdotisches und über Witze: Jüdisches und Deutsches, aus Israel und aus Bonn. Manches ist so alt, daß schon wieder darüber gelacht werden kann, manches scheint brandneu zu sein.

Ich bedaure sehr, daß ich mir nur weniges habe merken können. Ich meine aber, darunter ist die Geschichte von den beiden amerikanischen Juden, die am Jom Kippur in China sind und die, um das Versöhnungsfest auch dort begehen zu können, in eine chinesische Synagoge gehen. So etwas gibt es übrigens in China, und es gibt auch chinesische Juden (oder jüdische Chinesen). Am Ende des Gottesdienstes sind sie umringt von Chinesen, die sich schier ausschütten vor Lachen, als sie erfahren, daß es sich bei den beiden Amerikanern um Glaubensgenossen handelt. Die beiden fragen, was daran so lustig sei, und die Antwort: »Es ist doch zu komisch: denn ihr seht überhaupt nicht jüdisch aus.« (Nicht jeder versteht die Geschichte, aber das ist das Risiko bei jedem sogenannten jüdischen Witz.)

Mein Fazit über Johannes Rau und Israel: Für ihn ist dies kein Land wie jedes andere. Das Heilige Land gehört auf irgendeine Weise auch ihm, und der Staat der Juden ist für ihn nicht nur fremdes Territorium. Weil das so ist, geht es ihm um praktische Schritte zu mehr Frieden im Nahen Osten, und das schließt Israel ein. Und weil das so ist, fordert er das Lebensrecht aller in der Region – Juden wie Nichtjuden gleichermaßen –, und das schließt die palästinensischen Araber nicht aus.

Und wie geht es weiter im jüdisch-deutschen Verhältnis? Der Religionsphilosoph Gershom Scholem hat einmal gesagt, daß es zu einem neuen Verhältnis zwischen Juden und Deutschen – »wo Liebe nicht mehr aufgebracht werden kann« – der Distanz bedarf und des Respektes, der Offenheit und der Aufgeschlossenheit »und mehr als alles, des reinen Willens«.

Ich bin sicher, daß eine neue Hoffnung auf »Restitution der Sprache zwischen Deutschen und Juden, auf Versöhnung der Geschiedenen« nur im Eingedenken des Vergangenen keimen wird. Und ich bin überzeugt, daß nur Menschen, die, wie Johannes Rau, empfindsam sind für den Schmerz, der in der Vergangenheit das jüdisch-deutsche Verhältnis geprägt hat, wirklich helfen können, um wieder neue Brükken zu bauen zwischen diesen beiden Völkern, zwischen Juden und Deutschen.

Rudolf Dressler

Dringende Bitten

Zuallererst: den Abstand behalten zu einer politischen »Kaste«, in der sich Arbeitslosigkeit, Ausbildungsplatzmangel, neue und alte Armut auf statistische Größen reduzieren; in der politische Handlungsbereitschaft nicht von wirklichen Notwendigkeiten, sondern von wahltaktischen Kalkülen abhängig ist.

Zum zweiten: nicht wie andere darauf setzen, daß Demokratie, Selbstverwirklichung, Engagement der Bürger, neue Ansprüche an die lebenswerte Gestaltung des Lebens der Bürger nur außerhalb der Arbeitswelt möglich sind. Daß ein Gesetz, wie das sogenannte Beschäftigungsförderungsgesetz, mit zynischer Beschränkung der Existenzperspektive Hunderttausender Arbeitnehmer und ihrer Familien auf maximal achtzehn Monate ohne einen viel deutlicheren Aufschrei an einem Ersten Mai wirksam werden konnte, ist nicht zuletzt die Folge von wirksam transportierter Ideologie:

- Jeder ist seines Glückes Schmied;
- Not ist Anreiz zur Aktivität;
- Gerechtigkeit lähmt, Solidarität ist Zwang.

Zu solchen Grundvorstellungen, die rückschrittliche politische Ziele begründen und erreichen, zu einer politischen »Kaste« ständigen Abstand zu halten, deren Programm auf solcher Ideologie beruht, ist mehr als eine dringende Bitte. Es ist die Voraussetzung für den personifizierten Kontrast.

Die Versuche, den Gewerkschaften die Handlungsfähigkeit zu nehmen, und die damit verbundene Hoffnung, dies ohne schwerwiegende Folgen für die Regierung durchsetzen zu können, sind Zeichen dafür, wie sehr soziale Stabilität und geordnete Arbeitsbeziehungen für eine Selbstverständlichkeit gehalten werden. Die Notwendigkeit vernünftigen politischen Handelns zur Wahrung der sozialen Stabilität und geordneter Arbeitsbeziehungen deutlich zu machen gehört in den Katalog dringender Bitten, die eher als Erwartung an Johannes Rau gestellt sind.

Johannes Rau ist der Ministerpräsident eines Landes, das von der Computerfabrik bis zur Zeche, vom Kleinbetrieb bis zum Großkonzern die ganze Spannweite der Industriegesellschaft aufweist. Und damit auch die ganze Spannweite der Lebens- und Arbeitsbedingungen in der Bundesrepublik Deutschland. Die – höchst unterschiedlichen – Lebens- und Arbeitsbedingungen der Arbeitnehmer und ihrer Familien sind es, die das Gesicht einer Gesellschaft prägen. Erfolgreiche Politik kann sich nicht darauf beschränken, die Lebensbedingungen gestalten zu wollen, ohne zugleich auch den Rahmen für die menschengerechte Gestaltung der Arbeitsbedingungen vorzugeben. Zugespitzt: Der umweltbewußt handelnde Bürger bleibt so lange eine Fiktion, wie er Tag für Tag ohne eigene Handlungsmöglichkeit einer Arbeitsumwelt ausgesetzt ist, die Lichtjahre von einer menschengerechten Umwelt entfernt ist.

Demokratisches Verhalten, solidarisches Leben – und sei es nur die Einhaltung geringer Geschwindigkeiten bei Autofahrten durch Wohngebiete –, solange solche Werte in der täglichen Arbeitswelt im höchsten Maße existenzgefährdend erscheinen, sind sie auch außerhalb der Arbeit nicht wirklich durchsetzbar.

Von Johannes Rau erwarte ich, daß er einen Beitrag leistet, um mindestens in der Politik – auch unserer eigenen Partei – die scheinbare Trennung zwischen den Problemen der Arbeitswelt und der »Restwelt« zu überwinden. Die Interessen der arbeitenden Menschen – das sind die traditionellen Arbeitnehmer in den alten Kernbereichen der Industrie ebenso wie die technische Intelligenz in den heute noch neuen Branchen, die schon morgen ebenso traditionell sein werden – müssen zurückkehren vom Rand der politischen Auseinandersetzung in ihre Mitte, ohne dabei andere wichtige Fragen zu verdrängen. Im Gegenteil, wir setzen auf die Verbindung scheinbar voneinander unabhängiger Fragen, um zu einem gemeinsamen Ziel zu kommen. Die Auseinandersetzung um ein neues Verhältnis zum Umgang mit unseren natürlichen Lebensgrundlagen zeigt, daß Durchbrüche, auch im Bewußtsein der Menschen, erst durch die Verbindung mit der Frage nach der Arbeit zu erreichen sind.

Viele Arbeitnehmer empfinden die Verbindung von Arbeit und Umwelt als einen Silberstreif am Horizont. Wenn es Johannes Rau gelänge, die immer drängender werdenden Aufgaben der umweltgerechten Modernisierung unserer Industriegesellschaft, die Reparatur der bereits eingetretenen Schäden zusammenzuführen in eine große Kraftanstrengung der ganzen Gesellschaft zur Schaffung neuer, sinnvoller und zukunftsgerechter Arbeitsplätze – die Arbeitnehmer und ihre Familien stünden an seiner Seite.

Die allermeisten der mehr als zwanzig Millionen Arbeitnehmer sind Realisten. Sie wissen genau, daß weder die Probleme der Arbeitslosigkeit noch die Probleme der Umwelt oder der sozialen Sicherung im Handstreich zu lösen sind. Was sie jedoch erwarten, ist die Gewißheit, daß einer an der Spitze der Politik steht, der keine Chance ungenutzt vorbeigehen läßt. Einer, der es sich zum Ziel macht, den Bürgerinnen und Bürgern die gleichen Chancen einzuräumen, wenn es darum geht, Anteil zu haben am Reichtum unserer Gesellschaft, an der Entwicklung neuer technischer Möglichkeiten, an den Möglichkeiten zur Mitentscheidung und Mitgestaltung:

- Die Ausweitung der Mitbestimmung bei der Einführung und Anwendung neuer Technik, weil neue technische Möglichkeiten wie selten zuvor geeignet sind für Mitbestimmung und Mitgestaltung. Aber auch für Herrschaft, Arbeitszerteilung und Arbeitsplatzvernichtung.
- Die gerechte Verteilung der Lasten, die die Gemeinschaft zu tragen hat. Die Arbeitnehmer sind bereit, ihren Teil dazu beizutragen, wenn die Mittel vernünftig verwendet werden und wenn sie nicht alleine zahlen.
- Die Wiederherstellung und Ausweitung der Chancengleichheit im Bildungswesen. Umfassende Bildung und Ausbildung dürfen nicht abhängig sein vom Einkommen der Eltern.

Klaus von Dohnanyi

Was wichtig sein wird

Der Kanzlerkandidat einer großen Volkspartei wird wohl immer mehr Ratschläge und Empfehlungen bekommen, als er vernünftigerweise beachten kann und sollte. Mein Rat an Johannes Rau lautet deshalb zuallererst, er möge sich auf seine eigenen Erfahrungen und sein eigenes Urteil verlassen und sich nicht durch die Vielfalt der von außen an ihn herangetragenen Wünsche verwirren lassen.

Ich will mich also auch selbst mit Ratschlägen – noch dazu mit öffentlichen – zurückhalten. Aber ich will gerne ein paar Hinweise darauf geben, was nach meiner Einschätzung in den nächsten Monaten zur Wahl steht und worüber in der Sache entschieden werden muß.

In der Mitte der achtziger Jahre wird die Notwendigkeit grundlegender struktureller Reformen in der Bundesrepublik immer drängender. Die konservativ-liberale Regierung steht dem wachsenden Problemdruck vielfach tatenlos und im Kern wohl auch ohne Konzepte gegenüber. Anstatt Entscheidungen zur Lösung der Probleme zu treffen, betreibt sie eine Politik, deren Folge politische Spaltung und soziale Ausgrenzung sein könnte.

Während auch 1985 wieder die Unternehmergewinne den Löhnen in ihrer Entwicklung weit vorauseilen, beschneidet sie den Gewerkschaften die Grundlage zur Durchsetzung ihrer Forderungen. Trotz eines anhaltenden Konjunkturaufschwungs ist eine »Wende« am Arbeitsmarkt nicht in Sicht. Die Regierung handelt getreu der Maxime, soziale Unsicherheit müsse akzeptiert werden, wenn man den technischen Fortschritt wolle.

Immer mehr Menschen halten diese Politik für unsozial und ungerecht. Sie spüren, daß unser Land in eine Zwei-Klassen-Gesellschaft gespalten wird; in Arm und Reich; in diejenigen, die Arbeit besitzen, und diejenigen, die ohne Arbeit sind.

Die SPD wird in dieser Situation für viele zunehmend wieder die Partei, von der sie sich neue Antworten auf die Herausforderungen unserer Zeit erhoffen, von der sie klare Prioritäten für eine Politik des sozialen Ausgleichs und der Vernunft erwarten. Mit Johannes Rau werden wir für die Chance kämpfen, dieses Vertrauen einzulösen.

Auch für die SPD ist dabei die Notwendigkeit einer wettbewerbsfähigen Wirtschaft unabdingbar. Aufgabe der Wirtschaftspolitik muß es aber sein, die Rahmenbedingungen des Wettbewerbs so zu gestalten, daß die Bundesrepublik Deutschland in den wesentlichen Bereichen nicht nur im internationalen Vergleich bestehen kann, sondern auch als soziale Gesellschaft fortentwickelt wird.

Der Schlüssel zur wirtschaftlichen Entwicklung ist die Nutzung neuer wissenschaftlich-technischer Erkenntnisse. Sozialdemokraten verfolgen keine Politik der Maschinenstürmerei. Wir wissen sehr wohl, daß gerade der technische Fortschritt die Grundlage für mehr Freizeit, Wohlstand und Mitbestimmung für die Arbeitnehmer war. Und wir wissen, daß es für kein Industrieland die Möglichkeit gibt, sich der wissenschaftlich-technischen Entwicklung zu entziehen. Die grenzüberschreitende Kommunikation von Waren und Dienstleistungen erlaubt es niemandem mehr, sich einfach auszuklinken. Deshalb muß es ein Ziel sozialdemokratischer Politik sein, technologische Entwicklungen zu fördern und für ihre rasche Umsetzung zu sorgen.

Die Einsicht in diese »Unaufhaltsamkeit« von Wissenschaft und Technik bedeutet jedoch nicht, daß die Entwicklung wettbewerbsfähiger Rahmenbedingungen alleiniges Ziel einer vernünftigen Politik sein sollte. Neue Techniken werden auch weiterhin vielen Menschen die Arbeit nehmen. Deshalb muß als zweites Standbein für eine sinnvolle Gesamtstrategie eine aktive, wirksame Arbeitsmarktpolitik hinzukommen.

Aktive Arbeitsmarktpolitik muß dabei sowohl eine langfristig ausgerichtete Perspektive der Arbeitszeitverkürzung als auch den Ausbau eines Zweiten Arbeitsmarktes umfassen. Nur so kann Beschäftigungsvolumen in großem Umfang geschaffen werden. Eine aktive Arbeitsmarktpolitik bietet zudem die Chance, gezielt auf die Beschäftigungsprobleme derjenigen einzugehen, die besonders stark von den Folgen der technologischen Entwicklung und des strukturellen Wandels betroffen sind, zum Beispiel auf die Arbeitsmarktprobleme von Frauen.

Ein Blick in das sozialdemokratisch regierte Schweden zeigt, daß die Bundesrepublik eine ganze Reihe zusätzlicher Möglichkeiten zur aktiven Arbeitsplatzsicherung bisher ungenutzt läßt. Die Schweden haben längst Konsequenzen aus der Erkenntnis gezogen, daß die Finanzierung von Beschäftigung kaum teurer ist als die Finanzierung von Dauererwerbslosigkeit, daß sie in ihren Folgewirkungen aber ungleich gerechter, humaner und sozialer ist. Dabei ist der schwedische Ansatz nicht nur darauf gerichtet, Arbeit für alle zu schaffen, die Arbeit suchen, sondern zusätzlich darauf, auch die verdeckte Erwerbslosigkeit zu beseitigen.

Schweden ist – übrigens mit Unterstützung der Gewerkschaften – in seiner technologischen Entwicklung weit fortgeschritten. Und trotzdem hat das Land eine ausgewiesene Erwerbslosenquote von nur knapp drei Prozent zu verzeichnen, und das bei einer sehr hohen Quote der Erwerbstätigkeit, die vor allem auf die starke Erwerbsbeteiligung von Frauen zurückzuführen ist.

Dieses Beispiel macht deutlich, daß eine hohe Erwerbslosigkeit nicht der Preis für eine wettbewerbsfähige Wirtschaft sein muß, daß sich beides sehr wohl vereinbaren läßt. Wer technischen Fortschritt aus Wettbewerbsgründen will, der braucht eine Beschäftigungspolitik, die den strukturellen Wandel nach sozialen und humanen Zielen gestaltet.

Johannes Rau und die deutschen Sozialdemokraten entziehen sich nicht der Realität; sie akzeptieren sie aber auch nicht mit Schulterzukken. Wir wenden uns gegen eine Politik, die den Wohlstand der einen durch die zunehmende Hoffnungslosigkeit der anderen erkaufen will. Wir setzen auf eine Politik, die versöhnt, statt zu spalten.

Günter Döding

Was ich von ihm erwarte

Lieber Johannes Rau,
die Erwartung ist eine Kette, die all unsere Freuden verbindet; ein Wort des französischen Philosophen Vauvenargues. Aber hättest Du es nicht in die Politik der achtziger Jahre einführen können – gleichsam als Wegweiser zu einer Renaissance unserer politischen Kultur, als Brücke zu einer Art von Politik, die die Menschen in unserem Lande nach all den Skandalen wieder anspricht; Politik, in der sich zur politischen Macht die moralische Verantwortung gesellt? Ein altes Thema, ich weiß. Aber zu wahr und wichtig, um vergessen zu werden. Menschen haben daraus bisher immer politische Zuversicht geschöpft. Wenn ich Johannes Rau ein wenig verstehen gelernt habe, dann will er dies politisch leben. Du gehörst nicht zu sauertöpfischen Frömmlern, die ihr Christsein dadurch zur Schau tragen, daß sie dauernd gesenkten Hauptes und düsterer Miene durch dic Gegend oder in die Kirche laufen. Du gehörst nicht zu jenen, die glauben, Angst schüren zu müssen, damit der Weg zur Umkehr eingeschlagen werden kann, aber den Beweis für die gefahrlose Begehbarkeit des Weges schuldig bleiben,

den sie empfehlen wollen. Probleme bagatellisieren: nein – Problembewußtsein schaffen: ja. Wer jedoch nur Pessimismus verbreitet, wird allenfalls Resignation ernten. Auf Resignation aber läßt sich keine Zukunft aufbauen. Dafür brauchen wir Zuversicht und Mut. Du weckst beides, ohne in die leere Zukunftseuphorie der Konservativen zu verfallen, die sich zwar viel gewendet haben, aber nicht in sich gekehrt sind. Ihr hohler Zukunftsoptimismus bleibt ein Jagdhund ohne Spur.

Du willst wieder zusammenführen, was sie auseinanderdividiert haben: Menschen mit und ohne Arbeit, Deutsche und Ausländer, Männer und Frauen. Du willst versöhnen statt spalten; nicht nur, weil Dir schon von Haus aus Waffengeklirr zuwider ist, sondern weil Du besser als andere weißt, daß gemeinsamer Fortschritt den gesellschaftlichen Konsens gerade widerstreitender Interessen braucht.

Johannes Rau ist sicher gut beraten, wenn er auch weiterhin das laute Marktgeschrei vermeidet und das Gespräch sucht. Man sagt, Du hättest das Telefon erfinden können, wenn nicht schon andere vor Dir auf seine Hilfe angewiesen gewesen wären. Hilfreich wird sein, wenn Du Dir auch in Zukunft Deine Skepsis gegenüber Schubladendenkern bewahrst und Dich im gängigen Links-rechts-Schema nicht so recht zu Hause fühlen willst. Erhalte Dir die Fähigkeit, zuhören und eigene Positionen überdenken zu können; vor allem aber die Gabe, Dich Arbeitnehmern und ihren Familien verständlich machen zu können. Verstricke Dich nicht in dogmatischen Streitereien über weltpolitische Fragen, an denen der Arbeitslose nebenan wegen seines Schicksals sowieso keinen Anteil nimmt. Suche weiterhin den Dialog mit dem Bürger, laß Dich vor Ort sehen, wenn es brennt. Wirke und kämpfe vor allem unter immer schwieriger werdenden Bedingungen überall in unserer Gesellschaft für soziale Gerechtigkeit und Solidarität.

Menschen mit unterschiedlichen Auffassungen zu gemeinsamem Handeln zusammenzuführen ist keine leichte Aufgabe. Zumal es die ganz anderen gibt, die nur darauf warten, Dir Steine in den Weg zu legen, und die in der Wahl ihrer Mittel auch sonst alles andere als wählerisch sind. Das kostet viel Kraft, vor allem, wenn das Freund-Feind-Denken nie die eigene Sache war. Ich wünsche Dir diese Kraft, zumal »wir ... einen langen, einen schweren Weg« vor uns haben, wie Du in Ahlen im Dezember 1985 sagtest. Unser Weg war und ist wohl die Treppe – Stufe für Stufe. Wir wissen, es gibt noch keinen Aufzug.

Zeittafel

Geboren am 16. Januar 1931, Im Springen Nr. 7, in Wuppertal-Barmen.
Ostern 1937 Einschulung in die Volksschule Schützenstraße, Ostern 1942 Wechsel auf das Humanistische Wilhelm-Dörpfeld-Gymnasium.
Sommer 1943 bis Anfang 1944: Evakuierung nach Chemnitz und Erfurt.
Oktober 1946 bis Januar 1947: Aufenthalt in der Lungenheilstätte Aprath.
Januar 1947 bis September 1948: Schüler des Neusprachlichen Gymnasiums an der Siegesstraße.
1. Januar 1949 bis 31. Dezember 1951: Verlagsbuchhändler-Lehre bei der Emil Müller KG, Wuppertal.
1. Januar 1952 bis 31. Dezember 1952: Vertreter für die Verlagsbuchhandlung Müller und acht weitere evangelische Verlage.
2. Dezember 1952 bis 3. Juni 1957: Mitglied der Gesamtdeutschen Volkspartei.
1. Januar 1953 bis 30. September 1953: Vertriebsleiter beim Luther- und Eckart-Verlag in Witten an der Ruhr.
16. Januar 1954 bis 16. Januar 1967: Geschäftsführer des Jugenddienst-Verlages in Wuppertal, zuletzt Verlagsdirektor.
4. Juni 1957: Eintritt in die SPD.

Januar 1958 bis Januar 1962: Juso-Vorsitzender in Wuppertal.
6. Juli 1958 erfolgreiche Landtagskandidatur im Wahlkreis 58 (Wuppertal III).
19. Juli 1962 bis 25. Juli 1970: Mitglied des Vorstandes der SPD-Landtagsfraktion.
27. September 1964 bis 25. September 1978: SPD-Stadtrat in Wuppertal.
März 1965 bis Mai 1967: stellvertretendes Mitglied des WDR-Rundfunkrates.
Seit Januar 1975 Mitglied der Synode der Evangelischen Kirche im Rheinland und stellvertretendes Mitglied der Leitung der Evangelischen Kirche im Rheinland.
Oktober 1966 bis Oktober 1974: Präsidiumsmitglied des Evangelischen Kirchentages.
9. Januar 1967: Wahl zum SPD-Fraktionsvorsitzenden im Düsseldorfer Landtag.
Mai 1967 bis Dezember 1978: Mitglied des WDR-Verwaltungsrates.
Oktober 1966 bis Mai 1968: Vorsitzender im Kulturausschuß des Landtags.
Seit März 1968 Mitglied des SPD-Parteivorstandes.
24. November 1969 bis 29. September 1970: Oberbürgermeister von Wuppertal.
28. Juli 1970: Wissenschaftsminister von Nordrhein-Westfalen.
Seit Januar 1973 Mitglied des SPD-Landesvorstandes.
25. Juni 1977: Wahl zum SPD-Landesvorsitzenden von Nordrhein-Westfalen.
Seit dem 30. Januar 1978 Mitglied des SPD-Präsidiums.
17. September 1978: Wahl zum Ministerpräsidentenkandidaten auf dem SPD-Sonderparteitag von Duisburg.
20. September 1978: Wahl zum Ministerpräsidenten im Düsseldorfer Landtag.
11. Mai 1980: Landtagswahlen. Die SPD gewinnt die absolute Mehrheit der Mandate.
5. Juni 1980: Wiederwahl zum Ministerpräsidenten von Nordrhein-Westfalen.
22. April 1982: Wahl zum stellvertretenden Bundesvorsitzenden der SPD.

Am 9. August 1982 heiratet der Einundfünfzigjährige überraschend die sechsundzwanzigjährige Christina Delius, eine Enkelin des früheren Bundespräsidenten Heinemann.
26. Juni 1983: Wiederwahl zum Vorsitzenden der SPD von Nordrhein-Westfalen.
19. Dezember 1983: Geburt der Tochter Anna-Christina.
28. Januar 1985: Geburt des Sohnes Philip-Immanuel.
Am 12. Mai 1985 erringt die SPD bei der NRW-Landtagswahl zum zweitenmal die absolute Mehrheit.
29. September 1985: Wiederwahl als SPD-Landesvorsitzender auf dem Landesparteitag in Oberhausen.
16. Oktober 1985: Interview mit dem Kölner Boulevardblatt *Express* zur Rücknahme sämtlicher Sozialkürzungen.
29. November 1985: Einweihung des umstrittenen Kohlenkraftwerks Ibbenbüren.
6. Dezember 1985: Ehrendoktorwürde der Universität Düsseldorf.
15. Dezember 1985: einstimmiger Beschluß des SPD-Vorstandes über seine Kanzlerkandidatur.
16. Dezember 1985: Ahlener Treffen der SPD, programmatische Rede des Kanzlerkandidaten.
2. April 1986: Ehrendoktorwürde der Universität Haifa.

Autorenverzeichnis

Prof. D. Dr. Joachim Beckmann, ehemaliger Präses der Evangelischen Kirche im Rheinland, Haan

Lothar Bewerunge, FAZ-Korrespondent in Düsseldorf

Prof. Dr. Kurt H. Biedenkopf, CDU-MdL, Vorsitzender der CDU von Nordrhein-Westfalen, Düsseldorf

Helmut Böger, Bonner Korrespondent der *Bunte*

Willy Brandt, SPD-Bundesvorsitzender, Bonn

Werner Braselmann, ehemaliger Verleger und Buchhändler, Neukirchen-Vluyn

Prof. Dr. Wolfgang Brüggemann, ehemaliges CDU-MdL, Sprach- und Literaturwissenschaftler an der Universität Dortmund

Günter Döding, Vorsitzender der Gewerkschaft Nahrung – Genuß – Gaststätten, Hamburg

Dr. Klaus von Dohnanyi, Erster Bürgermeister der Hansestadt Hamburg

Rudolf Dreßler, SPD-MdB, Bundesvorsitzender der Arbeitsgemeinschaft sozialdemokratischer Arbeitnehmer, Wuppertal

Gerhard Einert, Minister für Bundesangelegenheiten des Landes Nordrhein-Westfalen in Bonn
Freia Engelhardt-Schwaferts, Hausfrau, Wuppertal

Prof. Dr. Friedhelm Farthmann, Vorsitzender der SPD-Landtagsfraktion, Düsseldorf

Dr. Peter Glotz, SPD-Bundesgeschäftsführer, Bonn
Dr. Wilhelm Godde, Beigeordneter der Stadt Essen
Prof. Dr. Klaus Goebel, Historiker an der Universität Dortmund, Wuppertal
Dr. Knulp Goeke, Ministerialdirektor im Düsseldorfer Wirtschaftsministerium, Wuppertal

Leni Hager, Schwester von Johannes Rau, Yoga-Lehrerin, Wuppertal
Klaus Jürgen Haller, Bonner Korrespondent des WDR
Alf Hammelrath, GEW-Landesvorsitzender, Essen
Dr. Siegfried Heimann, Historiker, Berlin
Dr. Peter J. Heinemann, SPD-MdL, Essen
Werner Höfer, ehemaliger WDR-Fernsehdirektor, Köln
Dr. Gunter Hofmann, Bonner Korrespondent der *Zeit*
Bodo Hombach, Geschäftsführer des SPD-Landesverbandes NRW

Leni Immer, Pfarrerin i. R., Wuppertal

Waltraud Kalsbach-van Gerfsheim, Schulamtsdirektorin, Wuppertal
Bernd Kleffner, landespolitischer Korrespondent der *Westfälischen Rundschau,* Düsseldorf
Hans-Ulrich Klose, SPD-MdB, Hamburg
Prof. D. Dr. Hans-Joachim Kraus, Moderator des Reformierten Bundes, Wuppertal
Josef Krings, Oberbürgermeister von Duisburg
Gerd Kröncke, ehemaliger NRW-Korrespondent der *Süddeutschen Zeitung,* Londoner SZ-Korrespondent
Dr. Rolf Krumsiek, Justizminister des Landes Nordrhein-Westfalen, Düsseldorf

Prof. Dr. Gerhard Lange, Sprachwissenschaftler an der Universität Köln, Bonn
Dieter Lattmann, Schriftsteller, München
Hermann Lutz, Pfarrer i. R., Wuppertal

Dr. Anke Martiny, SPD-MdB, Bonn
Klaus Matthiesen, Minister für Ernährung, Landwirtschaft und Forsten, Düsseldorf
Heinz-Werner Meyer, Vorsitzender der IG-Bergbau und Energie, Düsseldorf

Friedel Neuber, Vorstandsvorsitzender der Westdeutschen Landesbank Girozentrale, Düsseldorf

Dr. Diether Posser, Finanzminister von Nordrhein-Westfalen, Düsseldorf
Prof. (em.) phil. Dipl. rer. pol. Helmut Preuß, Wuppertal

Wilfried Reckewitz, Maler, Graphiker, Designer, Wuppertal
Annemarie Renger, Vizepräsidentin des Deutschen Bundestages, Bonn
Dr. Gerhard Rödding, CDU-MdL, Düsseldorf

Werner Scheidacker, Pfarrer i. R., Lehnitz, DDR
Helmut Schmidt, Bundeskanzler a. D., Mitherausgeber der *Zeit,* Hamburg
Dr. Hans-Otto Schnepper, Direktor des Diakoniewerkes, Kaiserswerth
Jürgen Schroer, Oberkirchenrat, Düsseldorf
Klaus Schütz, ehemaliger Bonner Botschafter in Israel, Intendant der Deutschen Welle in Köln
Hans Schwier, Kultusminister von Nordrhein-Westfalen, Düsseldorf
Harald Steup, SPD-Stadtrat, Geschäftsführer der ACE, Wuppertal
Theodor Sturm, Rechtsanwalt, Wuppertal

Walter Tacke, Geschäftsführer des EMNID-Instituts für Markt- und Sozialforschung

Dr. Hans-Jochen Vogel, Vorsitzender der SPD-Bundestagsfraktion, Bonn

Dr. Bernhard Worms, Vorsitzender der CDU-Landtagsfraktion, Düsseldorf

Auswahlbibliographie

Selbständige Schriften:

Heinz Gräber (d.i. Johannes Rau), Die tote Hütte. Eine Jungenerzählung. Wuppertal 1951, 2. Aufl. 1951 (Emil-Müller-Verlag), 16 Seiten (= Heftreihe »Im Morgenglanz«).

Heinz Gräber (d.i. Johannes Rau), Hans-Martin. Die spannende Geschichte einer Nacht. Wuppertal 1952 (Emil-Müller-Verlag), 16 Seiten (= Heftreihe »Im Morgenglanz«).

Johannes Rau, Keine spielt wie Gisela. Wuppertal o.J. (ca. 1953, Verlag Sonne und Schild, Wuppertal-Vohwinkel), 23 Seiten (= Reihe »Die Lese-Ecke«, Heft 2).

Johannes Rau, Klaus und das Feuer. Wuppertal o.J. (ca. 1953, Verlag Sonne und Schild, Wuppertal-Vohwinkel), 24 Seiten (= Reihe »Die Lese-Ecke«, Heft 4).

Johannes Rau, Ausgewählte Reden und Beiträge 1965–1985, Düsseldorf 1986

Jörg R. Mettke (Hg.), Die Grünen. Regierungspartner von morgen, Hamburg 1984.

Johannes Rau und Peter von Rüden, Die neuen Medien. Eine Gefahr für die Demokratie.

Johannes Rau und Franz Böckle, Sozialdemokratie und Kirchen, 1979.

Johannes Rau, Europa als Aufgabe, Bildungswerk der nordrhein-westfälischen Wirtschaft.

Beiträge in Zeitungen und Zeitschriften:

Der Weg. Evangelisches Sonntagsblatt für das Rheinland, 1. Jg. 1946ff.
Generalanzeiger der Stadt Wuppertal, 1. Jg. 1887ff.
Gesamtdeutsche Rundschau, 1. Jg. 1953ff.
Jungenwacht. Ein Blatt evangelischer Jugend, 1. Jg. 1934 (–1938), erneut 1947ff.
Politische Verantwortung. Evangelische Stimmen, 1. Jg. 1957ff.
Westdeutsche Rundschau, Wuppertal, 1. Jg. 1946ff.

Bücher:

Werner Filmer, Leben vor sich haben, Arena Verlag Würzburg, 1982.
Eberhard Warns, Werner Brölsch, Ingo Holzapfel (Hrsg.), Evangelische Schülerarbeit in 100 Jahren, Wuppertal 1983.
Wolfram Bickerich, Jürgen Leinemann, Hans Leyendecker, Bruder Johannes, Herausforderer Rau, Hamburg 1986.

392 Seiten und 16 Seiten Schwarzweißabbildungen, gebunden

272 Seiten und 16 Seiten Schwarzweißabbildungen, gebunden

ECON Verlag, Postfach 9229, 4000 Düsseldorf 1

432 Seiten und 16 Seiten Schwarzweißabbildungen, gebunden

ECON Verlag, Postfach 9229, 4000 Düsseldorf 1